W0038685

Peter Biehl / Friedrich Johannsen

Einführung in die Glaubenslehre

Ein religionspädagogisches Arbeitsbuch

Neukirchener

© 2002
Neukirchener Verlag
Verlagsgesellschaft des Erziehungsvereins mbH, Neukirchen-Vluyn
Alle Rechte vorbehalten
Druckvorlage: Jens Riechmann
Umschlaggestaltung: Hartmut Namislow
Gesamtherstellung: Breklumer Druckerei Manfred Siegel KG
Printed in Germany
ISBN 3-7887-1673-0

Die Deutsche Bibliothek – CIP-Einheitsaufnahme

Biehl, Peter:
Einführung in die Glaubenslehre: ein religionspädagogisches Arbeitsbuch /
Peter Biehl; Friedrich Johannsen. – Neukirchen-Vluyn: Neukirchener, 2002
    ISBN 3-7887-1673-0

In memoriam

Hans Stock (1904 - 1991)
Martin Stallmann (1903 - 1980)

Vorwort

Wir legen erstmals ein Arbeitsbuch zur Systematischen Theologie für Religionspädagoginnen und Religionspädagogen vor. Es kann an Ausbildungs- und Fortbildungsstätten eingesetzt werden. Der Aufbau orientiert sich an den zentralen Begriffen der Glaubenslehre. Dieses religionspädagogische Arbeitsbuch sollte ursprünglich den Titel »Theologie der Religionspädagogik« tragen und eine Einführung in die Glaubenslehre und die Ethik umfassen. Peter Biehl sollte schwerpunktmäßig an der Glaubenslehre, Friedrich Johannsen an der Ethik arbeiten. Dieser Plan ließ sich aus mehreren Gründen nicht durchführen. Die wichtigste Veränderung besteht darin, Glaubenslehre und Ethik in zwei Bänden herauszugeben, um das Buch nicht zu umfangreich werden zu lassen und um die Möglichkeit zu bieten, den Ethik-Band leichter auf die aktuelle Situation beziehen zu können. Aus dieser Entscheidung ergeben sich Konsequenzen für die oben genannten Arbeitsschwerpunkte. Der Ethik-Band wird im Herbst 2002 folgen.

Als ein Arbeitsbuch, das einen Zugang zur Glaubenslehre vermitteln will, kam es nicht darauf an, die theologischen Lieblingsideen der Verfasser zur Geltung zu bringen, sondern die »klassischen« Vorgaben der Glaubenslehre sowie die herausragenden Vertreter dieser Disziplin möglichst umfassend zu berücksichtigen. Selbstverständlich kommen auch die »Vorverständnisse« und »Interessen« der Verfasser, besonders in Auswahl, Kommentierung und in den Arbeitshinweisen, ins Spiel. Studierenden der ersten Semester sei empfohlen, die Lektüre mit dem Kapitel I.2. zu beginnen.

Das Buch ist eine Gemeinschaftsarbeit; alle Teile werden von beiden Autoren verantwortet. Wir haben uns – wie gesagt – die Arbeit aufgeteilt. Von Friedrich Johannsen stammen die Abschnitte IV.2. (1), V.1.; V.2.; V.3. und VI.2.

Zu danken haben wir Folkert Rickers (Duisburg), der die Anregung zu diesem Buch gegeben hat, sowie Jens Riechmann, der die Bearbeitung der Manuskripte und die Vorbereitungen für die Drucklegung besorgt hat.

Da in Göttingen gerade eine Periode der Religionspädagogik zu Ende geht, wollen wir an die Göttinger Religionspädagogen Hans Stock und Martin Stallmann erinnern, die die wissenschaftliche Religionspädagogik nach 1945 neu begründet haben. Ihr gemeinsamer Lehrer war Rudolf Bultmann in Marburg.

Dransfeld und Hannover im Juli 2001

Peter Biehl   Friedrich Johannsen

Inhalt

Vorwort.. 7
I. Einleitung.. 11
  1. Religionspädagogik und Systematische Theologie...........................13
  2. Zur Konzeption des Bandes...21

II. Der gesellschaftliche Kontext der Glaubenslehre...................... 25
  1. Gott oder Geld...27
  2. Säkularisierung und religiöser Pluralismus......................................43

III. Grund- und Anfangsfragen der Glaubenslehre........................... 61
  1. Erfahrung und Offenbarung...63
  2. Glaube, Mut, Vertrauen...79

IV. Glaubenslehre I: Die Wirklichkeit Gottes und des Menschen..... 93
  1. Gott – das Geheimnis der Welt..95
  2. Jesus – das Gleichnis Gottes..112
  3. Der Mensch – das Ebenbild Gottes..133

V. Glaubenslehre II: Das Handeln Gottes als Schöpfer, Versöhner
  und Vollender der Welt.. 151
  1. Schöpfung...153
  2. Sünde und Fall...169
  3. Exodus und Gebot...182
  4. Kreuz: Neues Leben aus Gott..190
  5. Rechtfertigung und Anerkennung..207
  6. Hoffnung und Reich Gottes (Eschatologie).....................................223

VI. Glaubenslehre III: Wort Gottes –Sakramente – Feste.............. 237
  1. Wort Gottes und religiöse Sprache..239
  2. Taufe und Wasser..251
  3. Abendmahl und Brot..260
  4. Weihnachten/Inkarnation...276
  5. Ostern/Auferstehung...287
  6. Pfingsten, die Theologie des Heiligen Geistes und die Kirche..........299

Literaturverzeichnis.. 311
Personenregister 323
Begriffsregister 326

I. Einleitung

1. Religionspädagogik und Systematische Theologie

1.1 Relevanz- und Identitätskrise

Systematische Theologen sehen Theologie und Kirche in einer doppelten Krise: nämlich in der Spannung von Relevanz und Identität. *Relevanz- und Identitätskrise* hängen komplementär zusammen. Je mehr es der Theologie gelingt, den Herausforderungen der jeweiligen Zeit gerecht zu werden und ihre Relevanz zu erweitern und zu erweisen, um so tiefer wird sie in die Krise ihrer eigenen Identität hineingezogen. Je mehr sie ihre christliche Identität in traditionellen Dogmen, Riten und Symbolen zu behaupten versucht, umso weniger gelingt es ihr, ihre lebensdienliche Relevanz angesichts gesellschaftlicher und individueller Probleme theoretisch und praktisch zu erweisen (Moltmann 1972, 13; Gollwitzer 1974, 34f). Diese Doppelkrise wirkt sich in den Praxisfeldern der Religionspädagogik in besonderer Schärfe aus. Versuchen Religionspädagoginnen und -pädagogen die Wirklichkeit wahrzunehmen und für die Gegenwart und Zukunft der Lernenden relevante Themen zu erschließen, gelingt es ihnen nur schwer, eine Brücke zu schlagen zu den großen Aussagen der Glaubenslehre, die das Handeln Gottes zu unserem Heil betreffen.

Die Religionspädagogik hat als Anwalt der Heranwachsenden und Erwachsenen häufig versucht, Anforderungen an eine erfahrungsoffene Theologie zu formulieren (vgl. die Beispiele bei Wegenast 1999, 221ff) und den Wirklichkeitsbezug ihrer Aussagen zu »testen«. Ernst Lange hat darauf hingewiesen, dass Bildung eine *umfassende Didaktisierung* theologischer Inhalte und kirchlicher Handlungen erforderlich macht. Die Realisierung einer solchen Forderung hätte für die Theologie ähnlich tiefgreifende Konsequenzen gehabt wie die Übernahme der historischen Methode. Davor hat sie sich zu schützen gewusst (vgl. Lange 1975, 216).

1.2 Zum Verhältnis Systematischer und Praktischer Theologie

Da wir die Religionspädagogik trotz ihrer eigentümlichen Zwischenstellung zwischen Theologie und Pädagogik als Teil der Praktischen

Theologie verstehen, gilt die Verhältnisbestimmung, die Klaus Wegenast 1984 vorgenommen hat, auch für die Religionspädagogik; die Geschichte dieses Verhältnisses muss nur weitergeschrieben werden. Wegenast plädiert für eine Kooperation zwischen beiden Disziplinen, in der die Religionspädagogik einen kritischen Partner darstellt. »Auf keinen Fall kann es sein, dass dem ›Praktiker‹ die ganze Last der ›Vermittlung‹ zugeschrieben wird« (Wegenast 1999, 234). Das Gegenstandsfeld der Religionspädagogik sind die Sozialisations-, Erziehungs-, Bildungs- und Lernprozesse in Gesellschaft, Familie, Kirche und Schule unter der Perspektive von Religion und Glaube. Die Religionspädagogik ist methodisch geklärte Theorie dieser religiösen Erziehungspraxis, die die im Vollzug religionspädagogischen Handelns implizite Theorie unter wissenschaftlich geklärten Kriterien expliziert und weiterentwickelt.

Von einer wechselseitigen Beziehung beider theologischer (!) Disziplinen konnte nicht die Rede sein. Bis 1968 entwickelte die Religionspädagogik im Einflussbereich »theologischer Schulen« (Barth-, Bultmann- oder Rahner-Schule) ihre Konzeptionen. Nachdem diese zerfallen waren und in Dialogen und Bewegungen plurale theologische Entwürfe (Bauer 1985) entstanden, war die Religionspädagogik genötigt, Kriterien für die Inanspruchnahme solcher Entwürfe oder einzelner ihrer Elemente zu entwickeln (vgl. zusammenfassend Wegenast 1985, 187-207). Sie entwickelte sich zu einer eigenständigen *Interaktionswissenschaft* und entfernte sich immer weiter von dem Ansinnen, Anwendungswissenschaft systematisch-theologischer Theorien zu sein. Diese Entwicklung hat ihr Vorwürfe eingetragen. Sie wurde zur »theologischen Revision religionspädagogischer Theorien« aufgefordert (Sauter 1986).

Das »*Exodus-Modell*« eines Auszugs der Religionspädagogik aus dem Haus der Theologie wurde nur vereinzelt benutzt. Als erster Religionspädagoge hat Hubertus Halbfas für die Religionsdidaktik Religionswissenschaften als Bezugsdisziplin gefordert (Halbfas 1971). Angesichts der Aufgabe interreligiösen Lernens ist der Dialog mit den Religionswissenschaften erforderlich.

Das »Dominanz-Modell«, bei dem die Religionspädagogik abhängige Variable der Systematischen Theologie ist, also aus der Systematischen Theologie abgeleitet wird, ist aus zwei Gründen nicht haltbar: Es setzt ein einheitliches Verständnis von Theologie voraus, zum anderen ist Religionspädagogik durch das Zusammenspiel mehrerer Bezugsdisziplinen gekennzeichnet, u.a. durch Erziehungswissenschaften und Systematische Theologie. Es kommt nur ein »*Dialog-Modell*« infrage. Dabei ist zu berücksichtigen, dass der Wunsch nach einem Dialog vor allem von der Religionspädagogik ausgeht. Die Systematische Theologie ist eher an einer Aufgaben*teilung* interessiert, um sich allein der Rekonstruktion und Explikation dessen zu widmen, was uns als Inhalt des Glaubens vorgegeben ist. Erst in jüngster Zeit scheint eine Kooperation im Rahmen eines kritischen Gesprächs, in dem beide Disziplinen kritische Fragen an die andere richten, möglich zu sein. So weist der Systematiker Wilfried Härle zu Recht darauf hin, dass die (didaktische) Aufgabe der Vermittlung des Vorgegebenen nicht allein Pfarrern und Lehrern in Kirche und Schule zugeschoben werden kann (Härle 1998b, 371). Die Religionspädagogik erkennt aufgrund der Analysen der Erziehungswirklichkeit gesellschaftliche Probleme häufig schneller als historische oder systematische Disziplinen und gibt ihre Erfahrungen an diese weiter (sie fungiert als eine Art »Frühwarnsystem«). Die Systematische Theologie versucht dagegen, die Identität des Christlichen in pluralen Konkretionen und Gestaltungen immer wieder neu zu entdecken, so wie die historische Theologie das ursprünglich Christliche immer wieder neu in den geschichtlichen Anfängen wahrzunehmen sucht.

1.3 Gleichlaufende Interessen: Ansatzpunkte für einen Dialog

Der Erfahrungsbezug
Eine Annäherung zwischen Systematischer Theologie und Religionspädagogik ist vor allem durch den Erfahrungsbezug gefördert worden. In einem sehr weiten Sinn haben sich beide Disziplinen als Erfahrungswissenschaften verstanden. Glaube beruht auf Erfahrung, ist aber nicht mit ihr identisch; der Glaube kann gegen alle Erfahrung riskiert werden. Doch selbst dieses Glauben wider alle Erfahrung wird noch als eine Weise der Erfahrung verständlich gemacht. Glaube ist die »Erfahrung mit der Erfahrung« (G. Ebeling, E. Jüngel). Umstritten in der Systematischen Theologie ist nicht der Erfahrungsaspekt als solcher, sondern nur seine genaue Bestimmung (Fischer 1992, 240). Dass sich Theologie als Wissenschaft methodisch von der Erfahrung her aufbaut, erfordert das Zusammenspiel unterschiedlicher Methoden, neben den historisch-kritischen auch empirisch-kritische. Dietz Lange fordert zu Recht, dass Erfahrung unmittelbare Lebenserfahrung, religiöse Erfahrung und empirische Welterfahrung integrieren müsse (Lange 1984, 26, 50). Die Religionspädagogik hat sich als erste theologische Disziplin auf diesen empirischen Aspekt einer Erfahrungswissenschaft eingestellt (vgl. Herms 1978, 18).

Die anthropologische Wende
Wolfhart Pannenberg hat die Forderung erhoben, durch anthropologische Argumentation, die allerdings nicht zu schlüssigen Beweisen führt, die Basis zu erarbeiten, auf der die Allgemeingültigkeit z.B. der christlichen Hoffnung zu erweisen ist (Pannenberg 1993, 584).

Erst als Eberhard Jüngel – ein strenger Sachwalter der Theologie Karl
Barths – die Frage nach der sog. natürlichen Theologie, die zum Bruch
innerhalb der dialektischen Theologie geführt hatte, wieder aufnahm
und eine »natürlichere Theologie« forderte, kam die lange vernachläs-
sigte anthropologische Dimension der Theologie wieder ins Spiel.
Jüngel forderte, dass sich die christliche Wahrheit anthropologisch
»verifizieren« lassen müsse, um sie in ihrer allgemeinen Gültigkeit zu
erhärten. Pannenberg und Jüngel wählen unterschiedliche Ausgangs-
punkte für die theologische Reflexion anthropologischer Phänomene:
Jüngel geht von der spezifisch christlichen Glaubenserfahrung aus, um
sie an Erfahrungen, die prinzipiell jeder machen könnte, in ihrer allgemeinen Gültigkeit zu belegen.
Pannenberg geht von der anthropologischen Reflexion aus, um sie soweit voranzutreiben, bis sie auf dem Hintergrund der Religionsgeschichte im Lichte der in Jesus erschlossenen Wahrheit in theologischer Perspektive auszulegen ist. Beide Wege sind komplementär
aufeinander bezogen und erweisen die Bedeutung der anthropologischen Wende. Für die Religionspädagogik ist schon wegen des notwendigen Dialogs mit den Erziehungswissenschaften die anthropologische Argumentationsebene von besonderer Bedeutung. Die Konsequenzen für ein erfahrungsbezogenes Reden von Gott sind erheblich
(vgl. Biehl 1984; 1991a, 12, 53-74).

Die Lebensweltorientierung
Am weitesten kommt die lebensweltliche Hermeneutik des christlichen
Glaubens von Wilfried Härle religionspädagogischen Erfordernissen
entgegen. Der christliche Glaube ist ein Teil der Lebenswelt, in der wir
jeweils leben und die in ihrer ganzen Vielfalt unserer (Selbst-) Erfahrung zugänglich ist; sie bestimmt unser Lebensgefühl. Aufgabe der
Theologie ist die Reflexion des Glaubens (Härle 1998b, 361). Diese
Reflexion umfasst zwei deutlich unterscheidbare Tätigkeiten: (1) Die
Rekonstruktion dessen, was uns als Inhalt vorgegeben ist; (2) die Explikation dessen, was sich so rekonstruieren lässt; dabei wird das Vor-
gegebene auf seinen Wahrheitsgehalt und seine Tragfähigkeit hin reflektiert. Härle betont entgegen der sonst verbreiteten Tendenz, dass
weder die Praktische Theologie auf die Applikation reduziert (und von
der Rekonstruktion und Explikation ausgeschlossen) werden darf noch
die anderen theologischen Disziplinen von der applikativen Aufgabe
entlastet werden dürfen (ebd. 361). Angesichts eines »enormen Tra-
ditionsabbruchs und Relevanzverlustes und einer dadurch ausgelösten
sprachlichen Rat- und Hilflosigkeit ersten Ranges ist es Aufgabe der
wissenschaftlichen Theologie, die Inhalte des christlichen Glaubens so
mit den religiösen Fragen und mit den Alltagserfahrungen der Menschen zu vermitteln, dass es zu dem erhofften Verstehen kommt« (ebd.
37).

Härle beschreibt die Aufgabe einer »lebensweltlichen Hermeneutik des christlichen Glaubens« in einer Weise, dass die Entsprechung zur fundamentaltheologischen Kategorie des Elementaren, wie sie von der Religionspädagogik verwendet wird, deutlich erkennbar wird (vgl. Biehl 1985, 165-170). Härle benutzt den Lebensweltbegriff ohne Festlegung auf eine bestimmte philosophische Auslegung (Husserl, Schütz, Habermas) theologisch völlig sachgemäß. Soll er in der Religionspädagogik, die in Auseinandersetzung mit der Pädagogik steht, eine ähnlich zentrale Bedeutung gewinnen wie der Bildungsbegriff, müssen die philosophischen Voraussetzungen gründlich diskutiert werden.

Härle weist zu Recht darauf hin, dass die Rekonstruktion und Explikation der Inhalte der Glaubenslehre nicht zu trennen sind von der Applikation. Hans-Georg Gadamer hatte an der juristischen und theologischen Hermeneutik hervorgehoben, dass die Applikation ein »integrierendes Moment allen Verstehens« ist (Gadamer 1960, 292). Wer die Applikation als eine isolierte Aufgabe der Praktischen Theologie und Religionspädagogik sieht, verkennt, dass eine Wahrheit, die den Menschen zutiefst angeht, »...gar nicht vor, sondern nur im Vollzug der Applikation expliziert werden kann« (Werbick 1985, 460).

Die Arbeit am Bildungsbegriff
Die gegenwärtige Zusammenarbeit konzentriert sich auf die theologische Interpretation eines kritischen Bildungsbegriffs. Dabei kann die Systematische Theologie an Vorbilder anknüpfen, an F. Schleiermacher, Karl Barth (1938), Emil Brunner, Wolfhart Pannenberg (1980).
Bei Barth führte die radikale Kritik am idealistisch geprägten Bildungsbegriff zu dessen Theologisierung, damit wurde er für das notwendige Gespräch mit der Pädagogik unbrauchbar. Die Erziehungswissenschaft hatte ihrerseits den Bildungsbegriff wegen seiner Vieldeutigkeit aufgegeben und durch Wissenschaftsorientierung und Lernen ersetzt.
Nach der Rehabilitierung des Bildungsbegriffs ist seitens der Religionspädagogik und der Praktischen Theologie von vornherein auf eine theologische Bevormundung der Pädagogik verzichtet worden (Preul 1980).
Unter den Bedingungen der Neuzeit muss eine Bildungstheorie auch ohne theologische Begründung plausibel sein. Es ist dem Dialog mit der Pädagogik ein allgemeines Bildungsverständnis, das für beide Seiten konsensfähig ist, zu Grunde zu legen. Da »Bildung« für die Erziehungswissenschaft als »pädagogische Norm« gilt, muss der Begriff für theologische Interpretation und materiale Ausgestaltung offen sein. Zu verfahren ist dabei nach dem Modell von Analogie und Differenz. Es handelt sich um ein theologisches Denkmodell, das über unter-

schiedliche Positionen der Theologie hinweg breite Anerkennung gefunden hat. Rudolf Bultmann bspw. spricht von Anknüpfung unter Widerspruch, Karl Barth hat diese Methode in seiner Lehre von den „Gleichnissen des Himmelreichs" (vgl. KD IV/3, 1. Hälfte, 1959) entwickelt. Nach Barth gibt es in der Welt immer wieder Ereignisse und Gestaltungen menschlicher Lebenspraxis, die gleichnishaft vorwegrealisieren, was im Reich Gottes zur endgültigen Erfüllung kommt. Der Gleichnischarakter dieser Vorwegrealisation erschließt sich allerdings nur von der Wahrheit des Reiches Gottes her. Solche gleichnishaften Vorwegrealisationen sind unter dem Gesichtspunkt von Analogie und Differenz kritisch zu prüfen. Im Blick auf den Prozess der Bildung kommt es im Sinne dieser Denkform darauf an, die kritisch-begrenzende wie die schöpferisch-inspirierende Bedeutung des christlichen Glaubens im Blick auf Gestaltungen des menschlichen Zusammenlebens zur Geltung zu bringen.

Diese Aufgabe *betrifft die Theologie als Ganze*, sie lässt sich nicht auf die Praktische Theologie begrenzen. Der Bildungsbegriff hat einen religiösen Ursprung in dem biblischen Gedanken der *Gottebenbildlichkeit*, wie er in der Mystik von Meister Eckhart ausgebildet wurde.

Eckharts Anthropologie ist neuplatonisch streng dualistisch geprägt. Er unterscheidet zwischen dem körperlich-materiellen und dem höherwertigen seelisch-geistigen Menschen, dem der Vorgang der Bildung im Zeichen der Gottesebenbildlichkeit gilt. Ziel der Bildung ist es, in Konzentration auf das göttliche Licht in ihm sich Gott »einzubilden«. Dieser mystisch-spiritualistische, mit Weltflucht verbundene Bildungsbegriff kann heute nicht zur Begründung eines kritischen Bildungsverständnisses herangezogen werden. Positiv ist allein die nachdrückliche Betonung der Gottesebenbildlichkeit des Menschen als Grund der Bildung und die eschatologische Ausrichtung auf den »neuen Menschen«.

Daher ist hier der klassische Ort für eine theologische Interpretation von Bildung zu sehen (vgl. Barth, Pannenberg, Stallmann, Fraas, Biehl). Damit ist heute allerdings nur der Ausgangspunkt, nicht die leitende Kategorie für ein mehrdimensionales Interpretationsgeschehen gemeint. *Zentrale Kategorie ist vielmehr die Rechtfertigungslehre.* Hier liegt der Schwerpunkt der neueren Beiträge der Systematischen Theologie. *W. Härle* entfaltet das Bildungsverständnis im Rahmen seiner Neuinterpretation der Rechtfertigungslehre (vgl. Abschnitt »Rechtfertigung und Anerkennung«, 213ff). Bei *Dietrich Korsch* konzentriert sich die Frage nach dem Verhältnis von Glaube und Bildung auf die »von Gott gebildete Person« (Korsch 1994, 200), die sich an der Welt bildet und die Welt bildet (vgl. schon G. Lämmermann 1985). Weitgehend unberücksichtigt bleibt der *eschatologische* Interpretationshorizont (Reich Gottes und die Zukunft der Bildung); da nach Heydorn Bildung ein ständiges Freilegen von Zukunft ist, ist gerade in theologischer Perspektive der eschatologische Interpretationsgesichtspunkt unerlässlich (vgl. Biehl 1991b, 171-175).

Für *Christoph Schwöbel* ist Theologie Arbeit am Orientierungswissen; er versteht darunter die Auseinandersetzung mit den handlungsleitenden Gewissheiten (Glaube), die unsere Wirklichkeitsdeutung und -gestaltung bestimmen. Bildung ist der Prozess, in dem Orientierungsfähigkeit gewonnen werden soll (Schwöbel 1998).

Eilert Herms hat zu Recht das Freiheitsproblem als den entscheidenden Punkt der Auseinandersetzung mit der Pädagogik um das Bildungsverständnis benannt. Er sieht, dass die zentrale reformatorische Theorie der Konstitution von Freiheit konkreter und genauer in der zeitgenössischen Bildungswelt zur Geltung gebracht wird als die aus der neuzeitlichen Philosophie stammenden Freiheitstheorien. »In der neuzeitlichen Bildung sind alle Wahrheitsmomente der Reformation aufgehoben, durch sie kommen sie zur Geltung, wer der Wahrheit der Reformation ansichtig werden will, muss sie daher in den Horizont dieser neuzeitlichen Bildung einordnen und diesen Horizont zum Maßstab ihrer Interpretation machen; er muss also einen Interpretations- und Umformungsgestus fortsetzen«, der erstmals vom Neuansatz protestantischer Theologie her vollzogen wurde (Herms 1998, 336). An zwei Punkten zeigt sich für Herms, dass diese Sicht nicht zureichend ist. (1) In Verlauf und Ergebnis ist die neuzeitliche Bildungswelt pluralistisch. (2) Die neuzeitliche Bildungswelt und ihre pluralen Positionen müssen im Lichte der biblischen und reformatorischen Tradition auf ihr Freiheitsverständnis hin durchleuchtet und u.U. kritisiert werden (Herms 1998, 336f).

Mit dem Problem der theologischen Interpretation und materialen Ausgestaltung des Bildungsverständnisses im Horizont der Pluralität sind wir auf den aktuellen Stand des Gesprächs zwischen Systematischer und Praktischer Theologie gestoßen. Pluralismus und Multikulturalität sind nicht nur wichtige Gesichtspunkte bei der theologischen Interpretation des Bildungsverständnisses, sondern sie sind auch Inhalt der Bildungsprozesse (vgl. Schweitzer 2000a, 575); Pluralismusfähigkeit ist Ziel von Bildungsprozessen. Es ist das Verdienst Karl Ernst Nipkows, Pluralität und Pluralismus als umfassenden Horizont der Bildung und als Verständigungsrahmen der religionspädagogischen Diskussion erschlossen zu haben (Nipkow 1998 I/II). Angesichts des faktischen Pluralismus, der unsere Lebenswelt prägt, ist eine prinzipielle Zustimmung zum Pluralismus auf allen Ebenen der Pluralität unerlässlich (Schweitzer 2000a).

Eine theologische Interpretation des Bildungsbegriffs setzt voraus, dass Religion der Pädagogik nicht äußerlich bleibt, sondern die bildungstheoretische Rolle der Religion von ihr selbst wahrgenommen wird (Nipkow 1998 II, 101). Die Pädagogen, die ein kritisches Verhältnis zur Religion entwickeln, sind nicht zahlreich (Heinz-Joachim Heydorn – inzwischen fast vergessen –, Jürgen Oelkers, Hartmut von Hentig, Helmut Peukert, am differenziertesten neben Oelkers Dietrich

Benner in seiner »Allgemeinen Pädagogik«, 1987). Eine weitere Voraussetzung besteht darin, dass die Theologie sich selbst als Prozess innerhalb des neuzeitlichen Christentums begreift, dem sich auch der kritische Bildungsbegriff verdankt. Bildung ist ein Folgephänomen der dem Menschen mit seinem Personsein gewährten Freiheit. Die Theologie muss daher mit Hilfe der Methode von Analogie und Differenz dieses Folgephänomen christlicher Freiheit daraufhin untersuchen, wo ihre Freiheitstradition sachgemäß zur Geltung gebracht wird und wo eine Differenz besteht.

Theologie ist die Kunst des Unterscheidens. Unterscheiden meint nicht trennen oder addieren, sondern meint den Vorgang, durch den jede Sache ins rechte Verhältnis, an seinen rechten Ort gebracht wird. In der Theologie steht die Unterscheidung von Gott und Mensch im Vordergrund. Konkret: Es ist Sache Gottes, das Personsein des Menschen zu gewähren und für es einzutreten. Es ist Sache des Menschen aufgrund des Personseins, in der Bildung Subjekt zu werden. Bildung ist ein Folgephänomen der dem Menschen gewährten Personenidentität und Freiheit.

Auch im Blick auf das Pluralismusproblem als Horizont der Bildung ist eine Unterscheidung erforderlich. Wir unterscheiden Pluralität aus Glauben, die mit der Wahrheit eng verschwistert ist, von dem faktischen religiös-weltanschaulichen Pluralismus (vgl. Abschnitt »Säkularisierung und Pluralismus«, 42-58).

2. Zur Konzeption des Bandes

Religionspädagogische Arbeitsbücher für die exegetischen Wissenschaften liegen seit geraumer Zeit vor, für die Systematische Theologie bisher nicht. Im Sinne eines solchen Arbeitsbuches geht es nicht darum, eine neue »Poetische Theologie« oder eine Elementartheologie zu schaffen, sondern religionspädagogische Zugänge zur neueren Systematischen Theologie zu eröffnen, wie sie uns vorliegt. Das religionspädagogische Interesse kommt in der Auswahl und Darstellung der Themen sowie in den »Arbeitshinweisen« zum Ausdruck. Um den Status einer Anwendungswissenschaft zu überwinden, haben wir auf die eingespielte Dreiteilung in »biblisch-theologische«, »systematisch-theologische« und »didaktische« Aspekte bewusst verzichtet. Die Religionspädagogik ist ständiger Bezugspunkt der Darstellung, die in sich dialogisch ist. Systematisch-theologische und religionspädagogische Aspekte sollen miteinander verschränkt werden. Diese Verschränkung fällt bei jedem Thema anders aus. Idealtypisch lässt sich die Vorgehensweise am Abschnitt »Hoffnung und Reich Gottes« darstellen. Ausgangspunkt sind (1) Alltagserfahrungen mit der Hoffnung in Gestalt eines literarischen Textes. Die Szene wird unter psychologischen und theologischen Gesichtspunkten ausgelegt. Dabei wird die religionspädagogische Grundaufgabe eines Hoffnungslernens herausgearbeitet. (2) Eschatologie, die nach dem Grund der Hoffnung fragt, wird aus religionspädagogischem Interesse als Lehre von den Verheißungen Gottes definiert. Verheißung ist zugleich eine Kategorie der Religionspädagogik (Bizer). (3) Religionspädagogische Gesichtspunkte sind maßgebend für die Auswahl der darzustellenden Eschatologie-Entwürfe. Dabei erweist sich die Wahrnehmung der anthropologischen Dimension als besonders aufschlussreich; in ihr liegt die Brücke zum Dialog mit der Pädagogik, und sie gibt den Hinweis auf zwei komplementäre Lernwege. (4) Die Darstellung des Lernweges, der sich auf das Reich Gottes bezieht, wird sogleich unter didaktischen Gesichtspunkten beschrieben. Anhand empirischer Forschungsergebnisse wird (5) das Verhältnis Jugendlicher zur Zukunft dargestellt. Im Sinne einer Alphabethisierung in der Sprache der Hoffnung wird (6) ein kreativer Umgang mit eschatologisch gestimmten Texten aus dem

Bereich der Literatur geübt. Er ist der Ansatzpunkt für die Begehung eines Hoffnungsfestes.
Das Gedicht »windgriff« von Hans Magnus Enzensberger wird mit dem Gleichnis vom Senfkorn verglichen. Den Abschluss bilden (7) »Arbeitshinweise«.

Besonders auffällig ist an der Struktur dieses Beispiels, dass die Literatur so stark berücksichtigt wird: Kurzprosa von M.-L. Kaschnitz, ein Gedicht von Hilde Domin, ein Hörspiel von Günter Eich und das Gedicht von Enzensberger. Es handelt sich nicht um Beispielgeschichten oder Anschlussstoffe, sondern die Eigenständigkeit und Widerständigkeit der Literatur wird gewahrt; nur so kann sie nämlich die gewohnte theologische Tradition unterbrechen und dadurch den Zugang für »Laien« erleichtern. An diesen Texten lässt sich das komplexe Verhältnis von Sprache und Wirklichkeit, das für die Theologie von grundlegender Bedeutung ist, besonders gut studieren. Wir entsprechen der Forderung von *Henning Schröer* nach einer »(theo)poetischen Hermeneutik« (zur »poetischen Didaktik« vgl. den Artikel »Literatur im Religionsunterricht« in: LexRP 1265-1269 von *Ursula Baltz-Otto*).

Die theologischen Positionen werden in ihrer Spannung zueinander dargestellt; an ihnen kann der Umgang mit Pluralität geübt werden. Die *Arbeitshinweise* bieten Denk-Anstöße. Sie sollen das Thema vertiefen und erweitern helfen (daher häufig Zusatzinformationen) und zur theologischen Urteilsbildung beitragen. Sie haben unterschiedliche Schwierigkeitsgrade, so dass je nach Situation ausgewählt werden kann. Sie unterscheiden sich damit deutlich von den Fragen im »Grundwissen der Dogmatik« (Friedrich Mildenberger / Heinrich Assel [4]1995). Hier gibt es auf die Fragen nur eine »richtige« Lösung, die am Schluss aufgeführt wird.
Der Gesamtaufbau folgt mit charakteristischen Abweichungen dem traditionellen Aufbau der Glaubenslehre (vgl. Wenzel Lohff, Glaubenslehre und Erziehung, 1974).
Der *gesellschaftliche Kontext*, in dem sich Theologie als Prozess vollzieht, soll – auch in seiner ökonomischen Struktur – aufgedeckt werden. Daher steht an erster Stelle die Frage »Gott oder Geld?«. Die theologische Gegenwartsdeutung hat einen Wandel von der Säkularisierungsthese zum Pluralismusproblem vollzogen; sie entspricht damit den gesellschaftlichen Herausforderungen.
Zu den Voraussetzungen der Glaubenslehre gehört die Reflexion auf den Zusammenhang von Erfahrung und Offenbarung (der Begriff der Lebenswelt wird in diesen Zusammenhang einbezogen) und die Klärung des Glaubensbegriffs.
Der *erste Hauptteil* hat die Wirklichkeit Gottes und des Menschen zum Thema. Im Zentrum dieses Kapitels steht die Christologie; denn sie beschreibt den Weg Gottes in die Welt, sein Kommen zu den Menschen: Er macht sich in dem Namen Jesus bekannt. Ein besonderer Schwerpunkt liegt auf der Darstellung des Handelns Gottes als Schöp-

fer, Versöhner und Vollender der Welt. Kreuz und Rechtfertigung sind nicht nur wichtige Themen, auch der Lernprozesse, sondern die Kriterien für sachgemäße Theologie. Der *dritte Teil* der Glaubenslehre beschäftigt sich mit den sog. Heilsmitteln, dem Wort Gottes (und der religiösen Sprache) und den Sakramenten. Abweichend vom üblichen Aufriss wird anhand der drei christlichen Hauptfeste noch einmal ein neuer Zugang zum Ganzen der Theologie gesucht.

II. Der gesellschaftliche Kontext der Glaubenslehre

1. Gott oder Geld

»Und es herrscht der Erde Gott, das Geld«, so dichtete Schiller in sei-
nem Gedicht »An die Freunde.«
Abendländische Rationalität und Subjektivität seien Folgeerscheinun-
gen des Geldes: Diese weitreichende These vertritt der Literaturwis-
senschaftler Jochen Hörisch. Er gibt aber gleichzeitig zu, dass das Geld
sehr wohl in der Literatur, aber nicht in seiner Disziplin vorkomme.
Das Gleiche gilt für die Theologie – Falk Wagners Monographie
»Geld oder Gott?« (1984) macht hier eine Ausnahme – und für die
Pädagogik.
Inzwischen ist durch die Diskussion um die Einführung des »Euro«
Geld in das öffentliche Bewusstsein getreten, obgleich das Geld selbst
seine symbolische Bedeutung verloren hat, weil der Tausch bargeldlos
verläuft.
Das Geld hat drei Funktionen: Es ist *Tauschmedium, Recheneinheit*
und *Wertaufbewahrungsmittel.* Bei Jugendlichen spielt nur die erste
Bedeutung eine Rolle.

1.1 Zur Poesie des Geldes

Wir weisen auf wenige theologisch interessante Aspekte hin.

Jeremias Gotthelf, Geld und Geist (1842/43)
Resli aus einer gottesfürchtigen wie wohlhabenden Berner Bauernfa-
milie will Anne Mareili, die aus einer ebenso wohlhabenden, aber
gottlos-geizigen Familie stammt, heiraten. Doch der Eheschließung
stehen unzumutbare Forderungen des Brautvaters im Wege.

So verloben sie sich zunächst heimlich. In einer eigentümlichen Verlobungsszene
versprechen sie einander, beide sprechen die Formel »Ja, in Gottes Namen!«
(Ausgewählte Werke in 12 Bänden, hg. von W. Muschg, o.O. 1978, 112). Aber
diese Zeugenschaft ist ihnen nicht genug. So wie der Romantitel Geld und gött-
lich-pfingstlichen Geist durch ein »und« verbindet, suchen sie ein »Ehepfand«, das
deutlicher und symbolischer ist. Die Peinlichkeit dieser Maßnahme ist den Liebenden bewusst; sie wählen zwei exklusive Geldstücke. Resli gab einen treuen, ehren-
festen Bernzwanziger, Anne Mareili aber ein neues Geldstück. Sie verpfänden

mehr als nur ihr Wort. Sie verpfänden das, was »wie eine Art Hausgeist« im Hause ist.
Schon auf der ersten Seite des Romans wird der Zusammenhang von Geld und Geist thematisiert. In manch reichem Bauernhof liegt der Reichtum in Kisten und Kasten auf gespeichert. Diese Summe hat sehr oft keine bleibende Stätte. »Wie eine Art Hausgeist, aber kein böser, wandert er im Haus herum [...]. Vater und Großvater sind auch nie einem Menschen etwas schuldig geblieben, und was sie kauften zahlten sie in bar und zwar mit eigenem Gelde [...] ohne Schrift und Zins, auf Treu und Glauben, und auf die himmlische Rechnung, und zwar eben deswegen so, weil sie noch an ein Jenseits glaubten, wie es recht ist.«

Wer Geld wie eine Art Hausgeist nicht aus dem Haus lassen will (es sei denn, um etwas zu kaufen, »das zum Hof sich schickt«), unterstellt das Geld dem Gesetz des Hauses. Geld ist ein »Geist«, der unruhig wird, wenn er das Haus nicht verlassen kann, weil die Besitzer verkennen, dass es sich nicht an die Sphäre des Hauses binden lässt.
Geld ist ein Geist – wenn auch ein »Hausgeist«, der sich nicht einsperren lässt. Die Liebenden verkennen, dass das Geld weit über die individuelle Existenz hinausgreift und gerade auf dem Umlauf beruht.
Geld macht den Geist buchstäblich, indem er das Jenseits zum Diesseits macht. Darin besteht seine Unheimlichkeit. Geld stellt Verbindungen her, ist auf Tausch, Mitteilung, Verkehr, Synthese angelegt. Es entspricht darin dem Geist, den die Theologie »Pfingstgeist« nennt.
»Die Sprache des Geldes macht aus der kairologischen Ausnahme des Pfingstwunders ein säkulares Dauermedium« (Hörisch 1996, 316).
Nur das Geld ist heute faktisch universal. Es bildet die Gemeinschaft der Kaufenden und Verkaufenden. »Geld ist selbst so etwas wie eine symbolisierte Möglichkeit, ökonomische Kommunikation zu vermitteln. Mit Geld wird nicht nur spekuliert, es ist selbst eine spekulative Realität« (Moltmann 1975, 191).

Gotthelfs Roman hat unablässig die enge Beziehung von Geld und Geist im Blick. Erstaunt stellt er fest, dass der Pfingstgeist sich im Geld materialisiert: Es verständigt alle mit allen.

Matthias Claudius, Täglich zu singen (1879)

Ich danke Gott, und freue mich
Wie's Kind zur Weihnachtsgabe,
Dass ich bin, bin! und dass ich dich
Schön menschlich Antlitz habe.

[...]

Auch bet ich ihn von Herzen an,
Dass ich auf dieser Erde
Nicht bin ein großer reicher Mann,
Und auch wohl keiner werde.

Denn Ehr und Reichtum treibt und bläht,
Hat mancherlei Gefahren,
Und vielen hat's das Herz verdreht,
Die weiland wacker waren.

Und all das Geld und all das Gut
Gewährt zwar viele Sachen,
Gesundheit, Schlaf und guten Mut
Kann's aber doch nicht machen.

(aus: Asmus, omnia sua secum portans oder Sämtliche Werke des Wandsbecker
Boten, erster Bd., Gotha 1879)

In diesem berühmten Gedicht hat die theologisch motivierte Geldkritik
wohl ihren populärsten Ausdruck gefunden. Diese Geldkritik ist in der
Literatur weit verbreitet. »Denn nichts ist schädlicher als das Geld«
(Erasmus von Rotterdam). Mit der rhetorischen Figur des Kompromisses, wie sie Claudius zur Sprache gebracht hat, konnte man lange Zeit
die monetäre Zweiteilung der Welt hinnehmen. Sie entsprach dem gesunden Menschenverstand.
Geld, Macht, Technik und Medien sind theologisch, ethisch und politisch unschuldig. Alles hängt von der rechten Verwendung dieser (von
Gott gegebenen) Mittel ab. Das Eigentliche des Menschen und des
Seins wird von diesen Mitteln sowieso nicht betroffen.
Nach dem Ende der theologisch-fundamentalen Geldkritik wurde in
der Literatur vor allem kritisiert, dass das Geld nicht nur die Ökonomie
betrifft, sondern auf alle anderen Systeme übergreift. Die Wirklichkeit
ist geldbestimmt. Eine tiefgreifende Kritik am Tauschprinzip finden
wir bei Marx und bei Adorno. Marx versteht das Geld als Symbol der
Entfremdung »Was das Geld kaufen kann, das *bin ich*; das Geld ist das
höchste Gut«, »der wirkliche Geist aller Dinge«, die »sichtbare Gottheit«, die »göttliche Kraft« (Marx 1968, 298f, 301).

Paul Celan, Ich trinke Wein (1976)
Während das Gedicht von Claudius eine breite Wirkungsgeschichte
hat, die bis nach Amerika reicht, sind die wenigen Zeilen von Celan
fast unbekannt.

ICH TRINKE WEIN aus zwei Gläsern

Und zackere an
der Königszäsur
wie jener am Pindar.

Gott gibt die Stimmgabel ab
als einer der kleinen
Gerechten

aus der Lostrommel fällt
unser Deut.

(aus: Zeitgehöft – Späte Gedichte aus dem Nachlaß, Frankfurt a.M. 1976).

Mit Hilfe weniger Informationen ist das Gedicht nicht mehr schwer verständlich. Mit »Jener« ist Hölderlin gemeint, der einer brieflichen Äußerung zufolge, bei der Übersetzung Pindars ins Deutsche »an der Königszäsur zackerte«. »Deut« – das ist naheliegend – ist ein Element des Wortes ›Deutung‹; zugleich ist es der Name einer holländischen Münze mit geringem Wert. Auffallend sind die Zäsuren in diesem Gedicht. In der ersten Zeile ist vom Weintrinken aus zwei Gläsern die Rede. Zäsur, sie trennt eine Zeile in zwei Hälften. »Ich« und »Jener« bezeichnen die beiden Figuren des Vergleiches. Eine Stimmgabel besteht aus zwei Einzelgabeln, die harmonieren, ins »Einverständnis« kommen sollen wie Wirklichkeit und Deutung. »Wenn Gott die Stimmgabel abgibt, so muss es noch eine zweite theologisch relevante Größe geben, die uns auf neue und unerhörte Korrelationen von Sein und Sinn einstimmt.« (Hörisch 1998, 349). Wann hat Gott die »Stimmgabel abgegeben« – um im Bild zu bleiben? Als das Geld das Abendmahl als Leitsymbol abgelöst hat: Das ist sinngemäß die These von Hörisch.

Das Abendmahl ist Erinnerungsmahl, verweist eschatologisch auf zukünftiges Heil, lässt etwas aber realpräsentisch gegenwärtig sein. Geld kann vergangene Werte aufbewahren, man kann Kredit auf die Zukunft nehmen; Tauschakte sind immer gegenwärtige Ereignisse. Die gestempelte Hostie wird vom gestempelten Münzgeld beerbt, beide ähneln vom Design einander; beide müssen von Autoritäten ausgegeben werden, und beide haben zwei Seiten. Auch das Geld stellt funktional Korrelationen zwischen abstrakten Werten und konkreten Gütern her. Die Deckung dieser ungeheuren Leistung, die das Ökonomische weit überschreitet, bezieht das Geld in aller Regel, »aus genau der Sphäre, für deren Erosion es sorgt – aus der religiösen: ›In God we trust‹« (Hörisch 1998, 33).

Die Münze beerbt die Hostie; Geld wird zum »God term« (K. Burke) der Moderne. Die Sprache des Geldes knüpft direkt an die religiöse Sprache an (vgl. Kredit – Credo). Geld schafft Anerkennung, dabei geht es nicht nur um das Habenwollen, sondern auch um das Seinwollen, um Geltung. Dass das Geld zum Gott erhoben werden kann, ist auch der direkten Anschauung zugänglich: Die US-Dollarnoten tragen die Inschrift »In God we trust«; die griechischen 1000-Drachmenscheine zeigten den Gott Poseidon.

1.2 Zur Soziologie und Philosophie des Geldes

Georg Simmel hat in seiner »Philosophie des Geldes« die Entwicklung der sozialen Beziehungen anhand der Entwicklung des Geldes nachgezeichnet. Die »Geldhaftigkeit der Beziehungen«, die »Charakterlosigkeit des Geldes« bringen eine Verdinglichung der Person und eine funktionale Distanz zwischen den Menschen hervor (Simmel 1977, 483). Diese »Charakterlosigkeit«, die das Geld als Tauschmittel auszeichnet, teilt sich den Dingen und Leistungen mit, für die das Geld als Tauschmittel dient. Dinge und Personen können ihre Tauschfähigkeit im Rahmen des Geldverkehrs nur leisten, wenn sie ihrer inhaltlichen Bestimmtheit und Eigenständigkeit entkleidet werden. Geld ist »Träger und Ausdruck der Tauschbarkeit als solcher« (ebd., 91). Simmel sieht, seinem liberalen Ansatz entsprechend, die Charakterlosigkeit zugleich als »sehr positive Eigenschaft«. Das Geld ermögliche eine »Unabhängigkeit vom Willen anderer« (ebd., 318). Das Geld wird für Simmel zum Zentrum aller Werte. Dieser Gesichtspunkt gibt der Klage, dass *das Geld als Gott unserer Zeit gilt*, die tiefere Begründung (Simmel 1983, 90). Simmels Beschreibung des geldbestimmten Umgangs mit der Welt reduziert diesen auf individual-psychologisch gedeutete Verhaltensweisen.

80 Jahre später bringt *Bruno Liebrucks* die Ambivalenz geldbestimmter Daseins- und Bewusstseinsvollzüge ungleich schärfer zum Ausdruck. Der durch Geldgebrauch ermöglichten Freiheit stehen Abhängigkeitsverhältnisse gegenüber, die das Leben gefährlich einschränken. Diese Ambivalenz betrifft das Problem der Gerechtigkeit.

»Geld ist nicht nur Herrschaft über die Dinge. In ihm, im Umgang mit dem Geld, erhalten die Dinge selbst Geldcharakter. Sie werden qualitativ leer, inhaltslos. Die Herrschaft des Geldes wird von den Dingen damit beantwortet, dass sie uns nur noch ihr quantitatives ›Gesicht‹ zukehren. Diejenigen, die auf Grund der Geldwirtschaft hergestellt werden, haben kein anderes mehr. Darin liegt der ungeheure Weltverlust beschlossen, in dem wir heute stehen« (Liebrucks 1972, 292).

Das Geld wird zum Zweck aller Zwecke. Der Mensch, der sich vom Geld her versteht, »geht dann mit anderen Menschen nicht mehr als Menschen um, sondern bleibt isoliert in sich, befragt sie nur auf ihre Zahlungsfähigkeit ...« (ebd., 298). »Die Dinge haben sich in Quanten verwandelt und mit ihnen der Mensch. Er hat vergessen, dass er das Geld gemacht hat. Das Geld als der allgemeine Wert der Dinge und Leistungen erhält *göttlichen Charakter*, was aber abgedeckt wird, da das Wort ›göttlich‹ nach Metaphysik riecht. Dieser irdische Gott, das Geld, kann nur leben, wenn er der Wirklichkeit ihr qualitatives Mark aussaugt« (ebd., 282). Selbst die *soziologische Systemtheorie* folgt jener Interpretation des Geldes als alles bestimmender Wirklichkeit. Sie beschreibt das Funktionieren des Geldes auf der Grundlage einer

Theorie symbolisch verallgemeinerter Mittel der Kommunikation. Alle wirtschaftlichen Tätigkeiten laufen so ab, dass Zeitpunkt, Sachen und Personen vergleichgültigt sind und als Mittel einer allgegenwärtigen Mitteilbarkeit des Geldes erscheinen. Das Geld, dem alles andere zum Mittel wird, stellt so seine Allmacht unter Beweis. Indem die Gesellschaft alle wirtschaftlich beurteilten Dinge und Handlungen auf Geld bezieht, ersetzt sie die »*Omnipotenz Gottes durch die Omnipotenz des Geldes* ...« (Luhmann 1972, 191, Hervorhebung P.B.). Das von der Soziologie und Philosophie beschriebene Konkurrenzverhältnis von Gott und Geld bedarf dringend theologischer Explikation. »Geld« aber ist für die evangelische Theologie ein unbekannter Begriff. Das Problem des Geldes wird meistens verdrängt. Unter den Bedingungen ökonomisch bestimmter Gesellschaften tritt das Geld seine Karriere als alles bestimmende Wirklichkeit an.

Es löst damit die Funktion des Gottesgedankens in der Gestalt eines »Geld-Pantheismus« ab. Dieser durchdringt alle lebensweltlichen Bereiche (Wagner 1984, 134). Gott wird beliebig ersetzbar.

Das zum Selbstzweck erhobene Geld zieht als der ›irdische Gott‹ die Funktion der alles bestimmenden Wirklichkeit an sich. Der göttliche Gehalt des Geldes verschafft sich in der Gestalt eines geldgeprägten Pantheismus Geltung.

Das ist die zentrale These *Falk Wagners*, des einzigen Theologen, der sich unter systematisch-theologischen Gesichtspunkten auf das Problem wirklich einlässt. Das wird sonst – wenn überhaupt – dann unter (individual-) ethischer Fragestellung behandelt.

1.3 Geld als theologisches Problem

Gott ist die alles bestimmende Wirklichkeit – das ist der Gottesbegriff, wie er von R. Bultmann eingeführt und von W. Pannenberg aufgenommen wurde. An die Stelle Gottes kann das Geld als die alles bestimmende Wirklichkeit treten. Gott erschließt sich selbst dem Glauben – auch an das Geld muss man »glauben«. Begegnet man dem Geld mit Unglauben und kollektivem Misstrauen, so kollabiert es. Nur wenn es die Beglaubigung nicht verliert, kann es seine Funktionen ausüben. Wagner lokalisiert das Problem des Geldes also zu Recht in der Gotteslehre und in der Trinitätslehre das Widerlager gegen den »Geld-Pantheismus«.

In dem Geheimnis der Trinität liegen in der Tat kritische Impulse. E. Peterson hat in seiner berühmten Abhandlung über den »Monotheismus als politisches Problem« (1935) nachgewiesen, dass der metaphysische Monotheismus ein Monarchismus war. Es gibt nur eine Weltherrschaft Gottes. Diese monotheistische Weltsicht steht in unmittelbarem Zusammenhang mit dem Imperialismus des einen

Kaisers. Als das Christentum Staatsreligion wurde, bestand die Gefahr, dass die Gotteslehre zur Kaiserideologie wurde. Ein Gott – ein Logos und Nomos –, ein Kosmos und ein Kaiser. Durch die Ausbildung der christlichen Trinitätslehre wurde diese Gefahr einer »politischen Theologie« überwunden.

Angesichts dieses historischen Beispiels lässt sich vermuten, dass sich der »trinitarische Glaube« kritisch gegen den Abgott mobilisieren kann, der entsteht, wenn Menschen dem Geld Macht über sich einräumen.
In der Bibel und ihrer Wirkungsgeschichte wird das Geld nicht eindeutig negativ qualifiziert. Ein bestimmter Umgang mit ihm wird als gefährlich aufgedeckt. Daher die Warnung, dass *entweder* Gott *oder* der Mammon herrscht (Mt 6,24).
In den Gleichnissen Jesu vom Schatz im Acker und von der Perle (Mt 13,44ff) und von der verlorenen Drachme (Lk 15,8ff) werden Schatz, Perle und Drachme (Pfennig) als Bilder für das Reich Gottes in Anspruch genommen. Es ist als Schatz, Perle oder Pfennig in Jesu Worten und Taten gegenwärtig. Als »verlorener Pfennig« kann er zum »Lösegeld« für viele werden (Mt 20,28; Mk 10,45). Er setzt sich selbst als Gabe ein und verausgabt sich für andere Diese Verausgabung wird im »Wort von der Versöhnung« in eine Verheißung gefasst (2Kor 5,19).
In der Parabel von den anvertrauten Geldern (Mt 25,14-30; Lk 19,11-27) wird die wirtschaftliche Gesetzmäßigkeit auf das Reich Gottes angewendet. Mit ihm verhält es sich wie mit dem Kapital, das gewinnbringend eingesetzt werden will. Die Jünger werden aufgefordert, sich Freunde mit dem »ungerechten Mammon« (Lk 16,9) zu schaffen. Angesichts dieses Befundes verwundert es, dass Luther kompromisslos formuliert: Gott oder Geld.

Manfred Josuttis stellt fest: »Zwischen dem alttestamentlichen Opferglauben und dem spätmittelalterlichen Ablasshandel muss etwas passiert sein, so dass das Geld und das Tauschverhältnis im Zusammenhang mit dem Gottesverhältnis diskreditiert ist« (Josuttis 1987, 156).

Es gibt gute Gründe für die Annahme, dass Luther an der Zeitschwelle zur Neuzeit erkannt hat, dass die primär religiöse Wertorientierung durch eine monetäre Wertorientierung abgelöst wird. Er hat in dieser Situation die biblische Gott-Mammon-Alternative zur Gott-Geld-Alternative zugespitzt. Gegen die sich anbahnende Umstellung von Gott auf Geld setzt er das kompromisslose »Gott oder Geld«. Luther ist der erste Theologe, der die Alternative Gott oder Geld konkret wahrnimmt. Er benutzt sie zum ersten Mal in einer Katechismuspredigt am 14. September 1528 (WA 301, 28). »Du wirst wenige finden, die nicht Mammon zum Gott haben. Sie trauen Gold mehr als Gott.«
Inhaltlich entspricht die Predigt der Auslegung des ersten Gebots im Großen Katechismus. Der Mammon erscheint an der Spitze aller Beispiele des »Widerspiels«. »Es ist mancher, der meinet, er habe Gott

und alles gnug, wenn er Geld und Gut hat [...]. Siehe, dieser hat auch einen Gott, der heißet Mammon, das ist Geld und Gut, darauf er alle sein Herz setzet, welchs auch der allergemeinest Abgott ist auf Erden [...]. Denn man wird ihr gar wenig finden, die guts Muts seien, nicht trauern noch klagen, wenn sie den Mammon nicht haben [...].« (BSLK 561, 9ff).

F.W. Marquardt (1983, 188) hat in seiner Auslegung des Textes nachgewiesen, dass Luther statt des negativen und nur bildhaften Begriffs des Götzen den positiven und realen Begriff eines Gottes einsetzt, um den Mammon zu qualifizieren. Der Mammon, der im Wucher wirksam ist, wird von Luther als ein Element der Wirklichkeit im Ganzen und als System von Wirklichkeit verstanden. Die Ökonomie werde damit neben Magie, Religion und Wissenschaft, die ebenfalls zum Konkurrenzbereich des ersten Gebots gehören, als Basiselement von Wirklichkeit erkannt und theologisch gewertet. Sie ist relevant für ein Verständnis dessen, was überhaupt »Gott« heißen soll.

Luther hat die Ökonomie zur Mammonfrage gemacht und umgekehrt die Gottesfrage an die Wirklichkeit des Abgott gebunden. Damit steht nicht irgendein Gottesbegriff auf dem Spiel, sondern Gott wird e contrario gedacht als Widerspiegelung des Kampfes Gottes gegen den Mammon (ebd., 210). Luther beantwortet die Frage »Was heißt ein Gott haben oder was ist Gott?« (BSLK 560, 9f) nicht mit einer Definition, sondern durch den Aufweis der Situation, in der das Reden von Gott seinen Erfahrungsbezug hat, von der Situation der Gottesverehrung her. Luther verlagert damit die Frage nach dem Sinn der Rede von Gott in die Praxis, in der Menschen sich engagieren und von einer Macht betroffen sind. Es geht also um die Frage, welcher Macht wir in unseren praktischen Lebensvollzügen wirklich vertrauen, also um die Qualität unseres Gottesverhältnisses. Luther präzisiert diese Situation als Notsituation und als Situation der Erwartung, in der der Mensch sich auf etwas verlässt, in der er das Herz an etwas hängt, vertraut und glaubt (vgl. Abschnitt »Glaube, Mut, Vertrauen«, 77-89). Gott ist das »Woraufhin des Sich-Verlassens« (Ebeling). Dieser Vorgang entscheidet über sein Menschsein: Entweder hat das »Gott-Haben« ausschließlich den Sinn von Vertrauen und Glauben, oder der Mensch stützt sich auf ein andersartiges Haben, auf das Haben von Geld und Gut. Das Reden vom Gott hat da seinen Ort, wo es scharf zusammentrifft mit allen Arten der Abgötterei, mit dem Mammon. Diese »Ortsbeschreibung« ist bei Luther vor der Tendenz zur Generalisierung dadurch geschützt, dass er empirische Beispiele des »Widerspiels« beschreibt: Wucher, Geiz, Prellerei, Schatzbildung. Seine Analyse von »Kaufhandel und Wucher«, sein Engagement gegen das Elend der Tagelöhnerexistenz und von Bettlerarmut wie seine Kritik an den Monopolen ist in der Grundhaltung antimonetarisch. Luthers Unterscheidung zwischen Gott und Abgott bezieht sich zunächst auf die personale Dimension, auf Vertrauen und Glauben. Das »Haben« ist daraufhin zu prüfen, ob es ausschließlich den Sinn des gewissmachenden Vertrauens hat. Diese Frage hat aber zugleich gesellschaftskritische Bedeutung. Sie bezieht sich auf die Instanzen, denen wir im Leben am meisten vertrauen oder die wir am meisten fürchten. Sind diese Instanzen wahrhaft vertrauenswürdig? Geht von ihnen wirklich die tiefste Bedrohung aus? Erweisen wir ihnen falschen Respekt? Gleichwohl ist die Frage nach der Freiheit von der geldbestimmten Wirklichkeit heute nicht allein auf der Ebene der Personrelation zu beantworten, sondern auch auf der Ebene sozial gestalteter Freiheit zu stellen. Trotz bleibender Differenz zwischen dem verheißenen Reich Gottes und der durch Handeln erreichbaren Verbesserung sozialen Lebens, entbindet die Hoffnung auf das verheißene Reich die inspirierende Kraft, jeweils nach der besseren Gerechtigkeit zu suchen. Inhalt dieser Hoffnung ist das Leben in kommunikativer Freiheit, in der geschwisterlichen Verbundenheit aller Menschen (Freiheit und Gleichheit aller Menschen, Teilhabe aller im Geist [vgl. Röm 14,17]).

Die Reich-Gottes-Hoffnung zeitigt gleichnishafte »Vorweg-Realisationen«, etwa in Gestalt von Kommunitäten, in denen mit neuen Lebensformen experimentiert wird (»Unterbrechung« geldbestimmter Wirklichkeit in neuen Armutsbewegungen). Diese Hoffnung weist uns in verschärfter Wahrnehmung der Verantwortung auf das vernünftig Erreichbare, ohne uns den Stachel des »Mehr-noch« der Verheißung zu nehmen, auf die Möglichkeiten einer schrittweisen Minimierung geldbestimmter Macht, Gewalt, Unfreiheit und geldbestimmten Unrechts.

1.4 Haben oder Sein (Erich Fromm)

Die von Luther zugespitzte *theologische* Gott-Geld-Alternative hat eine anthropologische Entsprechung in der von Fromm ausgearbeiteten Haben-Sein-Alternative. Sie stellt eine Brücke zu den pädagogischen Problemen geldbestimmter Wirklichkeit dar. Diese Alternative besagt: *Entweder* ist das Haben *oder* das Sein die dominante Orientierung des Denkens, Fühlens und Handelns eines Menschen. Sie bestimmt das Verhältnis zu sich selbst, zum anderen und zur Welt. Für die Inanspruchnahme der von Fromm vor allem mit sozialpsychologischen Kategorien ausgelegte Haben-Struktur spricht, dass sie schneller auf gesellschaftliche Veränderungen bezogen werden kann als das Geld. Jugendliche geben gerne Geld aus und sind in die Gemeinschaft der Kaufenden einbezogen, aber die anderen genannten Funktionen des Geldes spielen für sie kaum eine Rolle. Die Haben-Struktur lässt sich

auf die jeweiligen gesellschaftlichen Verhältnisse hin konkret auslegen. Ein Beispiel in diesem Zusammenhang ist die Macht über die
Medien, die sich gegenwärtig auf wenige Menschen konzentriert. Für
die Tradition des europäischen Denkens ist die *Unterscheidung zwischen Macht und Wahrheit* grundlegend. An dieser Unterscheidung
hängen Wissenschaft, Moral, Politik und das Funktionieren der Demo-
kratie. Wo diese Unterscheidung nicht mehr gemacht wird, besteht die
Gefahr, das die Wahrheit mit der Meinung derer gleichgesetzt wird,
die die Macht über die Medien besitzen, so dass Wahrheit von Macht,
Mehrheiten und Marktgesetzen abhängig sein wird (Dalferth 1997,
278). Haben und Sein ist für Fromm der hermeneutische Schlüssel
zum Verständnis der Wirklichkeit überhaupt.

Die Haben-Struktur ist durch das Besitzenwollen und durch das Einverleiben – eine archaische Form des Inbesitznehmens – gekennzeichnet. Dieses Einverleiben ist nicht nur mit physiologischen Bedürfnissen verbunden, es gibt eine symbolische und magische Einverleibung.
Ich kann mir das Inbild Gottes einverleiben. Ich schlucke das Objekt
symbolisch und glaube an seine Präsenz in mir. Der Konsumhaltung
liegt der Wunsch zugrunde, die ganze Welt zu verschlingen. Diese auf
das Einverleiben gerichtete Geschäftigkeit ist Ausdrucksform von Passivität. Der ist nicht selber in dem, was er tut oder nicht tut.

Fromm nennt das Geld an der Spitze der verschiedenen Objekte des
Habens: Geld, Besitz, Ruhm (Fromm 1979, 95, vgl. 108). Entscheidend für diese Existenzweise sind jedoch nicht die einzelnen Objekte
des Habens, sondern die gesamte Einstellung: Alles und jedes kann
zum Objekt des Haben-Wollens werden.

Der wichtigste Schlüssel zum Verständnis der Charakterstruktur und
des Gesellschaftscharakters ist die Marketing-Orientierung. Sie wird
erst im 20. Jahrhundert zu einer dominanten Beziehung zur Welt (ebd.,
141). Der von dieser Orientierung geprägte Mensch fragt zuerst, wie er
sich am besten verkauft. Er empfindet sich gleichzeitig als Ware und
als Verkäufer dieser Ware. Er ändert sich ständig nach dem Prinzip
»Ich bin so, wie du mich haben möchtest« (ebd., 142). Die Unbestän-
digkeit der Haltungen ist die einzige sich durchhaltende Qualität dieser
Orientierung. Es geht um optimales Funktionieren unter den jeweils
gegebenen Umständen. Daraus resultiert ein sich ständig wandelndes
Ich und ein Vorrang der kognitiven Bewältigung der Welt. Diese *Marketing-Orientierung* betrifft auch die Religion. Im Augenblick seiner
größten Ohnmacht bildet der Mensch sich ein, dank wissenschaftlicher
und technischen Fortschritte allmächtig zu sein (ebd., 147).

*Die Geldbestimmtheit der Wirklichkeit kommt in ihrem universalen
Charakter in der Marketing-Orientierung nachhaltiger zum Ausdruck
als in der Gier nach Geld.* Um zu *sein,* müssen wir die Existenzweisen
des Habens unterbrechen, die Egozentrik und Selbstsucht aufgeben.

Der wichtigste Modus des Seins ist nach Fromm die Aktivität im Sinne des »inneren Tätigseins«, sie unterscheidet sich ausdrücklich von der Geschäftigkeit (ebd., 89). Es geht um lebendige Erfahrung, in der den menschlichen Gaben Ausdruck verliehen wird. Mit diesen Gaben ist jeder ausgestattet, nämlich die Fähigkeit, sich zu erneuern, zu wachsen, sich zu verströmen, sich zu interessieren, zu entdecken, zu geben. In der Aktivität erfährt sich der Mensch als Subjekt seiner Existenz. Dieses bleibt Akteur und Zentrum der Existenz, unabhängig davon, was sich in dieser Beziehung zwischen Subjekt und Objekt abspielt. Daher handelt es sich um eine nicht-entfremdete Aktivität. »Ich und mein Tätigsein und das Ergebnis meines Tätigseins sind eins« (ebd., 91). Zu den Erfahrungen des Seins gehören das Lieben und die Solidarität. »Freude ist die Begleiterscheinung produktiven Tätigseins [...], ist die Glut, die dem Sein innewohnt« (ebd., 115) – Einheit, Liebe, Versöhnung, Teilen und Mitteilen und Bejahung des Lebens sind Leitvorstellungen, die die Existenzweise des Seins kennzeichnen.

Es handelt sich bei diesen Leitvorstellungen zugleich um religiöse Kategorien (ebd., 156). Fromm findet sie im AT (Exodus, Sabbat als Feier des Seins, Messianismus), im NT (Bergpredigt als Ethos des Seins, des Teilens und der Solidarität) und bei Meister Eckhart. Bei ihm findet Fromm seine Auffassung vom Sein als Tätigsein, Geburt, Leben bestätigt (ebd., 69). Die Beschreibung der Haben-Sein-Alternative ist erfahrungsnah und kann weitergeschrieben werden.

Die Haben-Sein-Alternative bzw. theologisch zugespitzt die Gott-Geld-Alternative stellen eine umfassende Bestimmung der menschlichen Wirklichkeit dar. Die theologische Alternative bringt wie die Fundamentalunterscheidungen »Gesetz und Evangelium« oder »Evangelium und Religion« die Rechtfertigung allein aus Glauben zum Ausdruck. Die Verheißung inspiriert zugleich die Hoffnung auf eine Veränderung geldbestimmter Wirklichkeit.

In der Gott-Geld-Alternative, die eine Konkretion in der entsprechenden anthropologischen Haben-Sein-Alternative erfährt, hat die Theologie ihr eigenständiges Kriterium zur Deutung der gesellschaftlichen Situation der Gegenwart. Sie ist nicht darauf angewiesen, ständig die letzten soziologischen Deutungsmuster aufzuschnappen (Erlebnisgesellschaft, Fungesellschaft, Wissensgesellschaft usf.).

1.5 Religionspädagogisches Handeln im Kontext geldbestimmter Wirklichkeit

(1) Gesellschaftskritisches, zukunftsgerichtetes Denken ist nicht mehr stark ausgeprägt. Ein Grund dafür liegt darin, dass materiale politische Utopien nach dem Ende des bürokratischen Sozialismus und der

Zweiteilung der Welt in Ost und West keinen Sitz im Leben der Gesellschaft mehr haben.

(2) Angesichts der geldbestimmten Wirklichkeit, in die auch die Erziehungs- und Bildungsprozesse eingelassen sind, ist eine Verständigung darüber erforderlich, welche Zukunft *wünschbar* ist. Religionspädagogisches Handeln antizipiert eine Welt, wie sie sein *könnte*. Durch den Zerfall politischer Utopien ist die Pädagogik genötigt, den Weg zu einer eigenen pädagogischen Utopie zu suchen. Durch jeden Neugeborenen kommt Neues in die Welt. Die Neuankommenden vor den Zumutungen und Ansprüchen schon bestehender, geldbestimmter Wirklichkeit zu schützen, ist Inhalt pädagogischer Utopie. Sie lässt sich unter theologischen Gesichtspunkten zu einer relativen Utopie weiter ausgestalten, aus der sich ein *religionspädagogischer »Entwurf«* ableiten lässt.

(3) Angesichts der knapper werdenden Ressourcen – die knappe Ressource »Sinn« kann nicht immer weiter durch den Verweis auf konsumierbare »Werte« ersetzt werden – und zunehmender ökonomischer Zwänge besteht für die Religionspädagogik kein Anlass, das Problem der Ökonomie auszuklammern und in die Ästhetik auszuweichen. Wie am Beispiel Walter Benjamins erkennbar wird, lässt sich die Ästhetik sachgemäß mit dem »schrägen Blick« von unten (Waldenfels) und mit der Kritik der Ökonomie verschränken, zumal die Kunst selbst »Warencharakter« annehmen kann.

(4) Kritische religionspädagogische Reflexion kann die *»Geldbestimmtheit« religiöser Lernprozesse* aufdecken. Diese können durch folgende Elemente der Strukturlogik des Geldes entsprechen: Bei der Anlage und Durchführung wird die didaktische Begründungsproblematik ausgeklammert; religionspädagogisches Handeln ist allein an der Effektivität in methodischer Hinsicht orientiert. Die Inhalte fungieren wie tauschbestimmte Waren, sie verlieren ihren Eigenwert und ihre Substanz – sie werden nur hinsichtlich ihrer Mitteilbarkeit geprüft, werden austauschbar, »verbraucht«. Medien verbrauchen sich immer schneller; unter der Vorherrschaft des Visuellen gewinnt eine »Didaktik des gefräßigen Auges« einen Vorrang.

(5) Der religionspädagogische »Entwurf« setzt *ideologiekritische* Fragen frei. In welchem gesellschaftlichen Verwertungszusammenhang und unter welchen ökonomischen Zwängen finden religiöse Erziehung und Bildung statt? Wer hat ein Interesse an den eben skizzierten Lernprozessen und der Vorherrschaft technisch-instrumentell-funktionaler Lernkultur? Wem nützt eine Erziehung, die sich an religiösen Vorstellungen orientiert? Wer hat ein Interesse daran, dass Heranwachsende *nicht* lernen, ihre Wünsche, Sehnsüchte, Hoffnungen und Leiden zum Ausdruck zu bringen?

(6) Die »relative Utopie« als Leitbild der Umgestaltung geldbestimmter Wirklichkeit lässt sich leichter negativ beschreiben: *Schrittweise*

Minimierung der »Geldbestimmtheit«, Minimierung von Ungerechtig-keit, Armut, Unfrieden und Naturzerstörung. Religionspädagogisches Handeln, das diese Utopie in seinem »Entwurf« antizipiert, erfährt seine konkrete Bestimmtheit durch die unter (4) vorgetragene Kritik. Lernprozesse sind in einen didaktischen Begründungsprozess einzuholen, in dem die Entscheidungen auch durch stellvertretende Reflexion im Blick auf die Zukunft der Heranwachsenden verantwortet werden. Die Inhalte religiöser Lernprozesse sind unbeschadet der Frage nach ihrer Wahrnehmung, Aneignung und Vermittlung um ihrer selbst willen interessant. Erst, wenn sie in ihrer Eigenständigkeit, Widerständigkeit und Andersartigkeit wahrgenommen werden, können von ihnen schöpferische und kritische Impulse zur Veränderung der Situation der Lernenden ausgehen.

Im Umgang mit den *Medien* kann die kommunikative Kompetenz derart gefördert werden, dass Kinder und Jugendliche in und zwischen deren Botschaften fühlen, denken und kritisch unterscheiden, verändernd und gestaltend auf die Wirklichkeit einwirken können; ferner, dass sie nach der *Qualität* der ihnen vermittelten »Weltbilder« wie nach der Formensprache der Bildproduzenten und der Bildwirkung auf die Rezipienten fragen.

(7) Kognitive Einsichten und kreative Gestaltungen werden nicht als tauschbestimmte Waren angesehen, sondern als substantielle Beiträge, mit deren Hilfe sich die Wahrheit in der *Kommunikation* herausprozessieren kann. Die Beurteilung der Beiträge macht das Ansehen der Person nicht von der Leistung abhängig. Mit dieser Aussage wird die Haben-Sein-Alternative thematisch. Im Kontext einer am Haben orientierten Existenzweise ist der Mensch das, was er aus sich macht. Nach Fromm dagegen rangiert das Sein vor dem Haben.

1.6 Religiöse Bildungsprozesse unter der Perspektive von Haben und Sein

(1) Bildung im Sinne der Existenzweise des Seins vollzieht sich auf dem Wege *authentischen Erfahrens und Entdeckens. Bildung* stellt einen offenen Verstehensprozess dar, der nicht auf »mehr Wissen«, sondern auf *tieferes* Verstehen zielt (vgl. Fromm 1979, 49). Das tiefere Verstehen vollzieht sich im Durchgang durch das Andere, Fremde im Dialog der Kulturen.

(2) Bildung unter der Perspektive des *Habens* ist verfestigtes Lebenswissen, Bildung als Bestand und Besitz. Unter der Perspektive des Seins erscheint Bildung als offener Prozess, als Entdeckungsreise, als schöpferisches Tätigsein.

(3) Bildung als Subjektwerdung vollzieht sich im Medium eines Allgemeinen. Bildung, die der Existenzweise des Seins entspricht, bezieht sich nicht nur auf das Subjekt, sondern hat die Veränderung des All-

gemeinen gleichursprünglich im Blick. Die geldbestimmte Wirklichkeit muss so verändert werden, dass in ihr die Bildung *aller* möglich
wird. Bildung in der Existenzweise des Habens ist »halbierte« Bildung, die nur das Individuum betrifft, dem »Bildungsgüter« vermittelt
werden, ist »Halbbildung« (Adorno).

(4) Bildung in der Existenzweise des Habens vollzieht sich unter Zeit-
druck, in Geschwindigkeit und steigender Beschleunigung, denn Zeit
ist Geld (Heinrich 1998, 15f). Bildungs- und Lernprozesse passen sich
der Hypergeschwindigkeit der elektronischen Medien an. Zeit ist
messbare, ökonomisch verrechenbare Zeit (chronos). In der Existenzweise des Seins nehmen wir wahr, was an der Zeit ist (alle Dinge haben ihre Zeit). Bildungsprozessen wird *Zeit gewährt,* sie können sich
in Langsamkeit (B. Nadolny) vollziehen. Eine produktive Verlangsamung der Lernprozesse kann eine Lernkultur fördern, in der Unterbrechungen, Umwege, Zeiten der Stille, verweilendes, staunendes, entdeckendes Wahrnehmen und Narrativität möglich werden. Zeit ist sich
ereignende, qualitativ erfüllte Zeit (kairos: Zeit für ...). Bildungs- und
Lernprozesse stehen im Kontrast zur Hypergeschwindigkeit. Der Verlangsamung entspricht eine *Steigerung der Aufmerksamkeit* für den
unverfügbaren Augenblick.

(5) Für *religiöse* Bildung nach dem Habenmodus ist eine Orientierung
an verfestigten, nicht hinterfragbaren Glaubensvorstellungen oder eine
Verbraucherorientierung im Blick auf ein beliebiges Angebot religiöser Vorstellungen kennzeichnend – Religion dient als (ursprungsmy-
thisches) Sicherungssystem oder soll eine kosmische Ordnung verbürgen. »Lernen« vollzieht sich als Reden *über* die Religion oder als
»Glaubensvermittlung«.

Religiöse Bildung nach dem Seinsmodus vollzieht sich als Transfor-
mationsprozess, in dem religiöse Erfahrungen nicht nur bestätigt, sondern aufgebrochen und überboten werden. Durch die transformatorische Kraft religiöser Sprache (Stories, Symbole, Metaphern) wird die
vorhandene Wirklichkeit unterbrochen, ihr werden neue Möglichkeiten
zugesprochen, sie verliert ihren zwanghaften Charakter, zugleich wird
die zukunftseröffnende religiöse Sprache durch die schöpferische Inanspruchnahme transformiert. Religiöses »Lernen« ist entdeckendes,
selbsttätiges, gestaltendes Lernen aus und an »Schlüsselerfahrungen«,
in denen sich Wirklichkeit neu erschließen und sich der unbedingt verlässliche Grund meiner Existenz offenbaren kann.

1.7 Arbeitshinweise

1. Analysieren Sie das Gesellschaftsbild, das hinter dem Gedicht von Matthias Claudius ›Täglich zu singen‹ steht.

2. Stellen Sie noch einmal die Beziehungen zwischen »Gott« und »Geld« zusammen, aus denen sich das Konkurrenzverhältnis ergibt.

3. Führen Sie die knappe Skizze über »Geld/Mammon« im NT weiter aus, bspw. durch Jesu Aussagen über den Reichtum (Mk 10,17-27, bes. V. 25).

4. Interpretieren Sie Luthers Auslegung des ersten Gebots im Großen Katechismus (BSLK 564).

5. Erläutern Sie die These Marquardts: Luther hat die Gottesfrage an die Wirklichkeit des Abgott gebunden.

6. Für Luther ist Gott das »Woraufhin des Sich-Verlassens auf«; diese Grundbeziehung entscheidet über Gott und Abgott – sie ist nie unbesetzt; der Ort, an dem sich diese Entscheidung vollzieht, ist das Herz des Menschen. Für Falk Wagner ist die Struktur der alles bestimmenden Wirklichkeit ebenfalls nicht unbesetzt. Sie wird entweder von Gott oder dem Geld als »*Präsenz des Absoluten*« eingenommen. Zwischen beiden Thesen besteht eine Analogie. Worin besteht die entscheidende Verschiebung der Argumentation?

7. Beschreiben Sie eigene Erfahrungen mit der Existenzweise des Habens und des Seins.

8. Erläutern Sie, warum es sich nach Fromm dabei um eine lebensbestimmende *Alternative* handelt?

9. Lesen Sie in dem Abschnitt »Rechtfertigung und Anerkennung« den Teil über Luther (206f). Wo liegen Gemeinsamkeiten, wo liegen die Unterschiede zwischen Luther und Fromm?

Bei Fromm liegt das Sein dem Haben voraus. Es ist eine Forderung an den Menschen, die Existenzweise des Habens zu überwinden und an die Stelle der alten Motivation – Profit und Macht – neue zu setzen: Sein, Teilen, Verstehen (Fromm 1979, 192). Zu den Voraussetzungen dieses Wandels gehört die Bereitschaft, alle Formen des Habens aufzugeben und die »Annahme der Tatsache, dass niemand und nichts außer uns selbst dem Leben Sinn gibt« (ebd., 163).

10. Entwickeln Sie aus der Gott-Geld-Alternative in Verbindung mit der Haben-Sein-Alternative Maximen zur Kritik unserer Gesellschaft (im Blick auf die Macht derer, die über die neuen Medien bestimmen oder über das Problem des Reichtums in Deutschland).

2. Säkularisierung und religiöser Pluralismus

2.1 Säkularisierung

Säkularisierung hat als Zentralbegriff der theologischen und religionspädagogischen Gegenwartsdeutung seit Mitte des 20. Jahrhunderts
mehr als 20 Jahre die Entwicklung der Religionspädagogik bestimmt.
Bei der pädagogischen und theologischen Begründung des Religionsunterrichts an öffentlichen Schulen hat die Säkularisierungsthese eine
entscheidende Rolle gespielt. Sie hat dazu beigetragen, dass der Religionsunterricht in der Profanität seinen theologisch legitimen Ort finden konnte und der zunehmenden Säkularisierung nicht defensiv begegnet werden musste. Sie wirkte weit über Theologie und Religionspädagogik hinaus; sie war wahrscheinlich die letzte geschichtstheolo-
gische Theorie mit universaler Reichweite. Säkularisierung hat als »legitime Folge des christlichen Glaubens« (Gogarten) erst ein sachliches
Verhältnis zur Welt und damit Wissenschaft und Technik ermöglicht.
Angesichts der ökologischen Krise hat diese Argumentation ihre Ü-
berzeugungskraft verloren.
Eine theologische und religionspädagogische Theorie mit so weitrei-
chenden Folgen kann nicht verabschiedet werden, ohne die Frage zu
beantworten, welche Leitbegriffe zur Gegenwartsdeutung an ihre Stelle getreten sind.

Zum Begriff der Säkularisierung
Säkularisierung (lat. »saeculum« Zeitalter, Welt) – ähnlich »Verweltlichung« – ist ursprünglich ein kirchenrechtlicher Begriff. Im kanoni-
schen Recht bedeutet »Säkularisation« die Rückkehr eines Ordens-
priesters in den Stand eines Weltpriesters. Im Staatskirchenrecht verweist der Begriff auf einen politischen Akt, die Überführung kirchlichen Sacheigentums in staatliche Verwaltung, Nutznießung oder
Staatsbesitz. Der Begriff hat eine semantische Erweiterung erfahren; er
übergreift die historische und juristische Bedeutung und wird in Theologie, Philosophie, Ethik und Soziologie gebraucht. Säkularisierung
gewinnt den Rang einer Herkunftskategorie, »mit der die historische
Entwicklung der modernen westlichen Welt von ihren christlichen

Wurzeln her einheitlich gedeutet wird« (Marramao 1992, 1133). Säkularisierung beschreibt den vielschichtigen Prozess der Ablösung der christlich geprägten europäischen Welt durch die neuzeitliche Welt: In ihm geht die Identität von Christentum und Gesellschaftsstruktur verloren. Die moderne Welt kann weitgehend als Ergebnis einer Säkularisierung des Christentums verstanden werden. Der Säkularisierungsprozess hatte höchst ambivalente Wirkungen: Er fordert zu politisch-weltanschaulichen Stellungnahmen heraus. Säkularisierung als Interpretationskategorie ist ideologieanfällig. Christliche und nichtchristliche Deutungen streiten um die Auslegung der Säkularisierung. Im soziologischen Gebrauch wird der Begriff neutralisiert: Er bezeichnet die Emanzipation wissenschaftlichen Denkens aus religiöser Gebundenheit bzw. die fortschreitende »Entzauberung der Welt« (Weber 1984, 123).

Säkularisierung als literaturwissenschaftlicher Begriff

Karl Mickel, Lamento und Gelächter

Und eine solche Traurigkeit ergriff mich des Abends,
Dass ich zu den Leuten ging und ihnen klagte:
Ich gehöre zu den Toten des nächsten Kriegs!
Ich schreie zu euch: Helft mir, sonst scheide ich ab.
Also sprachen die Leute zu mir: Wer bist du,
Dass wir dir helfen, was gehst du uns an, wem nützt du,
Was hast du getan bislang? Und fragten sich untereinander:
Was will dieser Mensch von uns? Wir kennen seiner nicht.
Wehe, sagte ich ihnen, ich sterbe, es kommt, es kommt!
Bleckt herauf über mich, Wahrlich, ich sage euch:
Ich gehöre zu den Toten des nächsten Krieges.
Und sie sprachen untereinander: Dieser Mann ist wahnsinnig.
Außerdem haben wir Freizeit. So fahre er denn ab.
Und zum dritten Male hob ich an und bat sie
Flehend um Hilfe. Da legten sie sich schweigend
in die Betten. Und so bricht es herein über uns, sehet es kommt:
Herr, dein Wille geschehe. Ihr habt
Missachtet den geringsten eurer Brüder.
Ich gehöre zu den Toten des nächstem Krieges.

(aus: K. Mickel, Vita nova mea, Hamburg 1967, 36).

Das Gedicht wurde in der ehemaligen DDR geschrieben. Es transportiert biblische Sprache mit ihrem Überschuss an Möglichkeit in einen areligiösen Kontext, in eine Umwelt, die darauf aus ist, Religion zum Absterben zu bringen. An bestimmten Zitaten, Anspielungen, Motiven, an der Symbolik und vor allem am Stil wird erkennbar, dass es sich um die indirekte Vergegenwärtigung der Gethsemaneszene handelt (vgl. Mk 14,32-42). »Herr, dein Wille geschehe«, »Wahrlich, ich sage euch«, das Motiv der Betrübtheit am Abend, das dreimalige »Kommen zu den Leuten«, das dreimalige »Ich gehöre zu den Toten...« anstelle des Gebets Jesu, das Motiv des Schlafens, des Alleinlassens – alle diese Elemente verweisen unüberhörbar auf das Urbild. Der Verweis auf den »geringsten der Brüder« ist eine fast wörtliche Anspielung auf Mt 25,45. Christus wird im geringsten der Brüder getötet werden. Darüber hinaus entspricht der Stil der biblischen Sprache: Die »Und«-Anfänge, das »Also« der Lutherbibel, die fremdklingenden Ausdrücke »abscheiden«, »heraufblecken«, »abfahren«, »sehet, es kommt« stellen einen biblischen Sprachraum her, in den die Alltagssprache mit ihren Redensarten aufgenommen wird. Auch das biblische Stilmittel der Steigerung wird nachgebildet: Der Steigerung der dreimaligen Bitte entspricht die Steigerung der Ablehnung. Die Intention des Textes erinnert an die Hoffnung zur Umkehr, auf die die alttestamentlichen Unheilspropheten setzen. Die biblische Sprache bleibt im neuen Kontext fremd. Die Frage stellt sich, was diese biblische Sprache im weltlichen Kontext bewirken kann. Sie kann wenigstens bruchstückhaft Hoffnungssprache leihen und zur Wachsamkeit mobilisieren.

Das Gedicht von Karl Mickel ist ein Beispiel für den Prozess literarischer Säkularisierung. Solche Beispiele haben die Literaturwissenschaft dazu bewogen, den Begriff der Säkularisierung aufzunehmen (Sölle 1973b, 80ff).

Albrecht Schöne nennt Säkularisation einen »Ausstrahlungsprozess«, in dem in verschiedenen Formen »religiös gebundene Substanzen« freigesetzt werden (Schöne 1958, 247ff).

Der Substanzbegriff, der auch in Paul Tillichs Kulturtheologie vorkommt, entspricht einem metaphysischen Denken, das sich heute nicht mehr als tragfähig erweist. Der Hinweis auf eine »Umsetzung« bzw. »Ausstrahlung« wird dem Sachverhalt aber eher gerecht als der Versuch Wolfgang Binders, eine »empirische Säkularisationsgrenze« zwischen Evangelium, Credo, Dogma, Kirche auf der einen Seite und Dichtung, Kunst, Staat und Gesellschaft auf der anderen Seite zu ziehen (Binder 1964, 52). Solche Grenzen werden immer wieder aufgehoben, sie lassen sich nicht empirisch an dogmatisierten Substanzen ablesen (Sölle 1973b, 80). Gerhard Kaiser hat betont, dass die Autonomie der Kunst die Voraussetzung der Säkularisierung ist; erst durch die Entwicklung eines eigenen Symbolbegriffs schafft das Kunstwerk eine eigene Wirklichkeit, auf die das religiöse Sprachgut bezogen werden kann (vgl. Kaiser 1964, 344).

Säkularisierung ist ein historisch begrenztes Phänomen; der Platz, den die religiöse Sprache einnahm, wird inzwischen durch die wissenschaftliche und technische Sprache beherrscht. Die Theologie ist an einer Spurensuche interessiert, die in der autonomen Kunst immer wieder Neues entdecken kann und zuweilen »Realisationen« (Sölle) biblischer Verheißung findet.

Drei Entwürfe von Säkularisierungstheologien

Die mündig gewordene Welt (Dietrich Bonhoeffer)

Hatte Bonhoeffer in der »Ethik« den Säkularisierungsprozess noch als Abfall interpretiert (Bonhoeffer 1975, 94-116), so versteht er in »Widerstand und Ergebung« vier Jahre später Säkularisierung neu als ein notwendiges und spezifisches Erbe des Christentums. Säkularisierer sind nicht mehr mächtige Verführer, sondern Vorkämpfer der Menschlichkeit. Menschlichkeit und Mündigkeit bedingen einander (Bethge 1970, 974f). Bonhoeffers Basisannahme lautet jetzt: »Wir gehen einer völlig religionslosen Zeit entgegen; die Menschen können, so wie sie nun einmal sind, nicht mehr religiös sein.« (Bonhoeffer 1970, 305). Er durchdachte die Möglichkeit, dass wir »weltlich« von Gott reden und dass wir religionslos Christ sind. »Christus ist dann nicht mehr Gegenstand der Religion, sondern etwas ganz anderes, wirklich Herr der Welt« (ebd., 306). Bonhoeffer versteht unter »Religion« ein geschichtliches und zwar ein westliches Phänomen. Religion ist eine geschichtlich bedingte und vergängliche Ausdrucksform des Menschen (ebd., 305). Bonhoeffer vertritt keinen systematischen, sondern einen geschichtlichen Religionsbegriff; daher fragt er auch nicht nach dem gemeinsamen Ort von Religion und Religionslosigkeit. »Religionslosigkeit« meint die Gestalt des Christentums in der neu heraufziehenden Zeit. Ist »religionslos« wie »mündig« und »weltlich« eine geschichtlich-genetische Kategorie, dann ist die These von dem religionslosen Christentum empirisch widerlegbar. Für Bonhoeffer ist die diesseitige Mündigkeit auf das Evangelium vom Kreuz bezogen; dieser Sachverhalt ermöglicht die Unterscheidung zwischen platter und banaler sowie tiefer Diesseitigkeit. Weltlichkeit, nichtreligiöse Interpretation, mündig gewordene Welt müssen mit der Arkandisziplin zusammengehalten werden, damit das Geheimnis des Glaubens gewahrt und die Mehrdimensionalität tiefer Diesseitigkeit erhalten bleibt.

Friedrich Gogartens Säkularisierungstheologie

Gogartens Buch »Verhängnis und Hoffnung der Neuzeit« (1953), das auch von Naturwissenschaftlern rezipiert wurde, hat lange Zeit das Verhältnis der Theologie zu anderen Wissenschaften bestimmt. Auf das Säkularisierungsthema war Gogarten nicht erst durch Bonhoeffer gestoßen, sondern bereits durch seinen Lehrer E. Troeltsch sowie durch W. Dilthey, M. Weber und C.F. von Weizsäcker, die Bonhoeffer ebenfalls in der Gefängniszelle gelesen hatte (vgl. zur Dilthey-Interpretation: Feil 1971, 369f).

Die entscheidende These, die Gogarten in ständigen Variationen wiederholt, lautet: Die Säkularisierung, ganz gleich, was in der Neuzeit aus ihr geworden ist, ist eine legitime Folge des christlichen Glaubens. Autonomie in dem radikalen neuzeitlichen Sinn konnte der Mensch nur durch die im christlichen Glauben erschlossenen Erkenntnisse gewinnen (ebd., 8). Säkularisierung meint die »Verwandlung« christlicher Erkenntnisse und Erfahrungen aus geoffenbarten und geglaubten in solche der allgemeinen menschlichen Vernunft (ebd., 9). Säkularisierung ergibt sich ganz folgerichtig aus dem Wesen des christlichen Glaubens; ohne Säkularisierung gibt es ihn nicht (ebd.). Der Glaube macht uns zu Söhnen und zu Erben, als solche sind wir Herrn über die Welt. Sie wird entgöttert und dadurch profan. Im fortschreitenden Prozess der Säkularisierung löst sich die Bindung des Menschen an den Schöpfer, Säkularisierung wird »zwiefältig«: In seinem Ansatz völlig legitim, zeitigt er fatale Folgen. Gogarten unterscheidet daher zwei völlig verschiedene Arten von Säkularisierung: Bleibt sie an den christlichen Glauben gebunden, spricht er von Säkularisierung, hat sie sich von ihm gelöst, von »Säkularismus« (Gogarten 1953, 129-143); dieser kann die Gestalt einer Ideologie oder die des Nihilismus annehmen. Der Glaube befreit die Vernunft zur sachgemäßen Wahrnehmung der Weltverantwortung mit Hilfe von Wissenschaft und Technik. Echte Säkularisierung ereignet sich in dem Akt, in dem der Glaube zwischen Gott und Welt scharf unterscheidet. Säkularisierung als Herzstück seiner Theologie, ist einerseits eine universalgeschichtliche Kategorie; andererseits hängen Verhängnis und Hoffnung der Neuzeit von einer ganz unanschaulichen personalen Beziehung zwischen Mensch und Gott ab.

Theologie der Welt (J.B. Metz)
Johann Baptist Metz unterscheidet drei Formen von Säkularisierungstheologie: Die neuzeitliche Geschichte der Säkularisierung wird gedeutet als (1) Abfallgeschichte vom Christentum (traditionelle Version der katholischen Theologie), (2) als Wirkungsgeschichte des Christentums (Gogarten) oder (3) als Erfüllungsgeschichte des Christentums (T. Rendtorff): Säkularisierung wird als Christianisierung gefasst. Metz selbst hat zur zweiten Form, in der das Christentum als Urheber der Säkularisierung erscheint, einen Entwurf vorgelegt. Er geht nicht wie Gogarten von der Unterscheidung zwischen Gesetz und Evangelium, sondern von der Schöpfungstheologie aus und verwendet die Kurzformel von der »weltlichen Welt«; diese ist erst in der Neuzeit zur umfassenden Wirklichkeit geworden, geht aber grundsätzlich auf den christlichen Glauben zurück, sie ist »ursprünglich ein christliches Ereignis« (Metz 1969, 17). Metz beruft sich auf das Ereignis der Menschwerdung Gottes: Das Inkarnationsprinzip wird zum Säkularisierungsprinzip. »... in Jesus Christus geschieht die radikale und ursprüngliche Freisetzung der Welt ins Eigene und Eigentliche ...« (ebd., 31; vgl. Metz 1977, 23f). Christlicher Glaube bewirkt die fundamentale Säkularität der Welt, bezahlt dies aber mit einer eigentümlichen Weltlosigkeit. Metz hat daher seine Säkularisierungstheologie zu einer

»politischen Theologie« weiterentwickelt (Metz 1969, 99-131). Er sieht jetzt die Neuzeit nicht so sehr durch ihre Weltlichkeit, sondern durch den Gegensatz von »bürgerlicher Religion« und christlichem Glauben bestimmt. Ihre radikale Ausprägung fand die Säkularisierungstheologie in den weitverbreiteten Büchern von H. Cox (Stadt ohne Gott?, 1965) und D. Sölle (Stellvertretung, 1965). Bei beiden Autoren lässt sich das Umschlagen der Säkularisierungsthematik in die Religionsthematik lebensgeschichtlich verfolgen (vgl. H. Cox, Verführung des Geistes, 1974; D. Sölle, Die Hinreise, 1975).

Bonhoeffer hat 1944 keine abstrakte Säkularisierungsthese systematisiert, sondern Mündigkeit am Ort des Leidens Gottes mit und an der Welt wahrgenommen. Damit war die Thematik der 50er und 60er Jahre vorgegeben.

Die Säkularisierungsthese hat ihre Plausibilität als universale Kategorie zur Deutung der Gegenwart nicht durch ihre theologischen und philosophischen Kritiker (H. Blumenberg) verloren, sondern durch eine empirisch gut belegte, weltweite Renaissance gelebter Religion im letzten Viertel des 20. Jahrhunderts (zahlenmäßiges Wachstum der Religionen und religiösen Gruppen bzw. Bewegungen und ihrer Anhänger, Zunahme des Einflusses der Religionen auf den öffentlichen Bereich). Aufschlussreich ist das Auftreten einer »*postsäkularen Religiosität*, die nicht als Fortführung religiöser Traditionen zu verstehen ist, sondern den Traditionsbruch der Säkularisierung voraussetzt und auf ihn mit besonderer Hinwendung zur Religion reagiert« (Schwöbel 1996, 731).

Die religionspädagogische Bedeutung der Säkularisierungsthese
Martin Stallmann hat das Verdienst, diese These für den Bereich der Bildung und Erziehung ausgeführt zu haben. In »Christentum und Schule« (1958) erfolgte das Gespräch mit Gogarten indirekt, in der Monographie »Was ist Säkularisierung?« (1960) wird dessen Ansatz ausführlich dargestellt. Säkularisierung als kulturelles Phänomen wird von *Gert Otto* zur Begründung des Religionsunterrichts herangezogen. (Otto 1968, 48-53). Zum Bildungsauftrag der Schule gehört das Christentum, da das säkulare Weltverständnis seinen Ursprung im christlichen Weltverständnis hat. Durch die biblische Verkündigung wird die Welt »nur« Welt, säkulare Welt. Die Verweltlichung der Welt ist Folge der Radikalität des christlichen Glaubens. Dieser Sachverhalt betrifft auch den Atheisten. Die Schule muss in unserem Kulturbereich diesen Wurzelstrang unserer eigenen Herkunft freilegen. Otto unterscheidet mit Gogarten zwischen Säkularisierung und Säkularismus. Um echte Säkularisierung als Ursprung zu finden, muss der Religionsunterricht auf die Auslegung biblischer Texte zurückgreifen. »Die Säkularisierung muss sich vor dem Evangelium auf ihre Echtheit verantworten. Denn das Evangelium ist Ursprung, und Christentum und Sä-

kularisierung sind Folge« (ebd., 49). Säkularisierung ist also bei Otto zugleich eine theologische Kategorie. Im Religionsunterricht muss man bei der Auslegung der Tradition zum Evangelium selbst vordringen (vgl. ebd., 50f, in seiner Kritik an Stallmann).

Dieses Begründungsmodell hat sich mit Modifikationen bis in die Gegenwart durchgehalten. Der wirkungsgeschichtliche Argumentationsgang gibt dem Religionsunterricht ein eindeutig historisches Gefälle; er ist nur für ältere Lernende durchschaubar.

Die Säkularisierungsthese hat in der Religionspädagogik folgende hermeneutischen Funktionen wahrgenommen: Sie stellt einen verstehbaren Zusammenhang zwischen dem christlichen Glauben und der modernen Welt her, so dass diese im Grundsatz bejaht werden kann. Wirkungsgeschichtliche Argumentation kann die spezifisch christlichen Wurzeln der säkularen Gesellschaft aufweisen und einen Bezug zur Bibel herstellen (Delekat 1958, 55f). Die Säkularisierungsthese hat eine begründende Funktion im Blick auf den Religionsunterricht. Sie behält zur Beschreibung bestimmter historischer Prozesse (bspw. in der Religionssoziologie) ihr begrenztes Recht (Lübbe 1986, 91).

Die Funktionen, die sie in der Religionspädagogik erfüllt hat, sind nicht mehr durch eine Einheitstheorie sicherzustellen. Die Begründungsproblematik des Religionsunterrichts erfordert eine Verschränkung von Bildungs- und Religionstheorie. Die Brückenfunktion zwischen biblischen Erfahrungen und der Lebenswelt Heranwachsender wird durch die Symboltheorie wahrgenommen (Biehl 1991b, 122f).

2.2 Pluralität und Pluralismus

Von der Säkularisierungsthese zur Pluralismustheorie

Der Begriff des Pluralismus hat die Säkularisierungsthese als Leitbegriff theologischer Gegenwartsdeutung abgelöst. Er ist auch in der Religionspädagogik zur zentralen Kategorie der Gegenwartsdeutung und zum umfassenden Interpretationshorizont religionspädagogischer Probleme geworden (vgl. Nipkow 1998).

Im Sinne eines bewusst gewordenen Problems und einer umfassenden systematischen Theoriebildung kann von Pluralismus in der Religionspädagogik erst seit Ende der 90er Jahre die Rede sein.

Zum Begriff

Der Begriff »Pluralismus« entstammt der philosophischen Tradition.

Die ersten Spuren finden sich bei Christian Wolff (1721), der Typen von Philosophen beschreibt; sie verloren sich wieder. Erst im Pragmatismus von William James (1909) erhielt er zentrale Bedeutung; übernommen wurde er aus der Metaphysik Lotzes (1879). Pluralismus ist nach James eine Form des Pantheismus, und zwar liegt der tiefste Unterschied zum Monismus darin, dass die Welt noch unfertig ist.

In der zweiten Hälfte des 20. Jahrhunderts gewinnt der Begriff seine besondere Zuspitzung dadurch, dass er als umfassender Begriff zur Analyse und Deutung der Gegenwart benutzt wird. Er wird auf unterschiedliche Bereiche der Gesellschaft, Wissenschaft und Kirche angewandt, die untereinander in Beziehung stehen. Er bezeichnet ein grundlegendes Element dieser Beziehung. Es kann von einem Pluralismus der Kulturen, der Religionen und Weltanschauungen und der Ethik die Rede sein. In allen diesen Fällen bezeichnet »Pluralismus« die Beziehung vieler Elemente untereinander und zu ihrem Bezugsfeld, ohne dass ein übergeordnetes Einheitsprinzip allgemeine Geltung erlangen und eine Integration vollziehen könnte. Der Begriff kann sowohl zur Beschreibung geschichtlicher Pluralisierungsprozesse als auch im programmatischen Sinn in Anspruch genommen werden (vgl. Schwöbel 1996, 724f).

Pluralismus in theologischer Perspektive
Pluralismus aus Glauben
Die Begegnung mit dem religiös-weltanschaulichen Pluralismus in der Gesellschaft kann den christlichen Glauben daran erinnern, dass dieses Problem nicht nur von außen an ihn herangetragen wird als eine Herausforderung, auf die er situationsgerecht antworten muss. Pluralität gehört vielmehr zur Grundverfassung des Glaubens selbst und bestimmt vom NT an in unterschiedlicher Ausprägung die Christentumsgeschichte. Die Gewissheit des Glaubens gründet auf der Selbsterschließung Gottes (Offenbarung). Die den Glauben begründende Gewissheit ist nicht eigenes oder fremdes Werk, sondern sie verdankt sich allein dem Handeln Gottes. Der Grund des Glaubens ist unverfügbar. Die Wahrheit des Evangeliums ist *an* Erfahrung, die prinzipiell jeder machen könnte, verständlich auszulegen und zu bewahrheiten, sie ist aber nicht *aus* Erfahrung ableitbar, ebensowenig wie der Sachverhalt, dass der Mensch A den Menschen B liebt. Die Unverfügbarkeit und Unableitbarkeit des Glaubens ist der Grund dafür, dass es eine unaufhebbare Pluralität des Glaubens gibt.
Da der Glaubende seine Wahrheitsgewissheit nur empfangen kann, lässt sie sich auch bei anderen nicht einfordern. Die Einsicht in die Unableitbarkeit der Erfahrung, die den Glauben begründet, führt zur Anerkennung des Glaubens anderer. Der christliche Glaube ist mit Freiheit und Toleranz verbunden; denn er ist von seinem Wesen her auf Pluralität angelegt. Die Wahrheit des Evangeliums ist eindeutig, sie erzwingt jedoch keine einheitliche Auslegung, ermöglicht vielmehr eine Mehrzahl von Auslegungsmöglichkeiten (Härle 1995, 140). Die Eindeutigkeit des Evangeliums hat ihren Grund außerhalb von uns

selbst; in unserer ambivalenten Lebenserfahrung kann diese Eindeutigkeit nur in Vieldeutigkeit zum Ausdruck kommen.
Die Unverfügbarkeit und Unableitbarkeit des Glaubens sowie die nicht
herstellbare Eindeutigkeit des Evangeliums, an dem der Glaube hängt,
führen zu der theologischen Einsicht, dass es eine »unaufhebbare Pluralität des Glaubens« gibt (Schwöbel 1996, 732).
Wir formulieren in Strukturanalogie zur Säkularisierungsthese: *Pluralität ist eine legitime Folge des christlichen Glaubens,* diese Pluralität
ist vom religiös-weltanschaulichen Pluralismus zu unterscheiden. In
der Pluralität aus Glauben sind Pluralität und Wahrheit wechselseitig
miteinander verbunden. Der Sinn jener Unterscheidung liegt darin, die
Frage nach der Wahrheit auch im Blick auf den religiösen Pluralismus
virulent zu halten. Ist die Zusammengehörigkeit von Pluralität und
Wahrheit einmal im christlichen Glauben erschlossen, kann sie auch
unabhängig von ihm wahrgenommen werden.
Der im Handeln Gottes begründete Glaube hat eine plurale Gestalt.
Der universale Charakter des Evangeliums und der Wahrheitsanspruch
seines Inhalts sind mit diesem Handeln Gottes verbunden und heben
die plurale Gestalt des Glaubens nicht auf. Der Pluralität ist als fundamentale Differenz standzuhalten. Das letzte Wort ist nicht Pluralität,
sondern Einheit (vgl. 1Kor 15,28). Die Schaffung von Einheit liegt
ebenfalls außerhalb menschlicher Handlungsmöglichkeiten. Der Er-
weis der Universalität der Wahrheit des Glaubens ist darum für den
christlichen Glauben Gegenstand »eschatologischer Hoffnung.«
(Schwöbel 1996, 733). Um diesen Sachverhalt zur Geltung zu bringen,
sprechen wir von einem »eschatologisch gebrochenen« Pluralismus.
Das Symbol der Dreieinigkeit bringt die Gleichursprünglichkeit von
Pluralität und Einheit zum Ausdruck.

Pluralismus in Kirche und Theologie
Der Pluralismus ist also nicht nur ein neuzeitliches Phänomen, sondern
Pluralität ist mit den Konstitutionsbedingungen des christlichen Glaubens gegeben. Es gibt ihn nur in pluraler konfessioneller Gestalt. Die
Einheit des Glaubens wird in der Vielheit der Geistesgaben bezeugt.
Aus diesem Grunde wird die Vielfalt des Glaubens nicht nur in einer
Vielzahl von Konfessionen erfahrbar, sondern diese Vielfalt spielt sich
auch innerhalb der Konfessionen ab. Man kann heute von konfessioneller Nivellierung und konfessionellen Mischformen sprechen; es ist
jedoch festzuhalten, dass es keinen christlichen Glauben »*jenseits* konfessioneller Interpretationen gibt« (Härle 1995, 140).
In der Kirche als »Gemeinschaft der Glaubenden« gibt es einen real
existierenden Pluralismus mit der Tendenz, den gesellschaftlichen und
kulturellen Pluralismus zu verdoppeln. Der in der Gesellschaft herr-
schende Pluralismus bestimmt auch die Kirchen. Weil das »organisie-
rende Prinzip« außerhalb dieses durch fortschreitende Individualisie-

rung und Pluralisierung gekennzeichneten Prozesses liegt, nämlich in der Versöhnungstat Gottes, enthalten die Kirchen als Organisationen ein gewisses Potential an Befreiung von den gesellschaftlichen Zwängen. Daher ist es ihre Aufgabe, den in ihr auftretenden gesellschaftlichen Pluralismus an der »Pluralität aus Glauben« kritisch zu messen, ihn zu vertiefen und zu relativieren (Schwöbel 1996, 734). Das gilt auch für die ökumenische Gemeinschaft der Kirchen, die die Pluralität aus Glauben einschließt; so entspricht sie dem Modell »versöhnter Verschiedenheit«. Das entscheidende Kriterium für ihre pluralismuskritische Aufgabe besteht in folgendem Grundsatz: Überwindung von Differenzen, die Liebe und Gerechtigkeit widersprechen, Bewahrung von Differenzen, die Liebe und Gerechtigkeit nicht widersprechen (vgl. Welker 1993, 33). Ein im Sinne der Pluralität aus Glauben vertiefter Pluralismus ist sensibel für die Schwachen und Marginalisierten. Die Theologie hat den Pluralismus als historisches Phänomen verstärkt in der Neuzeit wahrgenommen, aber zugleich das Problem von Pluralität und Einheit im NT selbst entdeckt. Im Urchristentum gab es eine Vielzahl von Strömungen, zwischen denen Spannungen und Konflikte bestanden. Die Ursache dafür lag in dem schon genannten Sachverhalt, dass das eine Evangelium unterschiedliche Interpretationen zuließ.

Vier Gruppierungen sind kennzeichnend für das Urchristentum: das judenchristliche, synoptische, paulinische und johanneische Christentum. Mit der Bildung des Kanons kam es zur Ausscheidung »häretischer« Strömungen; mit ihr endet das Urchristentum. Im 2. Jahrhundert fließen jene vier Grundrichtungen zum Gemeindechristentum zusammen. Die Kanonbildung bewahrt jedoch die Pluralität, begrenzt diese nur. Die Auslegung der in den Kanon aufgenommenen Schriften bleibt vieldeutig und damit strittig. Daher entsteht die Frage nach einem inneren Kanon im Kanon. Monotheismus und Erlöserglaube waren die beiden Grundaxiome, die bei der Bildung des Kanons maßgeblich waren. Hinzu kommen Basismotive wie das Schöpfungs-, das Entfremdungs-, das Erneuerungs-, das Stellvertretungs- und das Einwohnungsmotiv, das Glaubens-, Liebes- und Hoffnungsmotiv (vgl. Theißen 2000, 380). Das Einwohnungsmotiv kommt in zwei Ausprägungen vor: Gott wird durch seinen Geist in seiner Schöpfung und in Christus präsent.

Der Grundsatz »Pluralität aus Glauben« widerspricht jedem Auslegungs- und Methodenmonismus. Ihm entspricht vielmehr eine Vielfalt von Methoden.
Gerd Theißen unterscheidet zwei Grundtypen von Methoden, die komplementär aufeinander zu beziehen sind: die wissenschaftliche Exegese und die engagierten Lektüreformen (z.B. befreiungstheologische und feministische Lektüreformen). Die wissenschaftliche Exegese zielt auf das, was der Text einmal gesagt und bedeutet hat, die zweite Form zielt auf die Gegenwart und will menschliche Identität ermöglichen. Eine dritte, für die Religionspädagogik geeignete Lektüreform nennt Theißen »praktische Vermittlungsform« (»narrative Exe-

gese«, Bibliodrama, Vergegenwärtigung in Kunst und Musik). Er vertritt die These, dass sich im Konflikt der beiden Grundtypen von Methoden die Pluralismusproblematik der ganzen Gesellschaft wiederholt, und plädiert für eine beziehungsreiche Auslegung. Theißen hat am Methodenproblem einleuchtend dargestellt, dass sich die Pluralismustendenzen in der Gesellschaft und der Kultur in der Theologie widerspiegeln. Von diesem Problem sind die theologischen Disziplinen offensichtlich in unterschiedlicher Weise betroffen. Die Vielfalt der Theologien im NT wurde bereits in der Mitte des 20. Jahrhunderts von Bultmann und seiner Schule entdeckt, die Frage nach dem Kanon im Kanon neu gestellt (H. Braun) und der Kanon nicht mit dem Evangelium identifiziert, sondern die unaufhebbare Dialektik von Geist und Schrift erkannt (Käsemann 1960, 223).

Johannes Fischer spricht angesichts des Problems von einer »Krise der Dogmatik« und von der Gefahr, dass der Wahrheitsanspruch des christlichen Glaubens im Pluralismus der Glaubenseinstellungen zerrieben zu werden droht (Fischer 1994, 438). Dieses Krisenbewusstsein hat sich seit dem Zerfall theologischer Schulen, in denen man sich zur kritisch-konstruktiven Fortführung der Programme theologischer Lehrer verpflichtet fühlte (vgl. Herms 1988), angesichts der »neuen Unübersichtlichkeit« (Habermas) verstärkt. Besonders seit dem Europäischen Theologenkongress 1993 in Wien (vgl. Mehlhausen 1994) wird das Problem des Pluralismus umfassend diskutiert, und zwar im Zusammenhang mit der »postmodernen Moderne«. Die Intention besteht darin, innerhalb der theologischen Wissenschaft zu einem reflexiven Pluralismus zu kommen. Von besonderem religionspädagogischem Interesse ist die Frage nach der Wahrheit und das Problem der Wahrheitsfähigkeit theologischer Aussagen.

Die Frage nach der Wahrheit im Horizont des Pluralismus
Vielfalt und Widerspruch, Doppeldeutigkeit und Spannung statt Einheit und Vereinfachung, vieldeutige, expressive »Vernünfte« statt der *einen* Vernunft – diese Tendenzen machen eine Durchlässigkeit der Diskurse untereinander, die Sensibilität für die Wahrnehmung von Verknüpfungen des Differenten erforderlich. In dem Wechsel von »der Einheitssehnsucht zum Vielheitsplädoyer« sieht Wolfgang Welsch den entscheidenden Punkt der Veränderung vom modernen zum postmodernen Denken (Welsch 1993, 93). Er vertritt die These, dass die postmoderne Philosophie aus dem Geist der Kunst geboren sei. Für sie ist nämlich der *experimentelle* Charakter, die Entfaltung des Möglichkeitssinns und die Freisetzung von neuen Wahrnehmungspotentialen kennzeichnend. Sie fördert ein querlaufendes Denken, das Spiel mit Fragmenten und Zeichen. Die »Postmoderne« ist durch einen kulturellen und religiösen Pluralismus gekennzeichnet; *sie erzeugt den Pluralismus in einem fortschreitenden Prozess aus sich heraus.*

Wir treffen ständig direkt oder durch Medien vermittelt auf fremde Kulturen und Religionen. Die eigene Weltsicht wird aufgebrochen, Gewissheiten werden in Frage gestellt, Überzeugungen verwandeln sich in Meinungen. Alle normativen Vorstellungen werden relativiert. Konkurrierende Wahrheitsansprüche treffen aufeinander. Dem größeren Maß an Freiheit in der Realisierung von Lebensstilen steht ein Verlust an Gewissheiten gegenüber.

Der Pluralismus betrifft nicht nur das soziale Umfeld; er beeinflusst uns vielmehr kognitiv und emotional. Kulturelle und religiöse Pluralität wird vom Einzelnen nicht nur als etwas Äußeres erfahren, »sondern auch als eine innere Realität [...];die verschiedenen Kulturen, die in sein Blickfeld treten, werden zu alternativen Szenerien und Optionen für sein eigenes Leben« (Berger 1999, 73).

In dieser Situation wird auf die sog. Wahrheitsfrage verzichtet, oder es wird eine strikte Neutralität in religös-weltanschaulichen Fragen propagiert. Die bisherigen Überlegungen zeigen, dass sich die Theologie und die Religionspädagogik auf beide Vorgehensweisen nicht einlassen können; die »Tendenz zur Vielfalt ist in der christlichen Wahrheit selbst angelegt« (Fischer 1994, 503). Der Zugang zur christlichen Wahrheit liegt heute auf der kommunikativen Ebene. Nur über sie kann dem Menschen der Gegenwart der kognitive Inhalt der christlichen Glaubensüberlieferung erschlossen werden.

Der Streit um die Wahrheit des Glaubens kann im Blick auf die *interne* und die *externe* Kommunikation aufbrechen: Die interne Kommunikation bezieht sich auf das rechte Verständnis des Glaubens, die externe Kommunikation auf den Streit zwischen Glaubenden und Nichtglaubenden über Wahrheit und Gültigkeit des Glaubens (Härle 1995, 35). Das verweist darauf, dass die Theologie auf einen Exklusivanspruch für die christliche Wahrheit verzichten muss, nicht aber darauf, die Exklusivität des *Evangeliums* zu verdeutlichen (vgl. ebd., bes. 508f).

Die Wahrheit kann in einem Dialog aufs Spiel gesetzt werden, Wahrheit tritt nämlich im Dialog immer wieder zutage; denn *»Wahrheit widersetzt sich der Relativierung«* (Berger 1999, 83). Wahrheit ist ein komplexer, dynamischer Prozess. Joh 14,4 spricht von »Weg-Wahrheit«. Wahrheit erschließt sich auf dem Wege, den jeder alleine gehen muss. »Wahrheit« bezieht sich zunächst auf das »Offenbarwerden« der Sache selbst, die sich zeigt. »Wahrheit« meint sodann die subjektive Wahrheitsgewissheit aufgrund des Offenbarwerdens. Die Wahrnehmung der Sache selbst erfolgt in subjektiver Perspektive; sie ist zudem durch existentiellen Zweifel betroffen. *Die Wahrheit hat daher ihren primären Ort im Dialog*, nicht im Urteil, denn im Dialog erschließt sich die Sache in ihrem Perspektivenreichtum. Im Dialog umfasst keiner der Teilnehmer die ganze Wahrheit – er kann sie höchstens antizipieren –, gleichwohl kann die Wahrheit die einzelnen Beiträge umfassen. Im Dialog prozessiert sich Wahrheit heraus.

Nach hebräischem Verständnis ist die Wahrheit das, »was sich in der Zukunft herausstellen wird« (von Soden 1951, 15). Darum ist sie etwas Praktisches, was mit dem Tun des Menschen zusammenhängt (vgl. Joh 3,21). Dadurch erfährt der kommunikative Sinn von Wahrheit eine Steigerung.»Wahrheit ist nicht: sie wird.« (Link 1982, 535).

Der Dialog ermöglicht Wahrheit, indem er der Pluralität Raum gibt, in dem sich Gemeinsames herausstellen kann. Auf dem Hintergrund dieser Vorgaben sind Aussagen möglich, die diskursiv auf ihre Wahrheitsfähigkeit hin zu prüfen sind.

Es entspricht allgemeinen wissenschaftstheoretischen Einsichten, dass die methodisch-diskursive Rechtfertigung von Geltungsansprüchen an lebensweltlichen Fragestellungen orientiert und auf Voraussetzungen angewiesen ist, die nur subjektiven Wahrheitserfahrungen zugänglich sind. Ein vorwissenschaftlicher, praktischer Umgang mit der Wahrheit geht der diskursiven Prüfung der Wahrheitsfähigkeit theologischer Aussagen voraus (Härle 1995, 72).

Wahrheitserfahrung in religiöser Perspektive meint die Erfahrung des unbedingt verlässlichen Grundes, insofern liegt die Wahrheit der subjektiven Aneignung voraus. Wir suchen ihr zu entsprechen. Ohne subjektive Aneignung ließe sich nicht von Wahrheits*erfahrung* sprechen. Ohne das Offenbarwerden der Sache selbst wäre *Wahrheits*erfahrung subjektivistisch missverstanden. Ein Dialog lebt davon, dass in ihn anspruchsvolle Beiträge aufgrund von Wahrheitserfahrung eingebracht werden. Dieses Dialog-Modell der Wahrheit gilt im Blick auf die Handlungsfelder der Religionspädagogik. Der Dialog würde zur Belanglosigkeit führen, wenn in ihn nicht engagierte Beiträge der Teilnehmer aufgrund eigener Wahrheitserfahrung eingebracht würden. Einen solchen Dialog der Kulturen und Religionen in *Neutralität* führen zu wollen, ist theologisch wie pädagogisch sinnlos.
Leitgedanke ist dabei ein Konzept von Vernunft, das auf *Neutralität*, *Universalität* und *Öffentlichkeit* setzt. Eine solche standpunktlose Neutralität erliegt der Illusion einer Einheitsvernunft (vgl. Dalferth 1997, 178f). Diesem Vernunftverständnis entspricht ein Religionsverständnis, das wesentlich als *privat*, *partikular* und *positionell* angesehen wird. Wie sollen sich bei dieser Konstellation religiöse Überzeugungen jemals rational verantworten können? fragt Ingolf Dahlfert zu Recht. Die Herausforderung der Theologie besteht heute nicht in der Illusion einer Einheitsvernunft, sondern in dem Sachverhalt, dass jeder seinen eigenen Gott und jede ihre eigene Göttin hat – Ausdruck eines radikalisierten Pluralismus als Individualisierung der Lebensformen und -stile.

Pluralismus als religionspädagogische Aufgabe
Zur Bestimmung dieser Aufgabe greifen wir auf eine Selbstdarstellung des Tübinger Theologen Eilert Herms zurück:

»Die Pointe meines theologischen Denkens ist die Anerkennung eines radikalen Pluralismus der Lebensverständnisse und Lebensformen: Es gibt überhaupt keine Vernunft, die nicht auf dem Boden von unverfügbaren geschichtlichen Erschließungsvorgängen, also von Offenbarung, leben würde.«
Auf Grund dieser Einsicht sind zwei Aufgaben zu erfüllen: (1) Das offene Eingeständnis der Koexistenz verschiedener Gesamtgestalten oder »Kulturen« mit je eigener weltanschaulicher bzw. religiöser Binnenausrichtung in ein und derselben Gesellschaft und (2) die Bereitschaft, »im Dialog die zwischen diesen differenten Positionen bestehenden gegenseitigen Anerkennungsmöglichkeiten zu erkunden und ihnen dann in friedlichem Zusammenleben Gestalt zu geben« (Herms 1998, 345).

Rückblickend sieht Herms, dass ihn die Grundsatzfrage nach dem Verhältnis zwischen christlicher und säkularer Kultur nie losgelassen hat. Der wichtigste Fortschritt im Verständnis dieser Spannung ist die Einsicht in den durch und durch pluralistischen Charakter der gesellschaftlichen Umwelt des Christentums. Der gegenteilige Eindruck einer Einheitlichkeit der Umwelt des Christentums wird insbesondere durch Wissenschaften mit der Vertretung einer einheitlichen Wahrheit erweckt. Aber Erfahrungswissenschaft in allen ihren Formen ist eine Gestalt menschlicher Praxis. Sie greift wie alle menschliche Praxis auf ein kategoriales Gesamtverständnis des Seienden zurück, das darauf angewiesen ist, über das Wirkliche hinaus auf das Mögliche vorzugreifen: Erfahrungswissenschaft setzt ein Vorverständnis des Seins voraus, das nicht aus ihr selbst stammt, sondern aus der Besinnung der Personen auf das, was ihr Dasein konstituiert. Es tritt daher in einer Mannigfaltigkeit von Seinsverständnissen auf.
»Für das Christentum heißt das: Es lebt nicht – wie es mir zunächst erschien – im Gegenüber zur säkularen neuzeitlichen Kultur als einer in sich geschlossenen Einheit, sondern es lebt eingebettet in eine unübersehbare Vielzahl von Kulturen, die sämtlich jeweils in der tatsächlichen Herrschaft eines besonderen Daseinsverständnisses [...] wurzeln« (Herms 1998, 349). Diese wirken sich in allen ausdifferenzierten Bereichen in der Gesellschaft aus, ohne dass ein neutraler Raum besteht. Nach Herms ergeben sich aus dieser Einsicht *zwei Aufgaben,* die von unmittelbarer Bedeutung für die Religionspädagogik sind: (1) Diesen realen Pluralismus gilt es nicht zu verschleiern, sondern aufzudecken und seine Anerkennung zu bewirken. (2) Es sind Möglichkeiten der Verständigung und des Zusammenlebens dieser differenten Kulturen zu erproben und zu pflegen.
Dabei stellt sich heraus: Für das Christentum ist in diesem pluralistischen Kontext »die Pflege der erfahrbaren Formen seiner Überlieferung« zentral. Friedrich Schweitzer fügt aus bildungstheoretischen Erwägungen einen dritten Gesichtspunkt hinzu: Dialog und Verständigung, Pluralität und Identität sind nicht nur Voraussetzungen des Bildungsprozesses, sondern müssen sich für die Teilnehmer einsichtig mit den Bildungsinhalten verknüpfen lassen (Schweitzer 2000a, 574f). Die

Selbstdarstellung von Eilert Herms ist deswegen so instruktiv, weil sich der Übergang von der Säkularisierungsthese zum Pluralismus biographisch nachvollziehen lässt und zugleich auf das Problem der Bildung bezogen ist.

Die Religionspädagogik schafft in ihren Handlungsfeldern Möglichkeiten dafür, dass Heranwachsende und Erwachsene sich auf der Grundlage eines elementaren Verständnisses ihres eigenen Glaubens im Dialog mit den Glaubensüberzeugungen anderer verstehen lernen, die ethischen Konsequenzen im Blick auf die »Schlüsselthemen« unserer Zeit diskutieren und den Streit um die Wahrheit argumentativ austragen können.

Wird die Situation des Pluralismus aus der Perspektive des christlichen Glaubens gesehen, kann durch die Unterscheidung zwischen Pluralität aus Glauben und Pluralismus das Verständnis des Pluralismus vertieft und zu seiner verantwortlichen Gestaltung beigetragen werden.

Um diese Aufgaben erfüllen zu können, ist eine Erweiterung des Hermeneutikverständnisses erforderlich, so dass es nicht nur christliche und säkularisierte Formen von Religion, sondern die Erfahrungen von Angehörigen anderer Religionen umfasst: die Entwicklung einer »pluralisierenden Hermeneutik und Didaktik« (Nipkow). Diese Erweiterung kann gelingen, wenn wir zwei Hermeneutiken komplementär aufeinander beziehen, die Hermeneutik des Vertrauten und die Hermeneutik des Unvertrauten, Andersartigen und Fremden. Das Verstehen schwingt hin und her zwischen dem Vertrauten und bereits Bekannten der Individualtradition und dem Unbekannten, Fremden, Überraschenden, das den gewohnten Lebenszusammenhang unterbricht. Durch diesen Vorgang der Unterbrechung des Vertrauten kann in der Begegnung mit anderen Kulturen und Religionen ein neuer Zugang zur eigenen Religion gefunden werden.

2.3 Arbeitshinweise

1. Erläutern Sie, was die *Säkularisierungsthese* in theologischer Hinsicht besagt. Begründen Sie Gogartens These von der Säkularisierung als einer legitimen Folge des christlichen Glaubens biblisch (berücksichtigen Sie besonders die »klassischen« Belege Gal 4,1-7; Röm 8,14-17; 2Kor 3,17). Leitbegriffe sind Sohnschaft, Mündigkeit, Freiheit und Erbe.

2. Welchen Sinn hat die Unterscheidung zwischen Säkularisierung und Säkularismus? Die Freiheit des Glaubens ermöglichte die Freiheit und Verantwortung der Welt gegenüber. Begründen Sie, warum eine solche These für Naturwissenschaftler wie C. F. von Weizsäcker interessant sein konnte.

3. Ermitteln Sie die Textstellen, in denen *Bonhoeffer* in »Widerstand und Ergebung« von *»Mündigkeit«* spricht. In welchem Sinn gebraucht er den Begriff? Wie bestimmt er das Verhältnis von Gott und Mündigkeit?

4. Religion ist für Bonhoeffer eine »geschichtlich bedingte und vergängliche Ausdrucksform«. Wie begründet er diese These? Welche Gründe sprechen gegen sie? »Religionsloses Christentum« meint eine positive Gestalt des christlichen Glaubens. Die Gegenthese lautet: Der christliche Glaube ist ohne Religion nicht lebbar. Diskutieren sie diese Thesen. Beziehen Sie Gerhard Ebelings Doppelthese in die Diskussion mit ein: Der Glaube ist das Kriterium der Religion, und die Religion ist die Lebensform des Glaubens (1979, 138f). Sie besagt, dass das Evangelium Religionskritik freisetzt und dass es nur im Kontext christlicher Religion und entsprechender Lebensformen lebbar ist (vgl. ebd., 139).

Ebeling setzt dabei als Definition von Religion voraus: Religion ist die »geschichtlich geformte vielgestaltige Verehrung einer Manifestation des Geheimnisses der Wirklichkeit« (1979, 117). Ebeling versucht, die Kategorie des Heiligen zu umschreiben. Der Nachteil dieser Definition ist, dass sie das Phänomen der Religionslosigkeit nicht umfasst, es sei denn, man fasst unter Religion auch völlig profane Verhaltensweisen, die emotional hoch besetzt sind, wie Kaufen und Verbrauchen.

5. Der christliche Glaube hat die Welt »entgöttert« und damit erst ein sachliches Verhältnis zu ihr ermöglicht. Wo sehen Sie Möglichkeiten, wo die Grenzen dieser These? Gogarten sprach von »Verhängnis und Hoffnung der Neuzeit«, *Carl Amery* (1974, 204f) formulierte in deutlicher Anspielung auf Bonhoeffer: »Wir müssen, theologisch gesprochen, auf diese letzte [...] Selbstentäußerung hinaus: auf die Entäußerung von der garantierten Zukunft: Nur wenn wir sie verlieren, werden wir sie gewinnen; nur wenn wir handeln, als gäbe es sie nicht, wird sie uns vielleicht zufallen. Wir sind in eine neue Phase der Unberechenbarkeit Gottes eingetreten.«

6. Nennen Sie konkrete Beispiele für den Pluralismus im innerchristlichen Bereich sowie für den Bereich des Verhältnisses der Religionen untereinander.

7. Erläutern Sie die These, der Protestantismus habe den Pluralismus wesentlich historisch mit hervorgebracht (Graf/Tanner).

8. Pluralismus und Identität werden theologisch mit dem Interesse thematisiert, welcher »Pluralismus aus christlicher Identität« notwendig hervorgehen muss (Herms 1995, 15f).

Die Religionspädagogik nimmt den Ausgangspunkt bei den in ihren Handlungsfeldern faktisch vorkommenden pluralen Phänomenen der Religionen und Weltanschauungen. Nehmen Sie diesen Sachverhalt zum Anlass, die unterschiedlichen Aufgaben und Vorgehensweisen von Glaubenslehre und Religionspädagogik zu bestimmen. Worin liegt die Bedeutung für die Pluralismusdebatte aus religionspädagogischer Sicht, wenn die Glaubenslehre »Pluralität aus Glauben« (Schwöbel) als kritischen Maßstab einführt?

9. Erörtern Sie Beispiele für die Vielfalt von Theologien im NT und diskutieren Sie die von Theißen genannten Kriterien für einen »Kanon im Kanon«.

10. Erörtern Sie die Gesichtspunkte, die Eilert Herms für den Übergang zur Wahrnehmung des Pluralismus in Theorie und Praxis nennt.

III. Grund- und Anfangsfragen der Glaubenslehre

1. Erfahrung und Offenbarung

1.1 Das Leben – eine Reise

Elias Reise durch die Wüste (1Kön 19,4-8)

Elia ging hin in die Wüste eine Tagesreise und kam hinein und setzte sich unter einen Wacholder und bat, dass seine Seele stürbe, und sprach: »Es ist genug. So nimm nun, Herr, meine Seele, ich bin nicht besser als meine Väter.« Und legte sich und schlief unter dem Wacholder. Und siehe, ein Engel rührte ihn an und sprach zu ihm: »Stehe auf und iss!« Und er sah sich um, und siehe, zu seinen Häupten lag ein geröstetes Brot und eine Kanne Wasser. Und da er gegessen und getrunken hatte, legte er sich wieder schlafen. Und der Engel des Herrn kam zum andernmal wieder und rührte ihn an und sprach: »Stehe auf und iss! Denn du hast einen weiten Weg vor dir.« Und er stand auf und aß und trank und ging durch die Kraft derselben Speise vierzig Tage und vierzig Nächte bis an den Berg Gottes Horeb ...

Die Bibel ist voller Weg – und Reisegeschichten. Jahwe war früher ein »Weg-Gott« und sein Volk ein »wanderndes Gottesvolk«. Menschen sind ständig unterwegs, auf Reisen. Daher ist die Bibel auch ein Erfahrungsbuch.

Das deutsche Wort »Er-fahrung« verweist auf das Fahren, das Reisen. Dabei sind die »Gefahren« im Blick und das, was einem auf der Reise begegnet, an Widerfahrnissen zu bestehen ist. Häufig sind es gerade die Widerstände, die Irrungen, die negativen Momente, die den Prozess des Erfahrens vorantreiben.

Elia hat gerade die Erfahrung der Ohnmacht, der Aussichtslosigkeit gemacht, und nun tritt er die Reise durch die Wüste an; sie ist gefährlich. Er nimmt auf dieser Reise zwei Stimmen wahr: Die erste Stimme ist die der Schwermut: »Es ist genug«. Sie klingt nach Abschied und Resignation. Er macht auf dem Weg die Erfahrung des Lebensüberdrusses und legt sich unter einen »Ginsterstrauch«. In der tiefen Krise nimmt er eine zweite Stimme wahr, die Stimme gegen die Schwermut. »Stehe auf und iss!« Vorausgegangen war ein Schlaf, ein schwerer Schlaf ohne Entspannung, aus dem man »wie zerrädert« erwacht. Und dann stehen da Brot und Wasser, die alte Gefangenenspeise. Und noch einmal diese Stimme wider die Schwermut: »Stehe auf und iss! Denn du hast noch einen weiten Weg vor dir.« Ein Weg wird gewiesen, ein Ziel genannt, und er stand auf und ging durch die Kraft der Speise den weiten Weg zum Berg Horeb. Dort zerbrach sein altes Gottesbild – wieder eine schmerzhafte Erfahrung, aber er konnte Gott auf neue Weise wahrnehmen. Es ist nicht mehr im Sturm, Erdbeben und Feuer, sondern auf der untersten Stufe des gerade noch sinnlich Wahrnehmbaren, in der »Stimme verschwebenden Schweigens« (M. Buber). Weil der Prozess des Er-Fahrens eine so wichtige Rolle im Leben spielt, wurde das Leben selbst als Reise begriffen. Dabei kann zum Ausdruck kommen, dass wie bei Elia den Stationen der »äußeren« Reise eine »innere« Reise entspricht (»Reise nach innen«), aber auch die Ambivalenz des Lebens und der Er-fahrung, das Leben zwischen Progression und Regression, zwischen Bleiben-können und Aufbruch.

Erich Kästner, Das Eisenbahngleichnis

Wir sitzen alle im gleichen Zug
und reisen quer durch die Zeit.
Wir sehn hinaus, wir sahen genug.
Wir fahren alle im gleichen Zug
und keiner weiß wie weit.

Ein Nachbar schläft, ein andrer klagt,
ein Dritter redet viel.
Stationen werden angesagt.
Der Zug, der durch die Jahre jagt,
kommt niemals an sein Ziel.

Wir packen aus. Wir packen ein.
Wir finden keinen Sinn.
Wo werden wir wohl morgen sein?
Der Schaffner schaut zur Tür hinein
und lächelt vor sich hin.

Auch er weiß nicht wohin er will.
Er schweigt und geht hinaus
Da heult die Zugsirene schrill!
Der Zug fährt langsam und hält still.
Die Toten steigen aus.

(...)

Wir reisen alle im gleichen Zug
zur Gegenwart in spe.
Wir sehen hinaus. Wir sehen genug.
Wir sitzen alle im gleichen Zug
und viele im falschen Coupe.

(aus: *Ders.,* Gesammelte Schriften in sieben Bänden, Bd. 1: Gedichte, Zürich u.a. 1959, 259-261).

Das literarische Motiv geht auf *Franz Kafka* zurück »Eisenbahnreisende«. »Wir sind mit dem irdisch befleckten Auge gesehen, in der Situation von Eisenbahnreisenden, die in einem langen Tunnel verunglückt sind« (Kafka 1961, 297). Dieses Motiv wird später von *Friedrich Dürrenmatt* in seiner Erzählung »Der Tunnel« aufgenommen (Dürrenmatt 1980).

Der wichtigste Unterschied zwischen dem Erzähler der alten Geschichte von Elia und dem modernen »Gleichniserzähler« liegt darin, dass bei Elia die Negativität der Erfahrung verarbeitet wird und zu einer Offenheit gegenüber einer neuen Begegnung führt, zu einer Wahrnehmung, die sein Leben umgestaltet. Die Reise des Elia hatte Geleit, Tröstung und Orientierung, ein Ziel wird genannt. – Die Reisenden bei Kästner kennen das Ziel nicht, nicht einmal der Schaffner, obwohl Stationen ausgerufen werden.

Das Gleichnis hat seine Pointe in der Absurdität und Sinnlosigkeit jener Reise (»Wir finden keinen Sinn.«).

1.2 Das religionspädagogische Interesse

Seit Mitte der 70er Jahre ist *Erfahrung die Schlüsselkategorie der Religionspädagogik*. Zunächst wurde sie im Streit um den Emanzipationsbegriff herangezogen, um die Bedeutung des Subjekts im Prozess der Befreiung stärker zu betonen und technokratische wie rationalistische Verengungen des pädagogischen Emanzipationsverständnisses aufzubrechen. Dabei hat sich Erfahrung als Leitvorstellung gegen die Emanzipation durchgesetzt und sie abgelöst, »Erfahrungsorientierung« gilt seither als religionspädagogische Zielvorstellung (Zilleßen 1982, 137).

Dieser »Paradigmenwechsel« lässt sich an der Schrift »Zum Verhältnis von Tradition und Emanzipation« (Biehl/Kaufmann 1975) anschaubar machen. Sie wurde konzipiert, um Sache und Verhältnis der beiden Leitvorstellungen zueinander, die seit 1958 bzw. 1968 für die Religionspädagogik bestimmend waren, zu klären. In der Diskussion stellte sich heraus, dass (1) Kommunikation der umfassendere Horizont sei, weil gelungene Kommunikation die Erfahrung von Freiheit voraussetze (162), und dass (2) das Versprechen auf Emanzipation nur durch Herstellung der Erfahrungsfähigkeit einzulösen sei (164). Aufgabe der Religionspädagogik sei daher, »neue Erfahrungen mit der Erfahrung zu ermöglichen« (167).

Entscheidend für die Durchsetzung der Kategorie der Erfahrung waren drei Gründe: (1) Der Erfahrungsbezug als programmatische Hinwendung zu den Erfahrungen und Bedürfnissen der Lernenden war unabweisbar. Sie wurden zu Subjekten des Erfahrungs- und Lernprozesses. Erfahrungsorientierung ist zugleich Subjektorientierung und signalisiert eine Abkehr vom Primat der Stoffe. (2) Erfahrung erwies sich als *Integrationsmodell,* mit dessen Hilfe die unterschiedlichen Ansätze der Reformjahre verknüpft werden konnten. In der Folgezeit wurden sie alle erfahrungshermeneutisch bestimmt. (3) Über die Erfahrung wurde ein Zugang zu der reformpädagogischen Tradition der Pädagogik eröffnet, die für die Religionspädagogik wieder fruchtbare Impulse freisetzte. Wegen der Spannungen im Erfahrungsbegriff ist er allein nicht in der Lage, die Religionspädagogik als Wissenschaft zu begründen. 1989 fasste *W.H. Ritter* (194ff) die religionspädagogische Diskussion um ein kritisch-reflexives Erfahrungsverständnis – sie begann 1972 und erreichte ihren Höhepunkt zu Beginn der 80er Jahre – zusammen und ordnete sie unter dem Gesichtspunkt der Verhältnisbestimmung von Glaube und Erfahrung drei Modellen zu: (1) *»Disjunktive« Modelle* (trennende Züge überwiegen): K. Dienst, H. Schmidt, F. Weidmann; (2) *»relationale« Modelle* (Glaube vollzieht sich in, mit und unter Erfahrung): D. Zilleßen, E. Feifel, P. Jansen, Th. Eggers; (3) *»integrierte« Modelle* (Glaube wird als bestimmte »Erfahrung« mit der Erfahrung« verstanden und dem Prozess der Erfahrung ausgesetzt): K.E. Nipkow, P. Biehl.

1.3   Was ist Erfahrung?

Erfahrung ist das, was der Mensch auf der Reise an Gefahren zu bestehen hatte und was er als Ergebnis der Reise in Erinnerung behält. An diesem Sprachgebrauch lassen sich Strukturelemente von Erfahrung erkennen. Erfahrung setzt voraus, dass es etwas zu erfahren gibt (eine Begegnung, ein Ereignis). Wir »machen« Erfahrungen mit jemand oder irgendetwas. Es besteht eine wechselseitige Beziehung zwischen Erfahren und Erfahrenem. Der Prozess der Erfahrung besteht nicht nur darin, dass eine doppelte Relation zwischen Erfahrungs-Subjekt und Erfahrungs-Gegenstand besteht; es ist vielmehr erforderlich, dass wir das Geschehen wahrnehmen, es auf dem Hintergrund und mit Hilfe bisheriger Erfahrung deuten und uns produktiv aneignen. Erfahrung geschieht in der Dialektik von Vorgabe und Aneignung, von Wahrnehmung und Deutung. Wahrgenommenes und Erlebtes wird mit Hilfe eines *Interpretationsrahmens,* also durch sprachlich geleitete und vermittelte Erschließung, in den bisherigen Erfahrungszusammenhang eingelassen. Erst dadurch erhält Erfahrung Bedeutung für uns und wird anderen mitteilbar. Der Interpretationsrahmen ist also für Erfahrung schlechthin konstitutiv. Er ist das Ergebnis der bisher gesammelten persönlichen und kollektiven Erfahrungen. Er ist zugleich gesellschaftlich bedingt und vermittelt; er besteht für eine Gruppe von Personen *gemeinsam.* Die Wahrnehmung und Deutung neuer Erfahrungen kann den Interpretationsrahmen verändern und damit die sprachlich geleitete Deutung und Gestaltung von Wirklichkeit erweitern und vertiefen; diese Erweiterung beeinflusst wiederum die individuelle Aneignung der Erfahrung und kann den Erfahrenden verändern. *Selbsterfahrung begleitet die Akte des Erfahrungsprozesses.* Der Interpretationsrahmen wird nicht nur im Medium sozialer Kommunikation vermittelt, sondern besteht zugleich nur in der bestimmten Weise individueller Aneignung. Selbsterfahrung ist der Schlüssel zum Verständnis personaler Lebenserfahrung. In der Erfahrung sind wir unmittelbar selbst betroffen, und zwar in einer zugleich *passiven und aktiven* Begegnung mit der Wirklichkeit; im Erleiden, im schmerzhaften Ausgeliefertsein an das Widerfahrende und in der *produktiven* Verarbeitung der Widerfahrnisse.

Erfahrung meint einmal den *Prozess* der Erfahrung, in dem wir mit bestimmten Ereignissen konfrontiert sind, also das Fahren selbst, die Wahrnehmung der Vielgestaltigkeit der Wirklichkeit und ihre Gestaltung. Erfahrung meint sodann das *Ergebnis* dieses Fahrens, das, was es an Verarbeitung zurücklässt und die weitere Erfahrung bestimmt, also die »Erfahrenheit« als Niederschlag vieler Erfahrungen. Entscheidend ist, dass Erfahrung als Prozess den *Vorrang* behält; sonst verfestigt sich Erfahrung zu einem Bestand von Lebenswissen, der feste Orientierung verspricht.

Das Problem ist, ob der Interpretationsrahmen das offene Erfahrungslernen zulässt oder ob Wirklichkeit nur noch reduziert erfahren wird, weil bestimmte Modalitäten von Erfahrung (Fantasie, Imagination, Erinnerung, Erwartung) blockiert werden und damit die Erfahrungsfähigkeit eingeschränkt wird.

1.4 Erfahrung und Wahrnehmung

Die Berufung auf Erfahrung geschieht oft in dem Interesse, sich gegen Neues abzusichern: Erfahrung als Ergebnis gewinnt immer wieder Vorrang vor Erfahrung als Prozess. Um die Möglichkeiten der Erfahrung von Neuem zu verstärken, legen wir den Akzent auf die *Wahrnehmung,* sie ist das »Sensorium« dafür, kreativ Neues zu erfahren und den Interpretationsrahmen zu verändern. Die Verarbeitung von Wahrnehmungen kann neue Erfahrungen stiften, »ja, sie sind der Motor unserer Lebensveränderungen« (Dalferth 1997, 7). Andererseits ist Wahrnehmung ein interessiertes Verhalten; das Interesse wird von der bisherigen Erfahrung geleitet. Der Zusammenhang von Erfahrung und Wahrnehmung muss daher als ein dynamisches, sich stets veränderndes Geschehen verstanden werden. *Die Überführbarkeit von Wahrnehmung in Erfahrung ist ein wesentliches Kriterium für echte Wahrnehmung. Die Erneuerungsfähigkeit der Erfahrung durch Wahrneh-*

mung ist ein Kriterium für lebendige Erfahrung. Didaktisch gewendet: Fördern wir die Wahrnehmungsbereitschaft und -fähigkeit, schaffen wir (optimale) Voraussetzungen dafür, dass Lernprozesse wieder einen ursprünglichen Prozess des Erfahrens darstellen und nicht nur die Ergebnisse von Erfahrungen vermittelt werden. Der Lernprozess findet wieder zurück zu den Quellen der Wahrnehmung. Die Wahrnehmungsfähigkeit wird gefördert durch Steigerung der Aufmerksamkeit, Verlangsamung der Lernprozesse, sinnliche Wahrnehmung der Lerngegenstände in ihrer Fremdheit, Andersartigkeit, Widerständigkeit, Erweiterung der Ausdrucks- und Gestaltungsmöglichkeiten. Das Neue will entdeckt, wahrgenommen werden, damit es als Erfahrungswirklichkeit für uns wird. Religionspädagogik wird auf dem Hintergrund dieser Überlegungen als *Wahrnehmungslehre* verstanden und religiöses Lernen als Ort kreativer Wahrnehmung.

1.5 Alltagserfahrungen und religiöse Erfahrungen

Der Alltag sollte nicht als negative Folie benutzt werden, vor der sich die Eigenart religiöser Erfahrung abhebt. Diese durchzieht vielmehr das Alltägliche, sie ist an den Rändern, an den Schnittstellen verschiedener Lebenswelten, in den Umbrüchen, an denen das Alltägliche sich selbst übersteigt, wahrnehmbar, darin der ästhetischen Erfahrung verwandt. »Das Alltägliche ist das *Gewöhnliche, Ordentliche, Vertraute,* das sich vom Unalltäglichen als dem *Außergewöhnlichen, Außerordentlichen, Unvertrauten* abhebt« (Waldenfels 1990, 193). Was uns in der Erfahrung begegnet, geht niemals völlig in die vertraute Ordnung ein. An den *Grenzen* der gewohnten Welt treffen wir auf das Unverfügbare, Unbekannte, das uns fasziniert und bedroht. An diesen Grenzen wird das Alltägliche durchbrochen. Religiöse Erfahrung hat ihren Ort in dem Kontrast zwischen Alltäglichem und Unalltäglichem, auf der Schwelle zwischen Ordentlichem und Außerordentlichem. Religiöse Erfahrung ist das Ungeregelte *im* Geregelten, das Unvertraute *im* Vertrauten, das Unalltägliche *im* Alltäglichen; sie verkörpert das *Andere* der bestehenden Welt. An diesen Orten – vor allem in dem Kontrast zwischen Profanem und Sakralem – sind von alters her Mythen und religiöse Riten angesiedelt (ebd., 194). Religiöse Erfahrungen *unterbrechen und durchbrechen* das Alltägliche; in ihnen kommt das Außergewöhnliche, Außerordentliche als *Kehrseite* des Alltäglichen zum Ausdruck.

Von religiösen Erfahrungen ist zu sprechen, wenn Wahrnehmungen, Erlebnisse, Widerfahrnisse an diesen Orten mit Hilfe eines bestimmten Interpretationsrahmens gedeutet werden, der durch charakteristische Formen religiöser Sprache mitbestimmt ist.

Religiöse Erfahrungen in diesem Sinn sind durch *folgende Strukturen* gekennzeichnet: Sie haben (1) den Charakter von *Grenz-Erfahrungen:* kulminierende Erfahrungen großer Freude, intensiven Glücks oder Erfahrungen großen Schmerzes, Leidens; sie treten an den Grenzen der vertrauten Welt auf. (2) Sie haben *Erschließungscharakter.* Sie entstehen in Erschließungssituationen, in denen uns »ein Licht aufgeht«. Die bisherigen Erfahrungen erscheinen in einem neuen Licht, gewinnen neue Qualität, führen zu einer neuen Zuordnung bisheriger Erfahrungen. (3) Für sie ist ein *Widerfahrnischarakter* kennzeichnend: Religiöse Erfahrungen als tragende, verlässliche Erfahrungen sind unverfügbar. Die Reflexion auf diesen Charakter, der im Kommen und Schwinden der tragenden Erfahrungen erlebbar ist, zeigt, dass der Mensch sich selbst entzogen ist. Sie haben (4) *eine vorwärts- und eine rückwärts gewandte Struktur:* Sie können Ausdruck des Sicherheits- und Geborgenheitsbedürfnisses sein, sie können aber auch Ausdruck des Versuches sein, voranzuschreiten, sich an Kommendem zu orientieren. Authentische religiöse Erfahrung ist dadurch gekennzeichnet, dass beide Formen von Religion (Ursprungsvergewisserung und Ausrichtung auf messianische Verheißungen) dialektisch in Spannung gehalten werden. (5) Religiöse Erfahrungen erfordern schließlich die Kompetenz, mit Hilfe eines gemeinsamen Interpretationsrahmens, im Dialog mit der Überlieferung und innerhalb einer Gemeinschaft, Erfahrungen symbolisch zu deuten und die in der Erfahrung gegebene Wirklichkeit entsprechend zu gestalten.
Christliche Erfahrung radikalisiert religiöse Erfahrung durch ihren Gottesbezug.
Der Widerfahrnischarakter wird z.B. aufgrund christlicher Gotteserfahrung radikaler als *Geschenkcharakter ausgelegt.* Kommt es trotz der Ambivalenz menschlicher Erfahrung zu der unableitbaren *Erfahrung der Gewissheit,* dann ist das die Folge der Offenbarung Gottes als des unbedingt verlässlichen Grundes. Der Rede von christlicher Erfahrung korrespondiert eine Bestimmung des Interpretationsrahmens durch das mit dem Namen Jesus Christus bezeichnete Sprach- und Symbolgeschehen. Das Kommen Gottes zur Welt in dem geschichtlichen Jesus ist zugleich ein Sprachereignis: Die Grundgeschichte Jesu von Nazareth wird zur grundlegenden »Story« des Christentums (Biehl 1991b, 24-31).

1.6 Offenbarung als Erschließungsgeschehen

Dass wir Offenbarung im Zusammenhang mit Erfahrung behandeln, geht auf einen »Paradigmenwechsel« in der Theologie zurück. Vom Ende des zweiten Weltkrieges bis zu Beginn der 70er Jahre des 20. Jahrhunderts war die Theologie im wesentlichen Offenbarungstheologie. Die Periode reicht etwa von der zweiten Auflage von Karl Barths »Römerbrief« bis zu Gerhard Ebelings Vortrag über das »Erfahrungsdefizit in der Theologie« (1974). Viele Strömungen dieser Zeit lassen sich mit der Betonung der Freiheit, Unverfügbarkeit und Souveränität der Offenbarung kennzeichnen. Mit dem Inhalt der Offenbarung Gottes war ein Wahrheitsanspruch an alle Menschen verbunden. Diese beherrschende Stellung hat der Offenbarungsbegriff verloren. Erfahrung und Offenbarung werden seither als *ein einheitlicher* Zusammenhang verstanden, in dem Offenbarung und Erfahrung komplementär aufeinander zu beziehen sind.

In der bisherigen Darstellung begegnete der Offenbarungsbegriff in einer weiten Fassung. In einem weiten Sinn sprechen wir von Offenbarung in sog Erschließungssituationen (»das war für mich wie eine Offenbarung«; »mir ging plötzlich ein Licht auf«). Es handelt sich dabei um Schnittpunkte der individuellen Lebensgeschichte, Haftpunkte für »kritische Ereignisse« und Schlüsselerfahrungen. Es kann sich dabei um tiefgreifende Erkenntnisse handeln. Wenn wir von einer Begegnung sagen »Du warst für mich wie eine Offenbarung«, dann wird das, was bisher verhüllt, verborgen, unbekannt war, zugänglich gemacht. Was vorher verborgen war, wird jetzt aufgedeckt. Das Offenbarungsgeschehen kommt dabei auf mich zu, mir widerfährt etwas, das ich nicht von mir aus aufdecken und mir zugänglich machen konnte. In einem Erschließungsgeschehen offenbart sich eine Person oder Sache jemandem. Offenbarung ist ihrem Wesen nach Erschließungsgeschehen, das mir eine Person oder Sache in einer Weise zugänglich macht, die ich mir nicht selbst erschließen konnte, wie die Gewissheit meiner Existenz.

Dieser *weite phänomenologische Begriff von Offenbarung* enthält keine spezifisch religiösen Momente. Sie trifft auf das Erschließungsgeschehen jeder Erfahrung von besonderer Dichte zu. »Offenbarung« bezeichnet den Aspekt am Erkenntnisprozess, der sich nicht erdenken lässt, sondern der sich vom Erkannten her erschließt (vgl. Härle 1995, 83; Schwöbel 1990, 72).

Das Erschließungsgeschehen bezieht sich nicht nur auf das Erkennen und den Willen, sondern (ursprünglicher) auf die Wahrnehmung und die Einbildungskraft. Es gibt daher auch einen *ästhetischen* Offenbarungsbegriff. Für Theodor W. Adorno wird die Kunst nur als »Säkularisation von Offenbarungen« verständlich (1970, 162). Voraussetzung ist die »Offenbarung des Göttlichen in der Kunst« (Picht 1987, 556).

Im weitesten Sinn betrifft die ästhetische Offenbarung das unverfügbare Geschehen, dass man etwas intensiv wahrnimmt, dass einem etwas aufgeht (»wie Schuppen von den Augen fällt«), dass man intensiv etwas erfasst, ohne es diskursiv zu begreifen. Angesichts dieses Sachverhalts stellt sich die Frage, wie sich das individuell Wahrgenomme

ne, das als solches unübertragbar ist, allgemein zugänglich machen lässt.
Diese Frage betrifft das Geschehen in der Kunst, einmal im Blick auf den schöpferischen Akt, in dem Wirklichkeit sich erschließt, so dann im Blick auf den Vorgang der Anteilgabe, in der andere zu ästhetischer Erfahrung angeregt werden. Auch das sprachlich Kunstwerk kann in dieser Weise Offenbarungsträger sein und Ungesagtes zur Darstellung bringen. Die große Anziehungskraft vor allem der bildenden Kunst besteht darin, dass sie Transzendenzerfahrung erschließt, die die Wirklichkeit anders sehen lässt, und zwar als Kehrseite des Alltäglichen.
Im engeren, spezifisch theologischen Sinn treffen wir in Gal 1,15 auf den Offenbarungsbegriff. Er besagt einmal, dass Gott den Menschen begegnet und sich ihnen dadurch erschließt. Der Begriff kann sich auch auf einzelne, von Gott her ergehende Weisungen für bestimmte Situationen beziehen (so Gal 2,21).
Die Bekehrung des Paulus lässt sich als Erschließungsgeschehen verstehen. Die Offenbarung, von der in Gal 1,15 die Rede ist, unterscheidet sich nur graduell von Offenbarung im weiten Sinne; es besteht eine Strukturanalogie zwischen weitem und engerem Begriff von Offenbarung.
Wir versuchen, an einem literarischen Beispiel noch einmal zu entdecken, was »Erschließungsgeschehen« meint. Der Brief der Studentin Anne:

Es ist in meinem Leben seither ein großes Durcheinander gewesen und das Ende war, dass ich als Notfall in das Spital eingeliefert wurde [...]; ich hatte Fieber wie verrückt, bin richtig weggetreten gewesen, aber ich habe mehr erlebt und von mir erfahren als sonst in vielen Jahren, es war also sehr gut. Ich habe den Punkt gefunden, wo ich im Gleichgewicht ruhen kann, ganz gleich wie ich mich bewege, und wohin der Weg führt. Ich werde nicht mehr verlieren, was ich in dieser Krankheit gefunden habe, und es gehört dazu, dass ich einmal wirklich allein war. Das Komische war, da war ich eben nicht mehr allein. Es ist gleichgültig, ob man das eine religiöse Erfahrung nennt, aber ich weiß jetzt besser, was die Leute meinen, die eine gemacht haben. Die Sicherheit, die FREUDE. Dabei habe ich überhaupt nichts Sicheres, es ist mir alles zwischen den Händen zerronnen, aber diese Hände sind deswegen nicht leer [...]. Aber nun ist dieser Augenblick immer um mich herum. Ich bin in ihm drin, und solange ich dieses Leben spüre, habe ich keine Angst mehr vor dem Tod.

(Adolf Muschg, Noch ein Wunsch. Erzählung, Frankfurt a.M. 1982, 71f).

Die Situation lässt sich formal als eine gerade vergangene, reale, individuelle Situation mit Ausnahmecharakter beschreiben. Sie wurde als Widerfahrnis erlebt, das zu einer Veränderung des Lebens führte, zum Durchbruch eines neuen Lebensgefühls und zu neuen Sprach-Bildern führte. Insofern kann man von einem Erschließungsgeschehen sprechen; es ist emotional hoch besetzt und erschließt Tiefe. Wir können auch im Sinne von Ian T. Ramsey von einer Erschließungssituation (›disclossure‹ Situation) sprechen. In ihr geht es um eine Selbsterschließung, die Offenbarungscharakter hat, weil sie zum Durchbruch eines neuen Selbstverständnisses führt. Anne beschreibt diese neue Erfahrung als »Ruhen im Gleichgewicht«, als »Sicherheit«, obwohl sie überhaupt nichts Sicheres hat, als Kairos-Erfahrung (»Augenblick«), als Nicht-Alleinsein, obwohl sie allein ist, vor allem als FREUDE. Anne lässt offen, ob man von einer religiösen Erfahrung sprechen kann, sie hat aber die *Qualität* einer solchen Erfahrung. Das Sprach-Bild, das ihr am besten entspricht, ist das der »vollen Hände, auch wenn man mit leeren Händen dasteht«. Es erinnert an paradoxe Formulierungen in paulinischen Briefen (vgl. 2Kor 6,8-10). Das Erschließungsgeschehen macht ihr eine Wahrheitsgewissheit in einer Weise zugänglich, die sie sich nicht selbst erschließen konnte. Diese Gewissheit kann ihr keiner mehr nehmen. Sie spürt sich in dem »Augenblick« drin und hat keine Angst mehr vor dem Tod. Das Erschließungsgeschehen beinhaltet: Übergang von der Todespraxis in die Lebenspraxis. Es verheißt Gewissheit trotz der Zerrissenheit, trotz des »Zerrinnens« (der Zeit). Wir können von einer »Transzendenzerfahrung ohne Transzendenz« sprechen, sie lässt die Wirklichkeit anders sehen.

Der Brief der Studentin Anne enthält religiöse Momente. Wollen wir »Offenbarung« im spezifisch theologischen Sinn einführen, müssen wir vom Urheber und vom Gehalt der Offenbarung und von ihrer Gestalt sprechen. Die herausgearbeitete Struktur von Offenbarung trifft genau für die Selbsterschließung Gottes zu. Er ist der Urheber des Wahrheitsbewusstseins des Glauben; denn er ist der verlässliche Grund unseres Daseins trotz der Gebrochenheit unserer Existenz. Dieses Erschließungsgeschehen ist bei der unableitbaren Entstehung jeder kommunizierbaren Gewisserfahrung im Spiel. Gott erschließt sich als Grund und Gegenstand des Glaubens; diese Selbstmitteilung ermöglicht die existentielle Beziehung unbedingten Vertrauens in Gott. Der Mensch, der zur Ebenbildlichkeit berufen ist, wird trotz der Entfremdung der Sünde in diese intendierte Gestalt eingesetzt (Schwöbel 1990, 83). Erschließt sich Gott selbst jemandem, so erscheint nicht nur der Empfänger der Offenbarung im neuen Licht, sondern auch die Welt; denn die Situation des Empfängers wird verändert und damit die Perspektive, aus der er die Welt wahrnimmt.

Was in der Offenbarung erschlossen wird, ist diese radikale Situationsveränderung des Menschen unter der Macht des Todes durch den Freispruch des Sünders (vgl. Ebeling 1979, 253; Härle 1995, 84-86). Durch die Situationsveränderung wird zugleich der Interpretationsrahmen, durch den Wirklichkeit erschlossen wird, derart umstrukturiert, dass Wirklichkeit als Verheißung erfahren werden kann.

Wir sprachen vom Urheber und Empfänger, dem Gehalt und der Wirkung der Offenbarung, nämlich von der (Glaubens-)Gewissheit. Ein weiteres Strukturelement ist die Gestalt der Offenbarung. Die Erschließung von Gottes Gegenwart vollzieht sich als Interpretationsgeschehen; sie findet in der Sprache statt. Weil Offenbarung nur in Gestalt bestimmter Interpretation vorkommt, ist sie auch immer umstritten (Dalferth 1997, 46). Gottes Anwesenheit ist daher verborgene Anwesenheit. Die zentrale Botschaft des Evangeliums ist, dass Gott als Liebe gegenwärtig ist. Als Liebe hat er sich selbst in Jesus Christus erschlossen. Die Gestalt dieses Menschen ist die authentische Interpretation des Namens, in dem Gott als unerschöpfliche schöpferische Liebe zur Welt kommt.

Zur Offenbarung gehört gleichursprünglich das Erschließungsgeschehen und der Vorgang der Aneignung an dem, was erschlossen wird. Es handelt sich um ein komplexes Geschehen von großer Weiträumigkeit. Denn Gott hat die Welt zu seinem Darstellungsraum gewählt und macht sich in der Welt bekannt. Zentrum dieses Erschließungsgeschehens ist die Rechtfertigung (vgl. Phil 3,9). Gehört wie bei der Kunst der Vorgang der Aneignung zur Offenbarung, so entspricht hier diesem Sachverhalt der Glaube als Aneignungsprozess der Selbsterschließung Gottes. Offenbarung wird immer nur konkret erfahren als Einbezogenwerden des eigenen Lebens in das Geschehen der Liebe Gottes. Gottes verborgene Gegenwart können wir nicht unmittelbar wahrnehmen, sondern nur im Zusammenhang mit menschlichen Erfahrungen, die durch das Sprach- und Interpretationsgeschehen, das auf den Namen Jesus Christus konzentriert ist, gewonnen werden.

1.7 Schlüsselerfahrung als hermeneutische Kategorie

Im Erfahrungsprozess treten zuweilen Ereignisse und Erfahrungen von besonderer Dichte und Bedeutsamkeit hervor: *»Schlüsselerfahrungen«. Sie* unterbrechen den Strom alltäglicher Erfahrungen, weil überraschend Neues geschieht. Schlüsselerfahrungen haben eine fokussierende Wirkung im Blick auf die Lebensgeschichte, die durch sie überhaupt erst thematisch wird: Wenn wir auf unsere Lebensgeschichte zurückblicken, erinnern wir uns sofort an solche dichten Zeiten, in denen sich die Biografie um bestimmte Schlüsselerfahrungen herum aufbaut, während andere Phasen fast im Dunkeln des Vergessens bleiben. Die Schlüsselerfahrungen sind daher von repräsentativer Bedeutung für das Verstehen der Lebensgeschichte insgesamt.

Schlüsselerfahrungen haben nicht alle den gleichen Rang, die gleiche Dichte und Intensität. Es lässt sich eine Hierarchie solcher Erfahrungen aufstellen. Sie können *einen radikalen, wirklichkeitserschließenden* Charakter haben (»das war für mich wie eine Offenbarung«), sie können eine Lebenserneuerung bewirken. Sie können sich jedoch auch stärker auf der kognitiven Ebene vollziehen. Ich gewinne eine neue Erkenntnis, um die ich lange gerungen habe (»der Knoten platzt«, »es fällt mir wie Schuppen von den Augen«). In jedem Fall wird die Erfahrung *auf das wirklich Angehende hin verdichtet*; darin liegt ihre didaktische Bedeutung.

Neben dieser *fokussierenden* Funktion haben Schlüsselerfahrungen die Möglichkeit, einen *Komparativ* in menschliche Erfahrungen zu bringen.

In der Kommentierung von 1Kön 19 wurde deutlich, dass Erfahrung vornehmlich die schmerzhafte Erfahrung ist, die Erfahrung der Grenze und des Scheiterns, die die Offenheit für neue Erfahrungen ermöglicht. Schlüsselerfahrungen sind jedoch nicht an besondere Ereignisse des Leidens gebunden. Es können auch ungewöhnlich freudige Ereignisse sein, die das Gewohnte überraschend unterbrechen. Nicht nur die Klage, auch der Jubel kann Ausdruck einer Begegnung mit Wirklichkeit sein. Das Leben wird lebendiger, der Tod wird tödlicher (erfahrbar an den vielen Arten des Todes mitten im Leben). Die Differenz zwischen Tod und Leben tritt deutlicher hervor. *Gesteigertes Leben* ist eine Folge von Schlüsselerfahrungen. Diese werden in unterschiedlicher Weise von momentanen Gefühlen oder dauerhafteren Stimmungen (Angst/Freude) getragen. Gefühle zeigen einen unterschiedlichen Tiefengrad je nach Betroffenheit. Bei Erkenntnisprozessen können sie eine untergeordnete Rolle spielen, aber auch den Personkern betreffen. Für Schlüsselerfahrungen ist der *Weltbezug* der Gefühle entscheidend. Sie lassen sich nicht auf das Innere des Menschen reduzieren, sondern lassen sein Dasein in der Welt in einem neuen Licht erscheinen. Schlüsselerfahrungen können nicht nur die Gefühle und die Einbildungskraft steigern, sie können auch das Erkenntnisvermögen erweitern und vertiefen. *Erfahrung und Denken stehen in wechselseitiger Beziehung.* Wahrnehmungen und Erlebnisse werden durch Denken mit Hilfe des Interpretationsrahmens zu Erfahrungen, »verarbeitet«. Denken in einem weiten, ursprünglichen Sinn kann Erfahrungen ermöglichen (»Denkerfahrungen«). Auf der anderen Seite machen neue Erfahrungen neues Denken erforderlich. Denken ist auf Erfahrung angewiesen; kapselt es sich von Erfahrung ab, wird es leer. Löst sich die Erfahrung vom Denken, wird sie irrational, verliert ihre Kompetenz für neue Erfahrungen (vgl. Schillebeeckx 1990, 45).

1.8 Schlüsselerfahrungen in der Bibel

Der *Exodus* gehört für das Volk Israel zu den entscheidenden Schlüsselerfahrungen seiner Geschichte. Im NT werden beispielsweise die Schlüsselerfahrungen des *Petrus* in den Evangelien deutlich hervorge-

hoben: Berufung (Lk 5,1-11) – Bekenntnis (Mt 16,13-20) – Verleug-
nung (Mt 26,31-35.69-75) – Erscheinung des Auferstandenen (Joh
20,3-19) – Neue Beauftragung (Joh 21,15-19).
Das bekannteste Beispiel im NT für eine Schlüsselerfahrung ist *die
Bekehrung des Paulus*, die in der Apostelgeschichte dreimal erzählt
wird (Apg 9,1-11; 22,3-16; 26,9-18). Paulus selbst spricht zurückhal-
tend über diese Erfahrung (Gal 1,11-17; Phil 3,4-9). Paulus führt die
Schlüsselerfahrung auf eine Christophanie, eine Vision des auferstandenen Gekreuzigten zurück. Er bezeichnet die Wende als »Offenbarung Jesu Christi«. Es handelt sich um ein *Erschließungsgeschehen*,
das ihm zugleich die Wirklichkeit des erhöhten Herrn, eine neue theologische Grunderkenntnis und ein grundlegend neues Verständnis seiner selbst eröffnet. Sie hat zu einer radikalen Veränderung des Interpretationsrahmens geführt. Unvermittelt kehrt sich sein Urteil über
seine Vergangenheit und seine bisherige Gesetzesfrömmigkeit um. Die
Schlüsselerfahrung ist nicht wie bei Luther Folge eines inneren Kampfes, er wurde nicht von Angst und Zweifeln geplagt. Er betont vor allem, was diese Erfahrung für ihn bedeutete: Er wurde zum Heidenapostel berufen. Zwischen dem Christenverfolger (aus gesetzlicher
Strenge) und dem Heidenapostel (mit Gesetzesfreiheit) liegt ein Bruch.
Das Verhältnis zwischen vorchristlichem und christlichem Leben wird
(unter identitätstheoretischen Gesichtspunkten) zum Problem. Die Bekehrung führte zu einem »radikalen Bruch mit der Vergangenheit«
(Bultmann), zerriss sein Leben »in zwei Hälften« (Dibelius/Kümmel).
Dieser radikalen biografischen Wendung entspricht die heilsgeschichtliche Wende: das Ende des Gesetzes (Röm 10,4). Paulus weiß sich
trotz der Ergänzungsbedürftigkeit seiner Existenz, gerade in dieser
Gebrochenheit von Gott gerechtfertigt. Die *Kontinuität* zwischen alter
und neuer Existenz besteht in der Frage nach der Gerechtigkeit Gottes.

Hans-Martin Barth spricht im Zusammenhang mit dem Offenbarungsverständnis
von »*Schlüsselerlebnissen*« (2001, 144-146). Es wird nicht ersichtlich, warum er
den Erlebnisbegriff dem Erfahrungsbegriff vorzieht. Der Sache nach unterscheidet
sich der Ansatz Barths nur unwesentlich von dem hier dargestellten. Das Schlüsselerlebnis umfasst das bisherige *Erleben und Deuten* und würdigt es kritisch
(145). Barth rechnet mit einem prozessualen Charakter der Offenbarung. Durch
ihre Interpretation als Schlüsselerleben wird zum Ausdruck gebracht, wie sie anthropologisch gedacht werden kann: Als Erschließungserlebnis (146). Theologisch
betrachtet vollzieht sich Gottes heilsame Selbsterschließung als Schlüsselerlebnis,
das den Menschen inmitten der ihn umgebenden Alltagswelt ergreift und auf
dem Weg über Wort und Lebenszeugnis erfassen und »anstecken« kann (157).

In der vorchristlichen Existenz stand der Interpretationsrahmen, von
dem her er alle Erfahrungen deutete, unter dem Vorzeichen »eigene
Gerechtigkeit aus dem Gesetz«. In der christliche Existenz lautet dieses Vorzeichen: »Gerechtigkeit aus Gott aufgrund des Glaubens« (Phil
3,9). Es ist die Sprache der Rechtfertigungslehre, in der er den ent-

scheidenden Wandel beschreibt. In ihr bricht ein neues Gottesverständnis durch: *Gott ist anders* als er zuvor angenommen hat.
Nur Gott kann in seiner Gnade für das Personsein des Menschen aufkommen,
nicht der Mensch durch die Summe seiner Werke (vgl.
Abschnitt »Rechtfertigung und Anerkennung«, 203-218).

1.9 Arbeitshinweise

1. Beschreiben Sie die zirkuläre Struktur genauer: Wie werden Wahrnehmungen, Erlebnisse, Widerfahrnisse zu Erfahrungen verarbeitet?
Wie leitet diese Erfahrung die künftige Wahrnehmung?

2. Wie kann das sprachlich geleitete Verständnis von Wirklichkeit erneuert und vertieft werden?

Hinweis: Erfahrung geschieht in der Dialektik von Vorgabe und Aneignung, von
Wahrnehmung und Deutung: Der Interpretationsrahmen als Ergebnis persönlicher
und kollektiver Erfahrungen ist zugleich *gesellschaftlich bedingt und vermittelt.*

3. Wodurch unterscheiden sich Alltagserfahrungen, religiöse und
christliche Erfahrungen?

4. Die Rede von der Erfahrung ist *ambivalent.* Erläutern Sie diesen
Sachverhalt an dem Sprachgebrauch (»Erfahrung« in zweifacher Bedeutung).

5. Erzählen Sie von Schlüsselerfahrungen in ihrem Leben. Stellen Sie
ihren Lebenslauf als Fluss oder Weg dar.

6. In welchen biblischen Texten (Textzusammenhängen) werden
Schlüsselerfahrungen dargestellt? Anhand welcher Texte haben Sie
Schlüsselerfahrungen auf existentieller oder mehr kognitiver Ebenen
gemacht?

7. Wie lassen sich Schlüsselerfahrungen theologisch deuten? In welchem Sinne lässt sich von »christlichen« (Schlüssel-) Erfahrungen
sprechen?

8. Welche Konsequenzen ergeben sich aus der Ambivalenz menschlicher Erfahrungen für das Verhältnis von Glaube und Erfahrung? (vgl.
den Abschnitt »Glaube«)

9. Worin sehen Sie die religionspädagogische Bedeutung der Arbeit
mit und an Schlüsselerfahrungen?

10. Interpretieren Sie *Phil 3,4-9*. Ziehen Sie zum Vergleich Gal 1,11-17 heran. Begründen Sie die These, dass Paulus seine Schlüsselerfahrung aus der Perspektive der Vorzeit als Pharisäer beschreibt.

11. Wilhelm Herrmann, der theologische Lehrer von Karl Barth und Rudolf Bultmann in Marburg, hat in einem Vortrag in Gießen 1887 den Begriff der Offenbarung bestimmt. »Nur das, was uns aus der Anfechtung rettet, d.h. uns aus der Verlorenheit unseres bisherigen Zustandes erhebt, macht auf uns den Eindruck des überwältigend Neuen, einer wahrhaftigen Offenbarung« (6).

Es versteht sich von selbst, »dass eben Gott der Inhalt der Offenbarung ist. Alle Offenbarung ist Selbstoffenbarung Gottes« (10). »Gott offenbart sich uns, indem er uns zwingt, ihm ganz und gar zu vertrauen«(ebd.). Wahrhaftige Offenbarung ist von der Mitteilung von Lehren und Berichten zu unterscheiden. Nur die Tatsache, dass Gott uns in seiner allmächtigen Liebe überwältigt »und aus einem unglücklichen zu einem fröhlichen und getrosten Menschen macht« sollen wir für Offenbarung halten (12).

Wenn sonst ein Mensch uns Vertrauen abgewinnt, so machen wir auch die Erfahrung, dass der unmittelbare Eindruck der Person Jesu »uns viel reicher vorkommt als alles«, was wir sonst zur Rechtfertigung unseres Vertrauens sagen können (19).

Barth (1948, 3-11) hat die dialektische (faktisch: diastatische) Denkform der Frühzeit aufgegeben. Er beschreibt zehn Möglichkeiten von immanenten, diesseitigen Offenbarungen des Seienden. Diesen Offenbarungen gegenüber ist Offenbarung im christlichen Verständnis eine »ganz andere Offenbarung«. Sie meint »Jesus Christus, wenn sie Gottes Offenbarung Gottes Wort nennt.«

Karl Barth eröffnet das neue Verständnis von Offenbarung, das von nachhaltiger Wirkung war, in seinem Kommentar zum Römerbrief (2. Aufl. 1922).

»Die Auferstehung ist die *Offenbarung*, die Entdeckung Jesu als des Christus, die Erscheinung Gottes und die Erkenntnis Gottes in ihm, der Eintritt der Notwendigkeit, Gott die Ehre zu geben und mit dem Unbekannten und Unanschaulichen in Jesus zu rechnen, Jesus als das Ende der Zeit, als das Paradox, als Urgeschichte, als Sieger gelten zu lassen. In der Auferstehung berührt die neue Welt des Heiligen Geistes die alte Welt des Fleisches, aber sie berührt sie wie die Tangente einen Kreis, ohne sie zu berühren, und gerade, indem sie sie *nicht* berührt, berührt sie sie als ihre Begrenzung, als *neue* Welt«. (6)

Rudolf Bultmann wollte durch seine Arbeit am NT die Einsichten Barths im Römerbrief exegetisch und theologisch sichern. Er analysiert in einem Vortrag von 1929 den Begriff der Offenbarung.

»Ganz allgemein verstehen wir unter Offenbarung die *Aufdeckung von Verhülltem, die Erschließung von Verborgenem.*« (1)
»Offenbarung ist hier die *Erschließung Gottes* für den Menschen.« (2)

»Offenbarung ist ein *Geschehen*, das den Tod vernichtet [...] ein Geschehen nicht *innerhalb* des menschlichen Lebens, sondern *von außen hinein* und deshalb auch nicht konstatierbar innerhalb dieses Lebens.« (15). »... 1. offenbart ist das Leben, ist Christus, 2. offenbart ist das Wort der Verkündigung und der Glaube«. (21) »Außerhalb des Glaubens ist die Offenbarung nicht sichtbar. Erst im Glauben erschließt sich der Gegenstand des Glaubens; deshalb gehört der Glaube zur Offenbarung selbst«. (23)

Paul Tillich ist einen anderen Weg gegangen als die »dialektische Theologie«. Das wird auch an seinem Offenbarungsbegriff deutlich. Er unterscheidet die letztgültige Offenbarung Gottes in Jesus Christus von der universalen vorbereitenden Offenbarung, ohne die die normgebende Offenbarung gar nicht verständlich wäre. In seiner »Systematischen Theologie« (1956) fasst er zusammen:

Nur auf der breiten Basis universaler Offenbarung kann sich letztgültige Offenbarung ereignen und aufgenommen werden. Ohne Symbole, die in der Vorbereitungsperiode der Offenbarung geschaffen wurden, würde die letztgültige Offenbarung nie verstehbar gewesen sein [...] (166). »Offenbarung kann nur aufgenommen werden im Gegenwärtigsein der Erlösung, und Erlösung kann nur geschehen in der Offenbarungskorrelation.« (172).

a) Vergleichen Sie diese Texte zum Offenbarungsverständnis untereinander. Werden Elemente erkennbar, die sich durchhalten? Wo sehen Sie die deutlichsten Unterschiede?

Herrmann sieht in der Offenbarung ein überwältigendes *Erlebnis*. Das Vertrauenserlebnis wird an die Person Jesu zurückgebunden. Gott wird als der tragende Grund des Seienden im Ganzen erfahren, als die alles bestimmende Macht.

b) Bei Karl Barth ist das Wort Gottes in Jesus Christus die Offenbarung. Welche Konsequenzen ergeben sich aus der radikalen Fassung des Begriffs im »Römerbrief«?

c) Wo sehen Sie bei Bultmann eine Bestätigung Barths?

d) Worin entspricht Tillich den beiden zuvor genannten Entwürfen, worin unterscheidet er sich von ihnen?

e) Vergleichen Sie die Texte aus den Jahre 1887-1956 mit der heutigen Darstellung. Wo entdecken Sie Entsprechungen?

2. Glaube, Mut, Vertrauen

2.1 Glaube als anthropologisches Phänomen

Der biblische Entdeckungszusammenhang

Zu Beginn des Markus-Evangeliums wird eine spannende Geschichte erzählt. Sie handelt von einem Gelähmten, der in all seiner Hoffnungslosigkeit wenigstens gute Freunde hatte, die alles für ihn taten. Sie hatten von dem Mann aus Nazareth gehört, der sagt: »Wagt alles an die Liebe, denn das Reich Gottes ist mitten unter euch.« So tragen ihn vier Männer nach Kapernaum, wo Jesus sich aufhält. Sie kommen zu dem kleinen Haus, aber draußen stehen schon wieder so viele Leute, dass sie nicht zu ihm gelangen können. Die ganze Schlepperei umsonst, und dann der Gelähmte in seinem Elend, der Funke Hoffnung ist wieder erloschen. Da kommt einer der Männer auf die Idee, ihn auf das flache Dach zu tragen. Sie machen ein großes Loch hinein und lassen den Gelähmten an Seilen herunter, so dass er genau vor dem Mann, der in Gleichnissen vom Reich Gottes redet, ankommt. Da Jesus den Glauben der vier Männer sieht, spricht er zu dem Gelähmten: »Mein Kind, deine Sünden sind dir vergeben. Ich sage dir, stehe auf, nimm dein Bett und gehe heim!« Da stand der Mann auf und nahm sein Bett mit (vgl. Mk 2,1-5.11-12a).

In diesem Zusammenhang kommt es nur darauf an, wie Jesus vom Glauben redet. Die Männer werden nicht nach einem Glaubensbekenntnis gefragt, es wird nicht gesagt, woran sie glauben. Erst aus der Situation lässt sich erschließen, was Glaube meint. Wir setzen versuchsweise Mut und Vertrauen ein. Jesus spricht ihnen konkret Glauben zu, weil er ihren Mut, die Klugheit ihres Vorgehens und ihr Vertrauen auf seine Macht sieht. Er selbst hat in ihnen Mut, Vertrauen und Hoffnung erweckt. Wir kommen auf die theologische Seite des Glaubensverständnisses zurück.

Mut ist zugleich ein anthropologischer Begriff. Mut schließt das Wagnis ein, ist aber nicht in dem ethischen Sinn von Tapferkeit zu verstehen, sondern meint eine »Grundbefindlichkeit« der menschlichen Existenz, die besagt, wie einem »zumute« ist. Damit ist mehr gemeint als eine bloße Stimmung oder Laune. Mut drückt Geist, Gemüt, das Gestimmtsein aus, er betrifft den ganzen Menschen.

Mut und Vertrauen in anthropologischer Sicht

Mutig nennen wir die Entschlossenheit des Menschen, er selbst sein zu wollen, sich nicht aufzugeben, sich anzunehmen, einen Menschen also, der nicht Mut zu diesem oder jenem hat, sondern zum Leben selbst. So wie das Herz für den ganzen Menschen stehen kann, ist ein »beherzter« Mensch einer, der mit sich selbst im Innersten eins ist, er wird nicht von Zweifeln zerrieben und vom Selbstwiderspruch verzehrt. Er hält Schwierigkeiten stand und flüchtet nicht, sondern sagt Ja zu sich und gibt sich nicht verloren. Psychologisch gesehen wird der Mut in der frühen Kindheit als Gegenkraft gegen die Angst (Gewissensangst) ausgebildet. Er entsteht aus der Bewältigung von Konfliktsituationen; die Grundangst bleibt aber als ständige Bedrohung und Chance erhalten. Daher ist das Leben durch Übergänge und Spannungen zwischen Angst und Mut gekennzeichnet. Die religionspädagogische Grundaufgabe besteht darin, den Mut gegenüber der Angst zu stärken.

Dass auch der zweite anthropologische Begriff, den wir für »Glaube« eingesetzt haben, nämlich Vertrauen, die Sache trifft, zeigt Luther bei der Auslegung des ersten Artikels im Großen Katechismus: Auf die Frage: »Was heißt einen Gott haben?« antwortet er: »....Also, dass ein Gott haben nichts anderes ist, denn ihm von Herzen trauen und glauben ... Ist der Glaube und Vertrauen recht, so ist auch dein Gott recht ...« (BSLK 560, 13-19). Auch hier handelt es sich um ein Grundphänomen unseres Lebens, auf das wir wie selbstverständlich angewiesen sind; wir könnten kein Gespräch führen, ohne Vertrauen zu unterstellen. Es wird uns in seinem elementaren Sinn, seiner tieferliegenden Bedeutung erst bewusst, wenn es missbraucht oder enttäuscht wird. Es geht nicht, Vertrauen als etwas Negatives zu verstehen, selbst wenn es enttäuscht wird. Vertrauen kann wie Mut nicht »hergestellt« werden. Wir können nur leben, wenn wir uns auf das verlassen, was außerhalb von uns ist und was wir nur empfangen können. Mitmenschliches Vertrauen füllt diese Struktur aus und bleibt gleichwohl hinter dem »reinen« Vertrauen zurück; denn es ist mit egoistischen Motiven durchmischt (»Vertrauen gegen Vertrauen«). Vertrauen zielt daher auf *unbedingtes, vorbehaltloses, radikales* Vertrauen, auf die Gewissheit, die der unbedingt Vertrauenswürdige vermitteln kann.

Dieses Ergebnis entspricht der Struktur nach der philosophischen Analyse Erich Franks: »Glaube ist immer Vertrauen, Vertrauen ist aber immer Vertrauen auf Freiheit. Die Freiheit des Glaubens kann darum nie die Notwendigkeit eines Wissens und Wollens haben, nichts wozu man einen zwingen kann.« Unser Bewusstsein von Freiheit ist »schlechthin Glauben, Vertrauen.« Glaube im Sinne eines alles bestimmenden Vertrauens, einer unzweifelhaften Glaubensgewissheit ist der Grund unseres Selbstbewusstseins. »Nur im Glauben ist der Mensch wirklich schöpferisch und der Glaube so Ursprung aller unserer Erkenntnis.« (Frank 1955, 356-360).

Mut und Vertrauen gehören eng zusammen. »Mut« betont mehr das aktive Moment des Standhaltens gegen die Übermacht der Realität, »Vertrauen« das Angewiesensein auf Vorgabe. Im Vertrauen verlässt der Mensch im wörtlichen Sinne sich selbst; er wird damit abhängig von der Verlässlichkeit dessen, dem er sein Vertrauen schenkt.

2.2 Was heißt Glauben? Theologische Aspekte

Heinrich Buhr beantwortet diese Frage, »der Glaube, was ist das?« durch *einen* elementaren Satz. »Zuversicht, Mut, wohlberatener Mut; der *reine Glaube ist nichts als Mut*« (Buhr 1963, 7. Hervorhebung P.B.).
Paul Tillich würde ihm darin nur zum Teil zustimmen; er hält den Mut nur für *ein* Moment des Glaubens. Der Glaube umfasst zugleich das Vertrauen. Glaube ist »*Mut des Vertrauens*« (Tillich 1954, 117).

Tillich legt eine eingehende Analyse des Mutes vor, da der Begriff sich gut als Schlüssel zur menschlichen Situation eignet. Es sind zwei Bedeutungen zu unterscheiden: »Mut« ist ein ethischer Begriff (Tapferkeit); dieser wurzelt in dem (ontologischen) Verständnis des Mutes, man selbst zu sein (ebd. 7-227, 65-112). Die Analyse hat ihren Höhepunkt in der Einsicht: Das Angenommensein trotz der eigenen Unannehmbarkeit ist die Basis für den Mut des Vertrauens (ebd., 119). Seine äußerste Zuspitzung erfährt der Mut, der der Verzweiflung ins Gesicht sehen, die Angst der Sinnlosigkeit auf sich nehmen kann (ebd., 137).

Schon das Verständnis des Glaubens als Mut und Vertrauen macht deutlich, dass Glaube ein zentraler Akt ist, der das ganze Personsein betrifft. Tillichs klassische Definition, Glaube ist das »Ergriffensein von dem, was uns unbedingt angeht« (Tillich 1961, 9) unterstreicht diesen Sachverhalt. Auch bei dieser Definition kann man von einem anthropologischen Phänomen sprechen. Glaube in diesem allgemeinen Sinne des Mutes oder des Ergriffenseins gehört zu jedem Leben. Wir heben diese anthropologische Seite hervor, weil schon durch diesen, von jedem nachvollziehbaren Gedanken die üblichen Missverständnisse abgewehrt werden können: Glaube ist kein partieller Akt, der sich auf unbewiesene Glaubensgegenstände bezieht, die im Bereich des Meinens oder Vermutens liegen. Es ist eine Karikatur des Glaubens, ihn als blindes Akzeptieren irgendwelcher dogmatischer Vorstellungen zu sehen.
Er lässt sich rational weder beweisen noch widerlegen, er ist »vernünftiges Vertrauen« (Küng 1992, 22), ein Vertrauen, das unbedingt ist und sich auf ein bestimmtes Gegenüber richtet (Härle, 1995, 57).

Der Glaube ist ein die ganze Existenz in Anspruch nehmendes, zentrierendes Beziehungsgeschehen. Die Grundbeziehung richtet sich nicht auf irgendetwas, sondern auf das, was den Glauben erweckt. Bestimmt der Glaube die Existenz als Ganze, wird alles zum Gegenstand des Glaubens: Er hat es nicht mit einer Sonderwirklichkeit zu tun, sondern er muss sich gegenüber der wahren Wirklichkeit als Glaube bewähren. Es besteht weitgehend Einigkeit darüber, dass das Kennzeichen des Glaubens das *Vertrauen* auf die Verheißungen Gottes ist. Er ist *allein Gottes Werk* und kann nicht pädagogisch inszeniert werden (vgl. Schwöbel 2001, 47). Differenzen bestehen hinsichtlich der Frage nach der Bedeutung Jesu für den Glauben und angesichts der Verhältnisbestimmungen zu Erfahrung, Wissen, Verstehen.

Bei den Versuchen, diesen Differenzierungen nachzugehen, ist als weitere gemeinsame Basis festzuhalten, dass im christlichen Glauben der Akt des Glaubens und der Inhalt des Glaubens konstitutiv aufeinander bezogen sind.

2.3 Verhältnisbestimmungen

Jesus und Glaube (Gerhard Ebeling)
Die Urform des christlichen Glaubensbekenntnisses lautet: Jesus ist der Christus. »Jesus« ist der Name eines irdisch-geschichtlichen Menschen, des Rabbi und Propheten von Nazareth, der in Palästina gelebt, gepredigt und gewirkt hat, der dann von den Römern mit anderen Rebellen auf Golgatha gekreuzigt wurde. »Christus« ist ein Würdetitel, durch den ihn der Glaube bekennt als den, der als der auferstandene Gekreuzigte gegenwärtig wirksam ist. Die Grenzen des irdischen Menschseins sind damit gesprengt, die Schranken eines einmaligen Hier und Jetzt gefallen. Dieser Sachverhalt zeigt, dass *Jesus und Glaube eng zusammengehören*, und zwar in einem doppelten Sinne: Christlicher Glaube ist Glaube *an* Jesus; Jesus ist gewissermaßen angewiesen auf den Glauben; denn an ihm hängt das Bekenntnis: »Christus«. Jesus selbst hat durch sein Reden und sein Tun diesen Glauben *erweckt.* Er hat zum Glauben herausgefordert. Als *Lebensform* ist der Glaube zugleich *des Menschen Werk*; in ihr wird die aktive Deutung und Gestaltung der Wirklichkeit transparent für Gottes Selbsterschließung.

Nur der zweite Aspekt ist strittig. Er wurde von Ebeling 1958 erstmals in seiner Studie »Jesus und Glaube« (jetzt: 1960, 203-254) herausgearbeitet. Wir haben uns eingangs darauf bezogen. Außer in Mk 2,1-12 findet Ebeling den Begriff des Glaubens in diesem absoluten Sinn in acht weiteren Heilungsgeschichten (Mk 5,21-24; Mk 5,25-34; Mk 9,14-29; Mk 10,46-52; Mt 8,5-13; Mt 9,27-31; Mt 15,21-28; Lk 17,11-19). Ebeling nimmt an, dass Jesus (auf sonst unübliche Weise) einen

Zusammenhang zwischen Heilungsgeschehen und Glaube herstellte, dass die siebenmal formelhaft wiederkehrende Wendung »Dein Glaube hat dich gerettet« ebenso auf Jesus zurückgeht wie der Spruch vom bergeversetzenden Glauben (Mk 11,23), in dem Glaube und Macht verbunden werden. Für Ebeling besteht das Ergebnis seiner Analyse in der Feststellung, dass *der Glaube Anhalt am historischen Jesus selbst hat.*

Während die nachösterliche Gemeinde den Gegenstand des Glaubens bekennt (»glauben an« oder wörtlich »glauben in« mit Akkusativ), benutzt Jesus »Glaube« im absoluten Sinn (ohne Gegenstandsbezeichnung). In der nachösterlichen Gemeinde bezieht sich der Glaube nahezu ausschließlich auf die Person Jesu (»Glauben an Jesus«), die Wendung »Glauben an Gott« kommt so gut wie gar nicht vor; anzutreffen ist auch die Genitivverbindung »Glaube Jesu Christi«. Glaube kann schließlich verstanden werden als Annehmen des christlichen Kerygmas (darauf legt Bultmann besonderen Wert).

Ebeling zieht aus diesen Befunden folgende Konsequenz: Weil der Glaube durch Jesus geweckt ist, ist er auf ihn gerichtet und hält sich an ihn (Ebeling 1975, 230). Diesem Tatbestand ist es zu verdanken, dass der Glaube an eine Person derart ins Zentrum rückte und das Kennzeichen des Christen ausmachen konnte. Jesus ist nicht zu distanzieren von dem Glauben, den er erweckt hat, obwohl er nie von seinem eigenen Glauben sprach. Er ging ganz darin auf, Glauben in konkreten Situationen zu wecken. Ebeling spricht daher von Jesus als der »Quelle des Glaubens« (1960, 245) und des »Zeugen des Glaubens«. Der Glaube, den Jesus erweckt, partizipiert an der Macht Gottes. »Die Macht des Glaubens ist geradezu gekennzeichnet als die Macht Gottes« (1960, 239): Alles ist möglich dem Glaubenden (Mk 9,23). Nach Ebeling ist der Glaube ganz auf die Zukunft ausgerichtet. Der Glaube ist »das Kommen-Lassen-des-Zukünftigen« (ebd., 247). Weil es um die Zukünftigkeit des Reiches Gottes geht, ist der Glaube das »Gott-Wirken-Lassen«, das »Gott in Aktion-Treten-Lassen« (ebd.). Die aktive Passivität des Sich-Bestimmen-Lassens durch Gottes Kommen ist die Art und Weise, in der der Mensch am Entstehen und Wachsen des Glaubens beteiligt ist. Der Glaube lebt aus dem Zuspruch und der Teilhabe an der Macht Gottes. Weil die Zeit des Reiches Gottes gekommen ist, macht Jesus Mut zum Glauben und zur Liebe. Wie aus dem, der Glauben zusprach, Inhalt des Glaubens werden konnte, ist das Rätsel des NT. Die Antwort auf dieses Rätsel ist Ostern. Ostern wurde die Vollmacht Jesu, mit der er die Zeit des Reiches Gottes ansagte und zum Glauben rief, bestätigt.

Glauben und Verstehen (Rudolf Bultmann)
Bultmann verzichtet bewusst auf eine Verankerung des Glaubensverständnisses in der Verkündigung Jesu; er sieht darin eine theologisch

unsachgemäße historische Absicherung der Sache des Glaubens. Erst im Urchristentum wird »Glaube« zur beherrschenden Bezeichnung des Gottesverständnisses; dieses knüpft an das alttestamentlich-jüdische Erbe an: Glaube bedeutet, den Worten Gottes Glauben schenken. Es findet sich aber auch die Bedeutung von Gehorchen, hoffendes Vertrauen und Treue (Bultmann 1953, 89f). Besonderen Wert legt Bultmann aus systematisch-theologischen Gründen auf die Analyse des paulinischen und johanneischen Glaubensberiffs. Der Glaube bestimmt bei Paulus das Leben in seiner geschichtlichen Bewegtheit, es ist insgesamt vom Gehorsam gegenüber dem Kerygma bestimmt. Die Annahme der Verkündigung ist keine bloße Kenntnisnahme, sondern echter Gehorsam, der ein neues Selbstverständnis einschließt (ebd., 319). Die *Glaubensentscheidung* – der Entscheidungscharakter ist für Bultmann ein besonders wichtiges Element – des Einzelnen ist selbst eschatologisches Geschehen. Gottes Werk ist der Glaube insofern, als die zuvorkommende Gnade die Entscheidung erst ermöglicht. Das christliche Sein im Glauben in der Spannung von »schon jetzt« und »noch nicht« ist eschatologisches Geschehen. Der Glaube wird in der Liebe wirksam (ebd., 326).

Im Johannes-Evangelium wird der Glaube noch stärker auf das Hören des Wortes konzentriert; gleichzeitig kommt dem Glauben »ein Erkennen« zu. Glauben im Vollsinn und Erkennen sind nicht zwei verschiedene Akte. Das Erkennen kann sich nicht vom Glauben lösen: Der Glaube ist ein erkennender (ebd., 420). Das dem Glauben geschenkte Erkennen ist kein theoretisches Wissen, sondern ein *Erkennen der Wahrheit*.

Der Glaube ist in Bultmanns eigener systematisch-theologisch orientierten Begrifflichkeit ein *»Verstehen der Wahrheit«*. Der Glaube enthält ein neues Selbstverständnis. Der sich neu Verstehende sieht zugleich Gott und die Welt in einem neuen Licht. Der Verstehensbegriff ist bei Bultmann eindeutig durch M. Heidegger beeinflusst (vgl. Bultmann 1980 »Widmung«).

In der Einsicht, dass im Glauben ein neues Selbstverständnis des Menschen erschlossen wird, liegt die besondere theologische Leistung Bultmanns. Der Begriff ermöglicht, Erkenntnis- und Willensakt zu verknüpfen sowie das Erkennen und das Existieren in seiner ursprünglichen Einheit zu erfassen (Jüngel 1990, 66). Darüber hinaus können Glaubensakt und Glaubensgegenstand – ohne ineinanderzufallen – als Ereignis begriffen werden, in dem der Glaubende sich auf den Glaubensinhalt so einlässt, dass seine ganze Existenz ihren Grund findet.

Der Glaubende versteht zusammen mit dem Wort, an dem sein Glaube hängt, sich selbst als angenommen in seiner fragmentarischen Existenz. Bultmann konzentriert das Sich-selbst-Verstehen allerdings auf den Augenblick der Entscheidung, der durch das Hören des Wortes als eschatologischer Augenblick qualifiziert wird (kairos). Dadurch wird das appellative Moment gegenüber der Vorgabe (Indikativ) zu stark betont. Dadurch, dass alles Hoffnungs- und Glaubenswissen in dem eschatologischen Augenblick verschlungen ist, wird dieses vor dem Vorwurf objektivierenden Denkens geschützt; es ist aber auch kein Erkenntnis*gewinn* durch reichere (lebens-) geschichtliche Erfahrung und kein »Wachsen im Glauben« möglich.

Glaube, Wissen und Gewissheit (Wolfhart Pannenberg)

Der Glaube kommt zum Verstehen. Um nicht das Missverständnis einer rationalen Begründung aufkommen zu lassen, hat Bultmann bewusst die aus der Tradition geläufige Verhältnisbestimmung von *Glauben und Wissen* durch die von *Glauben und Verstehen* ersetzt. Er hebt gegenüber dem objektivierenden Denken der modernen Wissenschaft im Glaubensverständnis das Element des Vertrauens und der Entscheidung hervor und ersetzt »Wissen« bzw. »Erkennen« durch »Verstehen«. Gegen die Intention Bultmanns (er teilt sie mit dem frühen Barth), den Glauben vom Wissen abzukoppeln und ihm vor der neuzeitlichen Wissenschaft »ein sturmfreies Gebiet« zu sichern, hat als erster Pannenberg Widerspruch eingelegt. Er stellt die Argumentation Bultmanns »auf den Kopf«. Der von Gott gewirkte Glaube muss durch »Vermittlung eines ausweisbaren Wissens *begründet* sein« (Pannenberg 1967, 223). Der Glaube muss also durch ein *vorgegebenes* Wissen, das außerhalb seiner selbst liegt, begründet werden. Er könne sich von einem anderen als von einem »natürlichen« Wissen nichts vorstellen, es gäbe kein besonderes Glaubenswissen (ebd., 227). Der Glaube dürfe nicht leichtfertig auf Vertrauen begründet werden, sondern an erster Stelle müsse das Wissen um den Glaubensinhalt stehen (ebd., 229). Das erfordere geschichtliches Wissen und Einsicht in seine Tragweite. Die Einsichten der Vernunft sollen nicht dogmatisch behauptet, sondern im Blick auf gegenwärtige Erfahrungen begründet werden. Die Spitze seiner Argumentation liegt in der These, dass die Gewissheit des Glaubens (Luther) auf dem derart gewonnenen Wissen beruhe. Diese These hat Pannenberg im Blick auf das Gewissheitsproblem modifiziert (1980, 264): Die Gewissheit des Glaubens beruht auf der durch das Gewissen vermittelten Selbstevidenz der göttlichen Wahrheit, ihrer Selbst-Beglaubigung, die allerdings nur auf dem Wege der geschichtlichen Vermittlung zuteil wird. Testfall für seine Thesen, die er im Laufe der Jahre weiter differenziert hat, ist die Frage der Historizität der Auferstehung Jesu. Ob ein Ereignis stattgefunden hat oder nicht, »darüber verschafft sich nicht etwa der Glaube Gewissheit, sondern allein die historische Forschung ...« (Pannenberg 1969, 96f). Das Urteil über Historizität hängt aber von dem Wirklichkeitsverständnis ab, von dem der Historiker sich leiten lässt. Innerhalb eines positivistischen Geschichtsverständnisses lässt sich der Anspruch auf Historizität nicht verifizieren, wohl aber im Rahmen eines modernen

Geschichtsverständnisses, das den perspektivischen Charakter der Wissenschaft berücksichtigt, die ebenfalls auf bestimmten Vorgaben beruht. Die Neubestimmung des Verhältnisses von *Glaube und Wissen* hängt also in starkem Maße von einer Veränderung des Selbstverständnisses der Wissenschaft ab, ebenso von dem jeweiligen Verständnis der Vernunft bzw. »Vernünfte«. So wird z.B. das Wissenschaftsverständnis Viktor von Weizsäckers dem erfahrenden Subjekt gerecht, so dass Glaube und Wissen nicht mehr in einem unversöhnlichen Gegensatz stehen (Link 1997, 128).

In der Religionspädagogik fand das schon bei Pannenberg angesprochene Verhältnis von Glaube und Erfahrung größere Beachtung.

Karl Barth hatte in seinem »Römerbrief« ([2]1922, 114, 62, 96 u.ö.) Glaube und Erfahrung gegenübergestellt; Glaube ist keine Erfahrung, sondern die »Unmögliche Möglichkeit«, ist »Hohlraum«, »Leere«.

Glaube und Erfahrung (Edward Schillebeeckx)

Die allgemeine Struktur von Erfahrung haben wir in einem eigenen Abschnitt analysiert. Der Erfahrungsbegriff ist *ambivalent* Erfahrung kann daher nicht nur gewiss machen, sie kann auch täuschen. Daher ist nicht damit zu rechnen, dass das Verhältnis von Glaube und Erfahrung einlinig positiv verläuft. Zum einen erscheinen sie untrennbar miteinander verbunden zu sein. Der Glaube lässt das Geglaubte auch in Herz und Gewissen erfahren und erweist darin seinen umfassenden Lebensbezug. Am Verhältnis zum Leben wird die Entscheidung zwischen Glaube und Unglaube offenbar. In, mit und unter der gesamten Lebenserfahrung ereignet sich Glaube als Erfahrung. Glaube ist Erfahrung *mit* aller Lebenserfahrung.

Teils gerät der Glaube in schärfsten Widerspruch zur Erfahrung, so dass es gilt, wider alle Erfahrung zu glauben (Ebeling 1975, 13f). Sie geraten nämlich dadurch in Widerspruch, dass sich der Glaube in der Anfechtung nur an das Wort vom Kreuz halten kann. Das Kreuz ist tiefste menschliche Erfahrung und zugleich das Ende aller Erfahrung. Die Formel, der Glaube ist neue Erfahrung mit aller bisher gemachten und noch zu machenden Erfahrung der Wirklichkeit, bringt diesen doppelten Bezug des Glaubens zur Erfahrung auf den Begriff. Glaube ist ein bestimmter Umgang mit dem Erfahren selbst, der alle Erfahrung in ein neues Licht rückt. Dieser Umgang ist durch Annäherung und Widerspruch gekennzeichnet. Von gewissmachender Glaubenserfahrung kann nur so geredet werden, dass Gottes Verheißung die menschliche Selbst- und Welterfahrung *unterbricht*, so dass es zu der neuen Erfahrung kommen kann. Glaubenserfahrungen macht man mit alltäglichen Erfahrungen, aber im Licht und aufgrund einer bestimmten religiösen Tradition. Glaubenserfahrungen geschehen also in einem *dialektischen Prozess*. Einerseits ist der Glaubensinhalt – selbst reflexiver Ausdruck der Erfahrung – bestimmend für den christlichen Inhalt bestimmter moderner Erfahrungen. Es ist nicht dieser Glaubensinhalt an sich, der mich durch seine Verkündigung eine Glaubenserfahrung machen lässt. Erst durch Erfahrungen hier und jetzt, die im Licht des bestimmten Inhalts aus der christlichen Erfahrungsgeschichte gedeutet werden, kommen Menschen zur einer persönlichen Erfahrung des Glaubens. »Glaube kommt also aus dem Hören, vollzieht und vermittelt sich aber allein in einer persönlichen Erfahrung« (Schillebeeckx 1980, 81). Die Alternative »Glaube aus dem Hören« (Röm 10,17) oder »Glaube aus Erfahrung« ist eine falsche Alternative.

2.4 Glaube und Religionspädagogik

Ist der Glaube entwicklungsfähig?
Glaube ist mit Erfahrung verbunden. Niederschlag der daseinsbestimmenden Glaubenserfahrung ist das religiöse Leben, die Lebensform des Glaubens. Sie ist wie das Leben selbst in ständiger Bewegung. Das religiöse Leben macht Wandlungen durch, kennt Höhepunkte, Umbrüche, aber auch Stagnation und kontinuierlichen Verlauf. Es kann mit der allgemeinen Lebenslinie parallel verlaufen, aber auch stärker von ihr abweichen. Wo sich eine solche Gestaltwerdung vollzogen hat, geht das Suchen und das Lernen aus Erfahrung dennoch weiter.
Es ist ein Erfahrungs- und Erkenntniszuwachs möglich. Das Selbstverständnis, das der Glaube enthält, verändert sich im Fortschreiten der Zeit. So ist der Glaube *im Werden*, und zwar in, mit und unter der Lebensgeschichte. Der *rechtfertigende Glaube* hat seinen Grund in Gott. Dieser Glaube ist Gewissheit (nicht Sicherheit), weil er von Gott ins Recht gesetzt worden ist (Jüngel 1999, 207). Er erlaubt einen neuen Umgang mit den Lebensformen und -erfahrungen, weil der Glaube Folgen hat (im Blick auf diese Folgen lässt sich von einem »heiligenden Glauben« sprechen).
Die Erneuerung des Selbst- und Weltverständnisses ist eine Folge von Bildungsprozessen, Glaube und religiöses Leben sind daher elementar auf Bildung angewiesen. Die Bildung wird soweit wie möglich der Dynamik der menschlichen Entwicklung entsprechen. Der Glaube vollzieht sich in seiner Beziehung auf die (religiöse) Lebensgeschichte in bestimmten »Stufen«, die nicht einseitig als Progressionsschema interpretiert werden dürfen. Wir erläutern die ersten vier »Stufen«, die in religionspädagogischer Perspektive besonders wichtig sind (vgl. James W. Fowler, Glaubensentwicklung, Gütersloh 1989, 83-110):

(1) Erster Glaube und das einverleibende Selbst;
(2) Intuitiv-projektiver Glaube und das impulsive Selbst;
(3) Mythisch-wörtlicher Glaube und das imperiale Selbst;
(4) Synthetisch-konventioneller Glaube und das interpersonale Selbst;
(5) Individuierend-reflektierender Glaube und das institutionelle Selbst;

(6) Verbindender Glaube und das inter-individuelle Selbst;
(7) Der universalisierende Glaube und das in Gott gegründete Selbst.

Zu (1) Fowler sieht den Anfang unseres Glaubens bei unserem Eintritt in die Welt in einer Art der vorsprachlichen Disposition des Vertrauens gegenüber der Umwelt. Dieses Vertrauen nimmt im wechselseitigen Geben und Nehmen der interaktiven Rituale Gestalt an. Unser »rudimentärer Glaube« konstruiert »Vor-Bilder« einer vertrauenswürdigen Instanz, um die Trennungsängste abzuwehren.

Zu (2) Etwa gleichzeitig mit dem Beginn der sprachlichen Kommunikation über das Selbst und die Objekte in der Welt beobachten wir beim Kind das Auftreten einer Form der Sinnkonstruktion, die eine emotionale und wahrnehmungsmäßige Ordnung des Erlebens darstellt. Die Vorstellungskraft ist besonders empfänglich für story, Symbol, Traum und Erlebnis. Im Bereich des Glaubens beziehen sich die Konstruktionen dieser Stufe auf Symbole und Bilder von sichtbarer Macht und Größe. Sie können mit tiefen Angst- und Schuldgefühlen, aber auch mit Gefühlen der Liebe und Ekstase und dem Gefühl der Einigkeit mit dem Letztgültigen verknüpft sein. Daraus erwächst die Möglichkeit der Ausbildung tiefer gehender, langandauernder Orientierungen des Glaubens – sowohl zum Guten als auch zum Schlechten.

Zu (3) Irgendwann im Alter zwischen sechs und acht Jahren macht das Kind grundlegend neue Erfahrungen, die den Weg in die mythisch-wörtliche Stufe des Glaubens eröffnen. Sie ist durch Wörtlichkeit und Eindimensionalität der Bedeutungen geprägt. Das Kind kann von Symbol und Mythos innerlich angesprochen werden und darauf antworten, ihre reichen Nuancierungen aber nicht interpretieren. Eines der wichtigsten Merkmale dieser »Stufe« besteht darin, Sinn mit Hilfe der Orientierung an story und Symbol zu konstruieren, zu bewahren und mit anderen zu teilen. Es besteht das Verlangen nach einer bestimmten Art von Unabhängigkeit, die in der Selbstachtung und Kompetenz wurzelt. Wenn ich Kompetenz besitze, werde ich als einer anerkannt, der über sich selbst bestimmen kann.

Zu (4) Zwischen dem elften und dreizehnten Lebensjahr bildet sich allmählich die Fähigkeit zu abstraktem Denken und zum Umgang mit Begriffen aus. Während in der vorigen »Stufe« eine einfache Art der Perspektivübernahme es gestattete, Geschichten zuverlässig zu erzählen, kommt es jetzt zu einer völlig neuen Dimension der sozialen Perspektivübernahme: Man spricht von wechselseitiger inerpersonaler Perspektivübernahme, einer Art Spiegel-Kommunikation. Die Jugendlichen versuchen, ein Selbstbild aufzubauen, das zwischen dem, was man dem eigenen Gefühl nach ist, und dem, was ein signifikant Anderer zurückspiegelt, vermittelt. Das Selbst ist abhängig von den Bildern, die wichtige Andere von ihm haben. Die Aufgabe besteht darin, auf synthetischem Weg ein einheitlich funktionierendes Identitätsgefühl zu entwickeln, das die Vielfalt dieser Bilder auf spannungsvolle Weise integriert. Glaubensinhalte und Bindungen schaffen Festigung und Identität. Das Geben und Halten von Versprechen ist ein Ausdruck dessen, was am jetzt reflexiven Selbst durch gemeinsame Formen mit anderen Konformität verleiht. Aufgrund dieser Konformität in der Synthese des Glaubens spricht Fowler von »konventionell« (vgl. das Kapitel »Das Erwachen des Glaubens« bei H.-M. Barth, 2001, 123ff).

Glaube und Lernen

Da der Glaube einen Erfahrungs- und Erkenntniszuwachs beinhaltet, der durch Lernen aus Erfahrung gewonnen wird, kann umgekehrt der Glaube auch zum Lernen anstiften. Damit ist eine Veränderung des

Lernverständnisses verbunden. *Lernen aus Glauben* stellt einen Prozess dar, in dem wir etwas Anderes, Fremdes, Neues wahrnehmen. Dadurch entsteht zunächst *Schmerz*; denn wir nehmen zugleich den Widerstand des Fremden, den Widerspruch des anderen und den Anspruch des Neuen wahr. Der Schmerz macht darauf aufmerksam, dass wir uns ändern und öffnen müssen, um das andere in seiner Andersheit, Fremdheit und Neuheit wirklich wahrzunehmen. Am anderen nehmen wir uns in der Regel selbst wahr; wir sind ihm nahe, weil wir Gleiches wahrnehmen. Erst in der *Distanz*, in der diese Selbstverständlichkeit zerbricht, nehmen wir den anderen in seiner Andersheit wirklich wahr. *Daher gehören »Lernen«* (griech.: mathein) und *»Leiden«* (griech.: pathein) *zusammen*. Dem Glauben entspricht ein *pathisches* Lernverständnis. »Jeder Lernprozess enthält diese Schmerzen der Veränderung und die Freude der neuen Einsicht« (Moltmann 1997b, 135).

Aus Glauben lernen setzt eine bestimmte *Qualität* von Erfahrung voraus, die das Sich-Öffnen und das Wahrnehmen von Erfahrungs*alternativen* beinhaltet. Schmerzen sind nicht pädagogisch organisierbar, sie stellen sich in der *Empathie* ein, ohne die es kein Verstehen des anderen gibt. Der größte Feind dieser Erfahrung ist nicht die Belehrung, sondern die schon dominierende Erfahrung, die die Wahrnehmung des Neuen verhindert.

Lernen aus Glauben mobilisiert daher Gegen-Erfahrungen, gelebte Alternativen, Spiel-Räume, Inszenierungen, Gestaltungen, die produktiv werden, indem sie Gewohntes *unterbrechen*. Für die Wahrnehmung von Schmerz und Freude, Erleben und Erleiden lassen sich möglichst optimale Bedingungen schaffen, durch eine kommunikative Lernkultur, durch die Vermittlung von Erfahrungs-Bildern, die sich an die Einbildungskraft wenden und die in Bewegung setzen, durch eine Entselbstverständlichung des Lernens, durch eine Pluralisierung der Glaubensinhalte mit Hilfe einer »pluralisierenden Hermeneutik« (Nipkow). Der Ansatz eines Lernens aus Glauben wäre missverstanden, wenn aus ihm eine »Glaubensdidaktik« für den heutigen Religionsunterricht entwickelt würde. Eine kommunikative Religionsdidaktik lässt sich nur auf dem langen Weg über die Glaubens-Symbole entwickeln – die symbolische Kommunikation gibt zu lernen.

Für Schleiermacher fällt der Glaube unter den Begriff der Bildung (Senft 1956, 45). Glaube ist Bildung und als solche Befreiung. Wir haben den Glauben als Werk Gottes (und des Menschen) verstanden: Er gehört als Aneignungsprozess der Offenbarung zu dieser selbst (vgl. Abschnitt »Erfahrung und Offenbarung«, 61-76). Daher werden Glaube und Bildung, Glaube und Lernen unterschieden und wechselseitig aufeinander bezogen.

2.5 Arbeitshinweise

1. Der Glaube ist ein komplexes Beziehungsgeschehen. Welche der genannten Elemente sollten Ihrer Meinung nach heute besonders betont werden?

2. Jesus gebraucht »Glaube« in einem absoluten Sinn; was er bedeutet, ergibt sich aus der jeweiligen Situation. Untersuchen Sie die auf Seite 80f genannten Texte genauer und beschreiben Sie das Glaubensverständnis.

3. Was versteht man unter »Glaubensakt« und unter »Glaubensinhalt«? Warum wird betont, dass beide konstitutiv aufeinander bezogen sind?

4. Erläutern Sie die theologische Aussage: Gott ist Grund und Inhalt des Glaubens.

5. Die Frage, welche Bedeutung die historische Forschung für den Glauben hat, ist umstritten. Idealtypisch lassen sich *drei Positionen* beschreiben.

(1) *Rudolf Bultmann*: Jesus ist in seinem Wort wirklich gegenwärtig. Alle Erzählungen vom leeren Grab und alle Osterlegenden, »welche Momente an historischen Fakten sie auch enthalten mögen«, sind *gleichgültig*. »An den im Kerygma präsenten Christus glauben, ist der Sinn des Osterglaubens.«
(2) *Wolfhart Pannenberg*: »Behauptet man, neben den Instrumenten historischer Kritik über andere Mittel zu verfügen, die im Konfliktfall der historischen Kritik überlegen sind, dann läuft das auf eine grundsätzliche Bestreitung des Rechtes der historischen Methode hinaus.« Es ist nicht nur für den Historiker, sondern auch für den Christen unumgänglich, »sich ein historisches Urteil über die Auferstehung Jesu zu bilden«.
(3) *Walter Künneth*: »Allein der pneumatische Mensch besitzt die Erkenntnismöglichkeit der von Gott gewirkten Offenbarung und die Fähigkeit der kritischen Unterscheidung zwischen Göttlichem und Immanenten.« Die Auferweckung Jesu von Nazareth ist ein *Ereignis* jenseits der menschlichen Erkenntnismöglichkeit (zitiert nach Biehl 1999, 247f).

Erläutern Sie die Positionen. Führen Sie eine Pro- und Contradiskussion. Historische Urteile sind strittige Urteile. Sie begründen nicht den Glauben (so wenig die Dossiers eines Graphologen, Detektivs, ... die Liebe begründen). Der christliche Glaube ist aber (wie der Liebende) daran interessiert, alles zu erfahren, was ermöglicht, sein Gegenüber besser zu verstehen.

6. Lesen Sie noch einmal den Abschnitt über »Erfahrung und Offenbarung« und beschreiben Sie das Verhältnis von Offenbarung, Glaube und Erfahrung als ein dialektisches Verhältnis.

7. Den Hinweisen auf Seite 87f entspricht religionsdidaktisch eine hermeneutisch reflektierte traditionserschließende Unterrichtsform. Sie ist ergänzungsbedürftig. Welche Unterrichtsformen müssen hinzukommen?

8. Jedes Bekenntnis gründet auf dem von ihm unterschiedenen Grund des Glaubens, ist in Jesus selbst begründet. Es ist ebenfalls zwischen dem Glauben an Jesus und den verschiedenen Glaubensaussagen über ihn zu unterscheiden. Die einfache spontane Glaubensaussage »Herr ist Jesus« wird immer weiter entfaltet. Diese Unterscheidung zwischen Glaubensgrund und Glaubens- bzw. Bekenntnisaussagen ermöglicht es, den Glaubensgrund immer wieder zu überschreiten. Man kann nicht umhin, selber zu sagen, wer Jesus für uns heute ist. Welche religionspädagogischen Konsequenzen hat diese Erkenntnis?

IV. Glaubenslehre I: Die Wirklichkeit
Gottes und des Menschen

1. Gott – das Geheimnis der Welt

1.1 Gott im Spiegel der Dichter

Johannes Bobrowski, Immer zu benennen

Immer zu benennen:
den Baum, den Vogel im Flug,
den rötlichen Fels, wo der Sturm
zieht, grün, und den Fisch
im weißen Rauch, wenn es dunkelt
über die Wälder herab.

Zeichen, Farben, es ist
ein Spiel, ich bin bedenklich,
es möchte nicht enden
gerecht.

Und wer lehrt mich,
was ich vergaß: der Steine
Schlaf, der Schlaf
der Vögel im Flug, der Bäume
Schlaf, im Dunkel
geht ihre Rede – ?

Wär da ein Gott
und im Fleisch,
und könnte mich rufen, ich würd
umhergehen, ich würd
warten eine wenig.

(aus: Schattenland Ströme, Stuttgart 1962, 104)

Bobrowski legt in diesem Gedicht Rechenschaft über seine Tätigkeit als Schriftsteller ab. Das wichtigste Element ist das Benennen. Damit hat er in besonderer Weise an dem Auftrag der Namengebung (Gen 2,19f) teil, sie ist die der Gottebenbildlichkeit (Gen 1,27f) entsprechende Möglichkeit des Menschen. Der Mensch gibt den Tieren (und Dingen) ihren Namen und ordnet sie damit in ihrem Gefüge. »In der Benennung entdeckt, bestimmt und ordnet der Mensch seine Welt, die Sprache erst macht die Welt menschlich; (...) benannt wird ursprünglich nicht das Vorhandene, sondern das Begegnende« (Westermann 1971, 123f).

Da dem Benennen so großes Gewicht zukommt, fragt der Dichter angesichts des Spielcharakters seiner Gedichte, ob die Sprache den Phänomenen gerecht wird.

Die Frage nach der Gerechtigkeit des Dichtens findet sich auch bei einem von Bobrowskis Vorbildern, bei Georg Trakl.

Der Dichter sieht eine doppelte Aufgabe: Durch seine Sprache sollte er die Dinge sich selber zurückgeben, so dass sie sich von sich aus zeigen können, und er sollte durch sie eine Ordnung eigener Art entstehen lassen: Beides zugleich lässt sich aber schwer verwirklichen. Die Dinge fügen sich zuvor der Benennung, aber gleichsam ihre Rückseite bleibt fremd. Erst die Stummheit in dieser Hinsicht verleiht ihnen Präsenz.

Das Gedicht bringt diesen Sachverhalt durch die Metapher des Schlafes zur Sprache. Weil die Benennung die Phänomene nur in ihrer fassbaren Perspektive zur Darstellung bringen kann, ist sie dem Vorwurf »gefährlich willkürlicher Freiheit ausgesetzt« (vgl. M. Böschenstein, Immer zu benennen, in: H. Domin, Doppelinterpretationen, Frankfurt a.M. 1976, 63ff, hier: 63).

Aus diesem Dilemma könnte nur ein Gott »im Fleisch« retten. Er könnte rufen, ihn *ansprechen*, und er könnte in seiner Sprache »*entsprechen*«, so dass alle Dinge ihren Ort finden. Wenn es diese Rettung geben würde, würde er auf den Kommenden warten – wenigstens eine Weile.

Hans Erich Nossack, Begegnung im Vorraum

»Ich weiß nicht, ob es noch echte Religion gibt. Ich weiß nicht einmal, was man darunter zu verstehen hat ... Doch ganz gleich, ich bin ein Chemiker; es ist nicht mein Beruf, über Religion nachzudenken. Manchmal habe ich mich selber im Verdacht, ein religiöses Wesen zu sein. Ich lege keinen Wert darauf; es ist auch nur ein Verdacht; ich hüte mich, ihn laut werden zu lassen .... Denn ich habe unaussprechliche Dinge geträumt. Man vergisst sie, da sie sich nicht aussprechen lassen, aber ich – ich weiß fortan, dass es sie gibt, und zuweilen sehe ich sie nun auch wachend ... Aber ich habe auch von Engeln geträumt und ich war nicht weniger erschrocken. Es gibt sie also ... Aber ich habe nie von dem geträumt, was sie Gott nennen. Es muss ein Abstraktum sein. Was man nicht träumen kann, hat keine Wirklichkeit.«

(aus: Begegnung im Vorraum, Frankfurt a.M. 1963, 109f)

Marie Luise Kaschnitz, Der »Tutzinger Gedichtkreis«

Zu reden begann ich mit dem Unsichtbaren.
Anschlug meine Zunge das ungeheure Du,
Vorspiegelnd altgewesene Vertrautheit.

Aber wen sprach ich an? Wessen Ohr
Versuchte ich zu erreichen? Wessen Brust
Zu rühren – eines Vaters?
Vater, Du riesiger Sterbender,
(...)

Zu reden begann ich mit dem Unsichtbaren.
Und sagte: ich verstehe nichts,
Ich bin wie ein Stein, der daliegt, ein Hindernis glotzäugig fest,
(...)
Wer ausgeht, gerichtet zu werden, findet keinen Richter mehr.
Wer ausgeht, die Alten zu fragen, bekommt keine Antwort.
Abgebrochen hast Du das alte Gespräch
Wenn wir fragen, zu welchem Ende,
Schweigst Du.
Wenn wir fragen, warum so geschwind,
Schweigst Du.
Wenn wir hingehen und tun, als wärst Du gar nicht da,
Läßt Du uns bauen den Turm bis zum obersten Stockwerk.
Stürzt ihn mit einem Nichts von Atem ein
(...)

Du wirst Dich uns nicht mehr begreiflich machen, Nicht auflösen Deine Verwirrung,
Nicht wiederholen die alten Tage, da wir gestillt,
In Deinen Gärten das Haupt verbargen.
(...)

Dein Fernsein Deine Nähe,
Dein Zuendesein Dein Anfang,
Deine Kälte Dein Feuer,
Deine Gleichgültigkeit Dein Zorn.

(aus: »Tutzinger Gedichtkreis«, in: Gesammelte Werke V, 245-254)

1.2 Klage gegen Gott als Ausdruck des Glaubens

Kunst bezieht sich auf das Ungesagte, Religion auf das Unsagbare, das Geheimnis. Will sie der Wirklichkeit Gottes auf die Spur kommen, ist Spurensuche als Arbeit an und mit der Sprache erforderlich.
Luther sprach von der »Verborgenheit« Gottes, Karl Rahner vom »Abgrund der Unbegreiflichkeit.« Eberhard Jüngel mahnt die Unterscheidung zwischen Verborgenheit und Unbegreiflichkeit an. Gott sei auch als »Licht« unergründlich. Hierin sieht er die Möglichkeit zur Klage und Anklage als eine Weise der Verherrlichung Gottes.
Marie Luise Kaschnitz hat in hymnischer Form Klage und Anklage gegen Gott – ohne die Überhebung des Prometheus – dargestellt. Sie ist noch im Protest Anrufung Gottes. Der »Tutzinger Gedichtkreis« ist darin fast ohne Parallele (Kuschel 1997, 227, 229f).

Bringt die Kunst das »Geheimnis« in angemessener Sprache zur Darstellung? Nach Jüngel (1977, 341) gehören *zwei* Strukturelemente zum Geheimnis:
(1) Wenn man es ergreift, hört es nicht auf, Geheimnis zu bleiben (darin unterscheidet es sich vom Rätsel), und
(2) es zieht uns an, will wahrgenommen, ergriffen, gewahrt und in angemessener Sprache ausgesagt werden. In angemessener Sprache kann sich das Geheimnis als solches offenbaren. In den »Tutzinger Gedichten« von Kaschnitz liegt ein Hinweis auf eine Sprache, in der sich die Geheimnisstruktur der Wirklichkeit und das Geheimnis Gottes entsprechen.

1.3   Angemessen Reden von Gott heute

Der Beitrag Gerhard Ebelings aus dem Jahre 1963 »Die Botschaft von Gott im Zeitalter des Atheismus« (in: Ebeling 1969, 372-395) hat die Religionspädagogik stark beeinflusst (Esser 1969, 9f. 150ff): Die religionspädagogische Grundaufgabe wurde darin gesehen, in der Situation eines ernsthaften, »bekümmerten« Atheismus (Nietzsche, Sartre u.a.) das Wort »Gott« an der Wirklichkeitserfahrung verstehbar auszulegen. Das Gottesverständnis sollte aus der Alternative zwischen Theismus und Atheismus herausgewunden werden. Die Rede von Gott ist inzwischen *befremdlicher* geworden. Der Atheismus der Gegenwart äußert sich in der *Indifferenz* der Zeitgenossen, für die seine Abwesenheit selbstverständlich geworden ist. Kinder und Jugendliche leben in einer von Gott schweigenden Zeit. Ihre Eltern ziehen zur Bewältigung glückhafter oder krisenhafter Situationen meist keine religiösen Deutungsmuster heran. Die Gesellschaft differenziert sich funktional immer weiter aus; dementsprechend werden die Lebensvollzüge und -orientierungen *individualisiert.* Kulturelle Modernisierung ist das Prinzip fortgesetzten Wandels. Spätmoderner oder postmoderner *Pluralismus* als die Konkurrenz religiös-weltanschaulicher Grundüberzeugungen stellt verantwortliche Rede von Gott vor eine besondere Herausforderung. Das postmoderne »anything goes« äußert sich darin, dass jede und jeder einen eigenen Gott oder Göttin hat. Trotz des Schweigens von Gott suchen Kinder und Jugendliche nach *Spuren* Gottes. Empirische Befunde sprechen dafür, dass auch bei konfessionslosen ostdeutschen Teilnehmer/innen am Religionsunterricht die Gottesfrage die Mehrheit der Lernenden erreicht. Ihr Gottesbild ist noch unentwickelt, erscheint konkretistisch und anthropomorphisch. Es spricht sie aber an, wenn intensiv über Gott geredet wird (Nipkow 1998, 190).

Gotteserfahrungen in Kindheit und Jugend
Das Kind bildet in seiner Fantasie selbst Gottesbilder aus. Psychoanalytische Einsichten sprechen dafür, dass die Gottesvorstellung an der

Nahtstelle von »narzisstischer« und »realistischer« Existenzweise entsteht. Seine Wurzeln reichen jedoch tief in den primären Narzissmus zurück. Unser Gottesbild hat mit verinnerlichtem Mutter- und Vaterbild zu tun. Um die Trennung aus der Einheit mit der Mutter zu verarbeiten, probiert das Kind drei Lösungsmöglichkeiten aus, die im Sinne einer gesunden Persönlichkeitsentwicklung scheitern müssen: Es idealisiert die symbiotische *Mutter*, das Selbst und ein »drittes Objekt«, das meistens der Vater ist. Dieses »dritte Objekt«, religionspsychologisch betrachtet der Ursprung der Vatergottheit, verweigert die Rückkehr ins archaisch-mütterliche Paradies. Gottesvorstellung und religiöser Glaube sind eine Möglichkeit, die im primären Narzissmus wurzelnde Gewissheit trotz der notwendigen Trennung festzuhalten (Müller-Pozzi). Das Gottesbild hat seinen Ort im *intermediären Raum* (D.W. Winnicott); es ist der Bereich zwischen Fantasie und Wirklichkeit. Diesem Raum gehören die sog. *Übergangsobjekte* (Tuchzipfel, Stofftier) an. Mit ihrer Hilfe sucht das Kind die Trennung von der Mutter zu bewältigen; sie lassen die abwesende Mutter gegenwärtig sein. Später werden sie durch eine Geste, Melodie, Geschichte oder ein Gebet ersetzt. Dadurch, dass Gott angerufen wird, werden die Eltern nicht magisch und mächtig, bleiben menschlich.

In die frühesten Anfänge der emotionalen Entwicklung gehört nach Winnicott das *Gesicht der Mutter* als erster Spiegel. Dieses erste Bestätigtwerden durch das Erkennen von Angesicht zu Angesicht und durch das Nennen des Namens ist für den Aufbau der Gottesbeziehung von Bedeutung (vgl. Num 6,25f): Es ermöglicht die Erfahrung von Zuwendung und Geborgenheit. Gott hat schon in diesen Anfängen seinen Ort im zwischenmenschlichen Geschehen.

Die Erfahrungen des Kindes mit den Eltern sind ambivalent. Die *Ambivalenz* der grundlegenden Gefühlserfahrungen – Vertrauen und Misstrauen, Macht und Ohnmacht – können auf das Gottesbild übertragen werden. Entscheidend für das spätere Gottesverständnis ist, im Blick auf welche Erfahrungen das Wort »Gott« durch Erzählung oder Gebet ins Spiel gebracht wird. Dieser Kontext entscheidet, welche Spur das Gottesbild in der Lebensgeschichte hinterlässt: Macht es das Leben lebendiger, oder blockiert es das Leben? Etwas älter geworden, können Kinder die Veränderungen ihres Gottesbildes und ihrer Gottesbeziehung selbst feststellen. Kinder treiben Theologie auf ihre Weise (Nipkow 1998, 222).

Im *Jugendalter* ist eine Revision nicht mehr tragfähiger kindlicher Gottesbilder erforderlich. Für viele Jugendliche führt diese Situation zur Abschaffung der Gottesvorstellung, sofern eine solche überhaupt vorhanden war.

K.E. Nipkow beschreibt auf dem Hintergrund empirischer *Untersuchungen vier mögliche Einbruchstellen* für den Verlust des Gottesglaubens (1992, 43-92):

(1) Enttäuschung über Gott als Helfer in Not und Leid (Theodizee);
(2) Enttäuschung über Gott als Schlüssel zur Welterklärung, über die unbeantwortbar gebliebenen Fragen nach Anfang und Ende der Welt, Leben und Tod;
(3) Enttäuschung über die Fiktivität der Gottesvorstellung;
(4) Enttäuschung über das unglaubwürdige Verhalten einzelner Christen und der Kirche.

Machen Jugendliche angesichts dieser Problemfelder gegenteilige Erfahrungen, liegt in ihnen die Quelle zum Festhalten an Gott. Der dritte Gesichtspunkt erfordert, dass der *Sinn der Rede von Gott* zentrales Thema des Religionsunterrichts wird. Diese Aufgabe wird durch die »Sprachschule« der Dichter gefördert. Diese Sprache verweist noch auf die Gefährdung der Existenz, aus der die Gottesrede stammt, man merkt ihr das Risiko der Spurensuche an; sie stellt uns vor die Frage nach dem Verhältnis von Sprache und Wirklichkeit.

1.4   Gottes Wirklichkeit wahrnehmen

Gott in Beziehungen denken

Die „klassische" Theologie, wie sie bspw. von Thomas von Aquin entwickelt wurde, hatte die qualitative Überlegenheit des Seins Gottes über die Art des Seins der Kreaturen zum Ausdruck gebracht, indem sie ihn als *das* Sein, das »Summum Esse« bezeichnete, das in seiner »Aseität« aus jedem Beziehungszusammenhang mit anderem Sein herausfällt. Die mit dieser Rede verbundene räumliche Vorstellung von der Transzendenz und Immanenz, von Oben und Unten, wie die ontologische Beziehungslosigkeit sind unverständlich geworden. P. Tillich nimmt die Seins-Sprache der klassischen Theologie auf, will aber die Vorstellung von jenseitiger Transzendenz vermeiden, bevorzugt das *Symbol der Tiefe* (»In der Tiefe ist Wahrheit«). Um die Beziehung zwischen Gott und Wirklichkeit zur Sprache zu bringen, wird Gott *die »alles bestimmende Wirklichkeit«* (R. Bultmann, W. Pannenberg) oder *das »Geheimnis der Wirklichkeit«* (G. Ebeling, E. Jüngel) genannt bzw. das menschliche *Verwiesensein auf Transzendenz* (K. Rahner) hervorgehoben. M. Buber verweist auf die Ich-Du-Beziehung und spricht von der »*Begegnung mit Gott*, aus der wir nicht als die gleichen hervorgehen«. D. Sölle sucht die Ontologie der Beziehungslosigkeit in Anlehnung an die Prozesstheologie (USA) zu überwinden: »God happens«. In den Sprachformen des Gebets und der Erzählung sprechen wir von Gott eher als von einem Geschehen als von einer Substanz. Endgültig überwunden sind die ungeschichtlichen Raumvorstellungen, wo die Zukunft zum neuen Modell der Transzendenz wird: *»Gottes Sein ist im Werden«* - so legt Jüngel K. Barths Gottesverständnis aus -, *»Gottes Seinsweise ist die Zukunft«* (adventus). Als der Kommende und als Macht der Zukunft wird er als »Grund der Befreiung« (J. Moltmann) bzw. als »Grund der Freiheit« (Pannenberg) verstanden. »Gott ist, der er ist, indem er verheißt, dass er kommt« (F.-W. Marquardt). Ein solches Gottesverständnis betrifft den Menschen in seiner Gegenwart, entzieht sich aber jedem objektivierenden Zugriff und der Funktionalisierung: *Gott ist »mehr als notwendig«* (Jüngel).

Gottesbilder im Wandel
In der Religionspädagogik wird der Zugang zum Gottesverständnis primär nicht über Begriffe, sondern über Gottesbilder und Symbole gesucht. Das Gottesbild der Heranwachsenden ist im Wandel und folgt der Entwicklung ihres Symbolverständnisses und der kulturellen Umwelt. In empirischen Untersuchungen wird versucht, sich auf dem Wege über Gottesbilder den Gottesbeziehungen der Kinder zu nähern. Anlage und Auswertung solcher Untersuchungen stellen vor schwierige hermeneutische Probleme (kritisch zusammenfassend: Heimbrock 1998). »Gott« bezeichnet eine Erfahrung, die wir zusammen mit einem Bild oder Wort (Bild-Wort) gemacht haben. Gottesbilder und Selbstbild entsprechen sich. Gottesbilder entsprechen aber auch bestimmten gesellschaftlichen Strukturen. Veränderte lebensgeschichtliche Erfahrungen und gesellschaftliche Strukturen lassen nach neuen Gottesbildern fragen, z.B. Gott ist wie eine Quelle, wie ein Fluss, wie die Sonne, wie eine Mutter, wie eine Amme. Andere fragen über den reichen Fundus biblischer Gottesbilder hinaus und setzen »ihr Gottesbild« aus Versatzstücken unterschiedlicher Religionen zusammen. Die Bibel kennt Vielfalt, aber keine Beliebigkeit. Lässt das *Bilderverbot* (Ex 20,4; Dtn 5,8) überhaupt »Bilder« von Gott zu? Es richtet sich nicht gegen bildhafte Rede von Gott oder Gottesbilder, die Bibel ist voll von Bildern und Symbolen; das Reich Gottes lässt sich nur als Gleichnis verkündigen. Das Bilderverbot richtet sich gegen die Gefährdung, die in jeder Zeit gegeben ist, nämlich die Rede von Gott den leitenden Vorstellungen und Bildern der eigenen Gegenwart unterzuordnen; das kann durch Begriffe genauso geschehen wie durch Bilder. Zudem ist es ein Unterschied, ob wir Gott in einer Statue darstellen oder ob sich Bilder von ihm einstellen. Wir können Gott nicht unmittelbar, sondern *nur auf dem Weg* über Spuren und Symbole im Zusammenhang mit bestimmten Erfahrungen wahrnehmen. Die Gottesbilder wachsen gleichsam mit der Lebensgeschichte mit. Indem sie *zerbrechen,* verweisen sie über sich hinaus auf die Wirklichkeit Gottes, die in, mit und unter ihnen erscheint. Die »Bildgeschichte« des Glaubens ist offen für neue Erfahrungen und entsprechende Bild-Worte oder Hör-Bilder. Infantile Bilder müssen wir in Trauerprozessen loslassen. *Die Wirklichkeit Gottes bleibt also von der Weise, wie wir ihn wahrnehmen, unterschieden.* Es ist kritisch zu unterscheiden zwischen den Gottesbildern, Gottesvorstellungen, religiösen Symbolisierungen und der Wirklich-

keit Gottes, zwischen unseren Deutungen und der Gegenwart seiner
Liebe. Die Unterscheidung hat eine kritische Funktion bei der Beur-
teilung von Gottesbildern. *Das* biblische Gottesbild ist der Gottes*name*
(Ebach 1995, 163).

Die Offenbarung seines Namens
In einer Gotteserscheinung, im brennenden Dornbusch, offenbart Gott
seinen Namen (Ex 3,14); das Gottes*bild* realisiert sich als Gottes*wort*,
das zugleich enthüllt und verhüllt: »Ich werde da sein, als der ich da
sein werde«. Diese Verweigerung einer Antwort *ist* Antwort. Ein »*namenloser* Name« (Miskotte). Der Inhalt muss dem Namen zuerst zu-
wachsen. Sein Name eröffnet eine Geschichte. Die »Namenlosigkeit«
des Namens ist die Bedingung dafür, dass er verschiedene Namen an
sich ziehen kann. In ihr ist auch *Wandel und Pluralität* der biblischen
Gottesbilder begründet. Die Dynamik der Offenbarung streitet aber
gegen die Beliebigkeit der Projektionen und gegen begriffliche Festle-
gungen (Ebach 1995, 164).
An der alten Symbolgeschichte Ex 33,19-23 wird erkennbar, dass wir
Gott wahrnehmen, wenn wir von ihm wahrgenommen werden. Wir
nehmen ihn als Spur wahr, die er hinterlassen hat. Gerade *durch den
Entzug* (»hinter mir her sehen«) *wird der in Abwesenheit Präsente*
wahrgenommen. Indem wir der Spur des sich entziehenden Gottes folgen, nehmen wir Gott und auch die Wirklichkeit in der Dialektik von
Sich-Zeigen und Sich-Entziehen wahr.
Gott muss schon vertraut sein, wenn ich von ihm reden will. Gott
macht sich mit seinem Namen, in dem er zur Welt kommt, bekannt.
*Die geschichtliche Gestalt Jesu ist die authentische Interpretation sei-
nes Namens* (Link 1997, 58). Daher wird der Name Jesu zum Namen
»über alle Namen« (Phil 2,9); er wird zum »Gleichnis Gottes.« Der
Name Gott ist als Spur gegenwärtig und ansprechbar. Einen Namen
muss man erzählen. Kinder wachsen in ihren Namen herein. In der
Spur seines Namens geraten wir durch Gebet und Erzählung.

Die Erzählung ist die Sprache, in der Gott zur Welt kommt (J.B. Metz, E. Jüngel).
Aus diesem Sachverhalt folgt nicht der Verzicht auf argumentatives *Nachdenken,*
das der Spur Gottes in der Geschichte folgt. Gott »fällt ins Denken ein« (E.
Lévinas). Das Denken hat sich vor allem darin zu bewähren, Macht und Ohnmacht, Liebe und Leiden, Tod und Leben in Gott zusammenzudenken. Der Gott,
der die Toten lebendig macht (Röm 4,17), ist ein Gott des Lebens.

Gott teilt sich uns in seinem Namen als *Schöpfer, Versöhner und
Vollender* der Welt mit. Das Handeln als Schöpfer und Vollender ist
universal und umfasst die ganze Wirklichkeit. Die Versöhnung wird
als Gewissheit des Glaubens *konkret und partikulär* erfahren; sie betrifft als kontingentes Geschehen den Einzelnen; der Glaube hat daher
eine plurale Gestalt.

Die *Pluralismusfähigkeit* des Glaubens hat in der Unterscheidung von Schöpfer- und Versöhnerhandeln ihren Grund. *Der universale Charakter von Gottes Schöpferhandeln hebt die notwendig plurale Gestalt des Glaubens nicht auf* (Chr. Schwöbel).

Der unbedingt verlässliche Grund
Kommt es trotz der Gebrochenheit der menschlichen Existenz, trotz ihres fragmentarischen Charakters zu der *unableitbaren Erfahrung der Gewissheit,* so ist das eine *Wirkung* der Offenbarung Gottes als des unbedingt verlässlichen Grundes dieser Existenz (Identitätsgewissheit). M. Luther macht das Vertrauen zum *Kriterium* für das rechte Gottesverständnis. »Ist der Glaube und Vertrauen recht, so ist auch Dein Gott recht ...« (BSLK 560, 17ff). Wenn Luther das Wort »Gott« verständlich machen will, knüpft er nicht an ein in jedem Menschen verborgenes Gottesbewusstsein, sondern an ein lebensweltliches Phänomen wie das des Vertrauens an. Es gehört elementar zum Leben. Auch diese auf das Unbedingte zielende Struktur des Vertrauens ist nicht »unbesetzt«; sie ist durch das Angebot der Religionen und Weltanschauungen konkret ausgefüllt. So ist Luthers Frage nach dem rechten Vertrauen zugleich eine *religions- und gesellschaftskritische Frage,* nämlich die Frage danach, wem wir in unserem Leben wirklich vertrauen können. Es geht also gar nicht um die meist theoretische Frage, ob es einen Gott gibt oder nicht, sondern darum, welchen Instanzen wir in unseren praktischen Lebensvollzügen wirklich vertrauen, also um die *Qualität unseres Gottesverhältnisses* (Gott oder Abgott, Eigentum, Sicherheit, Konsumismus u.a.). Christliche Rede von Gott trifft also nicht auf eine offene Struktur, sondern auf »Instanzen« mit Unbedingtheitsanspruch. Diesem Anspruch gegenüber wird die Rede von Gott als Befreiung artikuliert.
Luthers Formel »Worauf Du Dein Herz hängest und verlässest« (bzw. »Was einen Menschen unbedingt angeht«) ist wegen ihrer *Weite* für die Religionspädagogik besonders fruchtbar: Im Sinne einer heuristischen Frage lässt sich die Lebenswirklichkeit der Lernenden erfassen. Für die Bestimmung des christlichen Gottesverständnisses ist die Formel, die den »Abgott« umfasst, wegen ihrer Weite ergänzungsbedürftig. Sie lässt sich mit den Formeln Bultmanns oder Ebelings verbinden. *Gott als unerschöpflich schöpferische Liebe ist das Geheimnis der Welt.*
Keine Formel ist zureichend; wir können uns der »schweigenden *Unbegreiflichkeit* Gottes« (K. Rahner) nur annähern (vgl. Luthers Bild vom »*verborgenen* und *geoffenbarten* Gott«).
Wie die Analyse des Phänomens »Vertrauen« zeigt, lässt sich die Rede von Gott an Erfahrungen, die prinzipiell jeder machen könnte, *verifizieren.* Sie ist als Offenbarung nicht aus Erfahrung ableitbar, wohl aber an ihr zu bewähren.

1.5 Die religionspädagogische Aufgabe eines verantwortlichen Redens von Gott

(1) Wer von Gott verantwortlich reden will, muss das auch selbst verantworten (durch Erfahrung gedeckte Rede von Gott) und sich mit anderen verständigen (Verarbeitung der Erfahrung in gemeinsamen Sprachspielen).

(2) Wie am Beispiel des Vertrauens erkennbar wird, lässt sich die Rede von Gott an Erfahrungen verifizieren, z.b. an Erfahrungen der *Befreiung* mitten im Zwang, des bedingungslosen *Angenommenseins* angesichts von Identitätsstörungen, der *Hoffnung* angesichts von Zukunftsangst, des *Mutes* angesichts von Ohnmachtserfahrungen ... Wird Gott als *Grund* dieser Erfahrungen bekannt, wird ihr Geschenk- und Verpflichtungscharakter erschlossen; sie werden auf neue Erfahrungen hin geöffnet und können gegen Bestreitung festgehalten werden.

(3) In Trauerprozessen kann von nicht mehr vertretbaren infantilen Gottesbildern Abschied genommen, es können neue Bilder und Symbole für Gottes Handeln angeboten werden, die die Betroffenen selbst als mögliche zugespielte Verheißungen erspielen und erschließen müssen.

(4) Der Zusammenhang von Selbst- und Gottesbild kann in der eigenen Lebensgeschichte entdeckt und die Differenz zwischen Gottesvorstellung und Wirklichkeit Gottes erkannt werden. Anhand von *Gottessymbolen* (Hand, Auge, Ohr u.a.) wird die Ambivalenz und Mehrdeutigkeit von Gottesbildern wahrnehmbar, die in ihnen verdichteten Erfahrungen lassen sich ansatzweise nachvollziehen und kritisch beurteilen (Symboldidaktik).

(5) Der elementare Ort des Redens über Gott ist das *Gebet*. Es ist der Ort, an dem sich Gotteserfahrung und Lebenserfahrung, Selbstbezug und Gottesverheißung durchdringen. Wo Hoffnung erinnert, im Namen Gottes gegen Ungerechtigkeit protestiert, im Namen leidender Menschen bei Gott Widerspruch eingelegt wird (Für-Klage), wo der Mensch Jesus als Gottes »Bild« bekannt wird ...., da kann verständlich werden, was christliche Rede zu Gott heißt. Von elementaren Redeformen und Gebärden her, in denen Lernende ihre Erfahrungen verarbeiten, kann schrittweise ein Gottesverständnis aufgebaut werden, das die pluralen »Rollenzuschreibungen« Gottes durch die Gebete umfasst (Biehl, 75ff; zur Kritik: H. Schmidt, Glaube und Lernen 1 [1981] 191-203). »Die Rede von Gott stammt allemal aus der Rede zu Gott« [Metz]).

1.6 Arbeitshinweise

1. Trotz des auf Seite 92 dargestellten Dilemmas hat Brobowski ein ungebrochenes Vertrauen zur Wirksamkeit des Gedichts. Er hat die

Kraft glanzloser Sprache entdeckt. »Wir pflanzen auf das Chaos Blumen und ziehen uns mit einer Zeile Davids oder Deborahs wieder ins Tageslicht« (Brobowski 1982, 60). Literatur ist nicht nur Vertrauen in die Sprache, sondern auch »Lob der Sprache« (K. Marti). Nennen Sie die Gattungen, in denen angemessen von Gott bzw. zu Gott gesprochen werden kann.

2. Welches überraschende Wirklichkeitsverständnis wird in dem Text von Nossack erkennbar?

3. Wir führen eine Seminar-Befragung (in Anlehnung an die Spiegel-Umfrage) durch: (1) Wie sieht Gott aus? (menschenähnlich, keine Gestalt, Gestalt, aber nicht menschlich; Glaube nicht an Gott; unvorstellbar ...); (2) Wie stellen Sie sich Gott vor? (Natur; Absoluter Geist; Unendlichkeit des Alls; Kraft, eine Art Energie, unvorstellbar ....); (3) Wo ist er? (Überall auf der Erde, oben im Himmel; irgendwo jenseits des Weltraums, irgendwo hier auf der Erde, unvorstellbar ...); (4) Halten Sie eine persönliche Begegnung zu Gott für möglich? (Gott sehen; ein Zeichen von ihm erhalten; im Gebet eine Verbindung möglich; keine direkte Beziehung). Vergleichen Sie Ihre eigenen Antworten mit denen des Spiegels (Nr. 52/67, 44f, 49, 59). Von den Bundesbürgern zwischen 18 und 70 glaubten damals 68% an Gott, 22% an ein höheres Wesen, 10% weder an das eine noch das andere. Ziehen Sie zum Vergleich die Zahlen aus Gesamtdeutschland heran: von 1992 (Nr.13/ 94). Worin liegen die hermeneutischen Probleme einer empirischen Forschung, die bestimmte Vorstellungen vorgibt? Welche anderen Methoden könnten (ergänzend) zur Anwendung kommen, um genauere Aufschlüsse über die Entwicklung des Gottesbildes zu erlangen? Einen kritischen Überblick über die religionspädagogischen Probleme der Gottesbilder gibt Hans-Günter Heimbrock (1999).

4. Erörtern Sie anhand der oben gegebenen Beispiele das Problem einer Arbeit an angemessener Sprache, dem Geheimnis der Wirklichkeit Gottes auf die Spur zu kommen. Auf Grund welcher Erfahrungen wird in dem Gedicht von Paul Celan »Tenebrae« (Bete, Herr, bete zu uns, wir sind nah.) und in Brobowkis »Immer zu benennen« das Verhältnis zwischen Gott und Mensch radikal verändert dargestellt? Welches überraschende Verständnis von Wirklichkeit ist in dem Text von Nossack erkennbar? Versuchen Sie das Gedicht von Kaschnitz genauer zu erschließen.

5. Interpretieren Sie eine biblische Geschichte, in der von Gotteserfahrung erzählt wird. Achten Sie besonders auf das Verhältnis von sichtbaren Phänomen und dem Wort:

Gen 32,22-31 Gotteskampf am Jabbok: »Gott stellt sich, als wäre er ein Feind« (Luther);
Ex 33,12-33: Mose darf der Spur des sich entziehenden Gottes folgen;
1Kön. 19,1-14: Gott wird in der »Stimme verschwebenden Schweigens« (Buber) wahrgenommen;
Mk 15,21-41: Die Kreuzigung Jesu.
Erörtern Sie die These: Der gekreuzigte Jesus ist das einzig angemessene, weil eschatologisches »Bild« Gottes.

6. In welchen Situationen wird das Wort »Gott« (»Gott sei Dank«, »mein Gott«, »O Gott«...) in unserer Alltagssprache verwendet? Vielleicht verweisen noch die leeren Worthülsen auf den ursprünglichen »Sitz im Leben«.

7. Im Blick auf welche Erfahrungen ist der Mensch auf Gott hin anzusprechen? Erzählen Sie von solchen Erfahrungen. Lassen Sie sich durch den Text von *Lothar Zenetti* (Sieben Farben hat das Licht, München 1975) zu solchen Geschichten anstiften:

Feiern die Wörter
Feiern will ich die Wörter, von denen wir leben
Das Wort Hoffnung und das Wort Vertrauen
das Wort Dankbarkeit und das Wort Treue
Freiheit nenne ich und das Wort Mut
auch Gerechtigkeit und das große Wort Frieden
und was wir Glück nennen Glückseligkeit
die unbegreifliche Gnade und das leise Wort Geduld
und das Wort Erbarmen ja davon lebe ich
Das Wort Mutter und das Wort Brot
Kind sage ich mein Vater mein Freund
und Freundlichkeit und Geborgensein
Meer sage ich und Baum und Himmel
Wolke und niederarmiger Leuchter
Traum sage ich und Nacht meine Schwester
Ich nenne die Liebe und das zärtliche Wort Du.

(zit. nach Gert Otto, Sprache als Hoffnung, München 1989, 98f)

8. Was bedeutet es für die Erfahrungen, wenn Sie diese als Gotteserfahrungen auslegen?
Bringt die Rede von Gott einen Komparativ (Verheißungsüberschuss) in die Erfahrungen? Ermöglicht sie, diese gegen die Übermacht der Realitäten festzuhalten? Öffnet sie für neue Erfahrungen ... ? Begründen Sie Ihre Meinung.
Was bedeutet es umgekehrt für die Rede von Gott, wenn sie auf Erfahrungen bezogen wird?

9. In dem »klassischen« Dokument zur Gottesfrage, Rudolf Bultmanns Aufsatz »Welchen Sinn hat es, von Gott zu reden?«, geht er von dem Gottesgedanken »Gott ist die alles bestimmende Wirklichkeit« bzw. das »ganz Andere« aus und vertritt den für ihn zentralen Grundsatz: »Von Gott können wir nur sagen, was er an uns tut« (W. Herrmann). Gelegentlich zitiert er Herrmann: »Von Gott können wir nicht sagen, wie er an sich ist, sondern nur, was er an uns tut.« (Glauben und Verstehen, Tübingen ²1954, 26-37; hier: 36 = UTB 1759, 1993) Diskutieren Sie diesen Grundsatz: Wo sehen Sie seine produktiven Möglichkeiten, wo seine Grenzen? Vergleichen Sie ihn mit dem oben entwickelten Grundsatz: Die Rede von Gott lässt sich nicht aus den Erfahrungen ableiten, wohl aber *an* Erfahrungen, die prinzipiell *jeder* machen könnte, verstehbar auslegen bzw. »bewähren« (Pannenberg). Lesen Sie möglichst den ganzen Text Bultmanns.

10. Die Rede von Gott vollzieht sich nach Bultmann in Anknüpfung und Widerspruch zum Menschen. »Anknüpfungspunkt« meint jedoch nicht Entwicklung eine »religiösen« Organs, sondern der Mensch *als ganzer*, in seiner Existenz, in seinem Widerspruch zu Gott ist Anknüpfungspunkt für das widersprechende Wort von der Gnade. Die Rede von Gott erfolgt in Anknüpfung an und im Widerspruch gegen die *Frage des Menschen nach seiner Eigentlichkeit* (Bultmann, Glaube und Verstehen, Bd. 2, Tübingen 1952, 117-132; hier: 120). Nach Pannenberg setzt das Verstehen der Rede von Gott ein »unthematisches Wissen« von Gott, »das zur Ursituation des Menschen gehört«, voraus. Dass es sich um ein Wissen von Gott handelt, lässt sich allerdings erst von einem expliziten Glaubensbewusstsein her im Rückblick behaupten (Pannenberg 1998, 129). Diskutieren Sie beide Ansätze (wo sehen Sie Unterschiede?) im Blick auf das religionspädagogische Problem der Ansprechbarkeit Kinder und Jugendlicher.

11. Für die atheistische Kritik stellen Gott und menschliche Freiheit einen unüberwindbaren Gegensatz dar; aber auch der Theologie ist es in ihrer Geschichte schwer gefallen, Gott und Freiheit angemessen zusammenzudenken. Welches Verständnis von ›Gott‹ bedroht die menschliche Freiheit? Gerade die atheistische Kritik kann die Theologie darauf hinweisen, dass ein mit Allmacht ausgestattetes *vorhandenes* Wesen sowohl der menschlichen Freiheit als auch dem Gottesgedanken widerspricht. Pannenberg beschreitet eine doppelte Denkbewegung, um diesem Dilemma zu entgegnen. Gott ist (1) der *»Ursprung der Freiheit«* und (2) *als »die Macht der Zukunft«* (als der Kommende) zu denken (Pannenberg 1972, 42f). Dis-

kutieren Sie die Voraussetzungen, die der Argumentation zugrunde
liegen:
– Sowohl die Zukunft wie die Freiheit stehen dem Vorhandenen gegenüber; beide sind nicht vorhanden, haben aber Macht über dieses
(ebd., 42)
– Menschliche Freiheit ist nur als zu verdankende in Anspruch zu
nehmen; der Mensch kann sie nicht aus sich selber haben. Der Mensch
würde im Vorhandenen aufgehen, wenn er der Ursprung der Freiheit
sein soll.
– Zukunft (futurum) lässt sich als planbar vorwegzunehmende Zukunft
denken, aber auch als Zukunft (adventus), die als das Kommende die
Gegenwart bestimmt, aber nicht in der Verfügung des Menschen steht.
– Weder Gott noch die Freiheit gehen im Vorhandenen auf, wenn *Gott
als die Macht einer qualitativ neuen Zukunft der Ursprung der verdankten Freiheit ist.*
Der Streit mit der Pädagogik ist ebenfalls im Kern um das Freiheitsverständnis, das dem Bildungsbegriff zugrunde liegt, zu führen:
Hat menschliche Freiheit ihren Grund in sich selbst, oder verweist sie
auf Befreit-Werden?

Exkurs zum Atheismus

Unter »Atheismus« versteht man die rational argumentierende Abweisung der Existenz Gottes. Der klassische Atheismus mit seiner Behauptung der Nicht-Existenz Gottes, die er meint beweisen zu können, der engagierte Atheismus, ist heute meistens einem religiösen Indifferentismus (oder einem Agnostizismus) gewichen, der jedes Wissen-Können ablehnt. Der klassische Text des Atheismus – auch wenn hier nicht argumentiert wird – ist die berühmte *Rede des »tollen Menschen«* von *Friedrich Nietzsche* (»Fröhliche Wissenschaft«, 1882, 108). Nietzsches Rede vom »Tod Gottes« wäre ohne Hegels Vermittlung, der an den ursprünglichen christologischen Sinn des Wortes erinnerte und ihn im Geist seiner Zeit interpretierte, kaum möglich gewesen; Hegel verwies auf das Lied von Johannes Rist »O Traurigkeit, o Herzeleid«, der im zweiten Vers die Wendung »Gott selbst liegt tot« aufnimmt (vgl. Jüngel 1977, 83-132).

Friedrich Nietzsche, Der tolle Mensch

»Der tolle Mensch. – Habt ihr nicht von jenem tollen Menschen gehört, der am hellen Vormittag eine Laterne anzündete, auf den Markt lief und unaufhörlich schrie: ›Ich suche Gott! Ich suche Gott!‹ – Da dort gerade viele von denen zusammenstanden, welche nicht an Gott glaubten, so erregte er ein großes Gelächter. ›Ist er denn verloren gegangen?‹ fragte der eine. ›Hat er sich verlaufen wie ein Kind?‹ fragte der andere. ›Oder hält er sich versteckt? Fürchtet er sich vor uns? Ist er zu Schiff gegangen? Ausgewandert?‹ – So schrien und lachten sie durcheinander. Der tolle Mensch sprang mitten unter sie und durchbohrte sie mit seinen Blicken. ›Wohin ist Gott?‹, rief er, ›ich will es euch sagen! Wir haben ihn getötet – ihr und ich! Wir alle sind seine Mörder! Aber wie haben wir dies gemacht? Wie vermochten wir das Meer auszutrinken? Wer gab uns den Schwamm, um den ganzen Horizont wegzuwischen? Was taten wir, als wir diese Erde von ihrer Sonne losketteten? Wohin bewegt sie sich nun? Wohin bewegen wir uns? Fort von allen Sonnen? Stürzen wir nicht fortwährend? Und rückwärts, seitwärts, vorwärts, nach allen Seiten? Gibt es noch ein Oben und eine Unten? Irren wir nicht wie durch ein unendliches Nichts? Haucht uns nicht der leere Raum an? Ist es nicht kälter geworden? Kommt nicht immerfort die Nacht und mehr Nacht? Müssen nicht Laternen am Vormittage angezündet werden? Hören wir noch nichts von dem Lärm der Totengräber, welche Gott begraben? Riechen wir noch nichts von der göttlichen Verwesung? – auch Götter verwesen! Gott ist tot! Gott bleibt tot! Und wir haben ihn getötet! Wie trösten wir uns, die Mörder aller Mörder? Das Heiligste und Mächtigste, was die Welt besaß, es ist unter unseren Messern verblutet – wer wischt dieses Blut von uns ab? Mit welchen Wassern könnten wir uns reinigen? Welche Sühnefeiern, welche heiligen Spiele werden wir erfinden müssen? Ist nicht die Größe dieser Tat zu groß für uns? Müssen wir nicht selber zu Göttern werden, um nur ihrer würdig zu erscheinen? Es gab nie eine größere Tat – und wer nur immer nach uns geboren wird, gehört um dieser Tat willen in eine höhere Geschichte, als alle Geschichte bisher war!‹ – Hier schwieg der tolle Mensch und sah wieder seine Zuhörer an: auch sie schwiegen und blickten befremdet auf ihn. Endlich warf er seine Laterne auf den Boden, dass sie in Stücke sprang und erlosch.

›Ich komme zu früh‹, sagte er, ›ich bin noch nicht an der Zeit. Dies ungeheure Ereignis ist noch unterwegs und wandert – es ist noch nicht bis zu den Ohren der Menschen vorgedrungen.‹«

(aus: Die fröhliche Wissenschaft, Nr. 125, Werke, Nietzsche Gesamtausgabe, hg. von G. Colli und M. Montinari, Berlin u.a., 1973, Bd. V/2, 158)

(1) *Erster Eindruck* nach dem lauten Lesen des Textes
Es handelt sich um Verkündigung. Die Rede vom Tode Gottes wird einem »tollen« Menschen in den Mund gelegt. Er ist verrückt. Das Irrenhaus wird zur Metapher für das Geschick des Menschen in der Moderne. Manches erinnert an die Sprache der Propheten. Eine apokalyptische Stimmung kommt zum Ausdruck: Schreckliches kommt auf uns zu.
(2) *Wo tritt dieser Mensch auf? Wie tritt er auf?*
Auf dem Marktplatz beginnt die Philosophie des Abendlandes: Sokrates tritt auf der Agora auf.
Die Laterne am helllichten Tag deutet die Zeit als Finsternis. Die Menschen erkennen ihr eigenes Entfremdetsein nicht. Zugleich wird die Licht-Finsternis-Symbolik angesprochen, durch die bei Johannes das Christusereignis zur Sprache gebracht wird (Joh 1,5).
Von beiden Traditionen (Sokrates und Christus) setzt sich der tolle Mensch ab.
(3) Der *Höhepunkt* des Textes
Der tolle Mensch sucht Gott – Gelächter. Dann der entscheidende Satz: »Wir haben ihn getötet.«
Es geht nicht um den theoretischen Sachverhalt, ob Gott denkbar ist, sondern um eine konkrete Tat, einen Mord. Die Tat ist mit dem Kommen Gottes in Jesus vergleichbar, sie gibt der Zeit eine neue Ausrichtung; alles andere wird zur Vor- bzw. Nachgeschichte. Das Ungeheure der Tat qualifiziert die Zeit neu.
(4) *Wie ist von Gott die Rede?*
Er wird definiert als das Heiligste, Mächtigste. Drei Metaphern sind für die Bestimmung seines Wesens maßgeblich: Meer, Horizont und Sonne. »Meer« ist schon in der Sprache der metaphysischen Tradition Metapher für die Unendlichkeit. Das Ereignis der Tötung Gottes gibt den Horizont frei, unser Meer liegt wieder offen da, ein weites offenes Meer (vgl. Jüngel 1977, 195f). Das Bild des Horizontes erinnert an Plato (»Grenze«). Durch ihn gewinnt alles Seiende seine Umrisse.
Die »Sonne« spielt deutlich auf das Sonnengleichnis Platos an. In diesem Gleichnis steht die »Sonne« für die Idee des Guten. Sie wird später aber auch Symbol, das auf Christus übertragen wird (»Sonne der Gerechtigkeit«).
Vielleicht ist in den drei Metaphern ein Hinweis auf die Trinität zu sehen: Gott als die Sonne, der Schöpfer, der Sohn als Horizont, gestalt-

hafte Gegenwart Gottes, Meer als Symbol des Geistes, der unaus-
schöpflichen Energie Gottes.

Versuchen Sie, nach diesen Einzelbeobachtungen zu einer Gesamtdeutung des Textes zu kommen.

Eberhard Jüngel stellt die These dar, dass Nietzsche mit seiner Rede vom Tode
Gottes
– die Denkbarkeit des metaphysisch gedachten Gottes bestreitet;
– auf das Schärfste sich gegen die Möglichkeit wehrt, Gott und die Vergänglichkeit zusammenzudenken;
– damit zugleich gegen die Zumutung polemisiert, Gott und Tod im Kreuz Christi
zusammenzudenken, wie das im »Wort vom Kreuz« bei Paulus und Luther geschieht (vgl. Jüngel 1977, 281).

Als Beleg weist er darauf hin, dass Nietzsche in der Schrift »Der Anti-
christ« sich darüber empört, dass Paulus mit seiner Kreuzestheologie
einen neuen Gott geschaffen habe (ebd.). In *philosophischer* Perspektive steht das *Problem des Nihilismus* im Vordergrund, die radikale
Destruktion der christlichen und platonischen Tradition, die radikale
Absage an die Möglichkeit, Werte zu begründen. Ohne Anhalt muss
sich der Mensch aus sich selbst neu bestimmen, obwohl er sich noch
nicht bewusst ist, was er tat, als er »die Erde von der Sonne loskette-
te«. Er muss sich selbst an die Stelle Gottes setzen und dessen Rolle
übernehmen, sich als Mittelpunkt der Welt verstehen.
Daraus resultieren zwei Grundsätze der *Anthropologie* Nietzsches:
(1) Da kein Gott mehr da ist, der ihn definieren könnte, muss der
Mensch sich in seinem Sein selbst feststellen. Nietzsche begreift diesen Sachverhalt als Tragik des neuzeitlichen Menschen.
(2) Der Mensch ist das Wesen des Übergangs. Er ist noch auf dem
Wege zu sich selbst; er muss sich selbst hervorbringen, sich selbst
überschreiten (vgl. Schulz 1972, 408-418).
*Nietzsche bestimmte den Begriff des Nihilismus als »Glaube an die
absolute Wertlosigkeit bzw. an die absolute Sinnlosigkeit«* (Weischedel 1971, 439f). Nietzsches scharfe Kritik an den metaphysisch be-
gründeten Werten wird in theologischer Perspektive aufgenommen
und verschärft. So plädiert Jüngel dafür, jedenfalls im theologischen
Kontext auf den kategorialen Gebrauch des Begriffs Wert ganz zu verzichten (vgl. Jüngel 1990, 93).

2. Jesus – das Gleichnis Gottes

2.1 Das Interesse an Jesus

Jesus als literarische Gestalt

Ich vergesse so viel
Das meiste ·
Nur einiges nicht

Nicht die englische Tänzerin
Mit den roten Schuhen
Nicht den brennenden Bergahorn
Vor der Eigernordwand

Auch nicht die Toten
Mit Kalk übergossen
Wie sie glänzten im Mondlicht

Zeit schöner Engel
Mit dem Kranz im Haar
Und der Pistole im Gürtel

Im Briefkasten liegt ein Zettel
Verlass das Haus
Und ein anderer Jesus war bei dir

Jesus wer soll das sein?
Ein Galiläer
Ein armer Mann
Aufsässig
Eine Großmacht
Und eine Ohnmacht
Immer
Heute noch.

(aus: Marie Luise Kaschnitz »Kein Zauberspruch«, 1972)

Nach einer längeren Unterbrechung taucht Ende der sechziger, Anfang der siebziger Jahre »Jesus« wieder als Gestalt literarischer Texte auf, für die das Gedicht von Kaschnitz ein Beispiel ist. Eine Besonderheit liegt darin, dass Jesus häufig direkt mit dem Titel »Bruder« angeredet wird, als naher Verwandter. Religiös-gesellschaftlicher Hintergrund dieser Texte ist das neu erwachte, enthusiastische Interesse vor allem junger Menschen an der Gestalt Jesu, wie es besonders in der amerikanischen und deutschen Jesus-People-Bewegung dieser Jahre ihren Ausdruck fand. Die Konfrontation mit ›Jesus‹ geschieht unerwartet, beiläufig durch die Zettelnotiz eines Jesus-Anhängers im Briefkasten. M.L. Kaschnitz hält in diesem Gedicht in wenigen Stichworten Bilder und Eindrücke fest, die im Strom des Vergessens bei ihr haften geblieben sind. Unvergessen sind Bilder vom Massentod an Menschen, ebenso wie eine Frauengestalt (möglicherweise ein Verweis auf die terroristische Szene), die nur in widersprüchlichen Mustern gedeutet werden kann: »Schöner Engel« und »Pistole im Gürtel«. Dann der Zettel: »Jesus war bei dir«, der überraschend mit der Gestalt konfrontiert und zur Stellungnahme auf die skeptische Frage herausfordert: »Jesus wer soll das sein?« In der Antwort kommt die ganze Widersprüchlichkeit der Gestalt ins Spiel: arm und aufsässig zugleich, Großmacht und Ohnmacht gleichzeitig. Klingt in der Bezeichnung »armer Mann« ein Ton des Bedauerns an, wird dieser durch das »aufsässig« verscheucht. Ähnliches verhält es sich mit der Großmacht-Ohnmacht-Dialektik. Das abschließende »Immer / Heute noch« bildet gleichsam die Klammer des ganzen Gedichtes. Es schließt alles in den vorhergehenden Strophen Gesagte ein und kontrastiert signifikant mit der Bezeichnung »Galiläer«. Darin liegt zugleich eine historisch-geographisch präzise Zuordnung und der Verweis, dass dieser Galiläer keine geschichtlich vergangene Figur ist, sondern hier und heute eine Bedeutung hat, die nicht zu vergessen ist. In der Konfrontation mit ihm durchdringen sich Vergangenheit und Gegenwart und konturieren sich gegenseitig. Dabei bleibt die Aussage »Immer / Heute noch« allerdings sehr unkonkret und hat mehr den Charakter einer bloßen Behauptung. (vgl. Kuschel 1978, 230f).

Dennoch verweist diese Erinnerung an Jesus im »Spiegel von Dichtung« darauf, dass sich im Hinblick auf das Interesse an ›Jesus‹ konkrete Vergangenheit und gegenwärtige Bedeutung wechselseitig durchdringen.

Jesus und der geglaubte Christus

Für die christliche Glaubenslehre ist die Feststellung grundlegend, dass sich der »christliche Glaube (...) der Verkündigung, dem Wirken und Geschick Jesu von Nazareth (verdankt)« (Härle, 305). Problematisch wird es allerdings, wenn man nach der Verhältnisbestimmung des Glaubens an Jesus als Christus und dem historischen Jesus fragt. Dazu ist zunächst festzustellen, dass diese Frage erst im Kontext der Neuzeit aufkommt und eine Fragestellung an die biblische Jesusüberlieferungen heranträgt, die für die Autoren der neutestamentlichen Schriften – wenn überhaupt – allenfalls von marginaler Bedeutung war.

Für die neutestamentlichen Quellen gilt etwas pauschalisiert der Befund, dass das Interesse des Paulus sich ausschließlich auf die Heilsbedeutung des Todes Jesu konzentrierte, während die Evangelisten zwar Szenen aus dem Wirken Jesu überliefern, diese sich jedoch nicht zu einem biografischen Gesamtbild zusammenfügen lassen. Unabhängig davon konvergieren die Jesusüberlieferungen in dem Punkt, dass die Begegnung mit der Gestalt Jesu für die Betroffenen einen lebenswichtigen, lebensverändernden Charakter hatte und die Überlieferung von Jesus aus diesem Grund in Gang gesetzt wurde: Aus Betroffenheit und um anderen an dieser Betroffenheit Anteil zu geben. Die Beobachtung, dass sich der christliche Glaube dem Wort, Wirken und Geschick Jesu von Nazareth verdankt, ist daher dahingehend zu präzisieren, dass am Anfang die Begegnung mit einer konkreten Person stand, die ihren konkreten Ort und Zeit in der Geschichte hatte. Die typische Kinder- und Schülerfrage »Hat es Jesus wirklich gegeben?« zielt auf eben diese Vergewisserung ab, ob es sich bei der Ursprungserzählung des christlichen Glaubens um einen ungeschichtlichen Mythos, eine Legende oder eine Person handelt, die in Ort und Zeit real existiert hat.

Die Begegnung mit Jesus führte von den ältesten Zeugnissen an zu der Frage danach, »wer dieser ist«. Diese sog. christologische Frage ist ebenso zentral für die Schriften des NT wie die urchristlichen Schriften und die dogmatischen Auseinandersetzungen der frühen Kirche. Mögen viele Wege und Irrwege der altkirchlichen Lehrauseinandersetzungen heute schwer nachvollziehbar sein, ist doch die Beobachtung von Bedeutung, dass es zentral und primär um das Verständnis der Person ging, während die Frage nach dem Werk nur davon ausgehend und im engen Zusammenhang damit thematisiert und beschrieben wurde. Wie die Frage »wer ist dieser« in den Evangelien thematisiert wird, mit welchen Deutungen die Bedeutung der Person Jesus beschrieben wird, kann dem Neutestamentlichen Arbeitsbuch entnommen werden (Becker/Johannsen/Noormann 1997, Kapitel 9 und 10).

Die Begegnung mit der Person Jesu hat eine Deutungsgeschichte ausgelöst, die den Horizont der theologischen und innerchristlichen Auseinandersetzung aufgesprengt und reichhaltige Spuren in bildender Kunst, Literatur und nicht zuletzt im Film hinterlassen hat.

Die Suche nach einem wahren Bild Jesu findet einen frühen Niederschlag in der Veronikalegende. Diese erzählt, dass eine Frau namens Veronika Jesus auf seinem Weg zum Kreuz mit einem Tuch den Schweiß aus dem Gesicht wischte. Da sich in diesem Schweißtuch die Gesichtszüge Jesu bleibend abgezeichnet haben, hat sich damit die »wahre Ikone« (= veronica), das wahre Bild Jesu fixiert, das zum Urbild von Jesusbildern wurde.

Nicht zuletzt die große Zahl immer neuer Jesusbücher belegt das anhaltende Interesse an einem wahren Bild Jesu weit über den innerkirchlichen Raum hinaus.

Vergewisserung in der Geschichte: Leben-Jesu-Forschung
Im Kontext der Aufklärung setzte eine Rückfrage nach Jesus von Nazareth als *historischer* Gestalt ein (Reimarus 1778), die von der Intention geleitet ist, die Jesusgestalt vom Ballast der Dogmatik zu befreien und den christlichen Glauben aus ihrem Ursprung zu rekonstruieren. Ziel der Suchbewegung war die Religion, die Jesus als Mensch und Jude lehrte und lebte, die aber nach seinem Tod durch christologische Lehre verfälscht und ersetzt worden sei.
Es ist vor allem dieser Verdacht der Verfälschung und im Gegenzug der Versuch der Befreiung der Gestalt Jesu von Verzeichnungen, der seitdem immer neu öffentliches Interesse weckt. Titel wie »Verschlusssache Jesus« (1991), »Die Jesusfälscher« (Dirnbeck 1994), »Der verfälschte Jesus« (Heiligenthal 1997) und »Der große Betrug« (Lüdemann 1998) sind Belege dafür, dass die Frage: »Wer war Jesus wirklich?« (Berger 1996) immer neu umtreibt. Neben anderen Motiven hält das die Aufklärungstheologie leitende kirchenkritische Interesse an, in der historischen Vergewisserung eine Basis für einen von kirchlicher Bevormundung unabhängigen Glaubensgrund zu finden. Kritik am real existierenden Christentum durch Rückbezug auf Jesus ist nicht nur Motiv wissenschaftlicher Jesusforschung, sondern ebenso von journalistischen, künstlerischen u.a. Werken.
Im Zuge der historischen Rückfrage zeichnete sich immer mehr ab, dass mit Mitteln der historischen Forschung kaum ein sicheres Fundament zu erhalten ist. Die Einsicht, dass die Jesusüberlieferung von den Anfängen an *Jesusdeutung* ist, führte u.a. dazu, die Jesustradition auf eine allgemeine überzeitliche Idee zu reduzieren. – so sah David Friedrich Strauß den Ursprung der christlichen Mythenbildung in der Idee der Gottmenschheit – oder sich auf den bleibenden sittlichen Gehalt der Persönlichkeit Jesu als Grundlage einer Ethik zu konzentrieren.
Im Rahmen der »Leben-Jesu-Forschung« wurde die bis heute in Grundzügen gültige Zwei-Quellen-Theorie der Evangelien entwickelt (dazu: Becker/Johannsen/Noormann 1997, 15f). Je mehr der literarische Charakter der Evangelien wahrgenommen wurde, kamen die Grenzen in den Blick, bei der vorfindlichen Quellenlage historisch gesicherte Aussagen über Jesus gewinnen zu können.
Die »Leben-Jesu-Forschung« fand ihr (vorläufiges) Ende durch Albert Schweitzers Werk »Geschichte der Leben-Jesu-Forschung« (1906). Schweitzer kam zu der grundlegenden Erkenntnis, dass die Quellen (die Evangelien) aufgrund ihres spezifischen Charakters keine historische Rekonstruktion eines Leben Jesu zulassen und sich alle ent-

sprechenden Versuche als durch die jeweilige Vorannahme der Autoren geprägte Projektionen erweisen.

Aus der gescheiterten Leben-Jesu-Forschung zog Bultmann (1941) die Konsequenz, dass der historische Jesus nicht Grund des Glaubens sein könne. Er rechnete sein Leben, Lehre und Werk zu den Voraussetzungen, aber nicht Inhalten der Theologie. Im Blick auf den historischen Jesus reichte die Feststellung, »dass« er da war. Von theologischem Interesse sei allein der verkündigte Christus. Bei diesem Blickwechsel ging das dogmenkritische Interesse der Aufklärungstheologie allerdings nicht verloren, sondern wurde durch die Methode der existenzialen Interpretation (siehe 193f) auf die Christusdeutung bezogen. Mit diesem Ansatz befreite Bultmann zwar die theologische Interpretation aus der Abhängigkeit von den jeweils wechselnden historischen Jesusbildern, das Problem, das sich nun auftat, war das unvermittelte Nebeneinander vom Wirken des (historischen) Jesus und nachösterlichem Christusglauben. Die Bultmannschüler E. Käsemann und G. Bornkamm (u.a.) versuchten die Trennung zwischen historischem Jesus und verkündigtem Christus zu überwinden, indem sie nicht wie die Aufklärungstheologen nach der Differenz, sondern der Kontinuität zwischen beiden fragten, nach dem, was den Verkündiger, Lehrer und Wundertäter Jesus mit dem verkündigten Christus verbindet. Es blieb jedoch die nicht hinterfragte Annahme, dass die Wirkung der Person nur dadurch zu erklären sei, dass bereits im Werk des historischen Jesus etwas unableitbar einmalig Neues zu finden sein müsse. Aufgrund dieser Annahme wurde in der Überlieferung nach den sog. »echten« Jesusworten gesucht. Als Kriterium, mit dem man diesen auf die Spur kommen wollte, galt der Grundsatz, dass Jesusworte dann als »echt« gelten können, wenn man sie weder aus dem zeitgenössischen Judentum noch aus in der Umwelt des NT entfaltetem Gedankengut ableiten könne. Auf die unterschwellige antijudaistische Tendenz dieses so gefassten »Echtheitskriterium«, das darauf abzielt, Jesus im Kontrast zum Judentum wahrzunehmen, ist besonders von jüdischen Autoren hingewiesen worden. U.a. Joseph Klausner, David Flusser, Schalom Ben Chorin und Pinchas Lapide arbeiteten aus jüdischer Sicht heraus, dass die in den Evangelien überlieferte Lehre Jesu ganz oder fast ganz aus dem Judentum heraus zu erklären ist. Die Möglichkeiten und Grenzen historischer Jesusforschung wird von Theißen/Merz (1997) gründlich herausgearbeitet. Bereits in früheren Werken hat G. Theißen der Herauslösung Jesu aus dem Judentum widersprochen, Jesus konsequent im innerjüdischen Rahmen interpretiert und auch die von ihm initiierte Reformbewegung (Jesusbewegung) als Bewegung im Judentum verortet (1977).

Zur Wahrnehmung dieser frühen Sozialgestalt einer Gemeinschaft in der Nachfolge Jesu gehört die aus der Sicht der sozialgeschichtlichen Forschung besonders hervorgehobene Gestalt einer Armutsbewegung.

Die feministische theologische Forschung hat die Beobachtung entfaltet, dass in dieser Reformbewegung Frauen im Kontrast zur zeitgenössischen patriarchalen Ordnung gleichberechtigte Mitglieder waren. Mögen manche historischen Details über Einzelheiten des Lebens Jesu auch dunkel bleiben, in der Wirkungsgeschichte zeichnen sich deutliche Konturen von Lebensformen ab, die durch die Begegnung mit der Person Jesu initiiert wurden. Bleibt nach dem Scheitern der Leben-Jesu-Forschung die unhintergehbare Feststellung, dass eine umfassende Rekonstruktion einer Biografie Jesu unmöglich ist, lassen sich doch aus den Quellen Grundzüge des Wirkens und der Lehre Jesu entnehmen. Diese Grundzüge geben einerseits den urchristlichen Deutungen der Person ihre Plausibilität, andererseits geben sie immer neue Anstöße für eine aktuelle Begegnung. Theißen/Merz differenzieren diese Grundzüge unter folgenden Aspekten:
1. In dem Abschnitt »Jesus als Charismatiker« wird der unkonventionelle Umgang Jesu im sozialen Beziehungsgefüge seiner Zeit thematisiert, mit dem er Freunde faszinierte und Gegner irritierte.
2. Unter der Überschrift: »Jesus als Prophet« kommt die eschatologische Dimension seines Wirkens in den Blick: Dass und wie Jesus in seinem Wirken, in seinen Bildern und Symbolen das Wirksamwerden der universalen väterlichen Güte Gottes zum Ausdruck brachte.
3. Unter dem Aspekt »Jesus als Heiler« wird die Erinnerung an die Wundertaten und heilsame Begegnungen bearbeitet.
4. Das Kapitel »Jesus als Dichter« entfaltet die Besonderheit der Gleichnisrede Jesu.
5. Der Abschnitt »Jesus als Lehrer« thematisiert den Umgang Jesu mit der Tora und seine ethischen Weisungen.

Aspekte der neueren Jesusrezeption
Wie bereits angedeutet, ist das Interesse an der Gestalt Jesus über den christlichen Bereich hinaus ungebrochen groß. Dazu kann hier nur eine erste grobe Orientierung erfolgen.
– Im Kontext des *christlich-marxistischen* Dialogs steht *Milan Machovecs* Jesusbuch (1972), mit dem er gleichermaßen Marxisten und Christen herausgefordert hat. Eine Besonderheit liegt darin, dass Jesus nicht auf seine ethische Bedeutung reduziert, sondern im Kontext seiner eschatologischen Reich-Gottes-Botschaft und seines Gottesverständnisses als anregendes und provozierendes »Lebensmodell« entfaltet wird.
– Im *interreligiösen* Kontext ist neben der jüdischen auf die islamische und hinduistische Jesustradition zu verweisen (vgl. Antes 1998, 155ff). Von besonderer religionspädagogischer Relevanz sind außerdem die im folgenden kurz skizzierten Aspekte:

– Im Licht *sozialgeschichtlicher Forschung* wird die besondere Affinität Jesu bzw. der Jesusbewegung zu den gesellschaftlich Unterprivilegierten, Benachteiligten und sozial Schwachen herausgearbeitet und spezifiziert. Jesus verkündigte nicht nur das Reich Gottes, sondern war zugleich Symbol der Hoffnung für die Armen und Begründer einer Sammelbewegung (*Schottroff/Stegemann* [3]1990). An die Parteinahme Jesu für die Benachteiligten knüpft auch die Jesusrezeption im Kontext der lateinamerikanischen »Theologie der Befreiung« an (z.b.: Leonardo Boff: Jesus Christo Libertador, 1972).

– Jesus im Licht der *Qumranforschung*

Im Zusammenhang der z.T. verzögerten Veröffentlichung der 1947 entdeckten und bis 1991 ausgewerteten Bibliothek von Qumran ist eine Fülle z.T. spekulativer Literatur erschienen, die Jesus in die Nähe der Essener rückte. Diese gipfelt u.a. in dem Vorwurf, dass die Aufklärung über die daraus zu ziehenden Erkenntnisse über das frühe Christentum verhindert werden solle. Insgesamt haben die Funde die Kenntnisse über das Judentum zur Jesuszeit erheblich erweitert und differenziert. Sie bieten insofern viel Hintergrundmaterial für ein differenziertes Verständnis des NT und zum situativen und religiösen Hintergrund der Jesusgestalt. Im Blick auf die vielfältigen Spekulationen kommt *H. Stegemann* zu dem Urteil, dass die Textfunde nichts bieten, »was die christlichen Glaubensgrundlagen auch nur antastet, geschweige denn erschüttern könnte« (1993, 360. Insgesamt gibt dieses Werk eine gute Orientierung über die Schriften und ihre Bezüge zum NT).

– Jesus in *feministisch-theologischer* Perspektive

Das Erkenntnisinteresse der feministisch-theologischen Forschung bewegt sich zwischen den Polen, die androzentrisch-einseitige Perspektive in den biblischen Überlieferungen und ihrer Auslegungsgeschichte durch eine gynozentrisch-matriarchale Perspektive zu überwinden bzw. den Anthropozentrismus durch Wahrnehmung der verdrängten Frauenerfahrung aus weiblicher Sicht im ganzheitlichen Sinne aufzubrechen. Im Sinne des ersten Poles zeichnet *Christa Mulack* ein Bild von Jesus als »Messias der Frauen« (79). Die Besonderheit der Gestalt hat darin ihre Ursache und besonderen Züge, dass Jesus als Schüler von Frauen seinen anerzogenen Rassismus und Sexismus überwunden hat und eine weibliche Gotteslehre und Ethik vertritt. (vgl. a.a.O., 131). Den Hintergrund der Interpretation bildet der matriarchale Mythos vom sterbenden und auferstehenden Sohngeliebten der großen Göttin, der in Jesus Fleisch geworden sei. (vgl. a.a.O., 108). *E. Schüssler-Fiorenza, L. Schottroff* u.a. wenden sich vor allem den Überlieferungen von den Begegnungen Jesu mit Frauengestalten zu und arbeiten mit den Kriterien der historisch-kritischen Exegese durch patriarchalische Redaktion verdeckte Besonderheiten der Texte heraus. Es gelingt auf diese Weise, eine im Kontext patriarchaler Strukturen

positiv abweichende Erinnerung an Jesus zu rekonstruieren, die sich
durch unvoreingenommene Zuwendung zu Frauen, Akzeptanz von
Frauen als Partnerinnen und Empathie auszeichnet. Besondere Aufmerksamkeit kommt der besonderen Rolle der Frauen in den Passions-
und Osterüberlieferungen zu, die in der patriarchalen Auslegungsgeschichte vernachlässigt bzw. verzerrt wurde. So wird nicht nur der
blinde Fleck der Auslegungstradition aufgebrochen, sondern zugleich
die emotionale Dynamik der Jesusüberlieferung deutlich hervorgehoben.
– Jesus in *tiefenpsychologischer* Perspektive
Die in der feministischen Auslegung relevante Beobachtung, dass sich
aus den überlieferten Erinnerungen an Jesus die Kontur einer Gestalt
herauskristallisiert, die vom patriarchalen Männerbild seiner Zeit deutlich abweicht, spielt auch in tiefenpsychologischen Zugängen eine
zentrale Rolle: U.a. mit Rekurs auf die Archetypenlehre C.G. Jungs
wird ein Jesusbild erhoben, das sich durch gelungene Integration weiblicher und männlicher Seelenanteile (anima u. animus) auszeichnet und
den Typus eines »androgynen« und insgesamt »integrierten Menschen« darstellt (vgl. Swidler, 1993, 93 ff. Zur Thematik: Hanna Wolff,
1975, Niederwimmer 1968: Drewermann 1998).

2.2 Neuere Entwürfe der Christologie

Der Weg von Jesus, dem Gleichniserzähler, zu Jesus Christus, dem
Gleichnis Gottes
Zur Bedeutung der Frage nach dem historischen Jesus für die Christo-
logie
Nach dem Scheitern der Leben-Jesu-Forschung haben die Hauptvertre-
ter der sog. Dialektischen Theologie, Karl Barth und Rudolf Bultmann,
die Kritik an diesem Versuch, ein Leben Jesu mit historischen Mitteln
zu rekonstruieren, noch verschärft. Sie haben diese Frage als für den
christlichen Glauben völlig irrelevant abgewiesen. Beide waren sich
darin einig, dass man nicht hinter den verkündigten Christus, hinter
das Kerygma zurückgehen darf, um einen ›historischen Jesus‹ zu rekonstruieren. Jesus Christus, der Gepredigte, ist »der Herr« (Bultmann
1929. 1980, 208).
Das Kerygma ist historisch nicht ableitbar, sondern hat seinen Grund
in Gottes unableitbarer, unverfügbarer Offenbarung. Für Bultmann ge-
nügte das bloße »Dass« des Gekommenseins Jesu als Haftpunkt für
das eschatologische Handeln Gottes; das »Was oder Wie« des historischen Jesus interessierte ihn nicht, obwohl er selbst ein Jesus-Buch
geschrieben hatte. Auch Barth hielt dieses »Stochern im Nebel« der
historischen Forschung für überflüssig. Die Situation änderte sich erst
nach 1953; ausgerechnet auf der »Tagung der alten Marburger«, dem

jährlichen Treffen der »Bultmann-Freunde«, hielt Ernst Käsemann einen Vortrag über »Das Problem des historischen Jesus« (Käsemann 1954). Käsemann wollte das Gespräch im Schülerkreis wieder beleben und den Lehrer zu einer Selbstkorrektur veranlassen. Das zweite Ziel hat er nicht erreicht, es ist ihm aber gelungen, dass die Frage von Günther Bornkamm, Ernst Fuchs, Gerhard Ebeling u.a. aufgenommen und weitergeführt wurde. Bultmann selbst hatte die berühmte Frage gestellt: Wie ist das Rätsel des NT zu verstehen, dass aus dem Verkündiger Jesus der verkündigte Jesus Christus wird? Diese Frage fordert dazu heraus, nach der *sachlichen Kontinuität* zwischen der Verkündigung Jesu und dem Kerygma der Gemeinde zu fragen. Hat sie ihm zu Recht den Titel Christus zugesprochen (vgl. Biehl 1956/57, 75)? Warum hat Gott *diesen* Menschen und nicht irgendeinen beliebigen zum Christus gemacht? Die historische Frage nach dem irdischen Jesus – einmal gestellt – lässt sich nicht wieder rückgängig machen. Das theologische Problem besteht darin, welche Bedeutung die Ergebnisse dieser Nachfrage für die Glaubenslehre hat. Würde das, was wir über den irdischen Jesus wissen, dem christologischen Bekenntnis »Ich glaube an Jesus« widersprechen, dann wäre dieser Glaube an ihn ein Selbstwiderspruch. Daher stellt Gerhard Ebeling als Grundsatz heraus: »Entweder zerstört die Frage nach dem historischen Jesus die Christologie, oder aber die Frage nach dem historischen Jesus muss sich als identisch erweisen mit dem christologischen Problem« ein Drittes gibt es nicht (Ebeling, 1959. 1967, 302). Obwohl der Glaube an den Christus historisch nicht abgeleitet werden kann (darin hat Bultmann Recht), muss er dennoch an ihm der Sache nach einen Anhalt haben (vgl. dazu Abschnitt »Glaube, Mut, Vertrauen«, 77-89). Wilfried Joest spricht den Ergebnissen der Jesusforschung keine begründende, wohl aber eine *regulative* Bedeutung bei der Entwicklung eines christologischen Entwurfs zu (Joest 1987, 201). Zu Bultmanns Christologie (GuV 1954, 85ff, vgl. die Abschnitte »Kreuz: Neues Leben aus Gott«, 186-202 und »Ostern/Auferstehung«, 283-294 »Glaube, Mut, Vertrauen«, 77-89).

Die implizite Christologie Jesu
Was sich mit historischen Methoden über den irdischen Jesus feststellen lässt, ist eine elementare Unterbrechung des Lebenszusammenhangs seiner Welt durch die Verkündigung der kommenden Gottesherrschaft, die in dem Reden und Tun dessen, der sie ankündigt, bereits da ist. Die von Jesus verkündigte Nähe der Gottesherrschaft wird die Wirklichkeit der Welt radikal verändern. Jetzt geschieht etwas, was so noch nicht vorkam: »Heil den Augen, die sehen, was ihr seht« (Lk 10,23f). Das Kommen der Gottesherrschaft ist nur als Gleichnis sagbar. Im Gleichnis ist sie aber selbst da. Daher wird die Gegenwart durch die Gottesherrschaft als Heilszeit qualifiziert. Jetzt ist die Zeit

der Freude und des Jubels (Lk 10,21 parr. Mt 11,23f). Deshalb gilt es nicht zurückzuschauen (Lk 9,62), sondern alles auf eine Karte zu setzen, wie jener Mann im Gleichnis vom Schatz im Acker (Mt 13,44). Dieser Zeitansage »Jetzt ist die Zeit des Heils« entspricht ein Vollmachtsanspruch, für den Jesus keinerlei Begründung gibt. Er existiert aus der Freude der schon mitten unter ihnen (Lk 17,20f) anwesenden Gottesherrschaft heraus. Günther Bornkamm hat daher die Kategorie der »unmittelbaren, unableitbaren Vollmacht« geprägt. Diese Vollmacht mache das ganze Geheimnis der Person und Wirkung Jesu aus (Bornkamm 1954, 54f). In dieser Vollmacht liegt eine implizite Messianität verborgen, die erst aufgrund der Ostererfahrungen expliziert wurde. Jesus hat selbst keine messianischen Titel auf sich bezogen, sondern er ging ganz in der Gottesherrschaft, die ihn prägte, auf. Im Mittelpunkt der christologischen Reflexion sollte allerdings ein Titel stehen, den Jesus selbst geprägt und zu einem messianischen Titel gemacht hat. Der Menschensohn-Titel bezieht sich auf einen alltäglichen Menschen; er kann sich aber auch auf eine apokalyptische himmlische Gestalt beziehen. Jesus benutzte den Alltagsausdruck emphatisch und verband ihn mit der visionären sprachlichen Tradition. Theißen spricht von einer »Human-Christologie« (Theißen/Merz 1996, 488).

Jesus war ein jüdischer Charismatiker. Sein Charisma zeigte sich darin, dass er aus einer besonderen Nähe Gottes heraus handelte und ein Vollmachtsbewusstsein zeigte, das alle Rollenerwartungen, mit denen er konfrontiert wurde, transzendierte. Durch seinen Tod am Kreuz ging alles, was Jesus vorher implizit oder explizit (Menschensohn) von sich gesagt hatte und andere von ihm erhofft hatten, verloren. Nach Ostern konnte nichts einfach wiederholt werden (seine Zeitansage »Jetzt ist der Tag des Heils« wäre zu einem »Gestern« geworden), es musste vielmehr neu gesagt werden. Im Zentrum stand die von ihm geprägte Menschensohnvorstellung: Der Mensch hört auch jenseits der Todesgrenze nicht auf, Gottes Geschöpf zu sein. Alle anderen Titel wurden überboten von der Verehrung Jesu als Kyrios (Herr).

Gott hat sich nicht mit einem beliebigen Menschen am Kreuz identifiziert. Erst wenn das menschliche Antlitz Jesu wieder erkennbar wird, kann auch die kerygmatische Rede konkret werden. Die dogmatische Bedeutung der Frage nach dem historischen Jesus liegt darin, dass der konkrete Mensch Jesus von Nazareth der Gott entsprechende Mensch und als solcher das Gleichnis Gottes ist, der auch uns zu Gott entsprechenden Menschen machen will (Jüngel 1990, 242). Die Christologie hat u.a. die Aufgabe, die implizite Christologie zu explizieren. Jüngel hat jene berühmte Frage Bultmanns präzisiert: Wie wurde aus Jesus, dem Gleichniserzähler Jesus Christus, das Gleichnis Gottes? (Jüngel 1977, 394f).

Die Gleichnisse bereiten die kerygmatische Rede hermeneutisch vor. Aus hermeneutischen wie didaktischen Gründen ist es aufschlussreich, den Weg verständlich zu machen, der von den Gleichnissen zum Gleichnis Gottes führt; der Weg zurück in die Ursprungssituation, in der die kerygmatische Rede entspringt, kann ein entdeckendes, genetisches Lernen ermöglichen. Auf die didaktischen Möglichkeiten, die in der spannungsvollen Einheit von Jesu eigener Verkündigung und dem Kerygma der Gemeinde liegen, hat Hans Stock (1959) in seinem Lebenswerk immer wieder hingewiesen. Es gibt zwei Wege, eine Christologie zu entwerfen: Der eine Weg geht, wie wir das eben skizziert haben, vom irdischen Menschen Jesus von Nazareth aus (Christlogie »von unten«), der andere setzt bei der Trinität an und versucht, den Weg zu dem konkreten Menschen Jesus zu finden (Christologie »von oben«). Beide Wege enthalten Aporien. Bezieht sich die christologische Reflexion abstrakt auf eine von Gott zunächst isolierte empirische Geschichte, dann lässt sich danach das Verhältnis der Geschichte Jesu zu Gott nur als ein äußerlich bleibendes Interpretament zur Sprache bringen. Durch die Fixierung auf das Historische wird die eschatologische und soteriologische Pointe der Geschichte Jesu verfehlt. Es muss also gleichursprünglich mit der Rede von Jesus Gott schon im Spiel sein; denn der Gott Jesu ist nur durch den Menschen Jesus zugänglich, und der Mensch Jesus ist nur von seinem Gott her verständlich. Es handelt sich bei beiden Wegen nicht um Alternativen, sondern um einen zirkulären Prozess, der durch J. Moltmanns »Christologie von vorn« (1989, 20) eine neue Dimension erhält. Die Frage ist nur, wo ich in den Prozess einsteige: bei der historischen Frage nach dem Menschen Jesus, bei der trinitarischen Frage nach der Sendung des Sohnes durch Gott oder bei der pneumatologischen Frage nach der Gegenwart Christi im Geist, bei dem in der Verkündigung gegenwärtigen Christus (vgl. auch den Abschnitt »Weihnachten/Inkarnation«, 272-281). Es ist charakteristisch für die Christologie Barths, dass er bei der Trinität ansetzt.

Exemplarische Entwürfe der Christologie

Karl Barth: Christologie als Entfaltung trinitarischer Theologie
Für Karl Barth ist die Christologie nicht ein Thema unter anderen, nicht nur die »große Mitte des christlichen Glaubensbekenntnisses« (Barth 1947, 73), sondern die christliche Lehre ist in allen ihren Aussagen direkt oder indirekt Lehre von Jesus Christus. Das monumentale Werk der »Kirchlichen Dogmatik« ist streng christologisch konzipiert. Diese Konzentration auf die Christologie kommt allerdings erst in der Erwählungslehre (1942) voll zur Entfaltung (KD II/2). Gegen die klassische reformierte Tradition (124) fasst er seinen Ansatz in einem Doppelsatz so zusammen: »Jesus Christus ist der erwählende Gott« (111) und »Jesus Christus ist der erwählte Mensch« (124). Die Erwählung ist also von ihm und durch ihn vollzogen, und sie ist an ihm

geschehen. Er ist der erwählende Gott und der erwählte Mensch. Diese christologische Grundentscheidung hat weitreichende Konsequenzen. In der Frühzeit war die bestimmende Denkform die der Dialektik. Sie lässt sich an den dialektisch formulierten Spitzensätzen in Barths »Römerbrief« gut erkennen. Je mehr bei Barth die Christologie zum beherrschenden Thema wird, tritt die Analogie an die Stelle der Dialektik. Die Analogie wird nicht wie in der katholischen Theologie aus der Schöpfung abgeleitet (analogia entis), sondern es handelt sich um eine Analogie des Glaubens (analogia fidei), durch die die Interpretation der in Jesus Christus geschaffenen und erhaltenen Beziehung und Gemeinschaft ermöglicht wird.

Diese Analogie des Glaubens ist nicht durch die Schöpfung gesetzt, sondern sie wird als »Interpretation der in Jesus Christus geschaffenen und aufrecht erhaltenen Beziehung und Gemeinschaft« ermöglicht. Die Beziehung zwischen Schöpfer und Geschöpf ist streng christologisch orientiert (vgl. den Abschnitt »Mensch – das Ebenbild Gottes«, 130-146). Der für die Frühzeit so kennzeichnende Begriff des Wortes Gottes wird zunehmend durch »Jesus Christus« ersetzt. Die Verschiebung von der Dialektik zur Analogie wird in den späteren Bänden an der Kategorie der »Menschlichkeit Gottes« erkennbar (Barth 1956).

In der Versöhnungslehre (KD IV), in ihrer eigentümlichen Gestalt findet die Christologie ihren Höhepunkt: Sie hat nämlich in der Christologie ihren Ausgangspunkt und ihre Mitte: Sie umfasst die Lehre von der Sünde, von der Rechtfertigung und Heiligung sowie die Lehre vom Heiligen Geist, und sie wird durch Glauben, Liebe und Hoffnung, durch die die Christen ihr Sein in Christus gewinnen, abgeschlossen. »Der Herr als Knecht« – der Gehorsam des Sohnes ist der zentrale Gedanke – »Der Knecht als Herr« – hier wird von der Erhöhung des Menschensohnes gesprochen – und »Der wahrhaftige Zeuge« unserer Versöhnung (die Herrlichkeit des Mittlers) – diese Stichworte kennzeichnen die Bauform dieser groß angelegten Versöhnungslehre. Barth gibt in dem 1953 erschienen ersten Band der Versöhnungslehre (KD IV/1 58) selbst einen Überblick über die Entfaltung dieser komplexen Thematik. Er beginnt mit dem Leitsatz:

»Der Inhalt der Lehre von der Versöhnung ist die Erkenntnis *Jesu Christi*, der (1) der wahre, nämlich der sich selbst erniedrigende und so der versöhnende Gott, aber (2) auch der wahre, nämlich der von Gott erhöhte und so versöhnte Mensch, und der in der Einheit beider (3) der Bürge und Zeuge unserer Versöhnung ist« (83).

In der Einheit von Person und Werk Jesu wird die Erniedrigung als das gottheitliche, die Erhöhung als das dem Menschen widerfahrende Werk angesehen. Hierin sieht Barth selbst die stärkste Abweichung von der dogmatischen Tradition. Für Barth ist entscheidend, dass die Sünde erst von der vollzogenen Vergebung her erkannt werden kann (unbedingte Priorität der Gnade). Aus diesem Grund ordnet er die Lehre von der Sünde hinter die Lehre von Christus ein (83). Neu ist ferner, dass Barth nicht mehr zwischen der Christologie und der Lehre vom Heil unterscheidet. Christologie ist Lehre vom Heil im umfassenden Sinn.

Paul Tillich: Christus als Manifestation des »Neuen Seins«
Tillich versteht seine »Systematische Theologie« (I 1955, II 1958, III 1963) als Modell eines dritten Weges zwischen liberaler und dialektischer Theologie. Er verwendet die »Methode der Korrelation«, mit deren Hilfe er die Analyse der menschlichen Existenz mit der dieser entsprechenden Antwort der Offenbarung in Beziehung setzt. Dadurch will er die universale Weite wiedergewinnen, die die Theologie bei Schleiermacher hatte; er will aber die Gebrochenheit der menschlichen Existenz angemessen zur Sprache bringen. Um den Vorrang der Offenbarung zu sichern, unterscheidet Tillich zwischen Inhalt und Form: Grundsätzlich stehen Frage und Antwort in einem wechselseitigen Verhältnis. Die Antwort ist aber nur der Form nach, nicht im Inhalt von der Frage abhängig. Diese »Theologie des positiven Paradoxes« hat ihren Grund in der Christologie. »Die christliche Behauptung, dass das Neue Sein in Jesus als dem Christus erschienen ist, ist paradox. Sie ist das einzige allumfassende Paradox des Christentums [...]. Die Erscheinung des Neuen Seins unter den Bedingungen der Existenz, sie richtend und überwindend, ist das Paradox der christlichen Botschaft [...] und die Quelle aller paradoxen Aussagen des Christentums« (Tillich 1958, 100. 102).
Diese christologische Grundparadoxie ist die Voraussetzung für die Neuinterpretation der großen Themenkomplexe der Glaubenslehre und ihre Einordnung in eine neue Systematik. Die Korrelationsmethode als theologische Aussage hat ebenfalls in diesem christologischen Paradox ihren Grund (vgl. Tillich 1951, 15).
Auf diese Weise entsteht eine in sich geschlossene Gesamtkonzeption, die als »bisher eindrücklichste Alternative zur Dogmatik Barths« angesehen werden kann (Fischer 1992, 153).
In der Ablehnung jedes Versuchs, durch historische Forschung das Fundament für den christlichen Glauben und die Christologie zu finden (1957, 118), und in der Intention, in Christus die spannungsvolle (dialektische) Einheit von Gottes Wirklichkeit und der Wirklichkeit des Menschen zu entdecken, erweist sich Tillich als dialektischer Theologe. Tillich lässt allerdings keinen Zweifel daran aufkommen, dass das Neue Sein in Zeit und Raum Wirklichkeit geworden ist (1957, 107f). Das Erscheinen der Wirklichkeit, die den Glauben erzeugt hat (ebd., 124), verbürgt das Fundament des Glaubens. In Jesus Christus ist das Neue Sein gegenwärtig (ebd., 125). In ihm ist das Neue Sein im NT »abgebildet«; es hat die Kraft, uns zu verwandeln. »Damit ist zu-

gleich gesagt, dass hier eine analogia imaginis vorliegt, nämlich zwischen dem Bild und dem wirklichen persönlichen Leben, aus dem heraus es entstanden ist« (ebd.).
Die Christologie Tillichs lässt sich in dem Satz aus Hebr. 4,11 zusammenfassen: »Versucht allenthalben gleich wie wir, jedoch ohne Sünde.« In ihm ist das Neue Sein personhaft erschienen, und zwar unter den Bedingungen der Existenz: Das ist das christologische Paradox. Das Neue Sein ist von den Bedingungen der Existenz nicht überwältigt worden. Es gibt in Jesu Leben Versuchung und Angst, Erfolg und Scheitern, Konflikt und Tod. Er bleibt unter diesen Bedingungen der Entfremdung zwischen Gott und Mensch im Unterschied zu allen anderen mit Gott verbunden. Sein Leben ist in jedem Augenblick von Gott bestimmt; nichts kann ihn in die Trennung treiben, trotz Versuchung und Konflikte. Durch das Aushalten der Entfremdung hat er die Entfremdung zwischen Gott und Mensch überwunden und die Kluft zwischen Wesen und Existenz, zwischen wahrem und wirklichem Sein »im Prinzip« überwunden (Prinzip im Sinne von »Anfang und Kraft«). Das Neue Sein ist neu, »insofern es den Sieg über die Situation unter dem Gesetz – die alte Situation« zur Sprache bringt. »Christus ist das Ende der Existenz« (vgl. Röm 10,4), das Ende der Existenz, in der Entfremdung, Konflikt, Selbstzerstörung kennzeichnend sind. Das Neue Sein ist die »Erfüllung« der eschatologischen Verheißung, »verwirklichte Eschatologie« (ebd., 125f). »In Christus ist die ewige Beziehung Gottes zum Menschen offenbar« (ebd., 106): Durch ihn ist der unheilvolle Riss, der sich durch alles Sein und Leben, durch jedes Ich zieht, geheilt. Damit, meint Tillich, ist die Frage des Menschen in unserer Zeit nach neuer Schöpfung angesichts der Zerrissenheit des Lebens aufgenommen und in wechselseitige Beziehung zur Selbstoffenbarung Gottes in Jesus als dem Christus gesetzt. Er leitet die Antworten der Theologie dem Inhalt nach nicht aus den Fragen ab. Die Antworten entsprechen der Form nach den existentiellen Fragen. Tillich will durch diese (fragwürdige) Unterscheidung zwischen Form und Inhalt der Korrelation den Vorrang der Offenbarung im Sinn der dialektischen Theologie sichern (Tillich I, 1955).

Wolfhart Pannenberg: Christologie in einem universalgeschichtlichen Rahmen
Karl Barths Werk ist durch eine bisher ungewöhnliche »christologische Konzentration« gekennzeichnet: Alle Theologie wird bei ihm zur Christologie; diese ist aber zugleich trinitarisch konzipiert. Darin mag für die Religionspädagogik eine Schwierigkeit des Zugangs liegen. Von ihren Voraussetzungen her – sie reflektiert auf die Situation des Kindes – hat sie eine besondere Nähe zu Barths Behauptung von der unbedingten Priorität der Gnade, die zu einer Umkehrung des Verhältnisses von Schöpfung und Bund, Gesetz und Evangelium u.a. grundle-

genden Verhältnisbestimmungen führt (vgl. Gollwitzer 1970, 70). Für die Kindheit lässt sich die These einleuchtend vertreten; Sinnempfang rangiert vor Sinnleistung. Das Evangelium kommt hier durchaus vor dem Gesetz. [...]«.

Paul Tillich hat durch seine Korrelationsmethode eine ganze Epoche der Religionsdidaktik bestimmt (»Korrelationsdidaktik«). Die Verstehensschwierigkeiten liegen darin, dass Tillich die angestrebte Vermittlungsleistung auf einer Ebene hoher Abstraktheit und Allgemeinheit durchführt. Der irdische Jesus, sofern er Gegenstand historischer Forschung wird, spielt bei Tillich ebensowenig eine Rolle wie bei Barth (»Ich kenne diesen Herren nicht.«). Auf diese Grundfrage kommen wir jetzt bei Pannenberg zurück (vgl. Pannenberg 1964, [7]1990; II, 1991). Er entwirft eine Christologie »von unten nach oben«: Die Christologie hat zur Prüfung und Rechtfertigung ihrer Aussagen hinter die urchristlichen Bekenntnisaussagen auf den Grund zurückzugehen, der den Glauben an Jesus trägt (1991, 320). Das macht die Entwicklung einer Theorie der christologischen Tradition notwendig. Die Rekonstruktion dieses Zusammenhangs zwischen Jesus und dem Bekenntnis zu ihm ist allerdings nur durchführbar unter Einbeziehung des urchristlichen Zeugnisses der Auferstehung Jesu (ebd., 321). Diese These von der Zugehörigkeit der Auferstehung Jesu ist für Pannenberg abhängig von der Annahme der Historizität der Auferstehung (ebd., 323). Den entscheidenden Mangel der »Christologie von oben« sieht Pannenberg darin, dass sie bisher noch nie zum historisch konkreten Menschen Jesus von Nazareth hingeführt hat« (1975, 134). Die Christologien »von unten« und »von oben« haben den gemeinsamen Mangel, dass sie den durch die Christologie zu gewinnenden christlichen Gottesgedanken schon voraussetzen müssen. Daher sucht er nach einer Überwindung der Alternativen. Es ist von einem Zirkel auszugehen: »Der Gott Jesu ist nur durch den Menschen Jesus zugänglich, aber auch der Mensch Jesus nur von seinem Gott her« (ebd., 134). In diesen Zirkel kommt man nur herein, indem man von der Selbsterschließung Gottes herkommt. Der Satz Karl Barths »Gott wird nur durch Gott erkannt« hat hier sein Recht.

Dieser Einstieg in den Zirkel kann durch anthropologische Reflexion vorbereitet werden. Ausgangspunkt ist eine Vertiefung und Erweiterung der auf den Menschen Jesus konzentrierten theologischen Reflexion. Dass dieser Mensch nicht ohne seinen Gott zugänglich ist, gilt nicht nur exklusiv von Jesus, sondern für die Menschheit überhaupt.

Das »unthematische Wissen« von Gott als Ursprung und Bestimmung des Menschen gehört zu seiner Ursituation (Pannenberg 1988, 129f). Die anthropologische Reflexion des Phänomens des Vertrauens lässt sich soweit vorantreiben, dass die Angewiesenheit des Menschen auf einen verlässlichen Grund seines Lebensvollzugs überhaupt verständlich wird. Er kann verstehen, was es heißt, einen Gott zu haben. Von der Selbsterschließung Gottes her kann rückblickend die implizite Frage nach Gott, wie sie in der Religionsgeschichte virulent ist, als solche aufgedeckt werden.

Die Gottesgemeinschaft Jesu muss also dem Menschen nicht als etwas Fremdes und Ausgefallenes erscheinen. Die spezifische Weise der Gottesgemeinschaft Jesu ist *eine Modifikation der allgemeinen Gottesbeziehung des Menschen* (ebd., 136). Diesen entscheidenden Grundgedanken wiederholt er im Blick auf außerchristliches Reden von Gott. Das spezifisch christliche Gottesverständnis ist als Modifikation der jüdischen wie auch der griechischen oder anderweitiger Gottesgedanken im Lichte der Geschichte Jesu zu verstehen (ebd., 140). Die Entwicklung einer Christologie setzt also nicht den christlichen Gottesgedanken voraus, sondern das »unthematische Wissen« des Menschen von Gott und die mit der Verkündigung Jesu gegebenen Begriffe von Gott und Mensch (Pannenberg 1991, 329). Jesus nimmt faktisch durch seine Verkündigung der nahen Gottesherrschaft für seine Person eine unerhörte Vollmacht in Anspruch. Angesichts dieses Anspruchs und der dadurch ausgelösten Kontroverse wird eine göttliche Bestätigung erforderlich (vgl. ebd., 377). Seine Auferweckung von den Toten rechtfertigt seinen Anspruch und ist damit der Ausgangspunkt der Geschichte der Christologie (ebd., 385). Sie verweist zurück auf seine Geschichte, seine Sendung und seinen Tod. Die Auferstehung Jesu ist das Scharnier dieser Christologie, so dass man von einer Auferstehungschristologie sprechen kann. Die mit der Auferstehung verbundene Erhöhung zur Gemeinschaft mit dem Vater darf aber nicht dazu führen, von einem heimlichen Wissen Jesu von seiner Identität mit Gott auszugehen. Nur unter dieser Voraussetzung kann die Versuchung Jesu als wirkliche Anfechtung und Gethsemane als echtes Ringen verstanden werden. Die Selbstunterscheidung von Gott ist der innere Grund seiner Sohnschaft (vgl. ebd., 415). Gerade indem er sich vom Vater unterscheidet, bestätigt er seine Gottheit als Sohn. Er hatte in seinem irdischen Dasein seine personale Identität nie in sich selbst, sondern nur in der Beziehung zum Vater. Dieser Wesenszug kennzeichnet ihn als den »Neuen Menschen«, »den Menschen des Gehorsams gegen Gott« (ebd., 418). Gerade darin erweist sich, dass er wahrhaft Mensch und wahrer Gott ist. Pannenberg verfolgt mit diesem Argumentationsgang ein doppeltes Anliegen: Er will das wahre Menschsein Jesu im Gegenüber zu Gott festhalten. Jesus hat sich damit wie jeder Mensch von Gott unterschieden. Andererseits muss Pannenberg die personale Einheit von Gott und Jesus zur Sprache bringen. Die Einheit mit Gott und die Teilhabe am menschlichen Gegenüber zu Gott sind zusammenzudenken.

Eine weitere Besonderheit der Christologie Pannenbergs besteht darin, dass er die Menschwerdung Gottes im Sohn nicht als punktuelles Ereignis, sondern als Prozess versteht. In diesem Prozess geht es um die

Selbstverwirklichung Gottes in seiner Schöpfung In diesem Prozess werden alle Dinge schöpferisch konstituiert. Zum Gedanken der fortwirkenden Menschwerdung Gottes gehört unausweichlich der Gedanke der Schöpfungsmittlerschaft Jesu Christi. Auf diese Weise versucht Pannenberg, die »Christologie von unten« von ihrer Einseitigkeit einer Konzentration auf den Menschen Jesus zu befreien und als Durchführung einer recht verstandenen »Christologie von oben« verständlich zu machen.

Dorothee Sölle kritisiert an der traditionellen Christologie, dass sie das Vater-Symbol weithin mit dem Gehorsamsgedanken verbindet, wie das auch an zentralen Stellen der Christologie Pannenbergs geschieht, und die Verbindung von Gott und Befreiung ausspart. Sie plädiert nicht für eine radikale Streichung des Vaternamens. »Vater zu Gott sagen, bedeutet: Leben und Tod nicht den vitalistischen Zufälligkeit zu überlassen [...]. Wenn die Rede von Gott als dem Vater uns dazu hilft, unsere Abhängigkeit nicht nur als zu überwindenden Erdenrest hinzunehmen, sondern sie zu bejahen, [...], dann ist nichts gegen diese Rede einzuwenden« (Sölle 1982, 157).
Die lateinamerikanische Befreiungstheologie identifiziert auf einzigartige Weise den armen Jesus des Evangeliums mit dem eigenen Elend. Hier wird endlich ernst gemacht mit einer »Christologie von unten«; hier kommt endlich der hermeneutische Grundsatz Luthers zum Zuge, man müsse Christus tief »ins Fleisch hineinziehen«. Eine poetisch vermittelte Christologie bringt das »unten« und das »oben« zusammen (Sölle 1989, 150-157). Eine solche Christologie arbeitet nicht mit Formeln, sondern mit der wirksamen Macht der Bilder, die Beziehungen stiften können.

2.3 Religionspädagogische Konsequenzen

Die theologischen Deutungen der Person Jesu haben ihren Ursprung in lebensverändernden Begegnungen mit dem Menschen Jesus. Die Frage, wer er ist, schließt sich als Deutung dieser Erfahrung an. Diese Begegnung kann insbesondere im religionspädagogischen Kontext nicht in der Weise umgekehrt werden, dass christologische Lehrsätze unabhängig von Situationen »originaler Begegnung« abstrakt als Glaubenslehre thematisiert werden. Erinnerung an das Wirken Jesu an geschichtlichem Ort und in geschichtlicher Zeit in Verbindung mit dem sich in vielfacher Weise in Kunst, Literatur und modernen Medien niederschlagenden andauernden Interesse an seiner Person können in didaktischen Zusammenhängen Anregungen geben, in dem Gleichniserzähler Jesus das Gleichnis Gottes zu sehen.

Dass nur die Menschlichkeit Jesus sich als didaktischer Anknüpfungspunkt eignet, hat I. Baldermann eindrücklich betont. Alles liegt daran,
die Menschlichkeit Jesu wahrzunehmen: »Zur Darstellung des Menschen Jesus aus Nazareth muss ich nicht noch hinzufügen, was ihn
zum Sohn Gottes macht, sondern den Sohn Gottes habe ich nur in diesem wahrhaftigen, leiblichen Menschen oder gar nicht« (85). Die Jesusforschung kann in religiösen Lernprozessen nur in seltenen Fällen
(mit jungen Erwachsenen) nachvollzogen werden; die Ergebnisse dieser Forschung können jedoch in erzählender Form so präsentiert werden, dass Lernende in die Geschichte Jesu »verstrickt« werden. Gerd
Theißens Buch »Der Schatten des Galiläers« (1986) bietet dafür Vor-
lagen (besonders gelungen: 155ff; 167ff).

2.4 Arbeitshinweise

1. »Christologie ist letztlich nichts anderes als Auslegung des Bekenntnisses ›Jesus ist der Christus‹« (W. Kasper). D. Sölle versteht
Christologie als den »Versuch, das Geheimnis Jesu zu erfassen« (1990,
141). In methodischer Hinsicht gibt es nach Pannenberg zwei komplementäre Lösungswege. Erläutern Sie diese These. Was spricht für
die Entwicklung einer Christologie »von unten nach oben«?

2. Die Evangelien sind in einzigartiger Verbindung Bericht und Bekenntnis, Erzählung von Jesus und Zeugnis der an ihn glaubenden
Gemeinde. Diese Verbindung ist so eng, dass wir von einem Bericht
als Bekenntnis und einem Glaubenszeugnis *als* Jesuserzählung sprechen müssen. Die Aufgabe besteht darin, *im* Kerygma die Geschichte,
aber auch *in* dieser das Kerygma zu suchen. Unterscheidung und Zuordnung von beidem ist geboten (Bornkamm 1956, 18).
Welche Intention verfolgte die liberale »Leben-Jesu-Forschung«?
Woran ist sie gescheitert? Vergleichen Sie demgegenüber die Beurteilung der Quellenlage durch Bornkamm. Worin unterscheiden sie sich
in der Zielsetzung? Nach welchen *Kriterien* wird die Unterscheidung
zwischen authentischen Jesusworten und Glaubenszeugnis vollzogen?
Worin besteht die Problematik dieser Kriterien?

3. »Historischer Jesus« meint genauer gefasst: der irdische Jesus, so-
fern er mit Hilfe historisch-kritischer Methoden erfasst werden kann.
Welche Bedeutung haben die Ergebnisse dieser Forschung (mit ihren
wechselnden Ergebnissen) für die Entwicklung der Christologie?
Überprüfen Sie die exemplarisch ausgewählten Entwürfe auf diese
Frage hin.

4. Erläutern Sie die These Jüngels: Aus dem Gleichniserzähler Jesus wurde Jesus Christus, das Gleichnis Gottes. Worin liegt die hermeneutische und didaktische Bedeutung dieser These?

5. Charakterisieren Sie Inhalt und Eigenart (Zeitverständnis) der Reich-Gottes-Verkündigung Jesu (vgl. Abschnitt »Hoffnung und Reich Gottes (Eschatologie)«, 219-232). Warum konnte die Gemeinde nach Jesu Tod nicht einfach das weitererzählen, was der »Meister« gesagt hatte? Warum musste er zum Inhalt der Botschaft werden?

6. In zahlreichen Teilen dieses Arbeitsbuches werden Themen der Theologie Pannenbergs skizziert. Begründen Sie die These, dass die Auferstehung Jesu für seine Theologie eine Schlüsselstellung einnimmt. Berücksichtigen Sie, dass die Auferstehung nur Jesus betrifft, nicht alle Toten. Jesu Auferstehung hat vorwegnehmenden Charakter und ist auf endzeitliche Bestätigung angewiesen. Geschichte ist ein zielgerichteter Prozess, der erst von seinem Ende her begreifbar wird. Wie beschreibt Pannenberg das Geschehen, das einen Schlüssel zum Verständnis der Geschichte insgesamt darstellt?

7. Vergleichen Sie die wichtigsten Christologie-Entwürfe des 20. Jahrhunderts (Barth, Tillich, Pannenberg). Gibt es trotz der unübersehbaren Gegensätze Gemeinsamkeiten? Beschreiben Sie die auffälligsten Unterschiede. Wo liegen Neuansätze gegenüber der dogmatischen Tradition vor?

8. Wir haben an zahlreichen Stellen Themen der Christologie Jürgen Moltmanns dargestellt. Daher verweisen wir hier nur auf seine methodische Grundlegung (Moltmann 1989, 56-91). Für Moltmann ist Theologie nicht so sehr in »theologischen Schulen« (Barth, Bultmann, Rahner) lebendig geworden, sondern in Bewegungen, Dialogen und Konflikten (Moltmann 1985, 249). Im Sinne Moltmanns ließe sich auch von einer *befreiungstheologischen* Christologie sprechen. Beschreiben Sie die Gemeinschaftsbeziehung Jesu exemplarisch an dessen Umgang mit Frauen (vgl. Moltmann-Wendel 1978, 1980, 1985; Schottroff/Sölle 1990, 142-154).
Moltmann verfolgt eine »ökumenische Methode«. In der Christologie steht die jüdische Kategorie des »*Messianischen*« im Vordergrund. »Man muss auf die Menschheit Jesu blicken, um seine Gottheit zu erkennen, und auf seine Gottheit, um seine Menschheit zu erkennen« (Moltmann 1989, 89). Nur durch diesen dialektischen Vorgang im Erkennen ist der Entwurf einer Christologie überhaupt möglich. Dieser Grundsatz wird von Gerhard Ebeling mit anderen Worten auch vertreten (Ebeling II 1979, 78). Überprüfen Sie, ob er für Pannenberg zutrifft.

Moltmann bezeichnet seine Christologie als »eschatologisch«, weil sie das messianische Friedensreich und die Vollendung der Schöpfung umfasst. Der eschatologische Horizont Gottes erschließt dem Menschen die Geschichte. Der Horizont Gottes des Schöpfers ist ein *kosmischer* Horizont. In ihm erkennt man die Geschichte der Natur. »Erst eine kosmische Christologie vollendet die existentiale und die geschichtliche Christologie« (ebd., 278). Moltmann erweitert damit den Horizont der Christologie Bultmanns und Pannenbergs.
Versuchen Sie, für diesen Neuansatz Entsprechungen im NT zu entdecken. Wo ist von einem kosmischen Christus die Rede? Wird dieser Ansatz den Herausforderungen der Zukunft gerecht? Begründen Sie Ihre Meinung.
Ein letzter Gesichtspunkt von Moltmanns Christologie-Entwurfs lautet: Jesus interessiert nicht als Privatperson, sondern als soziale Person. Wir haben daher auf die Gemeinschaftsbeziehungen Jesu zu achten (Umgang mit Frauen, Armen, Kranken, Bettlern mit dem Volk). Er entwirft daher eine soziale Christologie (ebd., 91). Für seine Christologie ist der jüdisch-christliche Dialog von maßgeblicher Bedeutung. Ziehen Sie noch einmal die Darstellungen der Themen Weihnachten/Inkarnation, Kreuz, Ostern/Auferstehung und Hoffnung/Eschatologie heran und verschaffen Sie sich einen Überblick über die Inhalte der Christologie. Vergleichen Sie die Christologie Moltmanns mit den anderen Entwürfen. Wo liegen die auffälligsten Unterschiede? Zu welchem der bisher dargestellten Ansätze zeigt er die größte Nähe?

9. Suchen Sie exemplarische Bilder der abendländischen Kunst, die charakteristisch für ein bestimmtes Christusverständnis sind. Stellen Sie diese zu einer kleinen Geschichte der Christologie zusammen (vgl. Lange 1999, 173-194).

10. Sammeln Sie Versuche, das Christusbekenntnis für unsere Zeit neu zu formulieren. Verwenden Sie zur Beurteilung die Kriterien, die Sie in diesem Kapitel erarbeitet haben. Versuchen Sie, eigene Formulierungen eines Credo zu finden.

Ein Beispiel:

Dorothee Sölle, Credo

(...)
Ich glaube an jesus christus
der recht hatte als er
»ein einzelner der nichts machen kann«
genau wie wir
an der veränderung aller zustände arbeitete

und darüber zugrunde ging
an ihm messend erkenne ich
wie unsere intelligenz verkrüppelt
unsere phantasie erstickt
unsere anstrengung vertan ist
weil wir nicht leben wie er lebte
jeden tag habe ich angst
dass er umsonst gestorben ist
weil wir seine revolution verraten haben
in gehorsam und angst
vor den behörden
ich glaube an jesus christus
der aufersteht in unser leben
dass wir frei werden
von vorurteilen und anmaßung
von angst und hass
und seine revolution weitertreiben
auf sein reich hin
(...)

(aus: Dorothee Sölle, Ich will nicht auf tausend Messern gehen. Gedichte (dtv 10651), München 1986, 24 f)

11. Für eine intensivere Nacharbeit bietet sich ein Vergleich der beiden »Einführungen in die Theologie« von *Gollwitzer* (1978, 64-81) und von *Sölle* (1990, 137-158) sowie mit einem höheren Schwierigkeitsgrad ein Vergleich der Methodenkapitel in den Christologien von Pannenberg (1991, 316-335) und Moltmann (1989, 856-91) an.

3. Der Mensch – das Ebenbild Gottes

3.1 Das Rätsel »Mensch« im Spiegel der Literatur

Wolfgang Hildesheimer, Tynset (1965) – »ein guter Name für das Rätsel«
Der Roman schildert die Erfahrungen eines Menschen, der während einer einzigen Nacht Phantasien des Ausbruchs, der Sehnsucht nach »ganz Anderem«, völlig Neuem formuliert, dabei unterschiedliche Zeiten und Räume durchlebt und doch nur immer sich selber trifft. Formal handelt es sich um eine Montage aus Erzählstücken, Gedankensplittern und Reflexionsansätzen, dem abgebrochenen Versuch des Ich-Erzählers, eine Beziehung mit der Außenwelt aufzubauen. »Tynset« ist eine nordnorwegische Stadt, die der Erzähler durch Zufall in einem Kursbuch findet.

»Ja, Tynset ist ein guter Name für das Rätsel. Indem man dem Unbekannten einen Namen gibt, wird es zwar nicht bekannter, das Rätsel enthüllt sich nicht mit dem Namen, aber es ist benannt, es hat eine Bezeichnung erhalten, die das Rätselhafte, das es in sich birgt, zusammenfasst, chiffriert. .« (Hildesheimer 1967, 125).

Zwei der Prosa-Stücke sind theologisch und pädagogisch besonders interessant.

Der Lehrer von Tynset
Die Leute von Tynset stellen keine Fragen, die Tynset betreffen, weder die Schläfer noch die Liebenden noch der Sterbende noch seine Erben noch der Lehrer. Doch. Der vielleicht doch, dieser Lehrer. Versuche ich es mit ihm, irgendeine Verwandtschaft sollte ich herstellen mit einem Bewohner von Tynset, irgendeine. Nehme ich den Lehrer, meinen Freund, was soll er denken? Er denkt frei, dieser Lehrer, Angehöriger einer schlecht bezahlten, oft geschmähten Kaste. Er denkt: Nein. Keiner erwartet eine Antwort. Alles ist bereits Antwort. Keiner fragt, denn keiner weiß, dass man überhaupt fragen kann. Alle sind sie nur mit den Antworten groß geworden, denkt der Lehrer, aber es sind keine Antworten auf Fragen, vielmehr sind es Scheinantworten, sie dienen dazu, der Frage zuvorzukommen, die Frage zu verhindern, sind dazu entworfen, den Willen zur Frage im Keim zu ersticken, die Frage so zu verdecken, als gäbe es sie nicht. Zuerst kam die Antwort, so denkt mein Freund, und dann erst die Frage, das steht schon in der Bibel, im ersten Buch Moses und im Lukas-Evangelium und im Friedrichs-Evangelium und in den Korintherbriefen, fünfter Band, und als die Frage kam, kam sie, wie der Poet zur Verteilung der Güter dieser Erde, zu spät, für sie gab es keinen Platz

mehr, so denkt der Lehrer. Grinsend saßen schon, gestärkt und geschniegelt, in Chorgewändern und Soutanen und Stolen, in Tiara und Mitra, mit Krummstab und Ring, mit steifen Bäffchen und schwarzen Wickelgamaschen, hinter randlosen Brillen und mildem Blick und verschleierten Augen, mit weicher Stimme und runder Gestik und verklärtem Gesang, die Männer Gottes auf den Kisten, in denen die Antworten lagen, wohlverpackt, um in die Welt hinausgeschickt zu werden. Grinsend deuteten sie auf die Kisten, zeigten auf die Adressen. Auf den Vermerk: »Vorsicht! Nicht stürzen!«, hatten sie verzichtet, denn sie konnten sich auf ihre Spediteure verlassen.
Das denkt der Lehrer von Tynset, mein Freund. Oder nicht? Doch, das denkt er. (ebd., 70f)

Die Menschen sind in ihrer Umwelt nicht ganz zu Hause, sie sind aber auch nicht bei sich selbst zu Hause und müssen daher immer über sich selbst hinaus fragen. Der Mensch ist daher ein »fragendes Wesen«. Aber in Tynset wird nicht gefragt; alle sind nur mit Antworten groß geworden, die jedes Fragen verhindert haben, mit Antworten auf Fragen, die gar keiner gestellt hat. Die »Männer Gottes auf den Kisten« versenden nämlich fertige Antworten, die nicht auf die Bedürfnisstruktur der Adressaten bezogen sind. Der Text hat Anhalt an der Praxis religiöser Erziehung, in der – wie Tillich bemerkt – die Symbole den Heranwachsenden wie Steine an den Kopf geschmissen werden.
Der Lehrer von Tynset hat die neuere Anthropologie auf seiner Seite: Der Mensch ist eine Frage, zu der wir die Antwort noch nicht kennen; vor allem ist er didaktisch im Recht: Die Frage rangiert vor der Antwort. Ist aber das Sein nicht früher als die Frage? Muss der Mensch nicht erst etwas wahrgenommen haben, um fragen zu können? Ist dementsprechend nicht die Erzählung oder das Lied früher als die Frage? In der biblischen Urgeschichte geht das Lob der Schöpfung den entscheidenden Fragen voraus: »Adam, wo bist du?« und »Kain, wo ist dein Bruder Abel?« Die erste Zwiesprache, sie klingt schon nach Abschied. An ihr wird deutlich, dass der Mensch nicht nur Fragender, sondern zugleich Gefragter ist. Er ist nach sich selbst gefragt und muss mit sich selbst antworten. Theologische Anthropologie radikalisiert auf jeden Fall das Fragen.
Die dringlichste Aufgabe ist daher, die Wahrnehmung, die Neugier, die Aufmerksamkeit – kurz: das Fragen wieder zu lernen.

Das Gebet Kains

Nein. Das nicht, nicht Kains Gebet. Kains Gebet rauchte nicht und schwelte nicht. Es war, indem es um nichts bat, ein gutes, anständiges Gebet, vielleicht eines der letzten guten Gebete – da mag ich mich täuschen –, bestimmt aber das erste. Nur war es eben sinnlos, denn der Gott, an den es sich richtete, war anderweitig beschäftigt, es beliebte ihm, das Gebet nicht zu erhören, das wirft kein schlechtes Licht auf Kain, sondern vielmehr auf seinen Gott. Und warum erhörte Gott es nicht? Dieses Rätsel ließ mich lange nicht ruhen. Ich habe nie so recht über es hinweggehört oder hinweggelesen. Und unerwartet leuchtet es noch heute mitunter rot zwischen den Zeilen eines x-beliebigen Buches oder einer Zeitung auf. Es war das erste Rätsel, das mir entgegentrat, es ließ mich stolpern und hinfallen. [...] Es ist aber auch der Anfang allen Unrechts, Anfang der Schuld Gottes, der aus keinem Grund Kain nicht gnädig ansah und sein Opfer aus Früchten des Feldes verschmähte, es in schwarzen rauchenden Schwaden am Boden schwelen ließ, so dass es den Opfernden zum Husten brachte, ihn beinah erstickte, während er Abels Opfer, dampfendes Fleisch und Blut von ihm selbst zum Ruhme seines Gottes geschlachteter Tiere, Gedärm und Innereien und alles, zu sich aufsteigen ließ, genüsslich und in wohlgefälliger Betrachtung des Opfernden, der seinen Gott erkannt hatte und ihm die Wünsche vom Gesicht ablas, Gott wollte Fleisch. So war es, nicht an– Diese Willkür, diese verletzende Laune Gottes glaubte Kain nicht ertragen zu können, er hatte seinen Schöpfer ernst genommen, hatte ihn geliebt, vergöttert, und in furchtbarer Enttäuschung erschlug er dessen Günstling, den eigenen Bruder, ja, so war es, und wurde dafür auf immer und ewig von ihm verdammt. Es steht da geschrieben, Kain sei von heftiger, eifersüchtiger Gemütsart gewesen, Abel dagegen sanft und fromm. Aber wer hat das geschrieben? Der eifersüchtige Bauer und der fromme Jäger und Schlächter Kain böse und missgünstig, Abel gut und rechtschaffen –, nein, das ist nicht gut genug, diese Ordnung nehme ich dem Schöpfer der beiden nicht ab, geschweige denn seinen Chronisten, ich wüsste auch nicht, wer sie abnähme außer den fragefeindlichen Abnehmerverbänden. [...] Wo war der Ansatz, an dem es (das Böse) sich eingefressen, sich ausgebreitet und weitergefressen hätte? Nirgends. Nichts da als ein trügerisches Paradies und Wüste und das schreiende Unrecht Gottes, dem es behagte, Kain zu verderben. Eine schwere Belastung, ein Makel, ein Zeichen an der Stirn, das haftet, nicht an Kain, sondern an seinem Schöpfer. Los davon! (ebd., 56f).

(Gesammelte Werke, Bd. 2, Frankfurt a.M. 1991,138)

Tynset wird für den Erzähler zum Symbol für die Undurchschaubarkeit, Sinnlosigkeit und Rätselhaftigkeit der Welt. Die Ur-Szene der Rätselhaftigkeit ist für den Erzähler die Geschichte von Kain und Abel. Sie ist der Anfang des Rätsels. Es scheint ihm heute noch zwischen den Zeilen eines Buches auf. Es grinst ihn unter allen Rätseln an; denn es war der Anfang aller Rätsel und zugleich der Anfang der Schuld Gottes.

Das Theodizee-Problem wird damit radikal umgekehrt. Kains Ablehnung durch Gott ist nicht durch dessen Schuld gerechtfertigt, sie ist vielmehr Gottes Schuld. Der launische Willkürakt Gottes liefert den Grund dafür, dass Kain seinen Bruder Abel erschlägt. An der Figur Kains wird die Unrechtsgeschichte der Menschen festgemacht. Es bleibt Gottes Verantwortung, dass die Welt so ist, wie sie ist; er hat von Anfang an die Möglichkeit eingeräumt, die gute Schöpfung zu pervertieren (vgl. Kuschel 1997, 66f). Die Literatur hat hier die Funktion, durch *Irritation* neue Wahrnehmung zu eröffnen und theologische Traditionen zu *unterbrechen* und ursprüngliches Fragen angesichts des »Rätsels Mensch« wieder anzustoßen.

Bevor angesichts der ökologischen Krise Am Beispiel von Carl Amerys »Das Ende der Vorsehung« (1972) die »gnadenlosen Folgen des Christentums« diskutiert werden, sieht Hildesheimer provokativ Gott selbst als Teil des Problems.

Günter Kunert, »apokryphes Selbstporträt« – Müde des eigenen Rätsels (1990)

Nun bin ich ganz entfremdet
von Baum und Strauch und Blatt.
Fühllos die kleine Maschine
die jeder in sich hat.

Die Welt: Ein Chaos von Bildern
von Menschen, die man vergaß.
Die Tage aus Apparaten
Ganz nach Mittelmaß.

Bin nicht obschon ich denke
Leb nicht obschon noch hier.
Weiß nichts durch alles Wissen.
Sterbe und bin kein Tier.

Müde des eigenen Rätsels
von drohender Zukunft krank,
wehrlos in jeder Lage
verpflichtet keinem. Zu Dank.

(aus: Fremd daheim. Gedichte, München 1990, 76)

Das Gedicht zeigt die Frage des Menschen nach sich selbst in ihrem Perspektivenreichtum. Es lassen sich drei Ebenen unterscheiden. Die erste Ebene: Der Mensch ist von der Natur völlig entfremdet, das Herz fungiert als kleine gefühllose Maschine. Dieser Sachverhalt wird festgestellt, aber nicht beklagt. Er gehört zu den Bedingungen des Menschseins, auf diese wird – das ist die zweite Ebene – reflektiert und die strukturelle Ambivalenz dargestellt: ein denkendes Wesen, und doch nie im Einklang mit sich selbst, real existierend und doch ohne Wirklichkeit, voller Wissen und doch selbst ein Rätsel. Die Pointe: Müde der dauernden Selbstreflexion angesichts drohender Zukunft. Keinem verpflichtet. Völlig unvorbereitet wird auf der dritten Ebene diesem Nicht-Verpflichtetsein der Dank gegenübergestellt. Das Wenige, das dem Menschen angesichts der Ambivalenzen bleibt, »bekommt« er – umsonst (vgl. Kuschel 1997, 58f).

Max Frisch, Mein Name sei Gantenbein (1964) – Geschichten anprobieren wie Kleider
Nach Max Frisch stellt das Darstellen der Wirklichkeit Literatur wie Theologie vor schwerwiegende Sprachprobleme.

Was wichtig ist: das Unsagbare, das Weiße zwischen den Worten ... Unser Anliegen [...] lässt sich bestenfalls umschreiben, und das heißt ganz wörtlich: Man

schreibt darum herum. Man umstellt es. Man gibt Aussagen, die nie unser eigentliches Erlebnis enthalten, das unsagbar bleibt, sie können es nur umgrenzen [...] und das Eigentliche, das Unsagbare, erscheint bestenfalls als Spannung zwischen diesen Aussagen.
Unser Streben geht vermutlich dahin, alles auszusprechen, was sagbar ist; die Sprache ist wie ein Meißel, der alles weghaut, was nicht Geheimnis ist, und alles Sagen bedeutet ein Entfernen [...].
Wie der Bildhauer ... arbeitet die Sprache, indem sie die Leere, das Sagbare, vortreibt gegen das Geheimnis, gegen das Lebendige. Immer besteht die Gefahr, dass man das Geheimnis zerschlägt.

(aus: Tagebuch 1946-1949, Frankfurt a.M. 1963, 42).

Für Frisch hängt die Frage nach der Darstellbarkeit der Wirklichkeit eng mit dem Bilderverbot zusammen sowie mit der Frage nach dem Wesen des menschlichen Daseins. Diese ist wiederum an die Frage nach der Art unseres Erlebens geknüpft. Erlebnisse müssen durch Verwandlung Gestalt werden, und zwar in Geschichten. In seinem Roman »Mein Name sei Gantenbein« hat Frisch diese Darstellungsprobleme durch eine kunstvoll spielerische Konstruktion ständig aufzubrechen versucht. Erfundene Geschichten müssen um eine immer gleiche Gruppe von Erfahrungen kreisen, damit die Summe der Erfahrungen ein bestimmtes Erfahrungsmuster spiegeln kann.

Die erfundenen Geschichte haben einen sehr festen inhaltlichen Zusammenhalt, sind aber in der Form nur assoziativ miteinander verbunden. Der Leser erhält »Wegweiser«, die die Konstruktion zu durchschauen helfen: die Zwischenreflexionen des Erzählers z.B. »Jedes Ich, das sich ausspricht, ist eine Rolle. Jeder erfindet früher oder später eine Geschichte, die er für sein Leben hält, die er darum oft unter gewaltigen Opfern festhält« (vgl. Wolf R. Marchand, Max Frisch, »Mein Name sei Gantenbein«, in: Thomas Beckmann [Hg.], Über Max Frisch, Frankfurt a.M. 1974, 205-234, hier: 234).

Es sind drei Rollen, denen der Erzähler seine Erfahrungen zuschreibt: Felix Enderlein, Theo Gantenbein, Frantisek Svoboda. Der Roman beginnt, mit der Darstellung einer unpersönlich-namenlosen Gestalt. Sie wird als abstrakte Person in der dritten Person Singular vorgestellt. Sie hatte einen leichten Tod gefunden. Ausgangspunkt des Romans ist die Erkenntnis der eigenen Nacktheit. Der Erzähler stellt sich vor, es könnte das Ende von Enderlein oder von Gantenbein gewesen sein. Er stellt aber sofort klar, dass er sich beide nur vorgestellt habe. Jetzt wird seine eigene Vorstellung zurückgeworfen. Es handelt sich also um Reflexionen des eigenen Ich. Der Erzähler ist auf der Suche nach seinem Doppelgänger. Er begibt sich auf die Suche nach seiner Identität, die nur in Form einer Geschichte gefunden werden kann. Damit ist das zentrale Thema des Romans angesprochen. »Ein Mann hat eine Erfahrung gemacht, jetzt sucht er die Geschichte seiner Erfahrung ...« (9). Jedes Sichaussprechen führt zu einer Geschichte, umgekehrt ist jede Geschichte eine Erfindung (72).

Der Erzähler stellt sich ein anderes Leben vor, das Leben eines Blinden, »ein Leben als Spiel«, weil er dann nie sagen muss, was er sieht. Er hat »seine Freiheit

kraft eines Geheimnisses« (30). Dann folgt der zentrale Satz: »Ich probiere Geschichten an wie Kleider«.
»Ich bin blind«, erklärt zum Schluss der Erzähler (nicht Gantenbein). Er glaubt
nicht, dass die Geschichten, die er sich vorstellen kann, sein Leben sind. Ich kann
nicht glauben, dass das, was ich sehe, schon der Lauf der Welt ist« (487). In der
symbolischen Blindheit der Wirklichkeit gegenüber, der es an Wahrheit mangelt,
wird deutlich, dass das Ich, das sich selbst in höchst subjektiven Fiktionen sucht,
zugleich einen realen Weg durch die Geschichte und die Gesellschaft geht. Angesichts dieser Erfahrung reicht die Antwort nicht:»Ich kann es mir vorstellen.‹ Das
ist das Wahre an der Geschichte.« (180)

Um der Wahrheit willen ist es theologisch und anthropologisch erforderlich, zwischen Wirklichkeit und unseren Deutungsmöglichkeiten
mit fiktionalen Geschichten zu unterscheiden. Das Bild des Menschen,
der Geschichten anprobiert wie Kleider, weil er sich selbst nicht gegeben ist, sondern suchen muss, trifft die postmoderne Situation genau:
Situationsdefinition ist Aufgabe des Individuums. Um diese Aufgabe
bewältigen zu können, braucht es ein Reservoir an Storys, Symbolen
und Metaphern, die sich produktiv aufeinander beziehen lassen und
neue Kontexte bilden können.

Der Mensch als Rätsel und Geheimnis
Max Frisch hat das Problem der Darstellung von Wirklichkeit in seinem Tagebuch unübertrefflich dargestellt: Die Arbeit an der Sprache
vorantreiben, immer in der Gefahr, das Geheimnis zu zerstören oder an
der Oberfläche zu bleiben, weil man vorzeitig aufgegeben hat, Geheimnis zu umschreiben.
Frisch spricht vom »Geheimnis«, dem »Lebendigen« (Frisch 1963,
42), während wir bei Hildesheimer und Kunert auf den Begriff des
»Rätsels« treffen. In der Literatur wird das Geheimnis nicht wie bei
Jüngel (vgl. den Abschnitt »Gott – das Geheimnis der Welt«, 92-108)
vom Rätsel unterschieden, sondern beide Begriffe versuchen, den gleichen Sachverhalt zu erfassen. Dem entspricht die ästhetische Theorie.

»Alle Kunstwerke, und Kunst insgesamt, sind Rätsel [...] Dass Kunstwerke etwas
sagen und mit dem gleichen Atemzug es verbergen, nennt den Rätselcharakter
unterm Aspekt der Sprache [...] Je besser man ein Kunstwerk versteht, desto mehr
mag es nach einer Dimension sich enträtseln, desto weniger klärt es über sein konstitutiv Rätselhaftes auf ...
Durch das Verstehen jedoch ist der Rätselcharakter nicht ausgelöscht.«

(Theodor W. Adorno, Ästhetische Theorie, Frankfurt a.M. 1973, 182ff)

Der Sache nach gehören das Geheimnis »Gott« und das Rätsel
»Mensch«, wie es im Spiegel der Literatur erscheint, zusammen. Der
Mensch ist sich selbst und dem Anderen verborgen. Theologisch ge-
sprochen: Der Mensch ist sich selbst zu seinem Besten entzogen.

3.2 Verschränkung religionspädagogischer und anthropologischer Probleme

Jede thematisch und methodisch entwickelte Religionspädagogik enthält Annahmen, Fragen und Aussagen über den Menschen. Auf diese *implizite* Anthropologie wird meistens nicht reflektiert. Eine Explikation müsste im Gespräch mit der pädagogischen und theologischen Anthropologie erfolgen, wie sie sich aus der Zwischenstellung der Religionspädagogik zwischen beiden Disziplinen ergibt. Anthropologie als Wissenschaft vom Menschen bezieht sich auf Aussagen und Methoden *aller* wissenschaftlichen Disziplinen, die sich mit dem Menschen befassen. Dieses *weite Verständnis* von Anthropologie hat sich erst in diesem Jahrhundert herausgebildet, kann sich aber auf I. Kant berufen, der die Leitfragen seiner Kritiken (Was kann ich wissen? Was soll ich tun? Was darf ich hoffen?) auf die anthropologische *Grundfrage »Was ist der Mensch?«* zurückführte.

Die Religionspädagogik hat *drei* Möglichkeiten, sich der Herausforderung durch die Anthropologie zu stellen: (1) Sie kann sich unter religionspädagogischer Fragestellung mit den empirischen Ergebnissen der Humanwissenschaften auseinandersetzen und eine empirische religionspädagogische Anthropologie entwickeln (Modell: H. Roth). (2) Sie kann im Dialog mit der Theologie einen eigenen Beitrag zur Anthropologie erarbeiten und in das Gespräch mit der Pädagogik einbringen. (3) Sie kann wie die Pädagogik die anthropologische Betrachtungsweise selbst vollziehen, ohne dabei selektiv und unkritisch zu verfahren. In allen drei Fällen handelt es sich um Desiderate.

Beispiele für die Verschränkungsthese: (1) Seit den 60er Jahren orientiert sich die katholische Religionspädagogik weitgehend an der *anthropologisch* gewendeten Theologie K. Rahners. Damit wird der Zusammenhang von Theologie, Anthropologie und Religionspädagogik thematisch. (2) Die *Gottebenbildlichkeit* ist Grundfigur theologischer Anthropologie (Jüngel), Ursprung des pädagogischen Bildungsbegriffs und Ausgangspunkt seiner theologischen Interpretation in der Religionspädagogik. (3) Der Streit um das Bildungsverständnis mit der Pädagogik konzentriert sich auf den *Freiheitsbegriff.* Ist der Mensch durch sich selbst zur Freiheit bestimmt (Hegel), oder ist er zur Freiheit »befreit«? (4) Pädagogisches Handeln ist ohne den prinzipiell riskanten Vorgriff auf Zukunft gar nicht möglich. Die Pädagogik ist auf die Entwicklung einer eigenen Utopie über die wünschbare Zukunft angewiesen. Dabei werden anthropologische und theologische Grundfragen virulent. (5) Eine eigene pädagogische und religionspädagogische Betrachtungsweise erfordern die Gesichtspunkte der *Personagenese* (Langeveld), der Bildsamkeit und Selbsttätigkeit. (6) Für G. Ebeling (1960, 429ff) ist das *Gewissen* der Ort, an dem der Mensch als ganzer durch Gott gerechtfertigt wird. Der Mensch »ist« Gewissen. Pädagogisches Handeln fördert die Entwicklung von einem heteronomen zu einem autonomen Gewissen (Erikson), von einem traditionsgeleiteten zu einem zukunftsorientierten Gewissen (E. Lange). Gerade diese Thematik zeigt, dass humanwissenschaftliche und theologische Aspekte in einen Dialog eingebracht werden müssen, um für die Religionspädagogik fruchtbar werden zu können. (7) Von religionspädagogischem Interesse ist die Frage »Sind wir von Natur aus religiös?« (Pannenberg 1986). Sie wird nicht mehr durch den Hinweis auf eine religiöse Anlage, sondern auf die *religiöse Sozialisation* beantwortet. Aktuell bleibt das Problem des *religiösen Bedürfnisses* Heranwachsender. Erst der durch Interpretation und Erfahrung auf einen bestimmten Inhalt gerichtete Antrieb kann als (religiöses) Bedürfnis bezeichnet werden. Mit E. Levinas kann unterschieden werden zwischen *ich-bezogenem Bedürfnis* und dem Sehnen, das durch die Beziehung zum Anderen begründet wird. Durch den Anderen wird das Bedürfnis auf das Sehnen hin umgebrochen, das sich nicht auf Gebrauch und Verbrauch richtet und durch das Sehnenswerte vertieft wird (1987, 218ff).

3.3   Wer ist der Mensch?

Die Beispiele enthalten *vier zentrale anthropologische Sachverhalte:* (1) Gewissen als Ort der *Rechtfertigung und Heiligung*; (2) Freiheit (*»Freisein aus Gnade«,* Pesch); (3) *Gottebenbildlichkeit* (im Zusammenhang von Schöpfung und Fall), (4) *Hoffnung auf Gott* (Reich Gottes). Sie stellen zugleich *Kriterien* dar, mit deren Hilfe humanwissenschaftliche Aussagen theologisch interpretiert werden können. Die Kriterien sind vom geschichtlichen Wandel nicht ausgenommen und müssen jeweils weiterentwickelt werden (vgl. 4.3.4). Es handelt sich um Lebensperspektiven im Umgang mit fundamentalen Erfahrungen (Zilleßen), die möglichst in Bewegungssätzen formuliert sein sollten, damit sie dem Prozesscharakter des Menschseins entsprechen: Gott wendet sich dem Rechtlosen zu und spricht ihn gerecht. Dieser Satz markiert *die fundamentale Differenz* zwischen philosophischer und theologischer Anthropologie: Ist der Mensch das, was er aus sich macht (Aristoteles), oder wird er durch den Glauben gerechtfertigt? (Luther: hominem justificari fide). Das Sein geht dem Tun voran; es führt kein Weg vom Tun zum Sein (vgl. E. Fromms Unterscheidung zwischen Sein und Haben). Gott spricht gerecht und tritt damit selbst für das Personsein des Menschen ein. Auch als Gerechtfertigter ist der Mensch noch im *Werden;* er wird im Blick auf seine *künftige* Gestalt »definiert«. Das ist offenbar conditio humana: »Wir sind – aber wir haben uns nicht« (Plessner). Der Mensch ist offener Prozess. Trotz der geschichtlich-gesellschaftlichen Bedingungen hat er in dem Zusammenspiel von Vorfindlichkeit und Selbstentwurf einen Spielraum, in den hinein er sich entwickeln kann, um aufgrund seines Personseins Subjekt zu *werden*. Die bekannten Definitionsversuche werden dem Prozesscharakter nicht gerecht: Er ist »ein nach Gemeinschaft strebendes Wesen« (Aristoteles), animal rationale. E. Lévinas versteht das Menschsein als die Fähigkeit, »einander von Angesicht zu Angesicht zu begegnen«, im Angesicht des Anderen die unausgesprochene Bitte um Zuwendung wahrzunehmen und in Freiheit darauf zu antworten (1989, 40ff). Das *Bilderverbot* (Ex 20,4) schützt die Bestimmung und Würde des Menschen.

3.4 Gottesebenbildlichkeit (Gen 1,27)

Einigkeit besteht in der Auslegung darin, dass keine besondere Qualität am Menschen gemeint ist, sondern das Menschsein als solches. Es ist die Menschheit als Gattung im Blick, die zu Gottes *Gegenüber* geschaffen ist und die eben darin ihre Menschenwürde und Bestimmung hat. Gottebenbildlichkeit ist ein *Verhältnisbegriff*. Gott setzt sich zum Menschen in ein Verhältnis, in dem dieser sein Bild ist (»Bild« meint nicht »Abbild«, sondern »Widerspiegelung«). Besteht seine Würde in diesem Verhältnis, so kann sie als »fremde Würde« durch die Sünde nicht verloren gehen. Der Mensch wird in seinem *widersprüchlichen* Sein in der Entfremdung seine Bestimmung nicht los, solange Gott an ihm als sein Bild festhält. Diese Bestimmung besagt, dass er nicht im Vorhandenen aufgeht, dass er mehr ist als die Summe dessen, was die Humanwissenschaften über ihn ausmachen können. Systematisch-theologisch ist die Interpretation der Gottebenbildlichkeit vom Gottesverständnis abhängig, da eine *Entsprechung* besteht. Gott als die unerschöpflich schöpferische Liebe ist das Geheimnis der Welt. Der Mensch in seiner leib-seelischen Ganzheit ist entsprechend in seinem Verhältnis zu Gott und den Mitmenschen *zur Liebe bestimmt*. Diese Bestimmung ist ihm unverbrüchlich zugesagt, sie gilt *allen* Menschen. Nach dem Verständnis des NT ist diese Bestimmung erst durch Jesus verwirklicht worden. Er ist *der Gott entsprechende* Mensch und als solcher »das Ebenbild Gottes« (2Kor 4,4), an dem wir durch den Glauben Anteil gewinnen. Er hat als Sohn die Verantwortung für die Welt auf sich genommen (Gal 4,4f) und als »Erstgeborener unter vielen Brüdern« (Röm 8,28) *Freiheit zur Liebe* ermöglicht. In ihm ist die letzte Bestimmung des Menschen schon in Erscheinung getreten, auf die hin der Mensch von Anfang an angelegt ist. Die Realisierung der immer wieder bedrohten Bestimmung zur Liebe ist damit erhoffbar geworden.
Der Mensch ist nach Gen 1,27 als Mann oder Frau und als Kind seiner Eltern geschaffen. Dieses *»anthropologische Dreieck«* (Moltmann)

bestimmt die Existenz des Menschen: Die *Frau-Mann-Beziehung* bringt die unauflösliche *Sozialität,* die *Eltern-Kind-Beziehung* die *generationsübergreifende Gemeinschaft* zur Sprache. Der letzte Gesichtspunkt erfordert eine Umkehr im Verhältnis von Mensch und Natur (Frieden mit der Natur).

3.5   Drei exemplarische Ansätze theologischer Anthropologie

Der Gott entsprechende Mensch (Karl Barth)
Barth entwirft einen konsequent christologischen Ansatz der Anthropologie. Der Mensch Jesus ist die Bedingung der Möglichkeit für die Erkenntnis des Wesens des Menschen. Den Grund dafür sieht er darin, dass Jesus als der wirkliche Mensch in der Mitte aller Menschen ist (Kirchliche Dogmatik 111/2, 154). Dieser Mensch ist der Mensch – »erstlich und er allein« (ebd., 49). In Jesus ist die ontologische Bestimmung aller Menschen begründet – das ist die zentrale Zumutung der Anthropologie Barths. Die Voraussetzung für diese These ist das Analogieverständnis. Analogie – bei Barth immer eine Entsprechung von Beziehungen, die offenbarungsmäßig gegeben, also als das Werk Gottes zu verstehen sind. Analogie ist eine »Sprachform des Glaubens« (Jüngel) und keine durch rationale Analyse erkennbare Entsprechung und Ähnlichkeit des Seins. Es wird nicht Seiendes mit anderem Seiendem in seinem Sein verglichen. Die Entsprechung von Beziehungen wird erst durch ein dem geschöpflichen Seienden vorausgehendes Ja Gottes konstituiert, mit dem er seinem Geschöpf und seiner Schöpfung das Sein zuspricht. »Das Schöpferhandeln Gottes ist analogisch« (Jüngel 1982, 227). Dieses Ja Gottes entspricht dem Ja, das Gott zu sich selber spricht. Weil Gott zu sich selbst bejahend ist, sagt er Ja zu seinem Geschöpf und bleibt der Schöpfung treu. Alle Analogien haben in dem Sein des Menschen Jesus ihren Seins- und Erkenntnisgrund. Das Menschsein Jesu ist dadurch gekennzeichnet, dass es in freier Wahl mit Gott zusammen ist, als sein Bundesgenosse, sein Leben in Entsprechung zu Gott lebt: »Gottes Ebenbild« (ebd., 242, 390), an dem der Mensch überhaupt und im Allgemeinen Anteil hat. Auf diese »Urentsprechung« gehen alle in der Anthropologie relevanten Analogien zurück. Der Beziehung zwischen dem Menschen Jesus und Gott entspricht die Beziehung Jesu zu den Menschen überhaupt und den Beziehungen der Menschen untereinander.
Barth will den Menschen vor dem Verfügenwollen durch den anderen schützen, darum wehrt er sich wie Max Frisch dagegen, sich von dem anderen ein Bild zu machen. Anderseits soll Gott zum Menschen kommen. Daher bekommt er Anteil an Jesus, dem Ebenbild Gottes.
Barth durchbricht die zirkuläre Selbstbeschäftigung des Menschen. Er deduziert die Aussagen der Anthropologie aus der Christuswirklich-

keit. Die Humanwissenschaften leisten keinen direkten Beitrag zu dieser prozesshaft verstanden theologischen Anthropologie (Modell der Überbietung der Humanwissenschaften).

Die Offenheit des Menschen für die Zukunft und die Religion (W. Pannenberg)

Pannenberg greift die These A. Gehlens von der *»Weltoffenheit«* des Menschen, die bei Gehlen die Notwendigkeit der Institutionen begründet, auf und treibt diese auch empirisch belegbare Aussage soweit voran, dass sie auf die Offenheit für die durch nichts Endliches zu stillende religiöse Frage verweist. Die Offenheit setzt ein Gegenüber voraus, für das unsere Sprache das Wort »Gott« hat. Die Offenheit legt sich in Fantasie aus, die stets auf Zukunft vorausweist (1962, 5ff; 13ff). Die Rede von Gott als *»Macht der Zukunft«* – sie umfasst das *Ganze* von Mensch, Geschichte und Natur – wird als *Hypothese* ins Gespräch gebracht; sie kann (antizipierend) an der Wirklichkeit *bewährt* werden (also kein Gottesbeweis). In der Weltoffenheit als Ausdruck für die Eigenart des Menschen kündigt sich schon die Zukunft (der Vollendung) an. Pannenberg sieht in *J.G. Herder* (wie Gehlen) den Vater der modernen Anthropologie, der den Gedanken der Gottebenbildlichkeit als Bestimmung des Menschen versteht und eine Anthropologie der »Erziehung des Menschengeschlechts« entwickelt, die in Jesus Christus ihr Ziel hat (1986, 96ff). Methodisch gesehen geht Pannenberg (wie Moltmann) von den Erhebungen der Humanwissenschaften aus, befragt sie auf ihre verdeckten Offenheiten für die religiöse Dimension hin und interpretiert diese theologisch im Licht des christlichen Glaubens (Modell der Interpretation).

Der Mensch als Wesen der Transzendenz (K. Rahner)

Wie bei Pannenberg ist das *Ganze* Thema der Anthropologie; aber außertheologische Aussagen über den Menschen sind bei Rahner nicht methodischer und sachlicher Ausgangspunkt, sie werden ins Gespräch einbezogen, das sich entscheidend auf die biblische Botschaft als Trägerin der Selbstkundgabe Gottes stützt. Der theologische Ort der Anthropologie ist wie bei Pannenberg die Schöpfungslehre (bei Pesch die Gnadenlehre); sie wird durch die Religionsphilosophie vorbereitet. Rahner zeigt den Menschen als Erkennenden, der den Gegenstand der Erkenntnis in einen umfassenden Horizont einordnet und so indirekt nach dem Ganzen fragt. Er zeigt ihn als Fragenden, der in jeder Frage schon einen Grund voraussetzt, auf den hin er sich transzendiert. »Der Mensch ist das Wesen der Transzendenz« (Raffelt/Rahner 1981, 17ff); denn seine Fraglichkeit und Erkenntnis sind im Vorgriff auf das »Sein« überhaupt begründet. Rahner nennt das Wovonher und Woraufhin unserer Transzendenz »heiliges Geheimnis« (24). Mit der transzendentalen Erfahrung ist – vor aller Offenbarung – ein *»anony-*

mes und unthematisches Wissen von Gott gegeben« (24). In der Tiefe seiner Existenz macht der Mensch die Erfahrung von Freiheit und Verantwortung – sie sind wie die Möglichkeit zur Sünde Existentialien –, holt sie in die Reflexion ein und versteht sich vor Gott als *Geschöpf* (27). Die transzendentale Erfahrung des Subjekts ist die Voraussetzung für das Verständnis des Menschen als das *»Ereignis der Selbstmitteilung Gottes«* (34). Angesichts der Tradition wird eine revidierte, komplexere Verhältnisbestimmung von *Natur und Gnade* erkennbar. Theologische Anthropologie fügt den Sätzen profaner Anthropologie nichts Neues hinzu, sondern sprengt diese in radikaler Weise so auf, dass sie einen Zugang zu dem Geheimnis ermöglichen, das wir »Gott« nennen (49). (In die transzendentale Reflexion werden biblische Aussagen einbezogen, um sie zu gegenwärtigen Erkenntnissen der Anthropologie in Beziehung zu setzen [Modell: *Unterscheidung mit Gleichberechtigung:* Pesch, 419]).

Das messianische Geheimnis »Mensch« (Jürgen Moltmann)
Wer eine Anthropologie schreibt, greift in ein schwebendes Verfahren, in dem er als Ankläger oder Freisprechender beteiligt ist: Insofern bleibt sie für den Erkennenden nicht ohne Folgen. Moltmann schreibt angesichts des offenen Prozesses zwischen Mensch und Unmensch eine engagierte Anthropologie und stellt fest, dass diese immer zugleich deskriptiv und normativ verfährt (1971b, 73).
Seinen Ausgangspunkt wählt er 1971 und 1975 wie die neuere Anthropologie bei der Fraglichkeit des Menschen. Er interpretiert diese vom Geheimnis des Menschensohnes Jesus her als Verborgenheit, als »Geheimnis, das wir selbst sind, dem Deus absconditus entspricht wie bei Barth der homo absconditus.« Und nur in der Achtung des verborgenen Gottes wird der Mensch sich selbst und andere in ihrem messianischen Geheimnis achten (1975, 23).
Da die Frage nach dem Menschen immer eine Vergleichsfrage ist, führt er den Vergleich des Menschen mit dem Tier (biologische Anthropologie), mit anderen Menschen (Kulturanthropologie) und mit dem Göttlichen (religiöse Anthropologie) durch. Theologische Anthropologie berücksichtigt die entsprechenden Aussagen, lässt sich aber nicht auf sie reduzieren (1971b, 37). Moltmann stellt sich den konkreten Problemen der Humanität in der Industriegesellschaft und mustert kritisch ihre Menschenbilder.
Diese Analysen sind zeitbedingt. Seine Intention ist die theologische Kritik an den Menschenbildern: »Gott ist die Kritik des Menschen« (1971b, 152). Für eine solche Kritik entwickelt er die *Kriterien*: (1) Die Bestimmung des Menschen zur Gottebenbildlichkeit ist die Bestimmung zur Freiheit gegenüber der Welt in der Verantwortung vor Gott. (2) Die Hoffnung für die Zukunft der Erde ist polemisch gegen die Mächte gerichtet, die jetzt die Menschlichkeit unterdrücken.

(3) Das Reich des Menschensohnes ist die Macht der Ohnmacht der Gnade, die versöhnende Kraft des Leidens und der Liebe. Aus diesen Kriterien zieht er Konsequenzen für eine christliche Anthropologie. Ein Leben in Versöhnung und Hoffnung.
»Der Gekreuzigte verkörpert die neue Menschlichkeit, die Gott entspricht, unter den Verhältnissen der Unmenschlichkeit, die Gott widerspricht.« (1971b, 167)
Der Ansatz Moltmanns, in dem er die Konsequenzen seiner »Theologie der Hoffnung« für die Anthropologie zieht, ist dem Grundmodell der Interpretation zuzuordnen. Er bietet ein relativ offenes (nicht beliebiges) Ensemble von Kriterien, das weiterentwickelt werden kann.

3.6 Religionspädagogische Konsequenzen aus der theologischen Anthropologie

Die Wiederkehr der Sinne

Im AT bezeichnen die anthropologischen Begriffe Seele, Geist, Herz und Leib nicht jeweils einen Teil, sondern den *ganzen* Menschen in bestimmter Hinsicht; das gleiche gilt für das NT; das platonische Gegenüber von Seele und Leib (= Körper) hat sich kaum ausgewirkt. Danach gibt es eine lang andauernde theologische und philosophische Tradition der Abwertung des Körpers und der Sinne. Luther begreift den *ganzen* Menschen in seinem *ganzen* Lebensvollzug – ohne Höherbewertung seelisch-geistiger Teilbereiche – als Gerechtfertigten und als Sünder. Die »Anthropologie der Sinne« (Plessner) und die Entdeckung der leibseelischen Ganzheit des Menschen in der psychosomatischen Medizin (V. von Weizsäcker; es besteht eine Verbindung zu J. von Uexküll, dem Begründer der Umwelttheorie) gibt der biblischen Anthropologie gegenüber dem alten Dualismus Recht, der immer mehr an Gewicht verliert. Gott hat den *leiblichen, sinnlichen* Menschen zum Ebenbild geschaffen. »Leiblichkeit ist das Ende aller Werke Gottes« (F. Oetinger), das Ende seines Schöpfungs- wie seines Versöhnungswerkes. Die *Rehabilitierung des Körpers* läuft heute weitgehend über Musik, Bewegung, Tanz, die Hochschätzung des Ohrs und der Nahsinne (tasten, schmecken, riechen), vor allem über die spannungsvolle »Einheit« von Bewegung und Wahrnehmung. Die Kritik richtet sich gegen die Dominanz des Sehens, den Hauptsinn der Moderne. Die sensualistische Engführung des Sehens sollte überwunden werden. Die Aktivität des Auges baut Korrespondenzen auf und schafft Kontexte des Sichtbaren (»sehendes Sehen«). Zwischen Gesehenem und Gehörtem vollzieht sich ein hermeneutischer Prozess wechselseitiger Erschließung. Religionspädagogik *als Wahrnehmungslehre kann von den Sinnen und von der Bewegung her entworfen werden.* Sie beansprucht Kopf (»Geist« vernehmende Vernunft), *Herz und Hand* (Sinne) gleichermaßen und berücksichtigt die Eigenzeit und den Eigenraum des Körpers.

Gelebter Raum

Der Wiederentdeckung der Sinne entspricht eine neue Wahrnehmung der Zeit- und Raumerfahrung. Die industriell-technologische Lebenswelt rechnet mit einem homogenen, leeren Raum und einer leeren, messbaren Zeit.

Der Körper ist mein nächster Raum; in ihm verbinden sich Raum- und Zeiterfahrung, die Wahrnehmung des gestalteten Raumes und der gegliederten Zeitdauer (vgl. 4.3.7.7).

Gelebter Raum ist mehr oder weniger gestalteter Raum. Dieser kann verschiedene Strukturen annehmen. Das klassische Modell ist das der *konzentrischen Lebenskreise*, die sich zu einem Ganzen fügen: Oikos, Polis, Kosmos. Diese Raumordnung mit einem starken Zentrum ist in traditionalen Gesellschaften verwurzelt. Alle Anzeichen sprechen dafür, dass diese Ordnung nicht mehr tragfähig ist. Die *Konzentrik ist durch eine Polyzentrik ersetzt*, die ein »Feld der Freiheit« darstellt (Waldenfels 1985, 206). Wir leben in »Zwischenräumen«, an wechselnden Orten, an denen sich Eigenes und Fremdes verbinden. Die Region als Lebensraum mittlerer Reichweite hat an Bedeutung gewonnen. Verflechtungen sind notwendig; Waldenfels spricht daher von »*Interregionalität*« (1985, 206). »Heimat« ist ein Ort, an dem ein Netz befriedeter sozialer Beziehungen herrscht, so dass der Mensch dort bleiben und wohnen kann (Moltmann 1985, 60).

Die Gestaltung der Räume hat unmittelbare Folgen für die Weisen des Verhaltens und Erlebens. Kinder schaffen sich selbst Räume, eine «eigene«, »fiktive« Welt. Zwischen Innen- und Außenwelt bestehen noch fließende Übergänge. Kinder haben ihre »geheimen Orte«, sie sind Ausdruck der sinnlich-leiblich erfahrenen räumlichen Wirklichkeit.

Ältere Jugendliche und Erwachsene können bedeutsame Orte ihrer Lebensgeschichte in eine »persönliche Landkarte« eintragen und Erinnerungen an ihre Kindheitsträume erzählen. Dabei kann wahrnehmbar werden, dass in Lebensräumen Vertrautheit und Nähe mit Fremdem und Abgründigem durchsetzt sind.

Die Veränderung des Raumerlebens verändert auch die Raumsymbolik und die religiöse Thematik. Die Symbolik des »Zentrums«, verbunden mit Symbolen des Oben und der rückwärts gewandten Sehnsucht nach dem Paradies, treten zurück zugunsten der Symbole des Unten, der Tiefe, verbunden mit vorwärtsgewandten Suchbewegungen.

3.7 Arbeitshinweise

1. Diskutieren Sie die in 4.3.1.1 gestellte Frage nach dem Verhältnis von Frage und Antwort.

Berücksichtigen Sie dabei folgende Positionen: Die offene Frage ist eine Form des Glaubens, wenn wir uns in ihr Gott öffnen. Deshalb können wir mit Tillich auch den Zweifel als eine Gestalt des Glaubens verstehen (vgl. die Ausführungen zur Rechtfertigung, 207f). Jürgen Moltmann geht mit der neueren Anthropologie davon aus, dass der Mensch eine Frage ist, auf die wir die Antwort »noch nicht« kennen. Da der Mensch nicht in der Gebärde radikaler Fraglichkeit verharren kann, muss er geschichtliche und kulturelle Antworten suchen, die für eine gewisse Zeit eine Basis für das persönliche und soziale Leben bieten. Es sind überholbare Antworten, die neue Fragen hervorrufen und die Frage nach dem wahren Menschen offen halten und weiter vorantreiben (Moltmann 1971, 14f).

Eberhard Jüngel setzt diesem Ansatz (er ist von uns nur exemplarisch an Moltmann festgemacht) die These entgegen: Der Mensch ist eine Antwort, zu der wir die Frage noch nicht zureichend kennen. »Theologische Anthropologie hätte dann die Erarbeitung und Ausarbeitung der Frage zu sein, auf die der Mensch Antwort ist« (Jüngel 1980, 296).

Die Voraussetzung dieser These ist dem christologischen Ansatz Barths vergleichbar: In der geschichtlichen Existenz Jesu hat sich Gott selbst definiert – und im Akt seiner Selbstdefinition – auch den Menschen: Er ist der Gott entsprechende Mensch.

2. Hildesheimer hat sich noch einmal zum Gebet Kains geäußert:

»Warum hast Du das getan, Herr? Wenn Du mir diese Frage beantworten könntest? Warum hast Du Abels Opfer erhört, das Opfer Kains aber nicht? Aber Du beantwortest ja keine Fragen, und die eines Ungläubigen schon ganz und gar nicht.«

(aus: Gib Ihnen die ewige Ruhe nicht; Gesammelte Werke, Bd. 7, Frankfurt a.M. 1991, 723-733)

Setzen Sie sich mit der Provokation Hildesheimers, Gen 4,4 als Frage nach der Gerechtigkeit Gottes auszulegen, auseinander.

3. *Max Frisch* hat in seinem Tagebuch (31f) das Gebot »Du sollst dir kein Bildnis machen« auf den Menschen bezogen (vgl. 133f).

Die Liebe befreit aus jeglichem Bildnis ... Für ein Geheimnis, das der Mensch ja immerhin ist, ein erregendes Rätsel, das auszuhalten wir müde geworden sind. Man macht sich ein Bildnis. Das ist das Lieblose, der Verrat.

Bestimmen Sie das Verhältnis dieses Textes zur Keuner-Geschichte von *Bertolt Brecht*. Berücksichtigen Sie dabei besonders den Unterschied zwischen Bild und Entwurf.

Wenn Herr K. einen Menschen liebte. »Was tun sie«, wurde Herr K. gefragt, »wenn Sie einen Menschen lieben?« »Ich mache einen Entwurf von ihm«, sagte Herr K., »und sorge dass er ihm ähnlich wird.« »Wer? Der Entwurf?« »Nein«, sagte Herr K., »der Mensch.«

Diskutieren Sie vor diesem Hintergrund die theologische Sachgemäßheit der Rede vom sog. christlichen Menschenbild.

4. Interpretieren Sie Gen 1,26f. Das Verständnis der »Gottebenbildlichkeit« als Leitbegriff theologischer Anthropologie ist umstritten. Informieren Sie sich über die unterschiedlichen Auslegungsmöglichkeiten der Alttestamentler (z.B. C. Westerman, W. H. Schmidt). Entscheidend ist die gemeinsame Erkenntnis, dass es nicht etwas am Menschen ist, das ihn zum Bild Gottes macht, sondern die Existenz im Gegenüber zu Gott insgesamt (es ist ein Beziehungsbegriff). Diskutieren Sie die These *W. Härles*, dass eine unmittelbare Übernahme des biblischen Befundes in die theologische Anthropologie aus hermeneutischen Gründen nicht möglich sei (Dogmatik, Berlin u.a. 1995, 435). Beachten Sie die Querverbindung zur Christologie (2Kor 4,4; Kol 1,15; Hebr 1,3) und die Interpretation Karl Barths (KD 111/2, 344-360).

5. Interpretieren Sie die Aussage Ebelings: Das Gewissen ist der Ort der Rechtfertigung durch Gott. Insofern »hat der Mensch nicht Gewissen, sondern er ist Gewissen«. Was wird durch diesen Interpretationsversuch gewonnen? Erläuterung: In der Tradition waren die Alternativen strittig, ob das Gewissen angelegt oder anerzogen, fremd- oder selbstbestimmt ist.

6. Untersuchen Sie die hier dargestellten Modelle daraufhin, welches den Erfordernissen der Religionspädagogik am besten entspricht.

7. Zur »Wiederkehr des Körpers« gehört die Wahrnehmung seiner eigenen Zeitlichkeit. Diese entspricht nicht der leeren, messbaren, linearen Zeit (chronos). Ursprünglicher ist das an den Rhythmen der Natur und der Feste ablesbare *»zyklische« Zeitverständnis,* das aus der Wiederkehr des ewig Gleichen Erneuerung bringt (vgl. die Ausführungen zu Weihnachten, Abs. 2). Wiederzuentdecken ist das »kairologische« Zeitverständnis (kairos [griech.] = die rechte, günstige, bestimmte Zeit).

Diese Zeit wird durch einen bestimmten Inhalt qualifiziert. Es ist »Zeit für ... dieses oder jenes«. Es wird angesagt, wofür es an der Zeit ist. In der Familie sagen Mutter oder Vater die Zeit an. Für das eine Kind ist es Zeit zum Arbeiten, für das andere Zeit zum Schlafen, für das nächste Zeit zum Feiern. In diesem Sinne hat

Jesus die Zeit des Reiches Gottes angesagt: »Jetzt ist die Zeit des Heils«. Es gibt in unserem Leben erfüllte Augenblicke, »dichte« Zeiten, an die wir uns erinnern und um die herum sich unsere Lebensgeschichte versammelt.

Nennen Sie Beispiele dafür, dass Sie in ihrem Leben den rechten Zeitpunkt wahrgenommen und nicht mehr rückgängig zu machende Entscheidungen getroffen haben. Vergegenwärtigen Sie Zeiten, die derart qualifiziert waren, dass Sie zu ihnen »verweile doch« gesagt hätten. In welchem Verhältnis steht die kairologische Zeit, die Erfahrung des besonderen Augenblicks zur Zeit-Erfahrung der Dauer, durch die das Individuum in die Sozialität eingebunden ist? Lesen Sie Koh 3,1-8; Mk 1,13; 1Kor 7,29-31, 2Kor. 6,2. Diskutieren Sie unser Verhältnis zur Zeit. »Zeit ist Geld«. »Die Uhren sind tot, wir feiern die Zeit«. »Lob der Langsamkeit« (vgl. zum Thema Zeit: Jahrbuch der Religionspädagogik 11 (1995), 95-164; Gutmann 1999, 167-175).

V. Glaubenslehre II: Das Handeln
   Gottes als Schöpfer, Versöhner und
   Vollender der Welt

1. Schöpfung

1.1 Schöpfung in literarischer Perspektive

a) Auf der grünen Fläche eines Billardtisches liegt eine weiße Kugel. Ein Spieler führt einen leichten Stoß gegen sie. Sofern er seine Sache versteht, kann er den Weg voraussagen, den sie nehmen wird. Denn sie muss sich, als ein totes Ding, im Anprall und Rückprall so verhalten, wie das physikalische Gesetz es ihr vorschreibt. Ihr Lauf ist berechenbar. Wird dagegen eins der primitivsten Lebewesen, die wir kennen, eine Amöbe etwa, mit einer mikroskopisch feinen Nadelspitze berührt, so vermag niemand vorauszusagen, auch der Kundigste nicht, wie sie sich verhalten wird. Und wenn sie neunhundertneunundneunzig Mal einen Ruck nach links ausgeführt hat, beim tausendsten Male zuckt sie vielleicht nach rechts. Das Verhalten der Kugel kann man berechnen, weil sie tot ist. Das Verhalten der Amöbe nicht, weil sie lebt. Das Tote ist berechenbar, erkennbar, verstehbar. Das Lebendige nicht. Der Satz läßt sich auch umkehren: Wenn ich etwas berechnen, erkennen, verstehen kann, dann ist es tot. Oder zugespitzter: Wenn ich etwas berechne, erkenne, verstehe, dann töte ich es. Das ist der Fluch des Wortes. Das Wort, das erkennende, das isolierende, das die Dinge aus dem lebendigen Zusammenhang herausreißende Wort, hat etwas Tödliches. Und in seiner äußersten Ausprägung, als Formel, tötet es sogar mit Notwendigkeit, »Wasser« lebt, »H_2O« ist tot. Dieser Sachverhalt zeigt übrigens die Grenze einer jeden Wissenschaft auf, die nichts als Wissenschaft sein will. So erstaunenswerte Leistungen sie vollbringt, nie wird es ihr gelingen, das lebendige Dasein zu begreifen.

(Manfred Hausmann: »Tröstliche Zeichen«, S. Fischer Verlag, Frankfurt a.M. 1959, 30)

b) Vor uns die Unzeit, das finstere Unwissen der Dinge; nach uns die Unzeit, das finstere Unwissen der Dinge, die Leere eines Gottes, der in Vulkanen versprüht, in Meeren verdunstet, in Urwäldern blüht und verwelkt, verwest und verkohlt und abermals blüht, ein Gott, der kein Auge hat, seine endlosen Sommer zu schauen – wir aber, wir, seine einzige Hoffnung, dass er geschaut werde, dass er sich spiegle in dem Glanze eines sterblichen Menschenauges, wir, dieser unwahrscheinliche Augenblick, den man die Menschheit nennt, wir, dieser Sonderfall eines einzelnen, eines langsam erkaltenden Gestirnes...und ich, ich selber ein Funke dieses Weltaugenblickes.

(Aus: Max Frisch, Santa Cruz, Frankfurt a.M. 1970, 44 [edition suhrkamp 154])

Beide Texte arbeiten mit Kontrasten: Hausmann setzt den Kontrast zwischen Lebendigem und Totem, Frisch den gegenwärtigen Augenblick im Kontrast zur unendlichen Zeit in Szene.

Hausmann nimmt die Nichtberechenbarkeit des Lebendigen zum Anlass, die grundsätzliche Grenze jeder Wissenschaft aufzuzeigen, Leben zu begreifen.

Frisch verweist auf die wunderbare Selbsterfahrung des »Ich«, sich im Kontext der Menschheit als Gestalt eines Weltaugenblicks wahrzunehmen.

Die Besonderheit oder Eigentümlichkeit der Wahrnehmung der Wirklichkeit und des Ich stellt die Verbindung her zu dem, was die theologische Tradition Erfahrung der Schöpfung nennt.

1.2 Schöpfung im gegenwärtigen Bewusstsein

Ein Lehrer berichtet von einem Bootsausflug mit einer Berufsschulklasse, dass einige Schülerinnen angesichts der überwältigenden Schönheit der Landschaft den Ausspruch machten: »... das ist einfach paradiesisch hier!«

Die Schönheit der Welt leitet dazu an, das Empfinden mit elementaren Sprachmustern der biblischen Tradition zum Ausdruck zu bringen.

Wenn Menschen so sprechen, bringen sie damit eine emotionale Überwältigung zum Ausdruck, die den Charakter einer elementaren Bejahung von bzw. Zustimmung zur Welt (J. Pieper) hat. Für einen Moment wird Stimmigkeit und Einklang mit dem Ganzen erfahren. Solche Erfahrungen der Stimmigkeit und des Einklangs finden in der biblischen Tradition und der Frömmigkeitsgeschichte im Schöpfungslob ihren Ausdruck. In der Sprache des Schöpfungslobs artikuliert das menschliche Sprechen die Sprache der Schöpfungswerke selbst: »Die Himmel erzählen die Ehre Gottes, und die Feste verkündigt das Werk seiner Hände« (Ps 19,2). Zugleich wird die Überwältigung von der Schönheit unmittelbar auf den »Schöpfer« bezogen. Das Selbstzeugnis der natürlichen Welt verweist gleichermaßen auf ihr Geheimnis als Schöpfung und den Schöpfer. »Im Lob entspricht sie ihrer theologischen Definition als Schöpfung« (Link, 174).

Wie auch der Textauszug von Max Frisch zeigt, drängt die Überwältigung des Augenblicks zu einer tranzendierenden Sprache. Gleichwohl muss festgestellt werden, dass aus unseren Ausdrucksformen der Überwältigung keineswegs irgendeine »Beweiskraft« für das Wirken eines Schöpfers abgeleitet werden darf und kann. Wohl aber lassen sich Analogien feststellen, die darauf verweisen, auf welche Erfahrungen sich die Rede vom Schöpfer und die Bezeichnung der Welt als Schöpfung bezieht. Neben dem Ausdruck für eine unmittelbare überwältigende Erfahrung ist die Rede vom Paradies als Symbol von Sehnsucht in der Lebenswelt gegenwärtig. Sie ist ein offensichtlich wirksames Motiv der kommerziellen Werbung.

Schließlich lässt sich die gegenwärtige Wirksamkeit des Schöpfungssymbol noch an einer weiteren Beobachtung aufzeigen: Ingo Baldermann traf 1983 die Feststellung, dass »schon der bloße Begriff Schöpfung ohne weitere theologische Erklärung die Notwendigkeit eines anderen Umhangs mit der Welt« signalisiert (S. 15). In relativer Unabhängigkeit von spezifischen theologischen Traditionen wurde »Schöpfung« im Kontext der ökologischen Krise zum Signalbegriff für einen sensibleren verantwortlichen Umgang mit der Mitwelt und den begrenzten Grundlagen des Lebens.

Zusammenfassend lässt sich festhalten, dass die sich wechselseitig erschließenden Symbole Schöpfung und Paradies unter den Aspekten von elementarer Zustimmung zur Welt, als Zeichen der Sehnsucht und Hoffnung aber auch als kritisches Symbol in der gegenwärtigen Lebenswelt Verwendung finden.

1.3 Zur biblischen Schöpfungstheologie

Während Schöpfungsglaube und naturwissenschaftliche Welterkenntnis im Zeitalter der Aufklärung auseinanderfielen, war der Schöpfungsgedanke in der Welt des AT nicht Sache des Glaubens, sondern alternativlose Grundlage des Denkens (vgl. Westermann 1971, 14).

Wichtig auch für den religionspädagogischen Umgang mit dem Schöpfungssymbol ist die Beobachtung, dass die in der Sprachform des Schöpfungshymnus formulierte unmittelbare Antwort auf die Wahrnehmung der Welt als Schöpfung der reflektierenden Gestaltung des Schöpfungsgedankens vorausgeht. Darin artikuliert sich das in alltäglichen Erfahrungen wurzelnde *Schöpfungslob*. Beispiele dafür sind Schöpfungspsalmen wie Ps 8 und 104. Die in den verschiedenen Sprachformen entfalteten Motive und Sprachbilder reichen in gemeinorientalische Naturreligiosität und Mythologie zurück, werden in Israel aber in spezifischer Weise mit den geschichtlichen Befreiungserfahrungen verschränkt. Am auffälligsten ist diese Verschränkung beim Exilpropheten Deuterojesaja (Jes 40-55). Himmel und Erde werden als Zeugen angerufen, der Schöpfermacht Gottes in Zeiten des Aufbruchs aus dem Exil zu trauen.

Die Erfahrung der sich in der Geschichte neu eröffnenden Zukunft hat Israel dazu gebracht, den Schöpfungsgedanken in Anknüpfung und Neugestaltung überlieferter Sprachbilder und Mythen als ein *Hoffnungssymbol* zu entfalten und im Blick auf Gewalterfahrung, Arbeit, Herrschaft u.a. auszulegen.

C. Westermann hat darauf aufmerksam gemacht, dass die ersten 11 Kapitel der Genesis zusammenhängen und insgesamt als *Urgeschehen* zu interpretieren sind, weil hier grundlegende Menschheitserfahrungen thematisiert werden. Die Schöpfungstexte sind daher nicht zu isolieren, sondern in Spannung zu den Gewalterfahrungen und dem Segenshandeln Gottes zu erschließen. Die Abgrenzung und Isolierung der Kapitel 1-3 in der dogmatischen Tradition hat dazu geführt, den Schöpfungsgedanken fast ausschließlich unter dem Aspekt eines Anfangsgeschehens zu entfalten.

Eine frühe erzählerische Ausformung hat der Schöpfungsgedanke in dem in Gen 2,4b-3 überlieferten Text erfahren, der die dogmatische Tradition vor allem durch die Wahrnehmung als »Sündenfallgeschichte« prägte. Der Text gewinnt seine Gestalt durch die (Neu)-Verknüpfung verschiedener überlieferter ursprünglich eigenständiger Bildmotive (Schaffung des Menschen, Paradies, Baum des Lebens u.a.). Formal geht es um eine Verknüpfung sog. *Ätiologien*, durch die Gegebenheiten der Wirklichkeitserfahrung des Erzählers mit einem Anfangs- bzw. Urgeschehen erklärt werden: z.B. die Bezogenheit des Menschen (nicht des Mannes) auf die Erde (bzw. den Ackerboden), die geschlechtliche Anziehung zwischen Mann und Frau, der Verlust heiler Ursprungsbedingungen, die Autonomie des Menschen und ihre Ambivalenzen. Die Erfahrung der geminderten Lebensbedingungen wird unterbrochen durch die Erfahrungen der segnenden Zuwendung Gottes, die die Gewaltgeschichte des autonomen Menschen aufbricht. Wegen der problematischen Wirkungsgeschichte ist es wichtig, die in der Auslegungstradition verstärkte androzentrische Interpretation kritisch aufzubrechen (vgl. dazu Schüngel-Straumann 1997).

Die reflektierteste Gestalt *biblischer Schöpfungstheologie* findet sich in den Teilen der ersten Kapitel der Hebräischen Bibel, die der sog. Priesterschrift zugeordnet werden.

Die Darstellung von Gen 1 ist in der Entwicklung des alttestamentlichen Schöpfungsglaubens eine im Kontext des babylonischen Exils konzipierte lehrhafte Erzählung, die in Anknüpfung und Widerspruch zu überlieferten Welt- und Menschenbildern, insbesondere im Blick auf die babylonische Tradition *(enuma elish)* gestaltet ist. Das sumerisch-babylonische Epos ist grundlegenden durch den hierarchischen Gedanken bestimmt: Auf Chaoskampf folgt der Kampf der Götter. Die unterlegen Götter wurden Diener der Sieger, bis sie sich ihrerseits einen Knecht schufen: Den ersten Menschen. Der König war Stellvertreter des babylonischen Stadtgottes und stand seinerseits an der Spitze einer Hierarchie. Vor diesem Hintergrund ist der priesterschriftliche Schöpfungsbericht wie ein Kontrastprogramm entworfen und liest sich wie eine Proklamation menschlicher Freiheit.

Im Gegensatz zum babylonischen Schöpfungsepos liegt die Intention, mit der der Mensch geschaffen wird, nicht in der Bestimmung, den Göttern ihre Arbeit zu erledigen, sondern wie ein Hirte im Auftrage Gottes verantwortlich zu herrschen (Zenger 1987, 91).

Der in Gen 1,26ff entfaltete Gedanke der *Gottebenbildlichkeit* des Menschen knüpft zwar an altorientalische Vorstellungen an, widerspricht ihnen aber darin, dass nicht nur dem König, sondern der Gattung Mensch – als Mann und Frau – diese Würde zukommt.
Nach Gen 1-2,4a wird durch Gottes schöpferisches Wort dem Chaos eine Grenze gesetzt und ein zeitlich und räumlich strukturierter Lebensraum für die Geschöpfe bereitgestellt. Mit der Schaffung des Lichtes als erstem schöpferischen Handeln kommt nicht nur die Bedingung der Zeit ins Spiel, sondern etwas, was aller (chronologischen) Zeit voraus »leuchtet«, als Licht, das ihr Erleuchtung bringt. Dieses Licht kann unter der Dominanz des herrschenden chronologischen Zeitverständnisses nur als Unterbrechung oder Störung erfahren werden. Erst die Unterbrechung des Gewohnten ermöglicht die Wahrnehmung von Welt als Schöpfung.
Sein Ziel und in gewissem Sinn seine utopische Gestalt hat Schöpfung im *Sabbat*, in dem die Dimension der unterbrochenen Zeit aufscheint. In der Feier des Sabbat wird das menschliche Kulturhandeln heilsam unterbrochen und der Wahrnehmung des geschenkten Lebens ein Ort gegeben, als Ort einer produktiven Erinnerung an den unverfügbaren Grund des Lebens und der Verheißung der Fülle des Lebens.
Von Rad (1970) hat hinsichtlich der weisheitlichen Traditionen des AT (Spruchweisheit, Hiob, Weisheitspsalmen) entdeckt, dass hier vom empirischen, innerweltlich gewonnenen Erfahrungswissen her die Welt als Schöpfung erschlossen wird. Diese Erfahrung der Welt als Schöpfung ist nicht aus der Zuschauerrolle, sondern nur im Akt der Partizipation möglich und rechnet immer mit dem Verborgenen, einem dem menschlichen Erkenntnisdrang entzogenen Grund (Schöpfungsgeheimnis). Der weisheitliche Zugang zielt auf ein Entdecken von Möglichkeiten, die die Welt selbst preisgibt, wenn man auf ihre Stimme zu hören bereit ist.

1.4 Theologie der Schöpfung im Überblick

In der klassischen Dogmatik wurde die Lehre von der Schöpfung entfaltet als Lehre von der Schöpfung als einem Anfangsgeschehen und als die Lehre von der Vorsehung, in der die Erhaltung, Mitwirkung und Regierung der Welt beschrieben wird. Bestandteil der Schöpfungslehre war auch die »Lehre von den Geschöpfen«, die aber ausschließlich als Lehre vom Menschen (Anthropologie) abgehandelt wurde. Im Kontext der Aufklärung wurde die überlieferte Gestalt des Schöpfungsglaubens grundlegend problematisiert. Unter dem Eindruck verheerender Naturkatastrophen (besondere Bedeutung hatte das Erdbeben von Lissabon 1755) wurde die Vorsehungslehre unter der Perspektive in Frage gestellt, dass die Welt anders aussehen müsse, wenn sie von einem liebenden und gütigen Gott regiert würde (Theodizee-Frage). Die sich aus kirchlicher Bevormundung emanzipierenden Naturwissenschaften entwickelten Theorien über die Entstehung der Welt und des Lebens, die im Widerspruch zu der aus der Genesis abgeleiteten biblischen Schöpfungslehre standen. In der abendländischen Geschichte war die Vielfalt der biblischen Schöpfungsüberlieferungen immer mehr auf ein Anfangsgeschehen reduziert worden. Entsprechend wurden die biblischen Schöpfungstexte als Kosmogonien (Darstellungen vom Werden der Welt) gelesen und so als Lehre vom Anfang von Natur und Geschichte entfaltet, dass die daraus abgeleitete Schöpfungsordnung zugleich zur Legitimation von Herrschaftsverhältnissen diente.

Als die Plausibilität des Verständnisses von Schöpfung als eines Anfangsgeschehens durch die Entwicklung naturwissenschaftlicher Weltentstehungstheorien (Kosmogonien) in Frage gestellt wurde, mussten theologische Rückzugsgefechte, den Schöpfungsgedanken an Durchbrechungen physikalischer Gesetzmäßigkeiten festzumachen oder in den Erkenntnislücken anzusiedeln, scheitern. Am wirksamsten ist die christliche Glaubenslehre der Herausforderung durch die (Natur-) Wissenschaft begegnet, indem sie den Schöpfungsgedanken ganz auf die Selbsterfahrung des Menschen bezog

Die Einsicht, dass niemand sich selbst geschaffen hat oder sich selbst verdankt, wurde Grundlage dafür, die Wahrheit des Schöpfungsgedankens am »Gefühl schlechthinniger Abhängigkeit« (Schleiermacher) festzumachen (Lohff, 39). Den Bezug auf die Selbstwahrnehmung des einzelnen Menschen hatte bereits Luther zum Ausgangspunkt für die Erklärung des Schöpfungsartikels des apostolischen Glaubensbekenntnis im Kleinen Katechismus gewählt: »Ich glaube, dass *mich* Gott geschaffen hat, samt allen Kreaturen.«

Es sollte nicht übersehen werden, dass die Selbsterfahrung verdankter und unverfügbarer Ursprungsbedingungen zu ethisch relevanter Selbstbegrenzung motivieren kann, und das Bewusstsein von der Bedingtheit allen Lebens gegen die Versuchung steht, über sich selbst und andere ›unbedingt‹ verfügen zu wollen. In dieser Gestalt wird Schöpfung ethisch zum Grenzbegriff, der die Grenze der Verfügbarkeit menschlichen Handelns aufzeigt. Die Reduktion, die der Schöpfungsgedanke in der existenziellen Interpretation erfährt, enthält allerdings ein theologisches Problem. Indem sie den Schöpfungsgedanken ausgehend von der Selbsterfahrung (ausschließlich) im Blick auf die sich in Zeitlichkeit zu bewährende menschliche Existenz entfaltet, wird ein wesentlicher Grundzug des biblischen Schöpfungsgedankens preisgegeben. Dieser bezieht sich immer auf das Ganze der erfahrbaren Wirklichkeit und schließt eine ideologiekritische Dimension ein, die in Überlieferungen ihren Ausdruck finden vom »Kampf« des Schöpfer-

gottes gegen (geschichtliche) Mächte jeder Art, die Unheil und Chaos wirken.
Für die weitere Interpretation ist zunächst die Beobachtung wichtig, dass die voraufklärerische Schöpfungslehre in Gestalt der Kosmogonie und die sich dagegen entwickelnden naturwissenschaftlichen Weltentstehungstheorien eine gemeinsame Basis im Kausaldenken und im chronologischen Zeitverständnis haben. Beiden gemeinsam ist aber auch, dass sie in unterschiedlicher Weise für die Beherrschung der Wirklichkeit instrumentalisiert wurden.

Vor allem in der lutherischen Tradition wurde im Zusammenhang der Schöpfungslehre eine Ordnungstheologie (Erhaltungsordnungen) entfaltet, die der Stabilisierung von Herrschaftsverhältnissen und konservativen Sozialstrukturen diente. Der in der neuzeitlichen Wissenschaft dominierende Erkenntnisvorgang wurzelt in der von René Descartes eingeführten Trennung von Erkenntnissubjekt und Erkenntnisobjekt. Dieses Erkenntnismodell wurde im Zusammenhang der ökologischen Krise wiederholt unter dem Gesichtspunkt kritisiert, dass der Erkenntnisvorgang selbst bereits den Charakter eines Gewalt- bzw. Herrschaftsaktes hat, der auf Verfügungswissen hin angelegt ist.

Aus theologischer Perspektive umfasst Schöpfung mehr als die sichtbare Welt (Himmel *und* Erde) und ist nicht mit dem Naturbegriff gleichzusetzen, weil der Schöpfungsgedanke in der biblischen Tradition immer auf eine Zusammenschau von *Natur* und *Kultur* bezogen ist. Gegenüber traditionellen Entfaltungen von Schöpfungslehre, die die Akzente auf »Schöpfung am Anfang« legten und daraus eine ursprüngliche Ordnung (Schöpfungsordnungen) ableiteten, wird Schöpfung in neueren theologischen Entwürfen als ein Hoffnungssymbol entfaltet, das Protest gegen jede Praxis impliziert, die der im Schöpfungsgedanken enthaltene Perspektive widerspricht. So wurde Schöpfung im Kontext der Erfahrungen der ökologischen Krise zum Signalbegriff für einen anderen Umgang mit der Welt (vgl. Baldermann 1983, 15).
Die Systematischen Theologie regierte auf die u.a. durch die Wissenschaftsentwicklung gegebenen Herausforderungen durch unterschiedliche Akzentuierungen.

1.5 Theologische Akzentuierungen des Schöpfungsgedankens

Die Schöpfungslehre bei Karl Barth
K. Barth versuchte in seiner »Kirchlichen Dogmatik«, der Lehre von der Schöpfung jenseits des naturwissenschaftlichen Denkens neue Geltung zu verschaffen.

»Schöpfung ist die von Gott in Freiheit gewollte und vollzogene Setzung einer von ihm verschiedenen Wirklichkeit« (KD III 1, 104). Während die Tradition der christlichen Schöpfungslehre von Versuchen geprägt ist, »Geschöpflichkeit« aus weltimmanenten Anzeichen gewissermaßen »objektiv« zu bestätigen (z.b. Gottesbeweise), verwies Barth darauf, dass Wahrnehmung der Welt als Schöpfung nur aufgrund der göttlichen Offenbarung aus der Sicht des Glaubens möglich sei. Es gibt für ihn im Gegensatz zu anderen philosophischen und religiösen Traditionen schlechterdings keinen anderen Zugang zum Schöpfergott, als den, dass Jesus ihn als seinen Vater bekanntgemacht hat. Barth bricht auch mit der alten Heilschronologie, wonach Gott die Welt zunächst schafft und sich dann den gefallenen Geschöpfen heilsam zuwendet. Schöpfung und das im Bundesschluss mit den Menschen Gestalt findende Heil sind für ihn gleichursprünglich miteinander verbunden. Gott setzt in Freiheit aus Gnade eine von ihm geschiedene Wirklichkeit, und unser Dasein selbst ist Grund zum Danken. Die christlich erkannte Schöpfung ist nicht anders zu verstehen als als Wohltat (vgl. KD III 1, 378-380). Die Fürsorge Gottes, auf die seine Geschöpfe angewiesen sind und an der sie im Bund Anteil bekommen, gründet in der Schöpfung. Barths Leitsätze lauten daher: Die Schöpfung ist der äußere Grund des Bundes, und: Der Bund ist der innere Grund der Schöpfung. In der Schöpfung gewinnt die Güte des Schöpfers Gestalt, und es ist ein Kennzeichen des Glaubens, dass er das aussprechen kann, was für alle gilt, ein Ja zur Existenz als geschöpfliches Wesen (vgl. KD III 1, 261f).

W. Härle nimmt Barths Interpretation vom inneren und äußeren Grund auf, bezieht sie jedoch auf Weltentstehung als äußerem Grund der Schöpfung und Schöpfung als inneren Grund der Weltentstehung. Äußerer Grund ist das, was zur Verwirklichung des inneren Grundes erforderlich ist (vgl. 419f). Der innerer Grund ist der Motiv-Beweggrund, der zugleich Ziel und Absicht angibt, wie Gott die Welt gewollt und gemeint hat und auf welches Ziel hin sie unterwegs ist.

Schöpfung als Symbol: Paul Tillich
Paul Tillich löst die Schöpfungslehre radikal von einem Verständnis als Erklärung über den Anfang der Welt, weil jede zeitliche Bestimmung »Schöpfung« in unzulässiger Weise dem chronologischen Zeitverständnis unterwirft, nach dem es ein Vorher oder Nachher gibt, während göttliche Zeit durch den Modus der Gegenwart charakterisiert sei. Zugleich konzentriert er seine Auslegung in äußerster anthropologischer Zuspitzung ganz auf die Deutung der Endlichkeit des Menschen. »Die Lehre von der Schöpfung ist nicht die Geschichte eines Ereignisses, das irgendwann einmal stattgefunden hat. Sie ist vielmehr die grundlegende Aussage über die Beziehung zwischen Gott und Welt. Sie ist das Korrelat zur Analyse von der Endlichkeit des Men-

schen. Sie beantwortet die Frage, die in der Endlichkeit des Menschen und in der Endlichkeit überhaupt enthalten ist. Gibt man diese Antwort, so zeigt sich, dass der Sinn der Endlichkeit Geschöpflichkeit ist. Die Lehre von der Schöpfung ist die Antwort auf die Frage, die im Wesen des Geschöpfes als Geschöpf liegt« (STh I, 291). Dabei ist für ihn die Lehre von der Schöpfung nicht vom Fall trennbar, weil »Vollendung der Schöpfung« und »Anfang des Falls« identisch sind (II, 259). Die Schöpfung findet ihre Erfüllung in der geschöpflichen Selbstverwirklichung, die zugleich Freiheit und Schicksal ist« (ebd.). Mit anderen Worten: »Verwirklichte Schöpfung und entfremdete Existenz sind materialiter identisch« (II, 52). Innerhalb der Geschichte ist die Situation des Geschöpfes immer schon durch die Entfremdung von der Essenz gekennzeichnet. Der essentielle Zustand kann mit dem psychologischen Begriff der »träumenden Unschuld« beschrieben werden kann (II, 40), die in biblischen Bildern im Paradiessymbol ihren Ausdruck findet. Verbunden mit dem Symbol »Baum des Lebens« charakterisiert es die potenzielle ungebrochene Fülle des Lebens in Einheit mit dem göttlichen Grund des Seins, die im Falle der Aktualisierung immer schon an der Gebrochenheit der Existenz teil hat. Nur in Verbindung mit dem Baum des Lebens hat der Mensch Teil am Ewigen, die Loslösung überlässt ihn der natürlichen Endlichkeit (vgl. 76).

Das Schöpfungssymbol verweist auf den *Zustand* essentieller Vollkommenheit, der in Raum und Zeit keinen Ort hat, aber das Symbol impliziert, dass Gott in jeder Zeit (hier und jetzt) schafft und alles, was er schafft, am Übergang von der Essenz zur Existenz partizipiert. »Schöpfung« ist reine Potentialität; wird sie aktualisiert, verfällt sie dem universalen Zustand existenzieller Entfremdung, der Zweideutigkeit und Ambivalenz (vgl. II, 52). Mit dieser Feststellung wendet sich Tillich gegen die Deutung von Schöpfung als einem Zustand der Vollkommenheit, der im Sinne einer unkritischen Bibelauslegung historisch verortet werden könnte. Schöpfung geschieht mit jedem Neugeborenen neu, sobald aber etwas geschaffen ist, hat es teil an der Entfremdung. Wichtig ist Tillich allerdings, dass dieser Übergang nicht als strukturelle Notwendigkeit verstanden wird, sondern den Charakter eines Sprunges hat, weil sonst die »Sünde« quasi schicksalhafte Qualität bekommt.

In seiner 1995 erschienen Dogmatik hebt Wilfried Härle hervor, dass bei der Entfaltung der Schöpfungslehre auf das Verständnis von Gott als »Ursache« (Kausalität) verzichtet werden muss (409ff). Auch wenn bis heute in verschiedenen Variationen daran festgehalten werde, sei der Schöpfungsgedanke als eine Theorie der Weltentstehung oder Erklärung für das Entstehen untauglich, ob fundamentalistisch am biblischen Bild des Sechstage-Werkes festgehalten wird oder, moderner, Gott als Initiator des Urknalls oder der Evolution gesehen wird. Allen

Ansätzen ist gemeinsam, dass Gott als Ursache einer Kausalbeziehung gedacht wird, dessen Resultat die (geschaffene) Welt ist. Prinzipiell steht Schöpfungslehre dann in Konkurrenz zu naturwissenschaftlichen Theorien (vgl. Härle, 410). »Das Spezifische am Schöpfungsgedanken ist nicht das Element des Anfangs, sondern der Daseins-Gewährung und des Dasein-Lassens« (423). Besondere Akzentuierung erhält der Schöpfungsgedanke in den im gleichen Jahr (1985) erschienen Entwürfen von Dorothee Sölle und Jürgen Moltmann. Beiden ist gemeinsam, dass sie die im Zusammenhang der ökologischen Krise aufgebrochene Kritik an neuzeitlichen Erkenntnismodellen und an theologischen Ordnungsmodellen grundlegend aufnehmen.

Vorbereitet sind diese Ansätze durch exegetische Einsichten im Blick auf die biblischen Schöpfungsüberlieferungen, wie sie von Gerhard von Rad und Claus Westermann vorgelegt und dann weiter spezifiziert wurden. Die biblische Überlieferung verweist gegenüber Welterklärung auf die Bedingungen theologischer Weltdeutung (vgl. Link 1997, 188).

Dorothee Sölle: Lieben und Arbeiten

Dorothee Sölle möchte im Blick auf Gott und die Welt vom Denken in den Kategorien Herrschaft und Abhängigkeit zu einem Denken in Beziehung und Gemeinschaft fortschreiten. Die Fähigkeit, die Schöpfung zu loben, ist abhängig von der Fähigkeit, an ihr zu partizipieren. Einverständnis und Teilhabe bedingen einander. Was »Schöpfung« meint, ist nur sachgerecht im Kontext von Befreiungsgeschichte zu beschreiben. An dem fortdauernden Prozess der Schöpfung, die auf Ganzheit und Solidarität angelegt ist, haben wir als Mitschöpfer durch Lieben und Arbeiten Anteil. Die in der ökologischen Krise, in der Armut der Dritten Welt und in der atomaren Bedrohung deutlich erkennbare Macht des Todes erschwert das Lob Gottes als Schöpfer. Die Aufgabe besteht darin, gegen die Missbrauchsgeschichte des Schöpfungsgedankens zur Legitimation von Herrschaft und Unterdrückung den Zusammenhang mit der befreienden Erinnerung des Exodus neu zu entdecken. »Der Befreier, der aus dem Diensthaus rettende Gott, ist auch der Schöpfer der ganzen Welt« (22). Scharf wendet sich Sölle gegen die biblizistische Interpretation des Schöpfungsgedankens bei den sog. Kreationisten, die in den USA erheblichen Einfluss haben und die biblische Schöpfungslehre vom Sechstagewerk als wahre Ursprungslehre gegen moderne naturwissenschaftliche Lehren im Schulunterricht durchsetzen möchten. Wenn der Schöpfungslaube von der befreienden Erinnerung der Bibel abgekoppelt wird, verliert er auch seine Hoffnungskraft. Wenn aber Erinnerung und Hoffnung als die beiden großen Kräfte des Glaubens fehlen, wird die Lehre selbst zu einem Unterdrückungsinstrument (23).

Jürgen Moltmann: Ökologische Schöpfungslehre
Moltmann nimmt den Ansatz von Barth auf, entfaltet ihn aber unter der Perspektive einer ökologischen Schöpfungslehre. Während die dogmatische Tradition bis hin zur Karl Barths »Kirchlicher Dogmatik« nur Interesse am Geschöpf Mensch zeigt, wurde erst im Kontext der ökologischen Krise (neu) wahrgenommen, dass in den biblischen Überlieferungen, sowohl in den Schöpfungstexten als auch in hymnischen Texten neben dem Menschen die Vielfalt der Geschöpfe vorausgesetzt und thematisiert wird. Die theologische Weltdeutung gründet darin, dass die Welt aus der schöpferischen Kraft Gottes lebt und sie für Gottes Transzendenz offen ist, weil er zugleich in sie eingeht, am Leben und Leiden der Welt partizipiert (vgl. Moltmann 1985, 29). Wesentlich ist für Moltmann, das neuzeitliche Erkenntnismodell, das auf Beherrschung abzielt, zu überwinden durch eine Modell der Partizipation. Er bringt gegenüber klassischen theologischen Denkmustern den trinitarischen Gedanken neu ins Spiel, indem er die Vorstellung von Gottes Transzendenz und Gottes Wirken in der Schöpfung komplementär aufeinander bezieht. Der Vater ist der schaffende, der Sohn vereint die Welt. Der auf die ganze Schöpfung »ausgegossene« Heilige Geist schafft eine Schöpfungsgemeinschaft aller Geschöpfe mit Gott und untereinander (25). Während Barth die Transzendenz Gottes betont, stellt Moltmann die Präsenz Gottes in der Welt und die Präsenz der Welt in Gott heraus. »Die Schöpfung existiert *im* Geist, ist geprägt *durch* den Sohn und geschaffen *vom* Vater. Sie ist also *aus* Gott, *durch* Gott und *in* Gott« (109). Moltmann kritisiert, dass die Theologie die Natur den Naturwissenschaftlern überlassen hat. Zugleich betont er aber auch, dass Schöpfung immer mehr ist als Natur. Schöpfung ist ein Hoffnungssymbol gegen Entfremdung und Unterdrückung und bezieht sich auch auf die Entfremdung des Menschen von seiner leiblichen Existenz. Im trinitarisch entfalteten Schöpfungssymbol wird die neuzeitliche Trennung von Natur und Geschichte überwunden. In der Verbindung mit einer messianischen Interpretation der Exodustradition ist Schöpfung wie bei Sölle ein Prozess, der auf die Überwindung der Unterdrückung der Kreatur zielt.
Eine Weiterführung und Präzisierung von Moltmanns Ansatz findet sich bei Michael Welker (Gottes Geist, Theologie des Heiligen Geistes), der an die Zusammenschau von Natur und Kultur im biblischen Schöpfungsverständnis erinnert.
Welker betont, dass die Erneuerung der Schöpfung ›die Natur‹ »übergreift«. Das natürliche Leben stellt zwar auch Dependenzen und Zusammenhänge her, es dominiert aber das Interesse an der eigenen Erhaltung, Vervollkommnung und Ausbreitung. Geistwirken zielt nicht auf Wiederherstellung der »Naturgemäßheit«, »obwohl es Leben auch als fleischliches und endliches Leben erneuert und wiederherstellt« (162). Natur ist nach biblischer Wahrnehmung auch Wüste, Erdbeben

und Leben auf Kosten anderer. Das wichtigste Bild für das durch Geistausgießung ermöglichte Leben ist »die bewässerte und dauerhaft *wohlgedeihende Vegetation*« (163). Voraussetzung wohlgedeihender Vegetation sind friedliche natürliche *und* friedliche soziale Verhältnisse, in denen Recht und Gerechtigkeit wohnen (Jes 32). Wahrhaft befriedete Natur lässt sich nur im Bild utopischer Vision darstellen, in dem der Wolf beim Lamm zu Gast ist (Jes 11,6-8).

1.6 Grundaspekte zur Erfahrung von Schöpfung

Eine Urszene

»Das Kind erwacht – vielleicht aus schweren Träumen – und findet sich allein, von nächtlicher Dunkelheit umgeben, namenloser Angst ausgeliefert. Die vertrauten Umrisse der Wirklichkeit sind verwischt, ja unsichtbar. Chaos will hereinbrechen. Das Kind schreit nach der Mutter. In einem solchen Augenblick ist der Ruf nach der Mutter, ohne Übertreibung, der Ruf nach einer Hohepriesterin der Ordnung. Die Mutter – und vielleicht nur sie – hat die Macht, das Chaos zu bannen und die Welt in ihrer Wohlgestalt wiederherzustellen. Genau das tut eine Mutter. Sie nimmt das Kind in den Arm und wiegt es in der zeitlosen Gebärde der magna mater, die unsere Madonna geworden ist. Sie zündet ein Licht an, und warmer, Sicherheit verheißender Schein umgibt sie und ihr Kind. Sie spricht zu ihrem Kind, sie singt ihm ein Schlummerlied. Und der Grundtenor ist auf der ganzen Welt immer und immer derselbe: »Hab' keine Angst«; »alles ist in Ordnung«; »alles ist wieder gut«. Das Kind schluchzt vielleicht noch ein paarmal auf und gibt sich allmählich zufrieden. Sein Vertrauen zur Wirklichkeit ist zurückgewonnen, und in diesem Vertrauen kann es wieder einschlafen.«

(aus: Peter L. Berger: Auf den Spuren der Engel. Die moderne Gesellschaft und die Wiederentdeckung der Transzendenz, Frankfurt a.M. 1970, 82.)

Die Botschaft, dass alles »in Ordnung« ist und »alles gut ist/wird«, ist für die psychosoziale Entwicklung eines Kindes von fundamentaler Bedeutung. Sie ist die Bedingung dafür, dass sich ein Grundgefühl der Verlässlichkeit (Urvertrauen) als Voraussetzung einer gesunden Persönlichkeitsentwicklung einstellt.

Unter diesem Aspekt entspricht der priesterliche Schöpfungsbericht mit der Botschaft vom gebannten Chaos und davon, dass alles seine Ordnung hat und gut ist, einem Grundbedürfnis nach Vertrauen und Verlässlichkeit, das als Fundament zur Bewältigung von Ambivalenzerfahrungen unabdingbar ist. Die Grunderfahrung des Schöpfungsglaubens hat einen weiteren Aspekt darin, dass mein Leben Voraussetzungen hat, die meiner Verfügung entzogen sind, die ich nicht selbst setzten, an denen ich aber teilhaben kann. Für die Erfahrung der

Schöpfung ist grundlegend, dass sie nur im Akt der Partizipation möglich ist.

Erfahrung der Schöpfung im Kontext wissenschaftlicher Welterkenntnis

Die Revision des Erkenntnismodells in den Naturwissenschaften öffnet auch im interdisziplinären Dialog die Möglichkeit, die spezifische Erfahrung zur Sprache zu bringen, auf die biblische Schöpfungstradition verweist. U.a. im Zusammenhang der Quantentheorie wurde deutlich, dass der Erkenntnisakt selbst die Wirklichkeit beeinflusst und verändert (Link, 1997, 145). Dazu kommt die Feststellung, dass jeder Erkenntnisvorgang durch das Interesse, d.h. die intentionale Teilhabe des Erkenntnissuchenden geprägt ist. Auch außerhalb der theologischen Tradition wird wahrgenommen, dass das Leben Bedingungen hat, auf die man zurückgreifen, sie aber nicht selbst setzten kann. Die Erfahrung der Welt als Schöpfung vollzieht sich nicht jenseits der physikalischen Bedingungen bzw. der Naturgesetze, sie bringt aber die Perspektive ein, dass das, was sich innerhalb der physikalischen Möglichkeiten wirklich ereignet, nicht determiniert ist. Leben ist keine objektive Wirklichkeit, sondern ein Werdeprozess, der erlebt und erlitten wird (vgl. Link 1997, 148). Das Sein der Welt geschieht als Geschichte, die nicht durch Vergangenheit determiniert ist, sondern »aus der Verwirklichung zukünftiger offener Möglichkeiten lebt« (Link 1997, 165). Der Mensch erfährt in der Geschichte von Tag zu Tag, dass das, was ihn leben lässt, die Unterscheidung zwischen Chaos und Kosmos, ihm ohne Zutun zufällt (vgl. Link 1997, 165).

In diesem Kontext wird die exegetische Einsicht relevant, dass Schöpfungstexte nicht als Bild der Vergangenheit, sondern als Visionen der von Gott herkommenden Zukunft, als in Gestalt der Urzeit erinnerte Zukunft gelesen werden wollen (vgl. Ebach 1986, 20). Angesichts konkreter Erfahrungen von Gewalt und Mangel wird von verlässlichen Grundbedingungen als Hoffnungsgrund erzählt, der in der Güte des Schöpfers wurzelt. Erinnerung an Möglichkeiten und noch ausstehendes Glück, Wegweisung in die Zukunft Gottes, Protest gegen eine deformierende Wirklichkeit und gegen die Vorstellung, dass die Welt keine Zukunft habe. Im Schöpfungssymbol verdichten sich Erinnerung an eine verlorene Heimat und die Sehnsucht/Hoffnung nach einer gemeinsamen Zukunft aller Kreaturen. Erinnerung an die unverfügbaren Ursprungsbedingungen verbindet sich angesichts der Erfahrungen der ökologischen Krise mit der Mahnung zu ökologischer Vernunft und gibt der menschlichen Planung ihr Maß und der Ohnmachtserfahrung einen Wendepunkt. Durch eine Lektüre der Schöpfungsüberlieferungen vor dem Hintergrund ökologischer Katastrophen kann neue Einsicht in die Verantwortung des Menschen im zugleich konfliktträchtigen wie partnerschaftlichen Verhältnis mit der Natur entdeckt werden (vgl. Liedke 1981). Die scheinbaren Selbstverständlichkeiten werden ihrer Selbstverständlichkeit entledigt und als erfahrene Güte zum Grund von Lobpreis und Hoffnung. Die Fragen nach dem Woher, Wohin und Wozu bekommen eine neue Perspektive.

Die Bewegung des Schöpfungsglaubens verbindet Anschauung der Vielfalt und Vielgestaltigkeit des Universums (›weißt du, wie viel Sternlein stehen...‹) mit der Vergewisserung, unverwechselbares, einmaliges und geliebtes Geschöpf zu sein (›kennt auch dich und hat dich lieb‹).

Nach biblischer Einsicht ist für den Menschen der Zugang zum Paradies verwehrt und für die menschliche Existenz die Gebrochenheit und Ambivalenz jeder Erfahrung konstitutiv. Unter diesen Bedingungen kann die eigene Bestimmung als Geschöpf und Bestimmung der Welt als Schöpfung als Möglichkeit wahrgenommen werden, indem das Paradiessymbol und der damit zusammenhängende »Baum des Lebens« auf die Geschichte und das Kreuz Jesu bezogen werden.

1.7 Religionspädagogische Konsequenzen

»Eine Religion, die die Menschen heute lernen können und möchten, muss die ganze Schöpfung einbeziehen, den Bingo und die Brennnessel, die Robbe und die Ratte. Eine Religion dagegen, die weiterhin den Menschen in den Mittelpunkt stellt, kann gerade ihm nicht mehr helfen. In den Mittelpunkt bringt er sich immer wieder von selbst« (H. v. Hentig, Glaube. Fluchten aus der Aufklärung, Düsseldorf 1992, 128f).

Der in der Religionspädagogik oft zu findende Ansatz der »Bewahrung der Schöpfung« ist irreführend. Es geht vielmehr um ein »Wahrnehmen« der Spielregeln menschlicher Weltgestaltung, an die die theologische Rede von der Welt als Schöpfung erinnert, damit die Bedingungen für eine offene Zukunft nicht verspielt werden.

Die Erkenntnis, dass die Erfahrung der Welt als Schöpfung nicht aus der distanzierten Beobachterperspektive möglich ist, hat didaktische Konsequenzen. Die Wahrnehmung der Welt als Schöpfung ist auf die Einbildungskraft metaphorischer Sprache verwiesen, wie sie in der Gleichnisrede Jesu zu finden ist, die die Welterfahrung für die Reich-Gottes-Perspektive öffnet.

Wie in der biblische Traditionsgeschichte das Schöpfungslob, der elementare Ausdruck von Staunen und Freude über das Dasein der Entfaltung des Schöpfungsgedankens vorausgeht, ist die reflektierende Arbeit mit Schöpfungstexten nicht an der hymnischen Sprachform vorbei zu entfalten. Wenn die Möglichkeit in den Blick kommt, dass »die Himmel die Ehre Gottes erzählen und die Feste das Werk seiner Hände verkündigt« (Ps 19,2), wird die Welt als Schöpfung transparent, wird der Welterfahrung gleichnishaft ihre von Gott herkommende

Möglichkeit zugespielt. Die elementare Begegnung mit den ›Lilien des Feldes‹ kann für die Erfahrung öffnen, die die biblische Weisheitstradition als Selbstvorstellung Gottes in seiner Welt kennt, die die Natur für das Geheimnis der Schöpfung transparent macht (vgl. Link 1997, 193f).

Als Ort einer neuen Wahrnehmung bringt die biblische Erinnerung den *Sabbat* ins Spiel, als Unterbrechung der gewohnten, ökonomisch verrechenbaren Zeit, als eine Feier des Lebens, in der die Fülle der Zeit aufleuchtet. Die im christlichen Sonntag im Lichte von Ostern erneuerte Sabbattradition wäre demnach ein didaktisch sachgemäßer Ansatzpunkt, den Schöpfungsgedanken gleichnishaft zu erschließen.

In der Religionspädagogik als Wahrnehmungslehre wird es vor allem darauf ankommen, in didaktischen Prozessen die Möglichkeit der Wahrnehmung von Welt als Schöpfung zu eröffnen und das kritisch-heuristische Potential des Symbols in Auseinandersetzung mit anderen Wirklichkeitsentwürfen zu erproben.

Anzusetzen ist bei der Sprache des Schöpfungslobes, die die Zeiterfahrung öffnet für die Feier des geschenkten Lebens, des Staunens, der Dankbarkeit, der Hoffnung.

Biblische Schöpfungspsalmen können der Erfahrung der »überwältigenden Freude an der unermesslichen Güte und Schönheit der Schöpfung« eine elementare Sprache geben (Baldermann 1996, 52). Es ist die Sprache des Lobes, die den Dank impliziert. Indem sich diese Sprache an ein DU wendet, wird Schöpfungslob zum elementaren Sprechen zu Gott als Grund jeder reflektierenden Theologie. Alltäglich Erfahrung wird als Gotteserfahrung erschlossen.

Das Schöpfungssymbol verbindet unter ökologischen Aspekten die Symbole Licht, Wasser, Paradies/Garten Lebensbaum, Namen, Haushalterschaft, Sintflut, Arche, Regenbogen. Die einzelnen Symbolkomplexe können sich gegenseitig erschließen und auf Gegenwartserfahrungen bezogen die Bilder der Schöpfungsüberlieferungen experimentell so ins Spiel bringen, dass sich die Wahrnehmung unter der Perspektive der Hoffnung erneuern kann.

1.8 Arbeitshinweise

1. Formulieren Sie in Grundzügen Ihr eigenes Verständnis von »Schöpfung«, indem Sie es anderen erläutern.

2. Erzählen Sie von Situationen bzw. Erlebnissen, für die nach Ihrer Ansicht die Beschreibung ›paradiesisch‹ passend ist.

3. Interpretieren Sie die biblischen Schöpfungsüberlieferungen Gen 1-2,4a und Gen 2,4b-25 unter dem Aspekt ›erinnerte Hoffnung‹.

4. Entwerfen Sie eine der gegenwärtigen Lebenswelt entsprechende Fassung von Psalm 104.

5. In Text 1 wird festgestellt, dass es der Wissenschaft nicht gelingen kann, das lebendige Dasein zu begreifen: Formulieren Sie, wie aus der Sicht von Schöpfungstheologie das ›lebendige Dasein‹ interpretiert werden kann.

6. Vergleichen Sie in Grundzügen die Schöpfungslehren von K. Barth und P. Tillich und stellen Sie Gemeinsamkeiten und Unterschiede fest.

7. Der Schöpfungstheologie von J. Moltmann wird in einigen Rezensionen vorgeworfen, zu sehr einem innertheologischen Sprachgebrauch verhaftet zu sein. Versuchen Sie, seine Grundgedanken einem Zeitgenossen zu erläutern, der keine Beziehungen zu theologischer Sprache hat.

8. Sammeln Sie Werbematerial, das die Symbole ›Paradies‹ bzw. ›Baum des Lebens‹ verwendet, und interpretieren Sie ausgewählte Beispiele am Maßstab des theologischen Verständnisses.

9. Interpretieren Sie den Textauszug 2 und formulieren Sie Gemeinsamkeiten und Differenzen zum Schöpfungsgedanken.

10. Ein bedeutender Gesichtspunkt zum Verständnis der Schöpfungslehre ist das von der chronologischen Zeit zu unterscheidende Zeitverständnis. Versuchen Sie, anderen diese Differenz zu erläutern.

11. D. Sölle greift das Schöpfungsverständnis der sog. Kreationisten scharf an.
Neil Postmann (Die zweite Aufklärung, Berlin 1999, 210f) schlägt (im Blick auf die amerikanischen Schulen) vor, Evolutionslehre und (kreationistische) Schöpfungslehre als alternative Theorien zu präsentieren, damit Schüler lernen, Kriterien für die Gültigkeit von Theorien zu entwickeln. Beurteilen Sie diesen Vorschlag.

2. Sünde und Fall

2.1 Literarische Zugänge

Günter Kunert

Nun bin ich ganz entfremdet
von Baum und Strauch und Blatt.
Fühllos: die kleine Maschine
die jeder in sich hat

Die Welt: Ein Chaos von Bildern
von Menschen die man vergaß.
Die Tage aus Apparaten:
Ganz nach Mittelmaß

Bin nicht obschon ich denke.
Leb nicht obschon noch hier.
Weiß nichts durch alles Wissen.
Sterbe und bin kein Tier.

Müde des eigenen Rätsels
von drohender Zukunft krank,
wehrlos in jeder Lage
verpflichtet keinem. Zu Dank.«

(G. Kunert, Fremd daheim. Gedichte, München 1990, 76.)

Günter Kunert (geb. 1929) beschreibt hier die menschliche Selbsterfahrung in Bildern, die eine tiefe Zwiespältigkeit ausdrücken. Die Entfremdung von der Natur, die bis ins eigene gefühllose Herz reicht, die
Welt, die ungeordnet als Chaos von Bildern erscheint, Menschen, an
die sich keiner erinnert, und der Ablauf der Tage in mechanistischem
Gleichklang. Auf die Beschreibung folgt eine Selbstreflexion. Man
denkt, ist aber nicht mit sich identisch, man existiert, lebt aber nicht
wirklich, man weiß vieles, aber nichts Wesentliches, stirbt wie jedes
Tier, ist aber durch das Wissen um das Sterben anders als das Tier. Der
Prozess der Dauerreflexion ermüdet, die Zukunft wird als Bedrohung
erfahren und macht krank. Wehrlosigkeit fasst die Lagebeschreibung
zusammen. Und zum Schluss kommt überraschend die Frage des Dan-

kes ins Spiel. Noch in der Negation jeder Verpflichtung scheint die
Frage nach einem Adressaten durch. So wie Kunert die Situation des
Menschen beschreibt, steht die Beschreibung in Analogie zur theologischen Deutung der menschlichen Situation »nach dem Sündenfall«.
Der »Fall« hat für Kunert seinen Ort im Übergang vom Tiersein zum
Menschsein. In der Negation: »Verpflichtet keinem: Zu Dank« kommt
zum Ausdruck, dass in der Situation des Falls, der Situation »Jenseits
von Eden« die Grunderfahrung der Schöpfung, sich selbst und die Lebenswelt als »verdankt« wahrzunehmen, verloren gegangen ist. Doch
noch in der Klage kommt die Sehnsucht nach dem verlorenen Paradies
zum Ausdruck.

Alfred Döblin

Da hat der Mensch, der das Feuermachen entdeckt hat, der technische Mensch,
eine einfache Methode, sich des Gefühls zu entledigen. Er erfindet, konstruiert und
kommt sich dabei als ein Wesen vor, das sein Leben gestaltet und Herr seiner
selbst und auch Herr der Welt ist. Er versteckt sich in dem Haus, das er Stück um
Stück selbst gebaut hat. Er bemerkt nicht, dass er nur mitgebrachte Fähigkeiten,
eine mitgegebene Begabung ausbeutet. Er täuscht sich. Es gelingt ihm vielleicht,
sich für einige Zeit seine Situation zu verschleiern. Aber es ist nie von Dauer.
Das Gefühl der Verlorenheit tritt auf, mit schrecklicher Stärke und mit schreckli-
chen verwüstenden Konsequenzen. Da kann der Mensch sagen vor jeder erdenkli-
chen Tat und Untat: »Warum nicht?« Da kann er seine Phantasie spielen lassen
und sich seinen Trieben in die Arme werfen, und warum auch nicht, wozu sich
zurückhalten – nicht »nach uns die Sintflut«, sondern »es ist immer die Sintflut,
das ist menschliches Los, das ist unsere Existenz«.

(Alfred Döblin: Der unsterbliche Mensch: Ein Religionsgespräch, Olten 1960)

Auch Döblin stellt seine Beschreibung der Grundzüge menschlicher
Existenz unter die Perspektive des Sündenfalls. Mit der Metapher: »Es
ist immer Sintflut« greift er auf die biblische Urgeschichte zurück und
interpretiert die menschliche Existenz als Folge des Falls. Der Mensch
kann seine Fähigkeit, sich durch Technik seine Lebenswelt zu konstruieren, ein Stück weit benutzen, seine wahre Situation illusionär
verschleiern. Irgendwann nimmt er aber das Illusionäre seines Handelns wahr, und das Gefühl des verlorenen Ursprungs taucht auf. Das
Gefühl der Verlorenheit führt aber nicht zur Trauer über einen Verlust,
nicht zur Erkenntnis einer tranzendentalen Bestimmung und auch nicht
zur Sehnsucht nach Erlösung. Vielmehr wird die kränkende Selbstwahrnehmung des Menschen, dass er seine Fähigkeit nicht sich selbst
verdankt, Impuls zur Steigerung des Größenwahns, zu einer heroi-
schen Akzeptanz des Lebens in der Flut der Gewalt.

Das Motiv »Jenseits von Eden« in Werken der Gegenwartskultur
Der Verlust des Paradieses, in der biblischen Erinnerung der Ort »Jenseits von Eden«, wurde in der zweiten Hälfte des letzten Jahrhunderts Thema zweier publikumswirksamer Werke:
John Steinbecks Roman »Jenseits von Eden« mit der gleichnamigen Verfilmung von Elia Kazans und Nino de Angelos populärer Song: »Jenseits von Eden«.

John Steinbeck, Jenseits von Eden

John Steinbecks Roman »Jenseits von Eden« zeichnet das Schicksal der Familie Trask über drei Generationen hinweg bis zu dem Beginn des Ersten Weltkrieges. Die Verfilmung von Elia Kazans mit James Dean als Hauptdarsteller greift nur einen Teil des Werkes, das Hauptthema, auf: Erzählt wird die Geschichte von Adam Trask und seinen Zwillingssöhnen Aaron und Caleb. Im Zentrum steht das Ringen der beiden Söhne um die Liebe des Vaters, das Steinbeck vor dem Hintergrund der biblischen Überlieferung von Kain und Abel entwirft. Der ›gute‹ Sohn Aaron, ein blonder Jüngling mit gewinnendem Wesen, ist der Liebling des Vaters, während dem als dunkler, verschlossener Typ gezeichneten Caleb die Rolle des ›Bösen‹ zukommt. Caleb fühlt sich vom Vater zurückgesetzt, der in ihm die Charakterzüge der Mutter sieht. Diese hat ihn kurz nach der Geburt der Zwillinge angeschossen und verlassen, um später als Bordellbesitzerin eine zweifelhafte Karriere zu machen. Als Caleb von diesem Geheimnis erfahren hat, wendet er es in teuflischer Absicht gegen seinen Bruder, um ihn zu zerstören. Als er seine Tat später bereut, bittet er seinen Vater auf dessen Totenbett um Vergebung.

Steinbecks Werk setzt dramatisch in Szene, wie die Grunderfahrung versagter Anerkennung und das daraus resultierende Neidgefühl schuldhaftes Handeln motiviert. Es zeigt, wie sich die in der Urgeschichte erzählte Menschheitserfahrung von der Dynamik des Bösen in neuen lebensgeschichtlichen Zusammenhängen wiederholt.

Nino de Angelo: Jenseits von Eden

Wenn selbst ein Kind nicht mehr lacht wie ein Kind
Dann sind wir jenseits von Eden
Wenn wir nicht fühlen, die Erde sie weint
Wie kein and'rer Planet
Dann haben wir umsonst gelebt

Wenn eine Traene nur Wasser noch ist
Dann sind wir jenseits von Eden
Wenn man fuer Liebe bezahlen muss
Nur um einmal zaertlich zu sein
Dann haben wir umsonst gelebt

Lass uns jeden Tag das Leben endlos spuer'n
Und uns niemals uns're Ehrlichkeit verlier'n
Wenn uns gar nichts mehr zusammenhaelt

Verloescht vielleicht das letzte Licht der Welt

Wenn unser Glaube nicht mehr siegen kann
Dann sind wir jenseits von Eden
Wenn jede Hoffnung nur ein Horizont ist
Den man niemals erreicht
Dann haben wir umsonst gelebt
Dann haben wir umsonst gelebt

Ich will mit dir eine neue Liebe spuer'n
Wenn wir uns auch in Gedanken nur beruehr'n
Irgendwann muss ich fuer immer geh'n
Dann will ich sagen, diese Welt war schoen

Wenn selbst ein Kind nicht mehr lacht wie ein Kind
Dann sind wir jenseits von Eden
Wenn wir nicht fühlen, die Erde sie weint
Wie kein and'rer Planet
Dann haben wir umsonst gelebt
Dann haben wir umsonst gelebt

In diesem populären Schlager wird die Metapher »Jenseits von Eden«
zugleich Interpretament für Gefühllosigkeit und Verdinglichung von
Liebe, Ausdruck der Hoffnung und Anstoß für ein Leben in Intensität
und Gemeinschaft. Die Möglichkeit verfehlten Lebens ist in dem
»dann haben wir umsonst gelebt« voll gegenwärtig. Zugleich wird
elementar die Sehnsucht nach gelingendem Leben artikuliert: »Dann
will ich sagen, diese Welt war schön«. Schließlich wird für diese
Sehnsucht eine Handlungsperspektive aufgezeigt: Gefühlsintensität im
Blick auf das »Weinen der Erde«, das Ganze des Lebens und die konkrete verlässliche Beziehung. Wie in der Sprache der Psalmen klingen
Elemente von Klage und Lob an, anstelle Gottes ist der Adressat allerdings das eigene Ich und der andere Mensch.

2.2   Die Rede von der »Sünde« in der Lebenswelt

Ein Blick in die Alltagssprache lässt erkennen, dass das Wort Sünde
dort durchaus gegenwärtig ist, seine Semantik aber die Tendenz zur
Trivialität hat. Da ist die Rede vom »Verkehrssünder«, von den »kleinen Sünden« beim Nahrungs- oder Getränkeverzehr, die Tat, die eine
Sünde wert ist, die Frau, die eine Sünde wert ist. Das Wort »Sünde« ist
präsent, aber ausschließlich in individuell moralischer Verwendung
und mit der Tendenz weg vom ernsthaften zum ironischen Gebrauch.
Weitgehend verloren gegangen ist im Alltagsbewusstsein der Zusammenhang von Sünde und Macht. Außerhalb des Blicks ist auch eine
Verwendung von »Sünde« zur Bezeichnung von in gesellschaftlichen
Organisation liegender Verfehlung von Gerechtigkeit.

2.3 Sünde und Fall in biblischer Tradition

In der biblischen Tradition ist ›Sünde‹ immer zugleich Verhängnis *und* Schuld. Sie ist Verfehlung der im geoffenbarten Gotteswillen vorgegebenen Lebensbestimmung als Bestimmung zur Liebe und Gerechtigkeit.»Sünde« bezeichnet daher wesentlich mehr die Erfahrung von Verlorenheit und Scheitern als Ungehorsam oder Aufbegehren gegen Gott (vgl. Härle, 465). Die Gemeinsamkeit aller im AT verwendeten Begriffe für ›Sünde‹ bzw. ›sündigen‹ liegt in dem Verfehlen einer Bestimmung. Dabei wird Tat und Tatfolge in einem unmittelbaren Zusammenhang gesehen. Die sündige Tat löst die Verstrickung in einen Folgezusammenhang aus, aus dem nur Gott befreien kann, indem er den Folgezusammenhang unterbricht. Paradigmatisch zeigt dies die Erzählung von Kain und Abel (Gen 4). Da nur Gottes barmherzige Gnade aus dem Folgezusammenhang von Sünde befreien kann, ist die angemessene Reaktion auf der Erfahrung der Macht von Sünde die Klage und Bitte um Befreiung von dieser Macht (vgl. Ps 51). Menschliche Buße/Umkehr ist Öffnung für die Barmherzigkeit Gottes und somit Ausdruck und Gestalt der Hoffnung.

Im NT ist Sünde *(hamartia)* wesentlich als Abweichen bzw. Abirren vom durch Gottes Willen geoffenbarten Weg zu verstehen. Vor allem bei Paulus ist Sünde nicht Folge von bösem Willen, der sich durch moralisches Wollen überwinden ließe, sondern hat Machtcharakter, der sich nur durch Machtwechsel überwinden lässt. Die volle Einsicht in die Verstrickung in die Macht der Sünde, die Paulus z.B. in Röm 7,17-20 beschreibt, ist erst nach dem Machtwechsel, aus der Perspektive erfahrener Versöhnung möglich. Der Kontext für die Analyse des Menschen unter der Macht der Sünde ist im Römerbrief die Erfahrung des rechtfertigenden Glaubens.

2.4 »Sünde und Fall« in der dogmatischen Tradition

Die Lehre von Urstand und Fall
In der dogmatischen Tradition wird das Verständnis von Sünde vor allem auf dem Hintergrund der urgeschichtlichen Überlieferung von Gen 1-3 entwickelt.

Während die klassische Dogmatik paradiesischen Urzustand und Sündenfall als urgeschichtliche Ereignisse im Rahmen einer heilsgeschichtlichen Gesamtkonzeption verortet hat, nimmt die nachaufklärerische Theologie sie als theologische Symbole auf, die auf die wahre Grundsituation des Menschen verweisen.

Die menschliche Fähigkeit zur Sünde wurzelt in der Kehrseite seiner Bestimmung als Ebenbild Gottes. Der Mensch kann das darin ausge-

drückte Beziehungsverhältnis verfehlen. In der sog. Sündenfallgeschichte (Gen 3) wird diese Verfehlung narrativ entfaltet. Die fast unbegrenzte Erlaubnis zu essen ist durch ein Verbot eingeschränkt. Die
Begründung für das Verbot lautet: »damit ihr nicht sterbet«. Für die
Auslegung ist wichtig wahrzunehmen, dass die Intention dieser Ein-
schränkung im Schutz des Menschen liegt. Damit ist zugleich das Wesen des göttlichen Gebots beschrieben. Die damit verbundene Ein-
schränkung ist keine Willkür, sondern ein Akt lebensdienlicher Fürsorge Gottes. Doch die dem Geschöpf Mensch gegebene Freiheit umfasst die Möglichkeit, sich gegen das ihm Gebotene zu wenden.
Die Erzählung beschreibt sehr anschaulich die Dynamik von Versuchung. In ihrer Interpretation als »Sündenfall« wird das Überschreiten
der lebensdienlichen Weisung mit der Verlockung »wie Gott zu sein«
prototypisch auf die Wahrnehmung der menschlichen Grundsituation
bezogen. Der Mensch verwendet seine Freiheit, indem er sich gegen
seine Bestimmung als Geschöpf wendet. Damit bricht er aus der Beziehung zu Gott aus, dem er sein Leben verdankt. Er bricht die Beziehung ab, die sein Leben trägt, und ist mit den Ambivalenzen des Lebens konfrontiert. Wenn man bedenkt, dass in der Begründung des
Gebotes, »damit ihr nicht sterbt« die Grundform kreatürlicher Angst,
die Angst vor der Vernichtung durch den Tod zur Sprache kommt,
trifft durch die Überschreitung des Gebotes paradoxerweise das ein,
worauf die kreatürliche Angst gerichtet ist und wovor der Mensch sich
durch seine Tat schützen wollte. Im Ausbruch aus seiner geschöpflichen Bestimmung, im Versuch, wie Gott sein zu wollen, verstrickt er
sich in die Dynamik des Todes, der er gerade dadurch zu entkommen
versucht.
Der Ursprung der Entfremdung, die die dogmatischen Tradition »Sünde« nennt, liegt somit darin, dass der Mensch der verführerischen
Möglichkeit, der Verlockung erliegt, »wie Gott zu sein«, und auf dieser Basis versucht, sich von der kreatürlichen Angst durch Handeln zu
befreien. Auch wenn in der konkreten Lebenswelt und in der eigenen
Lebensgeschichte dieser Versuchung immer schon nachgegeben wurde, ist es unter theologischem Aspekt wichtig, zwischen Möglichkeit
und Verwirklichung zu unterscheiden, weil nur dann auch die »Möglichkeit der *Durchbrechung* der Macht der Sünde überhaupt *gedacht*
werden kann« (Härle, 475).
Es ist noch hinzuzufügen, dass die christliche Dogmatik das Verständnis von Sünde wesentlich auf dem Hintergrund von Gen 3 entfaltet hat,
obwohl hier keines der hebräischen Wörter, die mit Sünde übersetzt
werden können, verwendet wird. Solche Begriffe finden sich im Kontext der Urgeschichte erstmals in der Erzählung vom Brudermord (Gen
4), wo die Wörter *hattat* (Verfehlung) in Vers 7 und *avon* (V. 13) verwendet werden. Das semantische Feld von *avon* umfasst die Begriffe
Sünde, Schuld *und* Schuldfolge (Strafe).

Die Besonderheit in dieser Erzählung liegt darin, dass Kain von Gott zugemutet wird, den Impuls zur Sünde (Verfehlung), konkreter dem Zugriff der Macht der Sünde zu widerstehen (Gen 4,7). Aus urgeschichtlicher Sicht ist der Griff zum Baum der Erkenntnis nicht mehr rückgängig zu machen und die Trennung vom Ursprung unwiderruflich vollzogen. Dazu gehört die Autonomie, selbst zu bestimmen, was gut und böse ist, und die Folgen der Freiheit zu tragen. Die Notwendigkeit der Entscheidung über das, was das Leben fördert oder bedroht, gehört zur Grundgegebenheit menschlicher Existenz »jenseits von Eden«. Die Urgeschichte zeichnet die Wirkung von der Macht der Sünde unter den Menschen, die sich von ihrem Ursprung getrennt haben, als Spur eskalierender Gewalt. Wie Gen 4,7 zu erkennen gibt, ist der Schritt zum Verbrechen aber nicht zwangsläufig (vgl. Crüsemann, 62ff).

Die Lehre von der Erbsünde
Dass die Situation des Falls den Menschen grundsätzlich bestimmt und die Dynamik der Sünde eine Macht entfesselt, der mit moralischen Appellen nicht beizukommen ist, wurde in der christlichen Dogmatik in der Lehre von der Erbsünde entfaltet.
Diese wurde bereits in frühchristlicher Zeit (besonders von Augustin) geprägt und auch von den Reformatoren rezipiert und neu entfaltet. Die Rede von der Erbsünde versucht festzuhalten, dass Sünde im Sinne verfehlter Beziehungen und Lieblosigkeit als Menschheitssünde immer bereits da ist. Bevor der Einzelne sie tut, erleidet er sie. Zugleich aber ist jeder Einzelne von der Macht der Sünde bestimmt, so dass er im Blick auf sein Gottesverständnis, sein Weltverständnis und sein Selbstverständnis in seinem Willen nicht wirklich frei ist. Gerade in neuzeitlichen Erfahrungszusammenhängen bestätigt sich diese reformatorische Sicht als realistische Beschreibung der Wirklichkeit des Menschen. Gleichwohl ist zu bedenken, dass die Lehre von der Erbsünde problematische Deformationen erfahren hat, die bewusst gemacht und überwunden werden müssen. Besonders in der pädagogischen Tradition hatte es erhebliche negative Auswirkungen, dass *Erbsünde* z.T. so interpretiert wurde, dass der Mensch von Natur aus zum Bösen neige. Negativ ausgewirkt hat sich auch ein Verständnis, das Erbsünde mit *Erbschuld* identifiziert und damit eine Vererbung von Schuld suggeriert. Anders verhält es sich allerdings mit »Schuldfolgen«, die erfahrungsgemäß durchaus nachfolgende Generationen belasten. Schließlich hat die Vorstellung von der Weitergabe der Sünde über den Geschlechtsakt das Verständnis von Sexualität als guter Gabe der Schöpfung auf den Kopf gestellt und erheblich zur Lustfeindlichkeit christlicher Tradition beigetragen. Trotz der Missbrauchsgeschichte bleiben die oben genannten Aspekte von der »Macht der Sünde« als Teil eines realistischen theologischen Wirklichkeitsverständ-

nisses unverzichtbar. Hier zeigt sich in der Perspektive moderner Literatur durchaus eine Kongruenz.

»Gerade auch die moderne Literatur (von Kafka und Camus bis Frisch) macht deutlich: Keinem Menschen bleiben Erfahrungen von Schuld erspart. Jeder – ob religiös oder nicht – ist in vielfältige Schuldgeschichten hinein verflochten, die er aber gerne verdrängt oder leugnet« (Küng, 192).

Vergebung der Sünden
Bitte um Vergebung der Schuld im Vaterunser und das Bekenntnis zur »Vergebung der Sünden« im Apostolicum machen deutlich, dass es dabei zuerst um die Gottesbeziehung und im Anschluss daran um die zwischenmenschliche Beziehung geht.
Die besondere Qualität von »Vergebung« wird deutlich, wenn man sie mit anderen Weisen vergleicht, auf Beziehungsstörungen zu reagieren: Ignorieren, Nachtragen oder Vergelten. Ein »Ignorieren« nimmt weder das Gegenüber noch die Beziehung ernst. »Nachtragen« vertieft die Störung durch ständige Wiederholung der Anklage. In der »Vergeltung« kann der Verletzte zwar seine Kränkung abreagieren, der Beziehung wird aber eine erneute Verletzung hinzugefügt (vgl. Härle, 339f).
Vergebung deckt die Realität der Schuld und die durch sie erfahrene Verletzung nicht zu, belastet aber die Beziehung nicht neu und eröffnet ihr eine neue Zukunft. Insofern ist im Blick auf Schuld Vergebung die einzige Möglichkeit, die versperrte Zukunft neu zu öffnen, und zugleich die einzig mögliche Ausdrucksform der Liebe.
Der hymnische Lobpreis Gottes, der Sünden vergibt (Ps 103,3), und die Vergebungspraxis und der Vergebungszuspruch Jesu haben ihren Kontext in der überraschenden Erfahrung der Befreiung von der Macht der Sünde, die die Zukunft des Lebens in Gemeinschaft neu eröffnet. Das Bekenntnis der Vergebung der Sünden ist deshalb unmittelbarer Ausdruck des rechtfertigenden Glaubens.

Martin Luther
Für Luther fällt »Sünde« weitgehend mit Unglaube zusammen und macht sich fest am Verstoß gegen das 1. Gebot. Als Folge von Adams Fall ist »Sündigkeit« Verhängnis des Menschen, das in jedem Menschen zur schuldhaften Realität wird (Erbsünde). Sie erweist sich darin, dass der Mensch sich nicht auf Gott ausrichtet, sondern in allem auf sich selbst bezogen, in sich selbst »zurückgekrümmt« ist. Anstatt sich auf Gott auszurichten, strebt er danach, selbst wie Gott zu sein. Einzelne Sünden, die sich gerade auch in sog. guten Werken manifestieren können, sind Folgeerscheinungen der Sündigkeit. Gegen die scholastische Theologie und den Humanismus betont Luther, dass der unter der Macht der Erbsünde stehende Mensch keinen freien Willen hat. Bildhaft drückt Luther das so aus, dass der Mensch ein *Reittier sei*,

das keinen Einfluss darauf habe, wer der *Reiter* sei. Der Mensch werde entweder vom Teufel oder von Christus »geritten«.
Anschaulich wird Luthers Verständnis auch in dem 1523 verfassten Choral »Nun freut euch lieben Christeng'mein« (EKD 341, 2-3).
Allein die im Glauben ergriffene Gnade Gottes, die mächtiger ist als die Sünde, rechtfertigt den »Sünder«. Dabei vollzieht sich ein Herrschaftswechsel, den Luther im Bild so ausdrückt, dass nun Christus den Menschen »reitet«. Im Gegensatz zum paulinischen Raum-Denken (in Christus sein) und auch in Entsprechung menschlicher Erfahrung, geschieht dieser Wechsel für Luther aber nicht ein für allemal, sondern der Mensch steht dialektisch immer wieder im Spannungsfeld von Anfechtung und Vergebung. Gerecht ist der Mensch im Glauben (aus der Perspektive Gottes und in der Hoffnung auf seine in Christus verheißene Gnade), während er aus seiner eigenen Perspektive Sünder bleibt. Diese doppelte Perspektive des Glaubens findet ihren Ausdruck in der Formel »simul iustus et peccator« (zugleich Gerechter und Sünder).

Karl Barth
Im Unterschied zur klassischen (protestantischen) Dogmatik entfaltet Barth die Lehre von der Sünde nicht im Zusammenhang der Anthropologie, sondern im Rahmen der Versöhnungslehre. Gottes Wort, das Zeugnis der Schrift, offenbart den Menschen »als Verräter an sich selbst, als Sünder gegen sein geschöpfliches Wesen«. Aber diese Erkenntnis ist dem Menschen nur möglich im Zusammenhang der Erkenntnis, »dass er Gottes Gnade teilhaftig ist« (KD III/2, 36). Sünde ist für Barth »konkrete Gestalt des Nichtigen, weil es in der Sünde zur eigenen Tat, Vollbringung und Schuld des Menschen wird« (KD III 3, 336). Mit der Lehre vom Nichtigen versucht Barth das Phänomen des Bösen in der Schöpfung zu beschreiben, das nicht geschaffen, auch nicht erst durch menschliches Handeln in die Welt kommt, gleichwohl in der Welt mächtig ist. Theologisch ist das Nichtige durch nichts anderes definiert, als dass Gott dagegen streitet, es erträgt und überwindet. Es ist das Gegenteil von dem, was Gott will, es ist eine bedrohliche Macht. Gegenüber dem Gnadenwillen Gottes hat für Barth das Nichtige letztlich keine Chance.

Dietrich Bonhoeffer
Bonhoeffer schließt sich Barth an in dem Grundgedanken, dass der Mensch seine Realität als Sünder nur aus der Perspektive des rechtfertigenden Glaubens wahrnehmen kann. Zur realistischen Wahrnehmung gehört für ihn: Angst als Symptom der Sünde zu erkennen, obwohl sie oft als natürliches Phänomen ausgegeben wird (vgl. WE, 87). Zu den Gegebenheiten der gefallenen Welt gehört als Folge der Angst ein Schutzbedürfnis des Menschen gegen Bloßstellung. Das Nichtrespektieren diese Schutzbedürfnisses ist für ihn zynisch. In der bildhaften

Darstellung der Sündenfallgeschichte hat Gott dem aus dem Paradies vertriebenen Menschen Kleider gemacht. Gegen eine radikale Forderung nach Offenlegung von Wahrheit um jeden Preis plädiert Bonhoeffer in der natürlichen Welt für das Recht des Menschen auf Verhüllung und Geheimnis. Im »Natürlichen« sieht er »die von Gott der gefallenen Welt erhaltene Gestalt des Lebens, die auf Rechtfertigung, Erlösung, Erneuerung durch Christus ausgerichtet ist« (Ethik, 166). Trotz der Macht der Sünde hat der Mensch die relative Freiheit, zwischen Natürlichem und Unnatürlichem zu unterscheiden. Die Unterscheidung von Natürlichem und Unnatürlichen macht sich an der Offenheit bzw. Verschlossenheit für das Kommen Christi fest, die vorhandene oder fehlende Ausrichtung daran im Sinne von Wegbereitung.

Paul Tillich
Für Paul Tillich ist das »Symbol des Falls« ein entscheidender »Bestandteil der christlichen Tradition« (STh 2, 35). Seine Bedeutung geht über den Mythos von Adams Fall hinaus und hat universale anthropologische Bedeutung. Das Symbol beschreibt den Zustand der Entfremdung, an der jeder Mensch Anteil hat. Sünde ist charakterisiert durch die »Zerreißung der essentiellen Einheit mit Gott« (57). Sie ist identisch mit Unglaube, während Glaube den Mut kennzeichnet, anzunehmen, dass man trotz der Entfremdung versöhnt ist. Entfremdung äußert sich als *Hybris*, die Grenzen der geschöpflichen Existenz nicht anzuerkennen, und in der *Konkupiszenz*, der unbegrenzten Sehnsucht, »das Ganze der Wirklichkeit dem eigenen Selbst einzuverleiben« (60). Sie bezieht sich umfassend auf Nahrung, Erkenntnis, Sex, Macht, Wissen, materiellen Reichtum und geistige Werte.

Wolfhart Pannenberg
Für Pannenberg liegt das Wesen der Sünde in der Selbstzentriertheit und dem Selbstbehauptungsversuch des Menschen.
»Wo das Ich in Gegensatz zur Weltoffenheit gerät – und das geschieht auch durch die Gier, die den Dingen der Welt verfällt – da kommt es zur Verschlossenheit gegen Gott und damit gegen die eigentliche menschliche Bestimmung, und diese Verschlossenheit ist das Wesen der Sünde. Die Sünde treibt den Gegensatz von Ich und Wirklichkeit auf die Spitze des Widerspruchs; denn die Menschen leben auch als Sünder noch von der Wirklichkeit, der sie sich verschließen wollen und für die Gottes schöpferisches Wirken sie doch täglich und stündlich neu aufschließt« (Pannenberg, 49).
Das Defizit bei Pannenberg liegt in der Ausblendung der überpersonalen und gesellschaftlichen Dimension von Sünde, die im Anschluss an die biblischen Erinnerungen vor allem in Befreiungstheologien entfaltet wird.

Strukturelle Sünde (Theologien der Befreiung)
Im Kontext von Befreiungstheologien wird das theologische Sünden-verständnis auf politisch-soziale Strukturen bezogen. Mit dem Begriff »strukturelle Sünde« wird die Gestalt der gesellschaftlichen Organisa-tion beschrieben, die Unterdrückung und Ungerechtigkeit hervorbringt und festigt. Es geht um »Sünde, die in den Institutionen und Strukturen der Gesellschaft herrscht und einzelne und Gruppen zu Verhaltenswei-sen verleitet, die dem Projekt Gottes widersprechen« (Boff, 76). Die Überwindung von struktureller Sünde setzt die Befreiung von solchen gesellschaftlichen Organisationsformen voraus, die sündhaftes Verhal-ten produzieren und reproduzieren. Es wird betont, dass die Bekehrung zum Evangelium nicht nur die Bekehrung des Herzens meint, sondern dass es auch um den Willen zur Umgestaltung von Strukturen zu Gunsten von mehr Gerechtigkeit und Partizipation geht. »Der sozialen Sünde muss die soziale Gnade entgegentreten, die Frucht des göttli-chen Geschenks und des gottgeleiteten menschlichen Tuns« (Boff, 76f).
Auch in der *feministischen Theologie* wird der Begriff übernommen und auf die Struktur der patriarchalen Gesellschaft bezogen, die die Geschlechter in unterschiedlicher Weise beherrscht und deformiert.
Der Begriff »Sünde« ist als analytischer Begriff theologisch nicht ver-zichtbar, weil er wie kein anderer auf die zerstörte Gottesbeziehung des Menschen verweist, die als Verlust des Paradieses erfahren wird und in der Sehnsucht nach dem Paradies ihre Hoffnung findet. Der Begriff Schuld als eine Dimension von Sünde kann den Sündenbegriff nicht ohne Verlust ersetzen. Die Wahrnehmung von Sünde als gestör-ter Gottesbeziehung ist aber nur aus der Perspektive des Glaubens an das versöhnende Handeln Gottes möglich. So gilt die paradoxe Fest-stellung, dass die Erkenntnis der Trennung von Gott und ihre Über-windung in der Wahrnehmung des Glaubens zusammenfallen. Neben »Sünde« behält auch das Symbol des Falls seinen Sinn, auch wenn das traditionelle heilsgeschichtliche Muster Schöpfung – Fall – Erlösung nicht mehr trägt. Am Maßstab des Entwurfs menschlicher Bestimmung ist die Verfehlung kritikbedürftig, gleichgültig, ob dieser Entwurf un-mittelbar durch den Lebensvollzug des Einzelnen oder durch schick-salhafte Verwicklung in die menschliche Gemeinschaft verhindert wird (Lohff, 51).
Wenn »Sünde« als theologischer Begriff in der beschriebenen Weise verstanden wird, wird deutlich, dass seine Verwendung im morali-schen Sinne unsachgemäß ist, weil damit der dialektische Bezug von Sünde und Versöhnung aufgelöst ist. In *religionspädagogischen* Zu-sammenhängen ist diese Einsicht von besonderer Relevanz, weil in der katechetischen Tradition ein moralisierendes Verständnis von Sünde besonders wirksam war und im Alltagsverständnis nachwirkt. Schließ-lich darf *Sünde* als Deutungsmuster der Wirklichkeit nicht isoliert

werden. Es ist zu beachten, dass erst im Zusammenhang und der Differenz der Symbole *Schöpfung, Sünde und Fall* sowie *Rechtfertigung* und *Versöhnung* theologisch eine Verständigung über die Wirklichkeit als ganze möglich ist und dabei grundsätzlich die Perspektive der Hoffnung mit den entsprechenden Symbolen *Auferstehung* und *Reich Gottes* die Wahrnehmung leitet.

2.5 Arbeitshinweise

1. Interpretieren Sie die auf den Seiten 165-168 aufgenommenen Beispiele unter dem Aspekt, wie sie »Sünde und Fall« als Deutung von Wirklichkeit aufnehmen. Welches Beispiel erscheint Ihnen zur Auseinandersetzung um die Wirklichkeitsdeutung besonders geeignet? Diskutieren Sie unterschiedliche Einschätzungen.

2. Notieren Sie, welche Erfahrungen in dem Lied von Nino de Angelo die Situation »Jenseits von Eden« kennzeichnen. In welchen Wünschen kommt die Sehnsucht nach einem gelebtem Leben zur Sprache? Wo sehen Sie Gemeinsamkeiten und Differenzen zur »Lehre von Sünde und Fall«?

3. Vergleichen Sie verschiedene Übersetzungen der »Kain-und Abel-Erzählung« (Gen 4,1-16) und bedenken Sie, wie sich die unterschiedlichen Übersetzungen des hebräischen Wortes *avon* durch »Schuld«, »Strafe«, »Sünde« für das Verständnis auswirken.

4. Lesen Sie Psalm 104 und formulieren Sie, welche Vorstellungen von Sünde(r) der Psalmist hier zum Ausdruck bringt.

5. Lesen Sie den Choral EKG 341 und beobachten Sie, wie Luther »Sünde« und Befreiung aus der Macht der Sünde hier bildhaft zur Sprache bringt. Versuchen Sie, das Lied so umzudichten, dass es neuzeitlichen Erfahrungen entspricht.

6. In einem religionspädagogischen Studienbuch zum Thema »Sünde« heißt es u.a.:
»Das Ernstnehmen des Symbols *Sünde* kann verhindern,
– dass Hoffnung illusionär wird;
– dass Hoffnung Realität verleugnet;
– dass Hoffnung nur vertröstet;
– dass Hoffnung in der Proklamation einer Gegenrealität sich erschöpfen kann;
– dass Hoffnung partikular erzwingbar erscheint« (Brockmann/Stoodt, S. 177).

Versuchen Sie, diese Thesen zu begründen und anhand von Beispielen zu illustrieren.

7. Versuchen Sie, das Verhältnis von personaler und struktureller Sünde zu beschreiben.

8. Diskutieren Sie den Vorschlag, den Begriff »Sünde« ganz durch den Begriff »Entfremdung« (Tillich) zu ersetzen.

3. Exodus und Gebot

3.1 Der Exodus in der christlichen Spiritualität

1. When Israel was in Egyptsland: Let my people go;
Oppressed so hard they coud not stand: Let my people go.

Go down, Moses, way down in Egyptsland.
Tell old Pharaoh: Let my people go.

2. Thus saith the Lord, bold Moses said: Let my people go.
If not, I'll smite your first-born dead. Let my people go.

Go down, Moses...

3. No more shall they in bondage toil. Let my people go.
Let them come with Egypt's spoil. Let my people go.

Go down, Moses...

Dieser Negro Spiritual, der im Rückgriff auf den Exodus das Verlangen nach Freiheit artikuliert, hat seinen »Sitz im Leben« in der Befreiungsgeschichte der schwarzen US-Amerikaner.

Der biblische Exodus, die Erinnerung an den Auszug Israels aus Ägypten, wurde gleichermaßen zur Identifikationsgestalt eigener Unterdrückungserfahrung und zur Ermutigung und zum Hoffnungsgrund für die eigene Befreiung mit Gottes Hilfe.

Im Zusammenhang der Befreiungsbewegung wurden die Anführer von Harriet Tubman bis Martin Luther King mit Mose identifiziert, die Sklavenhalter und Rassisten mit dem ägyptischen Pharao gleichgesetzt. In der Spiritualität wird Exoduserinnerung auf diese Weise zur »Sprache der Hoffnung« gegen Resignation angesichts einer bedrückenden Gegenwart und zur Anklage gegen die christlichen Unterdrücker. In der vergangenen fremden Geschichte wird die eigene Erfahrung vergegenwärtigt und damit zugleich die Gegenwart aus der Perspektive der Möglichkeiten betrachtet. In diesem Modell der identifizierenden Erinnerung wird etwas für die Frömmigkeitspraxis der jüdisch-christlichen Tradition Typisches deutlich. So lässt sich beobachten, dass der Überlieferungsprozess der alttestamentlichen Texte selbst dadurch strukturiert ist, dass in der Regel die spirituelle, die besungene und gefeierte Erfahrung in Gestalt von Lob und Klage der narrativen Entfaltung und der theologischen Reflexion vorausgeht. In veränderten Lebenssituationen wird die Erinnerung zum »Anstoß« – im doppelten Sinn des Wortes – der Deutung der eigenen Lebenserfahrung, wenn eine identifizierende Anknüpfung möglich wird. Diese Aspekte werden am Exodusmotiv besonders anschaulich. (Und erklären vielleicht auch, warum das Exodussymbol in der europäischen Schultheologie so randständig behandelt wird.)

3.2 Exodus in biblischer Theologie

Eine wichtige Beobachtung der historisch-kritischen Forschung liegt in der Wahrnehmung, dass das so genannte Miriamlied (Ex 15,21), das später in ein Lied des Mose eingebunden wurde, vermutlich eines der ältesten Überlieferungsstücke des Pentateuch ist. Es erinnert an eine Frauenprozession unter Anführung von Miriam, in der Gott (JHWH) als Retter aus der Bedrohung durch einen hochgerüsteten Feind gelobt wird.

Aber auch die uns überlieferte biblischen Endgestalt der Exodusüberlieferung hat eine Erzählstruktur, die auf eine Verwendung im Rahmen einer festlichen Begehung hinweist. Erinnerung der Befreiung und der sie bewahrenden Lebenspraxis ist unlösbar in die Gestaltungsform der festlichen Begehung (Passafest) eingegangen (vgl. Lemche, 56). Die Feier der Befreiung ist somit die älteste und auch jüngste Gestalt der Überlieferung. Die geschenkte Freiheit evoziert zuallererst die Feier des befreiten Lebens durch eine erinnernde Vergegenwärtigung. Israel erinnert sich in der Passafeier (das Wort Passa verweist auf das »Vorbeigehen« des Würgeengels an jüdischen Häusern) der Unfreiheit, der es durch das Handeln Gottes entronnen ist. Zugleich halten die Exodusüberlieferungen fest, dass sich Israel durch eine spezifische Gotteserfahrung als Volk konstituiert. Gott gibt sich (mit seinem Namen JHWH) als der zu erkennen, der aus der Unterdrückung herausführt. In der Exoduserinnerung ist Befreiung ein Prozess, ein Weg, der den Unterdrückten von Gott gebahnt wird und dem Gott als »Schrittmacher« vorausgeht.

In dem von G. von Rad so bezeichneten »Kleinen geschichtlichen Credo«, einem alten Glaubensbekenntnis Israels (Dtn 26,5-9), steht die Erinnerung an die Befreiung im Zusammenhang einer Erntedankfeier, in der die ersten Früchte des Landes dargebracht werden. In der veränderten Situation nach der Etablierung im Land droht vergessen zu werden, was diese Situation konstituiert hat. Verdankte Freiheit, verknüpft mit verdankter Lebensgrundlage, muss immer wieder neu erinnert werden, weil das »Vergessen« den Keim neuer Unfreiheit in sich trägt.

V. *Glaubenslehre II: Das Handeln Gottes*

Erinnerung der Befreiung und der sie bewahrenden Fest- und Lebenspraxis ist Kern der die alttestamentlichen Überlieferungen bestimmenden deuteronomistischen Theologie.

Dem theologischen Ansatz des Deuteronomiums entspricht eine *Didaktik der Erinnerung*, die ihr besonderes Merkmal darin hat, dass die Erfahrung der »Augenzeugen« in der Erziehung so weitergegeben wird,
dass die nachwachsende Generation jeweils selbst Zeuge wird und sich
berufen fühlt, das Zeugnis weiterzugeben (vgl. Assmann, 217ff; zur
Didaktik der Erinnerung: Greve 1999). Leitgedanke dabei ist, dass die
Zukunft des Lebens von dieser immer neuen Vergegenwärtigung der
Erinnerung abhängt und Erinnerung die Gestalt einer »erinnerten Hoffnung« (Ebach) gewinnt.

Jan Assmann hat aufgezeigt, dass die deuteronomistische Theologie
(exemplarisch in Dtn 6) eine Mnemotechnik (Erinnerungstechnik) entwickelt hat, die individuelle-biografische Erinnerung in kulturelle (die
Gemeinschaft fundierende) überführt. Diese Erinnerungstechnik hat die
Intention, Erinnerung der Unterdrückung, der verdankten Befreiung
und der lebensdienlichen Gebote im kollektiven Gedächtnis präsent zu
halten, um unter veränderten Lebensbedingungen die Freiheit nicht zu
gefährden bzw. zu bewahren. In der Theologie der Exilspropheten, besonders bei Deuterojesaja (Jesaja 40-55), wird Erinnerung des Exodus
zum Hoffnungsgrund auf neue Befreiung. Die hier angelegte Argu-
mentationsstruktur hat den Bezug auf die Exodustradition als Hoffnungssymbol in der Neuzeit präfiguriert. So lehnt sich die berühmte
Rede Martin Luther Kings 1963 in Washington (»ich habe einen Traum
...«) an die Sprachform Deuterojesajas an.

3.3 Der Zusammenhang von Exodus und Gebot

Mit dem Exoduserinnerung unmittelbar verknüpft ist die Gabe (Offenbarung) der Tora, als Weisung für eine Lebenspraxis, die das befreite
Leben fördert und es vor neuer Unfreiheit bewahrt. Exemplarisch erschließt sich dieser Zusammenhang im ersten Gebot des Dekalogs, in
der die Gebote als Weisungen des befreienden Gottes entfaltet werden
(dazu: Johannsen 1998, 192ff). Das »Dienen anderer Götter« und der
Verlust des lebensfördernden Maßes sind zwei Seiten einer Medaille.

Im Kontext der Exodusüberlieferung werden die natürlichen, politischen und religiösen Gefährdungen der Freiheit gleichsam »durchgespielt«: Die im Zusammenhang der Wüstenwanderung erfahrene Mangel an Wasser und Nahrung weckt die »Sehnsucht nach den Fleischtöp-
fen Ägyptens«, übermächtige Feinde bedrohen die Existenz, die sinnlich attraktiveren Götter der umgebenden Völker gefährden die Treue
zum befreienden Gott.

Es ist ein Grundzug der deuteronomistischen Theologie, dass Exodus und göttliche Weisung verbunden sind (Crüsemann 1992, 54). Bewahrung der Freiheit ist daher der hermeneutischer Schlüssel zum Verständnis der Gebote (vgl. Crüsemann ²1998, 12). Der Sinn der Gesetze erschließt sich in der Erinnerung erfahrener Geschichte: »Nur wer den Auszug aus Ägypten nicht vergisst, weiß, dass das Gesetz Freiheit bedeutet, und vermag es zu befolgen« (Assmann, 269). Während der Dekalog in der christlichen Theologie und der Katechismustradition eine durchgehende Relevanz hatte, fand das Gesamtcorpus der Tora wenig Beachtung. Traditionell wurde die Tora in der christlichen Rezeption unter dem Leitbegriff »Gesetz« verhandelt und (mit Ausnahme des Dekalogs) als überholt verstanden. In jüngerer Zeit zeichnet sich ein Interesse ab, die Auslegung der Tora für die christliche Ethik fruchtbar zu machen (dazu: Crüsemann 1992/Segbers 1999). Der Exodus ist ein auf die Geschichte und damit verbundene Grunderfahrungen bezogenes Wegsymbol (vgl. Biehl 1991a, 58). Seine Ausrichtung auf Landnahme und damit verbundene Beheimatung wird zwar im Blick auf die partikulare Gestalt durch das universale Reich-Gottes-Symbol überboten, es kann dieses durch eine dialektische Beziehung aber zugleich vor einer Entweltlichung schützen.

3.4 Das Exodusmotiv in der Glaubenslehre

In der Geschichte der christlichen Glaubenslehre spielt der Exodus eine allenfalls marginale Rolle. Die geringe Bedeutung des Exodusmotivs in systematischer Theologie wird schon durch ein Blick in die Register einschlägiger Werke deutlich. Eine Ausnahme bildet hier die Systematische Theologie von H.J. Kraus, in der die Exodustradition konstitutiv aufgenommen worden ist und darauf verwiesen wird, dass die Befreiungstat des Gottes Israels der gesamten biblischen Perspektive ihr Gepräge gibt (vgl. Kraus 1983, 157). Wenn in unserer Einführung dieser Gewichtung gefolgt wird, kommt damit die besondere Perspektive zur Geltung, die die religionspädagogische Rekonstruktion von Glaubenslehre leitet: Der Zusammenhang von Glaube und Lernen, der im Zusammenhang von Glaube und Leben gründet. In der christlichen Theologiegeschichte, auch im Kontext einer Abgrenzung von jüdischer Tradition wurde die in der Exoduserinnerung liegende Einheit von Erlösung und Befreiung aufgelöst durch Spiritualisierung von Erlösung und davon unabhängiger politisch-sozialer Befreiung. Dietrich Bonhoeffer kritisierte an dieser Entwicklung, dass damit der Bezug von *Letztem* und *Vorletztem* in der Theologie aufgelöst wurde und so die konkreten Probleme von Unfreiheit, Armut etc. theologisch irrelevant wurden (vgl. Ethik, 144ff). Eine sachgemäße Verhältnisbestimmung liegt für Bonhoeffer darin, dass die Rechtfertigungsbotschaft als letztes Wort im Sinne einer *Wegbereitung* die Ausrichtung des gestaltenden Handelns bestimmen muss: »Der Hungernde braucht Brot, der Obdachlose Wohnung, der Entrechtete Recht, der Vereinsamte Gemeinschaft, der Zuchtlose Ordnung, der Sklave Freiheit« (Ethik, 155). Eine Interpretation des Rechtfertigungsgeschehens im Lichte der Exoduserinnerung bringt den in der protestantischen Tradition z.T. auseinandergerissenen Zusammenhang von Rechtfertigung und Heiligung, Befreiung und Gebot neu ins Bewusstsein. Den dialektischen Zusammenhang zwischen (rechtfertigendem) Glauben und (mündigem) Gehorsam hat Bonhoeffer in der Nachfolge aufgezeigt und später immer neu betont: »Nur der Glaubende ist gehorsam – nur der Gehorsame glaubt« (Nachfolge, 42).

Auf andere Weise wurde der Zusammenhang von Erlösung und Befreiung durch theologische Ansätze neu hergestellt, die die Eschatologie, die traditionell das letzte Kapitel der Dogmatik bildet, zur Grundperspektive von Theologie machten. Inspiriert waren diese Neuansätze durch die Hoffnungsphilosophie von Ernst Bloch (Das Prinzip Hoffnung, 1959), der das jüdisch-christliche Erbe in zwei sich dichotomisch gegenüberstehende Richtungen entfaltet sah: Auf der einen Seite steht die auf Zukunft ausgerichtete prophetische Exodusreligion, auf der anderen Seite eine an einem ontologischen Schöpfungsverständnis orientierte Gestalt von Religion mit repressiver Wirkung. In Anknüpfung und Widerspruch zu Bloch entwarf Jürgen Moltmann (1964) eine »Theologie der Hoffnung«, in der er die Exodusgemeinde als Modell christlicher Existenz entwarf. Moltmanns Ansatz fand eine besondere Beachtung in *Theologie(n) der Befreiung*, in denen das biblische Exodusmotiv zentrale Relevanz bekam. Zur Charakterisierung und Präzisierung ist zu bemerken, dass Befreiungstheologien in ihrem Kern Reflexionen über Gott im Kontext von Befreiungsbewegungen sind und nicht allgemeine Reflexionen über Befreiung. Befreiungstheologie hat ihren Ursprung in einer spirituellen Bewegung unter der armen Landbevölkerung Lateinamerikas in der zweiten Hälfte des 20. Jahrhunderts. Die Erinnerung, dass Gott den Schrei der Geknechteten hört, für die Armen und Unterdrückten Partei ergreift, fand in der Spiritualität ihren Ausdruck, rückte ins Zentrum theologischer Reflexion und wurde zur Ermutigung im eigenen Befreiungskampf.

Der Ursprung von Befreiungstheologien in den Basisbewegungen lateinamerikanischer Gemeinden formte den spezifischen Charakter des theologischen Nachdenkens. Die Erinnerung an die Parteinahme Gottes für die Unterdrückten und die Erfahrung Gottes als Befreier in der Exodustradition rückt ins Zentrum gelebter Frömmigkeit, wird zum Impuls einer analytischen Wahrnehmung der eigenen Lage und ermutigt zum Kampf um politisch-soziale Selbstbestimmung.

Die theologische Reflexion der befreienden Praxis setzt ein mit dem Entwurf einer »Theologie der Befreiung« des peruanischen Priesters *Gustavo Gutiérrez* (1972; dt. Frankfurt a.M. 1973). Neben dem Exodusmotiv spielt die Interpretation von Unterdrückung als *struktureller Sünde* eine wichtige Rolle. Hinzu kommt der Bezug auf Jesusüberlieferungen, in der die Unterdrücker angeklagt werden, und die Interpretation der Basisgemeinden als Keimzellen für die Neustrukturierung einer auf die Perspektive des Reiches Gottes bezogenen Kirche ›von unten‹. Die Bedeutung der Basisgemeinden als Aufbruchbewegungen wurde 1968 von der lateinamerikanischen Bischofskonferenz in Medellín (Kolumbien) gewürdigt, die auch erstmals den von *Gutiérrez* eingebrachten Begriff »Theologie der Befreiung« verwendete. Neben den genannten theologischen Bezügen sind die drei bevorzugten *Optionen* (für die Armen, für die Jugend, für die Basisgemeinden) charakteristisch. Politische Befreiung wird nicht gegen religiöse gesetzt, sondern im Zusammenhang gesehen. »In der Grunderfahrung der Sklaverei in Ägypten haben die Menschen der Bibel die Sehnsucht nach Befreiung entwickelt und Jahwes Eintreten als Befreier bezeugt. Die Befreiung aus ägyptischer Fron war ein politisches Ereignis, doch dieses diente als Grundlage für die religiöse Erfahrung der vollen Befreiung – auch aus der Sklaverei der Sünde und des Todes« (Boff, 64).
Befreiungstheologie ist jeweils auf den konkreten Erfahrungszusammenhang der Unterdrückung bezogen und daher immer kontextuelle Theologie. Als solche wurde sie auch in Afrika und Asien rezipiert und im Blick auf die eigene konkrete Lage entfaltet. Impulse dieser theologischen Bewegung wirkten auch auf Konzeptionen von *feministischer Theologie*, die sich ebenfalls als theologische Reflexion im Kontext befreiender Praxis verstehen. Auch in der Initiativbewegung des Konziliaren Prozesses seit 1983 zeigen sich deutlich Signaturen von Theologie der Befreiung. Der »Konziliare Prozess« knüpfte an Bonhoeffers Forderung von 1934 an, die Kirchen möchten auf einem ökumenischen Konzil ein Friedenszeugnis ablegen, dass die Welt »zähneknirschend« vernehmen muss, und verband diesen Appell mit Selbstverpflichtungen für globale Gerechtigkeit, Frieden und Bewahrung der Schöpfung (zum »Konziliaren Prozess«: Coenen 1990).

3.5 Das Exodusmotiv in der Pädagogik/Religionspädagogik

In der jüngeren Geschichte der Religionspädagogik ist bemerkenswert, dass »Exodus« zum Titel und Leitmotiv eines ganzen katholischen Unterrichtswerks für die Grundschule (1973ff) wurde.
In Analogie zum Exodus kann »Bildung als Praxis der Freiheit« (Paulo Freire, Pädagogik der Unterdrückten, 1971) und der Prozess der Bildung als Weg der Befreiung interpretiert werden. In diesem Sinne cha-

rakterisiert Heydorn Bildung als Weg ins Freie, als Hinausführung (educatio) und ständiges Freilegen der Zukunft gegen Zwang und Fremdbestimmung (vgl. Heydorn 1972, 120f). Der theologisch interpretierte Bildungsbegriff kann hier anschließen. Ihn kennzeichnet dabei die Feststellung, dass der Grund der Freiheit nicht im Menschen selbst liegt (vgl. Biehl 1991b, 160). Die Exodustradition trägt in diesem Zusammenhang die Perspektive ein, dass Freiheit dadurch gefährdet ist, dass der Bezug zum »Grund der Befreiung« vergessen wird. Positiv gewendet heißt das, dass Bildung als Weg der Befreiung der permanenten Erinnerung daran bedarf, dass der Grund der Freiheit nicht im Menschen selbst liegt und unverfügbar ist, damit in veränderten Situationen die Freiheit nicht aufs Spiel gesetzt wird. Im Bereich schulischer Bildung kann der Religionsunterricht ein solcher Ort insitutionalisierter Erinnerung sein. Ein an der Exodustradition orientierter Bildungsprozess hält die politisch-soziale Dimension von Befreiung ebenso wach wie den Gemeinschaftsbezug und die Vorläufigkeit jeder Bildung.

3.6   Arbeitshinweise

1. Betrachten Sie Chagalls »Auszug aus Ägyptens« und beschreiben Sie, welchen Bezüge Chagall herstellt.

2. Lesen sie aus der biblischen Exodusüberlieferung Ex 12,1-28 und sammeln Sie Argumente für und gegen die These, dass dieser Text eine Festagende (Anleitung für die Begehung des Passafestes) ist.

3. Vergleichen Sie die biblische Exodusüberlieferung mit einer Anleitung zum Ablauf des Sederabends in der jüdischen Familie (Ablauf der Familienfeier am Beginn des Passafestes).

4. Lesen Sie Dtn 6 und notieren Sie die darin enthaltenen Anweisungen zur Erinnerung (Erinnerungstechniken).
Welchen Zusammenhang von Erinnerung und Gesetzen/Geboten stellt dieser Text her?
Formulieren Sie diesen Zusammenhang in einer These.

5. Vergleichen Sie die Fassung der 10 Gebote in Luthers Kleinem Katechismus mit den biblischen Fassungen in Ex 20 und Dtn 5. Notieren Sie die Beobachtungen und versuchen Sie die Akzentverschiebungen zu interpretieren.
Bedenken Sie die Veränderung im Verständnis, die sich daraus ergibt, das in Luthers Katechismusfassung der Exodusbezug beim ersten Gebote weggefallen ist.

6. Informieren Sie sich über die politisch-soziale Situation der Landbevölkerung Lateinamerikas, wo die Theologie der Befreiung ihren Ausgang nahm. Versuchen Sie in einem Rollenspiel, die theologischen Argumente der Basis mit theologischen Argumenten der Landbesitzer zu konfrontieren.

7. Diskutieren Sie die mögliche Bedeutung des Exodusmotivs für ein Bildungsverständnis aus jüdisch-christlicher Perspektive.

4. Kreuz: Neues Leben aus Gott

4.1 Das Kreuz in literarischer Perspektive

Hilde Domin, Ecce Homo

Weniger als die Hoffnung auf ihn
das ist der Mensch
einarmig
immer

Nur der gekreuzigte
beide Arme
weit offen
der Hier-Bin-Ich

(Domin 1967, 19)

Reiner Kunze, AUF DEM KALVARIENBERG BEI RETZ IM JANUAR

Auch der weinstock ist ein gekreuzigter

Wie er sich in seiner nacktheit krümmt, die arme
zur seite gebunden

Ganz die gebärde des erlösers
am sandsteinkreuz

Und *blut und wasser* wird zur beere, aus der sie
jahr für jahr
den süßen einträglichen wein keltern

Wie aus dem stein den glauben

So viele gekreuzigte auf dem weg zu dem einen

(Kunze, 1981, 38)

Bertolt Brecht, Karfreitag

Abermals gingen einige über sein Feld zur Abendzeit.

Der Himmel war dunkel. Wind ging. Das Korn blühte weit.
Sie gingen gebeugt und schwer im letzten Licht.
Ein fremder Mann ging mit ihnen. Sie kannten ihn nicht.
Sie waren traurig, weil Jesus gestorben war.
Aber einmal sagte einer: Es ist sonderbar.
Er starb für sich. Und starb ohne Sinn und Gewinn.
Dass ich auch nicht leben mag: dass ich einsam bin.
Sagte ein anderer: Er wusste wohl nicht, was uns frommt.
Sagte ein dritter: Ich glaube nicht, dass er wiederkommt.
Sie gingen gebeugt und schwer im letzten Licht.
Ein fremder Mann ging mit ihnen. Sie kannten ihn nicht.
Und einer sah übers Ährenfeld und fühlte seine Augen
brennen.
Und sprach: Dass es Menschen gibt, die für Menschen
sterben können!
Und er fühlte Staunen in sich (als er weiterspann):
Und dass es Dinge gibt, für die man sterben kann.
Und jeder hat sich, und er hat sie nicht.
Weil er's nicht weiß. – Das sagte er im allerletzten Licht.
Es war ein junger Mensch. Es ging um die Abendzeit.
Der Himmel war dunkel. Wind ging. Das Korn blühte weit.
Sie gingen gebeugt und schwer im letzten Licht.
Ein fremder Mann ging mit ihnen. Sie kannten ihn nicht.

(Brecht [7]1993, 7)

Der Titel des Gedichts von Hilde Domin »Ecce Homo« macht den Doppelaspekt des Textes deutlich: »Seht, welch ein Mensch« (Joh 19,5) ist ebenso gemeint wie »Seht – der Mensch«. Der Mensch bleibt stets hinter den Hoffnungen zurück, die man auf ihn setzt. Das Bild von der Einarmigkeit bringt dieses Verkürztsein, das Fragmentarische des Menschseins zum Ausdruck. Der Aufbau ist antithetisch: Der Mensch und der Gekreuzigte werden gegenübergestellt: Das »nur« unterstreicht diesen Sachverhalt. Der amputierte Mensch bleibt verstümmelt, unfähig zur Hingabe. Der Gekreuzigte mit weit geöffneten Armen ist wehrlos, aber uneingeschränkt offen für andere. Präsenz wird gesteigert: »Hier bin ich«. Durch den Vergleich wird der Mangel an weltverwandelnder Liebe offenbar. Auffallend ist die Kleinschreibung »der gekreuzigte«: Jesus ist Symbol für alle Gekreuzigten; jeder Geschundene trägt Jesu Züge, steht in seiner Nachfolge, insbesondere die verfolgten jüdischen Menschen.

Das Gedicht Domins lebt von seinem antithetischen Aufbau; für Reiner Kunzes Gedicht ist das Wechselspiel von Realismus und Symbolik kennzeichnend.

Dieses Wechselspiel wird schon in der ersten Zeile deutlich. Ein realer Weinstock lässt in seiner Gekrümmtheit und Gebundenheit assoziativ an den Mann am Kreuz denken, die »Gebärde des Erlösers«. Dieses Stichwort leitet zu dem zweiten,

dichteren Symbolteil über. Es wird von »blut« und »wasser« gesprochen, auf die
Seitenwunde des Gekreuzigten angespielt. Der Autor nutzt den realen Sachverhalt,
um auf der symbolischen Ebene das Geheimnis des Kreuzesgeschehens zur Sprache zu bringen. Der Vorgang des Kelterns zeigt, dass der Nazarener gekreuzigt
werden muss, damit sein Tod Erlösung für viele bringt.
Der Schluss bleibt bewusst offen. Warum bedarf es so vieler Gekreuzigter, um zu
dem einen zu gelangen?

Die harte Realität des Kreuzes wird festgehalten (hart wie Stein), zu-
gleich wird wie bei Domin die historische Einmaligkeit aufgebrochen.
Alle Nachfolgenden des leidenden Jesus können auf dieser Erde sein
Leben zu Ende bringen.
Im Kontrast zu diesen beiden Gedichten heißt es in dem Text von
Brecht: »Aber einmal sagte einer. Es ist sonderbar. Er starb für sich.
Und starb ohne Sinn und Gewinn.« Wie in der Emmausgeschichte
ging ein fremder Mann mit ihnen, der sagte, dass es Menschen gibt,
die für Menschen sterben können. Der Schluss »Sie kannten ihn nicht«
steht im Kontrast zu Lk 24,31: »und sie erkannten ihn«.
Es finden sich Spuren des gekreuzigten Auferstandenen in der Literatur des 20. Jahrhunderts. Sie bringt auf ihre Weise die Dialektik von
Nähe und Distanz (vgl. Lk 24,31) zum Ausdruck. Die Dichter kommen
im äußersten Fall bis zur Wahrnehmung der Fremdheit, der Andersheit, des Geheimnisses dieser Gestalt, nicht zu einer Christologie. Be-
dingungslose Offenheit für den anderen, Solidarität des Gekreuzigten
mit den Leidenden – diese Motive finden wir auch in den Christusdar-
stellungen der bildenden Kunst dieser Zeit wieder. Die ganze Leidensgeschichte dieses Jahrhunderts wird im Kreuz dargestellt. Eine Erfahrung des Leidens, des Protestes wie der Hoffnung wird am Material
sichtbar gemacht, sie ist sinnlich gegenwärtig. Walter Jens spricht von
der Verweisungskraft der »analogia crucis« (Jens 1986, 54).

4.2 Das Kreuz im öffentlichen Bewusstsein

Durch das Kruzifix-Urteil des Bundesverfassungsgerichts, das Gefühle
einzelner Eltern höher bewertet als den Willen respektabler Mehrheiten, ist ein öffentlicher Streit um das Kreuz entstanden.
Was ist das Kreuz? Das Kreuz kommt als natürliche Form im menschlichen Skelett und im Körperbau zahlreicher anderer Lebewesen vor.
Es ist Ornament; es wird von vielen Jugendlichen (als Schutzzeichen)
um den Hals getragen. Es ist eindeutiges Zeichen (Rotes Kreuz). Als
»reales Ding« ist es der Marterpfahl, an dem im Römischen Reich politische Aufrührer hingerichtet wurden. Das Kreuz ist bereits seit prä-
historischen Zeiten in Höhlen nachweisbar; es ist weit verbreitet und
weist in den Symbolbedeutungen erhebliche Unterschiede auf (vgl.
dazu genauer Biehl 1993, 29ff). Es ist ein mehrschichtiges Symbol und

als solches kennzeichnend für Kunst und Religion. Das lateinische
Wort für Glaubensbekenntnis ist *symbolum;* es erinnert daran, dass die
ältesten Glaubensbekenntnisse Erkennungszeichen waren. In diesem
Sinne ist auch das Kruzifix Erkennungszeichen der Christenheit.
Im öffentlichen Bewusstsein, im heutigen Lebenszusammenhang ver-
mischen sich ohne klare Differenzierung mehrere dieser Bedeutungen.
Religiöse Lernprozesse haben die Aufgabe, das Fehlurteil einer einheitlichen Bedeutung zu überwinden und eine kritische Differenzierung zu ermöglichen. Im Blick auf das Kreuz Jesu ist zwischen dem
Kreuz als Geschichte, eindeutigem Zeichen und mehrschichtigem
Symbol zu unterscheiden.
In der Öffentlichkeit wird das Kreuz als Kreuz Jesu, der am Marter-
pfahl starb, nur wahrgenommen, wenn in ihr das »Wort vom Kreuz«
vernehmbar bleibt. Es macht die Macht der Realität des Todes mitten
im Leben erkennbar und verweist darauf, dass aus dem Tod dieses einen Menschen Leben entsteht. Das Wort vom Kreuz enthält eine
Kreuzestheologie, die schon im NT mehrstimmig entfaltet wird. C.-F.
Jörns hat eine kleine Phänomenologie von Motiven gegenwärtiger
Kreuzestheologie zusammengestellt, die wir aus religionspädagogischer Sicht erweitern.
Der Aspekt des Sühneopfers ist der Angelpunkt der Auseinandersetzung:
(1) In diesem Sühnegeschehen ist Gott der Gebende.
(2) Aufgrund des Opfers Jesu ist kein anderes Opfer mehr nötig und
sinnvoll.
(3) Der Stellvertretungsgedanke ist häufig anzutreffen, er kommt in
Variationen vor. Spezifisch ist das Motiv, dass Jesus einen Weg gegangen ist, den wir nicht gehen können und wollen. Das Kreuz ist der
»Ort der Erkenntnis«.
(4) Das Kreuz ist Zeichen der Nähe und der Begleitung. Bonhoeffers
Gedanke, dass Gott in Solidarität mit den Leidenden mit-leidet, hat ein
breites Echo gefunden.
(5) Am unbefangensten wird in Predigten und Liedern davon gesprochen, dass Gott sich am Kreuz Jesu finden lassen will, um Gemeinschaft zwischen Gott und unter den Menschen zu stiften.

Wir erweitern diese Darstellung im Blick auf religionspädagogische
Handlungsfelder:
(6) Die Befreiung vom Opferwesen ist von weitreichender religionspädagogischer Bedeutung. Heranwachsende sind in die Opferbezie-
hungen der Familien verstrickt. Sie müssen sich an deren Opferleis-
tungen für den Bau eines Hauses oder der Karriere beteiligen. Für viele
ist der Weg zur Schule oder zum Training für Hochleistungssport ein
»Opfergang«, weil sie den Prestigevorstellungen der Eltern folgen
müssen. Kinder werden Opfer des Verkehrs auf unseren Straßen. Die

Befreiung vom Opferwesen ist also durchaus pädagogisch relevant. Sühnevorstellung und Gemeinschaftserfahrung kommen in religionspädagogischen Entwürfen in einer gegenüber Predigt und Liedern, die von Jörns untersucht wurden, didaktisch veränderten Gestalt vor; das gilt auch für das Motiv der Stellvertretung. Kreuz als »Ort der Erkenntnis« bedeutet in religionspädagogischer Sicht auch Kritik an Ersatzreligionen und Idolen.

(7) Das Motiv der Begleitung und des Schutzes bleibt den Jugendlichen, die ein Kreuz als Anhänger tragen, meist unbewusst; es kann aber durch Reflexion bewusst gemacht werden.

(8) Eine große Rolle spielt in neueren Unterrichtseinheiten und Projekten das Kreuz Jesu als Zeichen neuen Lebens (das grünende Kreuz). Ohne Bezug auf Ostern bleibt die Kreuzestheologie der Uneindeutigkeit ausgesetzt. Dem Kreuz als solchem ist eine Heilsaussage nicht zu entnehmen. Ingolf U. Dalferth hat in seinem Beitrag »Das Wort vom Kreuz in der offenen Gesellschaft« verbreitete Verharmlosungstendenzen im Umgang mit der Kreuzesbotschaft benannt:

(1) Die *historische* Verharmlosung versteht das Kreuz ausschließlich als das letzte Ereignis in Jesu Leben. Es bleibt undeutlich, was dieses Kreuz von anderen unterscheidet.

(2) Die weit verbreitete *ethische* Verharmlosung versteht das Kreuz Jesu ausschließlich als Vorbild oder Modell einer Aufopferung für den Nächsten.

(3) Durch die *symbolische* Verharmlosung wird das Kreuz Jesu zu einem Zeichen für Leben und Ganzheit; es verliert den Bezug auf das Faktum der Kreuzigung Jesu.

(4) *Religiöse* Verharmlosung macht aus dem Kreuz einen Königsweg zu postmortaler Existenz, der unsere Überlebenssehnsucht befriedigt.

Diesen Tendenzen gegenüber ist das »Wort vom Kreuz« auf dem Markt der Meinungen in Predigt und Unterricht als öffentliche Wahrheit zu Gehör zu bringen (Dalferth 1997, 79). Verstehen wir das Kreuz als Symbol, so muss nicht die Vorstellung der Ganzheit im Hintergrund stehen. Es kann in »christologischer Gebrochenheit« auf das Faktum der Kreuzigung bezogen bleiben und Hoffnung wider alle Hoffnung zur Sprache bringen. Es ist christliches Symbol schlechthin, aber nicht als religiös verklärtes Bild (Ebeling 1979, 150f). Um den genannten Verharmlosungstendenzen entgegenzuwirken, ist eine sorgfältige Arbeit an den Kreuzestheologien der Evangelien und des Paulus erforderlich (vgl. dazu Johannsen, in: Becker 1997, 175-191; Weder 1981). – Der Sache nach wurde die Theologie des Kreuzes zum ersten Mal von Paulus entwickelt; der Begriff wird selbst wird erst bei Luther verwendet. Im 20. Jahrhundert tritt sie besonders bei Moltmann (1972) in das Zentrum der Theologie.

4.3 Zur Theologie des Kreuzes

Martin Luther

Luther hat die Bezeichnung *theologia crucis* (Theologie des Kreuzes) 1518 im Ablassstreit als Gegenbegriff zur *theologia gloriae* (Theologie der Herrlichkeit) geprägt. Er hat diese Bezeichnungen nicht ständig gebraucht, sie benennen aber treffend sein Verständnis von Theologie. Theologie des Kreuzes meint nicht ein Teilthema oder eine spezielle Art von Theologie, sondern das Kriterium und den Ort wahrer Theologie überhaupt. »In dem gekreuzigten Christus ist wahre Theologie und Gotteserkenntnis« (WA 1; 362,18f). Die Theologie des Kreuzes spricht von dem »gekreuzigten und verborgenen Gott« (ebd., 613, 23f). Die »Theologie der Herrlichkeit« ist philosophisch begründete scholastische Theologie, ist eine Gotteserkenntnis, die das Wesen Gottes durch Vernunft aus den Werken der Schöpfung wahrzunehmen versucht; sie steigt vom Sichtbaren zum Unsichtbaren empor und kennt nur den herrlichen Gott. Die Theologie des Kreuzes dagegen nimmt Gott am Ort seines Leidens wahr und steht im Zeichen des Widerspruchs. Sie zielt auf den rechten Umgang mit der Wirklichkeit, treibt in die existentielle Erfahrung der Anfechtung (Ebeling 1981, 259ff). Der unter dem Gegensatz verborgene Gott ist ihr Inhalt. Der verborgene Gott ist paradoxerweise der offenbare Gott.

Der Verborgenheit Gottes am Kreuz entspricht die Struktur des Glaubens als Verborgenheit unter dem Gegenteil: lebendiger Glaube ist angefochtener Glaube. Die Entdeckung der Kreuzestheologie und der Rechtfertigungslehre – beides Kriterien sachgemäßer Theologie – wurzeln in der christologischen Psalmenauslegung Luthers (1518/19).

Dietrich Bonhoeffer

1941 hält Rudolf Bultmann seinen berühmten Vortag über »NT und Mythologie«, den Dietrich Bonhoeffer in der Haft in Tegel liest; Bonhoeffer bemängelt, dass Bultmann die Probleme des religionslos gewordenen Christentums nicht radikal genug bedenke. Er stellt der existentialen Interpretation Bultmanns die »nichtreligiöse«, »weltliche« Interpretation an die Seite und erneuert in seinem ebenso berühmten Brief vom 16.7.1944 die Erkenntnis Luthers, dass Gott allein im Kreuz Christi erkannt wird. Beide Dokumente bestimmen die Diskussion der nächsten Jahrzehnte und sind Zeugnisse einer neuen Theologie des Kreuzes.

Gegenspielerin der theologia crucis ist nicht ein philosophisch begründetes Weltverständnis, keine »natürliche« Gotteserkenntnis, sondern das die gegenwärtige Wirklichkeitswahrnehmung prägende naturwissenschaftliche Weltbild, das ohne die Arbeitshypothese Gott auskommt. Wir können nicht intellektuell redlich sein, »ohne zu erkennen, dass wir in der Welt leben müssen ›etsi deus non daretur‹ (d.h. als ob es Gott nicht gäbe). Und eben dies erkennen wir – vor Gott! Gott selbst zwingt uns zu dieser Erkenntnis« (Bonhoeffer 1951, 241;

neu 394). Bonhoeffer nimmt nicht nur Bezug auf das moderne Welt-verständnis, sondern er interpretiert es theologisch. Er begreift nämlich die Abwesenheit Gottes als Voraussetzung der mündigen Welt. »So führt unser Mündigwerden zu einer wahrhaftigen Erkenntnis unserer Lage vor Gott. ... Der Gott, der uns in der Welt leben läßt ohne die Ar-beitshypothese Gott, ist der Gott, vor dem wir dauernd stehen. Vor und mit Gott leben wir ohne Gott« (ebd.).

Wir sollen Gott nicht in den ungelösten Fragen erkennen – so wendet er diese Einsicht ins Positive -, sondern in den gelösten Fragen will Gott begriffen sein (1951, 211, neu: 341). Bonhoeffer verbindet diese theologische Deutung der geschichtlichen Lage mit einer theologia crucis, die die Welt akzeptiert (»verheißungsvolle Gottlosigkeit«). Das eigentlich Zwingende an der Erkenntnis, dass wir in der Welt ohne Gott leben müssen, ist der Tod Jesu am Kreuz; denn hier lässt Gott sich aus der Welt herausdrängen. Gott ist ohnmächtig und schwach in der Welt und gerade so hilft er uns. Christus hilft nicht »kraft seiner Allmacht, sondern seiner Schwachheit« (ebd.). Nur der leidende Gott kann helfen. Durch seine Ohnmacht gewinnt er in der Welt Raum.

Hier liegt der Unterschied zur Religion; sie weist den Menschen in seiner Not an die Macht Gottes, die Bibel an sein Leiden und seine Ohnmacht. Gott ist auch als der in der Welt abwesende in ihr anwe-send, allerdings nicht als »ein Stück prolongierter Welt« (ebd. 259), als »Gott über uns«, sondern in der Dialektik von Nähe und Entzug. Seine Anwesenheit ist nicht ohne eine bestimmte Weise des Entzogenseins zu denken. Der Gott, der sich am Kreuz aus der Welt herausdrängen lässt, ist der Gott, der zur Welt *kommt*. Abwesenheit bedeutet nämlich nicht Beziehungslosigkeit; Abschied, Weggehen kann intensive Bezie-hung bedeuten (Jüngel 1977, 80).

Bonhoeffer deutet die Gottlosigkeit der Neuzeit christologisch. Gott ist nicht im 19. Jahrhundert durch die Religionskritik von Marx, Nietz-sche und Freud »gestorben«, sondern am Kreuz. Er holt die Rede vom Tod Gottes in die Theologie hinein. Gott-losigkeit wird nicht religiös verdeckt. Bonhoeffer sieht das Kreuz nicht als »Prinzip«; es ist viel-mehr konkrete Tat Jesu, sie erschließt das Kreuz – in Umkehrung allen menschlichen Seins – als Ort, an dem sich zeigt, dass Jesus für andere da ist (ebd., 239). Glaube ist das Teilnehmen an diesem »Für-andere-da-sein«. Als der »Mensch für andere« ist der Gekreuzigte der aus der Transzendenz lebende Mensch (ebd., 260). Mitten im Leben wird diese Transzendenzerfahrung gemacht; »mitten im Leben muss Gott erkannt werden«(ebd., 211).

Bonhoeffer verankert die Weltlichkeit der Welt in einer theologia cru-cis; er verbindet sie mit einem »Leben in echter Weltlichkeit« bzw. »tiefer Diesseitigkeit«.

Rudolf Bultmann

Bultmann setzt unter den Bedingungen der Moderne das Denken der Reformation konsequent fort. Gott entzieht sich der objektivierenden Sicht der Wissenschaft; die Unsichtbarkeit Gottes verbietet jeden direkten Zugriff, er kann nur gegen den Schein geglaubt werden. Daher sieht er in der radikalen Entmythologisierung eine »Parallele zur paulinisch-lutherischen Lehre von der Rechtfertigung ohne des Gesetzes Werke allein durch Glauben« (Bultmann 1952, 207), ihre konsequente Durchführung für den Bereich des Erkennens; denn sie beseitigt falsche Sicherheit, die Ausdruck des Unglaubens ist. Die rhetorisch gelungenen »Erledigt«-Sätze bringen dieses Interesse deutlich zur Sprache.

»Welterfahrung und Weltbemächtigung sind in Wissenschaft und Technik so weit entwickelt, dass kein Mensch im Ernst am neutestamentlichen Weltbild festhalten kann und festhält [...]. Erledigt sind damit die Geschichten von der Himmel- und Höllenfahrt Christi [...]. Erledigt ist durch die Kenntnis der Kräfte und Gesetze der Natur der Geister- und Dämonenglaube [...]. Die Wunder des Neuen Testaments sind damit als Wunder erledigt [...]. Man kann nicht elektrisches Licht und Radio benutzen [...] und gleichzeitig die Wunderwelt des Neuen Testaments glauben.«

Bultmann verbindet die historisch-kritische Methode mit der existenzialen Interpretation, die die Geschichte auf das in ihr eröffnete Existenzverständnis hin befragt. Er nimmt bewusst in Kauf, dass sich die mythologische Rede nicht vollständig in existentiale Begriffe auflösen lässt. Die Rede vom Handelns Gottes, die er bewusst festhalten will, bleibt als Ausdruck seiner Wort-Gottes-Theologie ein »mythologischer Rest«. Der Text zeigt daher eine durch die Kerygma-Theologie »gebrochene Moderne« (Bultmann 1951, 17f. 48). Bultmann konzentriert die Verkündigung des Evangeliums auf Kreuz und Auferstehung Christi, auf das »Wort vom Kreuz« (1Kor 1,18). Seine Theologie ist im Kern Kreuzestheologie.

Im »Wort vom Kreuz« sind Gericht und Gnade zusammengefasst; es verheißt neues Leben aus Gott. Durch das Wort vom Kreuz wird dieses zum Heilsereignis, zum eschatologischen Ereignis. Bultmann sieht das Kreuz nicht als isoliertes historisches Ereignis – das ist es auch; aber als solches wird es nicht in seiner Bedeutsamkeit verstanden (1951, 43). Erst durch die Verkündigung und durch die Übernahme durch den Glaubenden als eigenes wird das Kreuz zum Heilsereignis (vgl. ebd., 46). Diese Bedeutung ist dem Kreuz als historischem Geschehen »objektiv« nicht anzusehen. Erst durch das Wort gibt Gott ihm seine Bedeutung, sie wird durch die Übernahme, durch das sich »mit Christus kreuzigen lassen« (ebd., 42) gegenwärtig, nämlich als Existenzvollzug (»Entweltlichung«). Der Glaubende gibt das bisherige auf dem Sichtbaren, der Leistung beruhende Selbstverständnis preis und empfängt sein Leben neu. Der Osterglaube ist der Glaube an das Kreuz als Heilsereignis (1951, 46).

Die Auferstehung Jesu ist die Tat Gottes, »in der sich das Heilsgeschehen des Kreuzes vollendet« (ebd., 47). Der Auferstandene begegnet im Wort der Verkündigung, im »Wort vom Kreuz«.

Im Mitgekreuzigtwerden zerbrechen alle am Haben orientierten menschlichen Maßstäbe; der Mensch empfängt sein Sein aus Gott. Dadurch, dass wir in dieses Geschehen einbezogen werden, wird der Gedanke der Stellvertretung so radikal wie möglich zur Geltung gebracht.

Gegen eine Verharmlosung des Kreuzes durch seine Historisierung setzt Bultmann die Rede vom eschatologischen Ereignis: Es ist durch existentiellen Nachvollzug für den Glauben stets Gegenwart. Er denkt das »Christus für uns«, in dem nach Paulus das »Wir mit Christus« gründet, so eng zusammen, dass von einem objektiv anschaubaren Vorgang nicht mehr die Rede sein kann.

Dieser Ansatz hat Anhalt an der frühen Kreuzestheologie Luthers, wird aber von *Karl Barth* scharf kritisiert. In seiner Versöhnungslehre verfolgt er die Intention, konsequent die Härte des Kreuzes in den Gottesbegriff einzuzeichnen. Diese Intention lässt sich nur im Zusammenhang der Auferstehung Jesu erreichen. Sie ist neben dem Kreuz eine selbständige Tat Gottes, die ein »Wir mit Gott« in sich schließt. Versöhnung ist die von Gott selbst vollzogene Erfüllung seines Bundes mit dem Menschen, die endzeitliche Vollstreckung des göttlichen Willens an Israel und somit der ganzen Menschheit (KD IV/1, 135). Weil für Barth der gekreuzigte Jesus Ebenbild des unsichtbaren Gottes ist (KD II/2, 132), und »Gott in Christus« gedacht wird, konnte Barth von Gottes Leiden und Mitleiden am Kreuz des Sohnes sprechen. Eberhard Jüngel und Jürgen Moltmann haben den Gedanken vom »Tod des lebendigen Gottes« (trinitarisch) weiter entfaltet.

Jürgen Moltmann (I)

Der Tod Jesu am Kreuz ist für Moltmann das Zentrum der Theologie, nicht ihr einziges Thema, aber das Eingangstor zu christlichen Aussagen über Gott, Schöpfung, Sünde, Tod und Zukunft, denn die Hoffnung des Glaubens kommt von dem auferweckten Gekreuzigten her (Moltmann 1972, 189). Im Zentrum der Theologie steht nicht das isolierte Kreuz oder die isolierte Auferstehung, sondern die Auferweckung des Gekreuzigten.

Bei der Anlage des Buches geht er von der Kreuzestheologie Luthers aus (Thesen zur Heidelberger Disputation, 1518) und fragt sich, was das Kreuz des Sohnes für Gott selbst bedeutet. Für die abendländische Tradition war die Vorstellung vom leidenden Gott unüblich. Er entdeckte die jüdische Vorstellung vom »Pathos Gottes« und die Vorstellung des japanischen Theologen K. Kitamori vom »Schmerz Gottes«.

Bonhoeffers Satz »Nur der leidende Gott kann helfen« bekam neue Bedeutung. Aus diesen Quellen entstand seine »Christologie nach Auschwitz« (Moltmann 1985, 243-246).

Das Kreuz Jesu ist der Ort, von dem her er seine trinitarische Kreuzestheologie entwirft: Sie ermöglicht es, »Gott in Auschwitz« und »Auschwitz in dem gekreuzigten Gott« wahrzunehmen (Moltmann 1972, 267).

Der Höhepunkt des Buches ist die Auslegung einer Szene, von der E. Wiesel in »Night« erzählt:
»Die SS erhängte zwei jüdische Männer und einen Jungen vor der versammelten Lagermannschaft. Die Männer starben rasch, der Todeskampf des Jungen dauerte eine halbe Stunde. ›Wo ist Gott? Wo ist er?‹ fragte einer hinter mir. Als nach langer Zeit der Junge sich immer noch am Strick quälte, hörte ich den Mann wieder rufen: ›Wo ist Gott jetzt?‹ Und ich hörte eine Stimme in mir antworten: ›Wo ist Er? Hier ist Er ... Er hängt dort am Galgen...‹« (zit. ebd., 262).

Nach Moltmann wäre jede andere Antwort Blasphemie, es gibt auch keine andere christliche Antwort auf diese Qual. Gott würde zum Dämon, wenn man hier von einem absoluten Gott spräche. Kommt Gott in Jesus von Nazareth zur Welt, so geht er auch auf die Situation der Gottverlassenheit des Menschen ein. Er stirbt in Jesus den Verbrechertod am Kreuz. Hat Gott den Tod am Kreuz auf sich genommen, so hat er das ganze Leben und wirkliche Leben, wie es unter Tod, Gesetz und Schuld steht, angenommen. Ohne Grenzen und Bedingungen wird der Mensch in seinem Leiden, in Tod und Auferstehung Gottes hineingenommen. Es gibt nichts, was ihn aus der Situation Gottes zwischen dem Schmerz des Vaters, der Liebe des Sohnes und der Kraft des Geistes ausschließen könnte.

Gott im Kreuz wahrzunehmen und das Kreuz, das ausweglose Leiden in Gott zu erkennen, gehören in der trinitarischen Kreuzestheologie dialektisch zusammen. Von den stummen Opfern gilt im real übertragenen Sinne, dass Gott selbst am Galgen hing. Wie das Kreuz Christi ist auch Auschwitz in Gott selbst. Das bedeutet keine Rechtfertigung von Auschwitz. Gott in Auschwitz und Auschwitz im gekreuzigten Gott – das ist vielmehr der Grund für eine reale, weltumspannende wie weltüberwindende Hoffnung und der Grund für eine Liebe, die stärker ist als der Tod und das Tote festhalten kann (ebd., 267).

Wir halten mit Paulus fest:
Im Kreuz unterscheidet sich Gott heilsam von der Welt; das geschieht aber in dem Augenblick seiner tiefsten Berührung mit dem Tod. In *Wirklichkeit* ist das Kreuz das Zeichen der Ohnmacht Gottes in der Welt, ein Un-Zeichen. In *Wahrheit* ist dieses Un-Zeichen *das* Zeichen Gottes in unserer Welt (vgl. Weder 1981, 230). Im Kreuz treffen daher die Wirklichkeit unserer Welt und die Wahrheit Gottes zusammen.

Dorothee Sölle
Dorothee Sölle bezieht sich in ihrem Buch »Leiden«, das ein Jahr nach
Moltmanns »Der gekreuzigte Gott« erschienen ist, auf denselben Text
von Wiesel, interpretiert ihn jedoch von einer anderen theologischen
Position her. Das Recht einer christlichen Deutung dieser Szene kann
sich nur darin erweisen, dass sie diese unterstützt und klarer macht.
Die entscheidende Wende in Jesu Passionsgeschichte besteht darin,
dass dieser Jesus, den Gott verlassen hat, selber Gott wird. »Jesus
stirbt nicht als ein Kind, das weiter auf den Vater wartet. Das Eli, eli
.... ist ein Schrei des Erwachsenwerdens, der Schmerz dieses Schreis
der einer Geburt.« (Sölle 1973a, 180) Die Aufgabe, auf den Vater zu
verzichten, wird auch in der Geschichte von Wiesel geleistet. Der entscheidende Satz, dass Gott dort am Galgen hängt, hat zwei Bedeutungen. Es ist (1) eine Aussage über Gott. Gott ist kein allmächtiger Zu-
schauer, kein Henker und Tyrann. Gott ist auf der Seite der Opfer: Er
wird erhängt (ebd., 181). Es ist (2) eine Aussage über den Jungen. Wir
müssen die Aussage des römischen Hauptmanns »Wahrlich dieser ist
Gottes Sohn gewesen« auf jeden einzelnen von den sechs Millionen
beziehen; jeder ist Gottes Sohn gewesen. Anders hat sich auch damals
Auferstehung nicht vollzogen. Gott hängt am Kreuz. Gerade die Menschen, die das Leiden in ihr Leben einbeziehen, sind frei für die anderen, »Gott hat keine anderen Hände als *die unseren, die für andere
Kinder handeln können*« (ebd., 183).

Jürgen Moltmann (II)
Das traditionelle, philosophisch geklärte Gottesverständnis sprach Gott
Absolutheit, Leidensunfähigkeit und Unveränderlichkeit zu. Leidensunfähigkeit machte den Unterschied zwischen Gott und Mensch aus
(Apathieaxiom). Moltmann hatte in seinem Buch von 1972 das alte
metaphysische Apathieaxiom zu überwinden versucht. Der gottverlas-
sene Schrei, mit dem Jesus stirbt, wurde für ihn zum Kriterium für alle
Theologie, die christlich sein will.
In seiner »messianischen Christologie« (1989) setzt er neu an. Er stellt
das Leiden Christi jetzt in den apokalyptischen Horizont der Weltge-
schichte. Er versteht dieses Leiden als leidenschaftliche Hingabe an
Gott und sein Reich. Diese Leidenschaft hatte man bisher übersehen.
Das lateinische »passio« hat die doppelte Bedeutung von Leidenschaft
und Leiden. Jesus leidet in Stellvertretung für viele, in Solidarität mit
der ganzen Schöpfung (Moltmann 1989, 172f). Moltmann folgt dem
Grundsatz, dass Jesu Tod von der Auferstehung her interpretiert werden müsse.

Eberhard Jüngel (1971, 137) bringt diesen Sachverhalt zur Sprache, indem er in
der *Identifizierung Gottes mit dem toten Jesus* den Grund des Glaubens an die
Menschwerdung Gottes sieht. Damit wird Gottes Leben mit einem Toten eins. Er
erträgt im Tode Jesu die Berührung des Todes und schafft durch die Liebe neue

Verhältnisse. Durch die selbstlose Identifizierung des lebendigen Gottes mit dem toten Menschen Jesus offenbart Gott sein eigenes Wesen (ebd., 139f.).

Mit anderen Argumenten als Jüngel setzt sich Moltmann (1989, 207ff) energisch dafür ein, die Auferstehung nicht auf die heilsame Bedeutsamkeit des Kreuzes zu reduzieren, sondern sie in ihrem Mehrwert und ihrem Verheißungsüberschuss gegenüber dem Tod Christi wahrzunehmen, um von hier aus das Kreuz zu interpretieren (ebd., 208). Was in der Auferstehung Christi geschehen ist, ereignet sich auch in der Rechtfertigung des Gott-losen. Rechtfertigung ist mehr als Versöhnung; für Karl Barth wurde »Versöhnung« zum Verstehensrahmen der Christologie. Die Auferstehung wird dann auf das »Urteil des Vaters« reduziert; sie wird zur Legitimationskategorie für das Kreuz des Versöhners (KD IV/2, 158). Wird dagegen der Mehrwert der Auferstehung wahrgenommen, wird mit ihr eine neue Schöpfung verheißen. Der Prozess der Rechtfertigung Gottes und der Menschen umfasst folgende Elemente: Vergebung, Befreiung von der Macht der Sünde, Versöhnung der Gott-losen, neues Leben im Dienst an der Gerechtigkeit, Erbrecht auf die neue Schöpfung, Teilnahme an der neuen gerechten Welt Gottes durch leidenschaftlichen Einsatz für sie (Moltmann 1989, 211). Der Tod ist Gott nicht äußerlich geblieben; hat sich Gott mit dem toten Jesus am Kreuz »identifiziert«, muss er vielmehr in das Gottesverständnis selbst eingezeichnet werden (vgl. Jüngel). Das Kreuz Jesu ist kein Gipfelkreuz, sondern »Schrei aus der Tiefe« (ebd., 233). Die Erinnerung an das göttliche Leiden Christi eröffnet Zukunft. Mit dem Gedächtnis des Leidens erwächst Zukunft, die Verheißung künftiger Freiheit für alle (Metz 1977, 97).
»Durch die Kunde von der Auferstehung des gekreuzigten Christus und in der Erfahrung seiner Geistesgegenwart ... kommt die Hoffnung in die Welt, dass nicht die Tränen das Letzte sind« (Moltmann 1989, 234).
1972 hatte Moltmann im Anschluss an Barth und Jüngel durch *begrifflich-argumentative* Vermittlung das Leid in die trinitarische Gottesgeschichte hineingenommen (»Leid zwischen Gott und Gott«). 1989 verläuft die Darstellung näher in der von J.B. Metz vorgedachten Figur der Erzählung *»gefährlicher Erinnerung«*, aus der ein Wissen um die Zukunft erwächst, das sich aus der Erfahrung des Verheißungsüberschusses der Auferstehung auf die Suche nach neuen Formen eines lebenswerten Lebens begibt (vgl. Moltmann 1989, 226ff mit Metz 1977, 87ff).

Ingolf U. Dalferth
Wir waren von Ingolf Dalferths Kriterien, anhand derer sich Tendenzen zur Verharmlosung des Kreuzes erkennen lassen, ausgegangen. Seine eigene Position stellt sich jetzt nach dem Durchgang durch die

Problemgeschichte als eine Vermittlung und Weiterführung der Ansätze von Bultmann und Barth dar. Auch Dalferth geht von der theologia crucis des jungen Luther aus. »Kraft unserer Natur können wir nicht wollen, dass Gott Gott sei. Im Gegenteil, wir wünschen, dass wir selber Gott sind und Gott nicht Gott sei« (17. These gegen die scholastische Theologie von 1517). Nach biblischer Einsicht haben wir dadurch nichts erreicht als reales Sterben. Wir sind nicht Gott:

Die einzige Richtschnur, »die heute originell ist: leben und sterben lernen und, um Mensch zu sein, sich weigern, Gott zu sein ... Jeder sagt dem andern, er sei nicht Gott...« (Camus 1953, 248).

Dalferth betont wie Bultmann, das Evangelium sei nicht das Kreuz – das macht stumm –, sondern das »Wort vom Kreuz«; erst dieses führt zur Wahrnehmung von Gottes Gegenwart im Kreuz. Zu dieser Wahrnehmung gehört Gottes Verborgenheit als ein Modus seiner Gegenwart (vgl. Bonhoeffer). Die verborgene Gegenwart Gottes im Kreuz ist wirksame Gegenwart. Am Kreuz geht Gott auf unseren Urwunsch, dass wir sein wollen wie er, ein, und stellt alles auf den Kopf: Wir wollten unsterblich sein. Jetzt sind wir wie er, weil er am Kreuz wie wir wurde: Sterblich und ohne Antwort auf die Warum-Frage (Mt 27,46). Jesus starb mit einem lauten Schrei.
Erst das Wort vom Kreuz legt das Kreuz als alles veränderndes Heilsgeschehen aus. Das geschieht dadurch, dass es das Kreuz im Kontext des Lebens Gottes auslegt und unser Leben im Kontext dieser Auslegung des Kreuzes. Die Rede von der Auferweckung gehört in diesen Zusammenhang: Sie spricht die Wahrheit des Kreuzes in Gottes und in unserem Leben aus. Sie spricht damit nicht von einem anderen Ereignis neben dem Kreuz, sondern spricht vom Kreuz anders als unsere Erfahrungsperspektive nahelegt. Christliche Auferweckungsrede wird wie bei Bultmann unablösbar auf das Kreuz bezogen. Der Kontext des Lebens Gottes behält bei dieser Auslegung des Kreuzes einen Vorrang. Es zeigt, worin die Göttlichkeit Gottes besteht: Nicht in allmächtiger Selbstdurchsetzung, sondern in *»ungeschuldeter Selbsterniedrigung um unserer willen«* (Dalferth 1997, 63f). Diese vorbehaltlose Selbstlosigkeit zu unseren Gunsten nennt Johannes Liebe, Paulus Gerechtigkeit. Wo wir durch das Wort vom Kreuz in ein praktisches Lebensverhältnis zu Gott geraten, vollzieht sich ein fundamentaler Ortswechsel vom Tod zum Leben. (ebd., 65). »Stellvertretung« meint diesen »fröhlichen Wechsel«, dass Christus durch seinen Tod unsere Sünde, unsere Gott-losigkeit übernimmt und uns dafür seine Gerechtigkeit schenkt (Härle 1995, 334).

4.4 Religionspädagogische Konsequenzen

»Kreuz« ist wie »Rechtfertigung« nicht nur zentrales Thema religiöser Lernprozesse, sondern zugleich theologisches Kriterium sachgemäßer religionspädagogischer Theoriebildung. Insbesondere verstärkt die Kreuzestheologie die Ideologiekritik. Moltmann hat zu vor allem die Kritische Theorie zu seinem Gesprächspartner bei der Entwicklung seiner Konzeption gewählt (vgl. Moltmann 1972, 10).

Kreuzestheologisch radikalisierte Ideologiekritik
Das Kreuz Jesu ist die Bedingung der Möglichkeit theologischer Religions- und Ideologiekritik. Religiöse Symbole z.b. haben die Tendenz, sich von der Geschichte zu lösen und die Wirklichkeit zu überhöhen. Sie werden zum Klischee, Idol oder Fetisch. Auch das Kreuz Jesu kann sich aus seiner geschichtlichen Verankerung lösen und zum religiösen Ganzheitssymbol werden (vgl. Dalferth). Daher hält gerade die Befreiungstheologie an der Realität des Kreuzes fest. Die harte Realistik des Kreuzes Jesu wirkt dieser Tendenz zur symbolischen Verflüchtigung seines Ärgernisses entgegen. Bleibt das Kreuz Jesu mit der sozialen Realität verbunden, kann es als Symbol das Zur-Welt-Kommen Gottes verbürgen, seine Nähe und seinen Entzug und zum Kriterium werden, an dem sich die Wahrheit des christlichen Symbolsystems bemisst, und zwar als Hoffnungssymbol mitten in der Matrix der Leidensgeschichte.
Die dialektisch-ideologiekritische Methode steht im Verbund mit hermeneutischen und empirischen Methoden. Sie ist eine religionspädagogische Denk-Methode, die im Interesse der Befreiung über das jeweils Gegebene hinausfragt. Ohne Vorgriff auf die Zukunft ist religionspädagogisches Handeln nicht möglich. Das setzt eine Verständigung darüber voraus, welche Zukunft wünschbar ist, eine Antizipation einer Welt, wie sie sein *könnte*. Der Wirklichkeit wird ein Mehr an Möglichkeiten zugeschrieben und in der Wirklichkeit produktive Möglichkeiten der Veränderung entdeckt. Die Methode ist also keine formale, sondern eine inhaltlich qualifizierte Methode, sie deckt Wahrheit und Falschheit in der Erziehungs- und Bildungswirklichkeit auf. Sie setzt eine Kritik frei, die sich auch auf sie selbst richtet, so wie sie Selbstwidersprüche in Gesellschaft und im Bildungssystem wahrzunehmen hilft.
Sie ist auf die Antizipation des verheißenen Reiches Gottes wie auf die »gefährliche Erinnerung« (Metz) der Passion Jesu angewiesen.

Didaktische Realisationsmöglichkeiten
Um an der Realität des Kreuzes festzuhalten, bieten sich projektartige Vorhaben an, die das Wort vom Kreuz am Material (Stein, Leinwand, u.a.) sichtbar machen.

In einem Symbol-Seminar erhielt die Gruppe eine Materialsammlung, aus der sie frei auswählen konnte, um darzustellen, wie sie sich ihr Kreuz vorstellten. Die Werke wurden gemeinsam interpretiert.

Es entstanden zum Teil Kunstwerke. Zum Beispiel eine in Stricken gebundene brennende Kerze am Marterpfahl; das Wachs verströmte, die Flamme »befreite« von den Banden. Das Kreuz als dynamisches Symbol. Die Interpretationen, zuerst vom »Künstler«, dann von der Gruppe sprachen von Befreitsein, Licht und Finsternis, von Opfer und Liebe. Es wurden überraschend neue Einsichten angestoßen.
In einer 10. Realschulklasse fanden wir die Darstellung »der Helm des gekreuzigten Jesus in der Medikamentendose«; das Kreuz auf dem Helm soll darstellen, dass er uns hilft und rettet. Außerdem hält er den Schlüssel des Lebens in der Hand. Der Impuls lautete »Kreuz Christi ist für mich wie ...«

Wir gestalten einen »Schüler-Kreuzweg«, der zur Für-Klage Anlass gibt; auch das Leiden an der Schule kommt zur Sprache.
In einer Konfirmandengruppe bearbeiten die Teilnehmer einen rissigen, angebrannten Balken, der zu einem Kreuz zusammengeschraubt wird. Der Riss wird wie eine Wunde behandelt; er wird mit Erde und Weizenkörnern aufgefüllt. Nach einer Woche, in der die Erde begossen wurde, wird aus totem Holz ein grüner Baum. Joh 12,23f gibt einen Hinweis darauf, warum gerade Weizen genommen wurde. Wir ziehen zum Vergleich die Kreuzigungsszene aus der Bernwardstür (um 1015) im Dom zu Hildesheim heran: Das Kreuz treibt Knospen.
Eine Gruppe fotografiert Kreuze in den Kirchen der Region.
Workshoparbeit mit Kurzfilmen: »Espolio« oder »Mr. Pascal« oder mit den Kreuzigungs- und Auferstehungsszenen der Spielfilme »Jesus von Montreal« und »Das 1. Evangelium Matthäus«.

4.5   Arbeitshinweise

1. Versuchen Sie eine Rechenschaftsabgabe über Ihre eigenen Vorstellungen vom Kreuz Jesu, indem Sie diese anderen erläutern.

2. Interpretieren und diskutieren Sie den Brecht-Text »Karfreitag«.

3. Vergleichen Sie die Kreuzigungsszenen der Evangelien und arbeiten Sie die spezifische Eigenart der Theologie heraus. Ordnen Sie vier Darstellungen der abendländischen Malerei diesen Theologien zu.

4. Erarbeiten Sie den zeitgeschichtlichen Kontext (des Bonhoeffer-Textes aus »Widerstand und Ergebung«, z.B. an der Biografie von Eberhard Bethge). Suchen Sie anthropologische Parallelen zu dem Sachverhalt, dass Weggang, Entzug nicht Beziehungslosigkeit bedeutet, dass zur Begegnung mit anderen Menschen eine bestimmte Weise

des Entzogenseins gehört. Erörtern Sie die These: Gottes Gegenwart kann nur unter Berücksichtigung seiner Verborgenheit wahrgenommen werden (Bonhoeffer: »Der Gott, der mit uns ist, ist der Gott, der uns verlässt.«)

5. Bultmann will durch seine Interpretation das eigentliche Ärgernis des Kreuzes wieder zur Geltung bringen. Worin liegt dieses Ärgernis? Für Bultmann ist der Glaube ein konstitutives Element des Heilsgeschehens. Er konzentriert die Interpretation daher auf das Mitgekreuzigtwerden. Entspricht diese Konzentration des »für uns« auf den Mitvollzug (»mit ihm«) der paulinischen Theologie? (Ziehen Sie zur Überprüfung dieses Sachverhalts Bultmanns Theologie des NT, § 33, heran).

6. Vergleichen Sie die Interpretation des Textes aus E. Wiesel »Night« bei Moltmann und Sölle. Wie lässt sich die Gottesvorstellung bei Moltmann und Sölle charakterisieren? Wie wird das Verhältnis Mensch-Jesus-Gott gedacht? Worin sehen beide die Möglichkeit zur Veränderung?

7. Nach Sölle hat sich im Rückblick ihre eigene Kreuzestheologie in drei verschiedenen Schritten vollzogen:
(1) Die Rede vom »Tod Gottes« bedeutet, den Gedanken von der Allmacht Gottes bewusst aufzugeben. Angesichts von Auschwitz ist die Annahme der Allmacht Gottes eine Häresie.
(2) Aus dieser Kritik entwickelte sie eine Position, in der das Kreuz Christi im Mittelpunkt steht, die Bejahung der gewaltlosen Ohnmacht der Liebe: Gott wird Mitleidender.
(3) Eine dritte Position denkt die Auferstehung Christi und unser Herauskommen aus dem Tod als Teilhabe an Gottes Macht (es gibt gute, weil geteilte Macht, Sölle 1990, 244f). Ordnen Sie den Text aus »Leiden« in diese Entwicklung ein.
Sehen Sie Beziehungen zu den Beispielen aus der Literatur (vgl. Teil 1)?

8. Für Bultmann ist das Bekenntnis »Jesus ist auferstanden« ein Reflexionsurteil des Glaubens, gleichsam die Rückseite des Kreuzes. Welche theologischen Gründe sprechen dafür, mit Moltmann das Kreuz vom Verheißungsüberschuss der Auferstehung her zu interpretieren?

9. Worin liegt Ihrer Meinung nach die religionspädagogische Bedeutung der mit der Kreuzestheologie verbundenen Opferthematik? Das Kreuz Jesu bedeutet das Ende des Opferwesens. Im Blick auf welche Situationen kann diese Einsicht didaktisch zum Austrag kommen?

10. Entwerfen Sie einen »Baustein« zu einer möglichen Unterrichts-
einheit zum Thema »Kreuz« mit Hilfe eines literarischen und biblischen Textes, eines Bildes oder einer Plastik.

5. Rechtfertigung und Anerkennung

5.1 Die Suche nach Anerkennung

Erste Szene

»Ich [...] habe dort eine Frau kennengelernt. *Er lächelt.* Hätte es nicht mehr für möglich gehalten, dass mir so etwas noch passieren würde, aber wir haben uns ziemlich angefreundet. Sie kommt übrigens heute Abend hier an. [...] Unter uns: ich weiß nicht recht, ob ich die Kraft habe, sie aufzugeben, aber der Gedanke, mich wieder zu binden, hat etwas Ungeheuerliches [...]. Nun ja, gut, aber sieh dir mein Leben an. Ich habe zwei Scheidungsurkunden in meinem Safe liegen – das genügt für ein Leben. *Dreht sich um und wirft Holga einen Blick zu.* Offengestanden, ich hab ein bisschen Angst [...]. Was und wen hab ich ihr eigentlich anzubieten? *Er setzt sich wieder und beugt sich vor.* Weißt du, worauf ich in letzter Zeit gekommen bin? Ich habe das Leben immer als eine Art Gerichtsverfahren betrachtet, als eine ewige Beweisaufnahme. Wenn man jung ist, will man beweisen, wie mutig man ist oder wie klug, dann, was für ein guter Liebhaber, dann, was für ein guter Vater, und schließlich, wie weise und mächtig man ist, oder was-weiß-ich. Und das alles nur, weil man unbewusst von einer falschen Voraussetzung ausging, nämlich, dass der Weg irgendwie nach oben führen muss, irgend einem höheren Urteilsspruch entgegen, durch den man – weiß der Himmel – entweder freigesprochen oder schuldig erklärt wird. Jetzt weiß ich, dass die Katastrophe für mich in dem Augenblick begann, als ich einmal aufsah – und der Richterstuhl leer war. Kein Richter weit und breit. Und was blieb? Nichts als endloses Selbstverhör – ein sinnloser Prozess, der vor einem leeren Richterstuhl geführt wurde. Was natürlich nichts anderes ist als eine Umschreibung des Wortes »Verzweiflung«. Und natürlich kann auch Verzweiflung eine Lebensform sein, man muss nur an sie glauben, man muss sie akzeptieren und an sein Herz drücken und weitermachen. Stattdessen habe ich nichts damit anfangen können [. .].«

(Miller 1967, 8f)

Wir verstehen den Text als Alltagsgeschichte, nicht als Ausschnitt aus einem literarischen Kunstwerk. Auffällig ist die Fülle forensischer (forensisch lat. = gerichtlich) Begriffe die im Text vorkommen: Gerichtsverfahren, Beweisaufnahme, Urteilsspruch, Richterstuhl. Beim Begriff des Richterstuhls klingt die Vorstellung vom Richterstuhl Christi (2Kor 5,10) nach; sonst finden wir eine säkulare Sprache vor. Die Suche nach Anerkennung ist für den Betroffenen lebensnotwendig. Zunächst wird sie durch Bewunderung gewonnen (wie klug, wie mutig, wie mächtig man ist). Nach der Katastrophe ist die Depression die Kehrseite der Anerkennung durch Grandiosität. Sie ist Signal des Selbstverlustes, der Leere, der Sinnlosigkeit. Theologisch von Bedeutung ist der Sachverhalt, dass auch nach dem Zerbrechen der infantilen Gottesvorstellung die Struktur der Verantwortlichkeit des Menschen vor einer letzten Instanz (Luther: coram-Struktur) bleibt. Die Instanz wird in den Menschen selbst hineinverlegt: Dadurch tritt der Selbstverlust umso schärfer zutage. Befreiung könnte darin liegen, die Verzweiflung als Lebensform zu akzeptieren. Diesen Mut aber kann der Mann nicht aufbringen.

In diesem Text wird der Zusammenhang von Rechtfertigung und Anerkennung wahrnehmbar. Die Suche nach Anerkennung wird darauf zurückgeführt, dass er das Leben als ständige Beweisaufnahme versteht. Die Rechtfertigung als Beweisaufnahme ist notwendig, wenn sich etwas nicht mehr von selbst versteht. Dieser Mann rechtfertigt sein Verhalten angesichts der Krise, in die er geraten ist. Es geht bei diesem Versuch der Beweisaufnahme um ihn selbst. Sie vollzieht sich vor irgendeiner Instanz. Es geht um letztinstanzliche Anerkennung. Diese ist notwendig, weil sein Personsein von Anerkennung abhängt. Als Person sucht der Mensch die Anerkennung seiner selbst (Jüngel 1999, 6).

Zweite Szene

»Dem Monteur Josef Bloch, der früher ein bekannter Tormann gewesen war, wurde, als er sich am Vormittag zur Arbeit meldete, mitgeteilt, dass er entlassen sei. Jedenfalls legte Bloch die Tatsache, dass bei seinem Erscheinen in der Tür der Bauhütte, wo sich die Arbeiter gerade aufhielten, nur der Polier von der Jause aufschaute, als eine solche Mitteilung aus und verließ das Baugelände.« (Handke 1978, 7)

Es wird eine Erfahrung beschrieben, in der der spätere Untergang des Josef Bloch vorweggenommen ist. Der bekannte Tormann hat als Monteur nur noch eine sekundäre Existenz; jetzt wird ihm auch die noch genommen. Die Nichtbeachtung durch die Arbeiter versteht er als Zeichen der Entlassung. Sie würdigen ihn keines Blickes mehr, sie verweigern ihm das Ansehen. Ein entzogener Gestus erzeugt in der sprachlos gewordenen Situation Angst.

Diese Szene bestätigt die These, dass der Mensch um des Ansehens seiner Person wegen nach Anerkennung verlangt. Versagte Anerkennung beschädigt das Leben nachhaltig.

Dritte Szene

Ein auszubildender Bauschlosser spricht im Wohnheim mit dem Heimleiter. Zunächst hören sie nur Musik: dann erzählt er von den Schwierigkeiten in der Berufsschule, im Betrieb. Mitten in der Erzählung dieser Satz: »Was muss ich eigentlich tun, damit ich bei den Mädchen so ankomme wie ich das im Kino immer sehe?« Im Heim wurde er wegen seiner abstehenden Ohren gehänselt.

Die Frage nach Anerkennung war nur wenig verschlüsselt. Der Hinweis auf die vorbehaltlose Anerkennung durch Gott ist in dieser Situation pädagogisch nicht überzeugend, daher auch theologisch nicht sachgemäß. Das Evangelium von der voraussetzungslosen Anerkennung muss zugleich *sozial vermittelt* werden. Das Evangelium hängt nicht von bestimmten Bedingungen ab, ist durch ein Klima wechselseitiger Anerkennung nicht machbar; Rechtfertigung ist das letzte Wort, das Gott gesprochen hat und sprechen wird. Aber es gibt die *Wegbereitung* im Vorletzten. »Der Hungrige braucht Brot, der Obdachlose Wohnung, [...] der Sklave Freiheit« (Bonhoeffer 1975, 145), der Einsame Freundschaft.

5.2 Erschließungssituationen der Erfahrung der Rechtfertigung durch Gott

Die Bekehrung des Paulus: ein neues Verständnis der Gerechtigkeit Gottes

»Wenn ein anderer meint, auf äußere Vorzüge vertrauen zu können, ich kann es noch mehr: am achten Tage beschnitten, aus dem Volk Israel, dem Stamm Benjamin, Hebräer von Hebräern, dem Gesetz nach ein Pharisäer, dem Eifer nach ein Verfolger der Kirche, der Gesetzesgerechtigkeit nach untadelig. Aber was mir einst Gewinn war, das habe ich um Christi willen als Schaden angesehen: Ja, ich sehe sogar alles als Schaden an wegen der überragenden Bedeutung der Erkenntnis Christi Jesu, meines Herrn. Seinetwillen ließ ich mich um alles bringen und halte ich es für Dreck, damit ich Christus gewinne und in ihm erfunden werde.« (Phil 3,4-9)

Wir ziehen zum Vergleich Gal 1,13-17 heran. Paulus spricht wie Phil 3 in einem Rückblick von seinem Gesetzeseifer, in dem er die christliche Gemeinde verfolgte (Gal 1,13f). Dann folgt die Wendung:

»Als aber (Gott), der mich von Mutterleib ausgesondert hat, beschloss, seinen Sohn in mir zu offenbaren, damit ich die Botschaft von ihm unter den Heiden verkündigte, beriet ich mich nicht mit Fleisch und Blut (d.h. irgend einem Menschen), sondern zog fort in die Arabia und wandte mich wieder nach Damaskus« (Gal 1, 15-17).«

Paulus führt die Schlüsselerfahrung auf eine *Christophanie*, eine Vision des auferstandenen Gekreuzigten zurück. Er beschreibt seine Berufung Gal 1,15f mit Anklängen an prophetische Berufungen (vgl. Jes 49,1) und bezeichnet die Wende als »*Offenbarung* Jesu Christi« (vgl. Gal 1,12). Diese Auslegung der Schlüsselerfahrung des Paulus, die

zum Durchbruch eines neuen Verständnisses der »Gerechtigkeit Gottes« führt, erfolgt im Abschnitt »Erfahrung und Offenbarung« (vgl.
73).

Das sog. Turmerlebnis Luthers: Die Unterscheidung zwischen ›akti-
ver‹ und ›passiver‹ Gerechtigkeit
Luther schreibt in seinem Selbstzeugnis von 1545 über seine Entwicklung zum Reformator in den entscheidenden Jahren um 1517. Im Jahre
1519 war er von der unglaublichen Sehnsucht befangen, den Verfasser
des Römerbriefs kennen zu lernen. Er hatte nämlich den Satz in Röm
1,17 nicht verstanden. Er hatte wie alle Theologen vorher Gerechtigkeit als ›formale‹ oder. ›aktive‹ Gerechtigkeit verstanden, vermöge
derer sich Gott als gerecht erweist, indem er die Sünder als die Ungerechten bestraft.
Nach tage- und nächtelangem Nachsinnen hat sich Gott seiner erbarmt.
Er nahm den inneren Zusammenhang der beiden Stellen wahr. »Die
Gerechtigkeit Gottes wird im Evangelium offenbar.« Und wiederum:
»Der Gerechte lebt durch seinen Glauben.«

»Da fing ich an die Gerechtigkeit Gottes zu begreifen, kraft deren der Gerechte aus
Gottes Gnade selig wird, nämlich durch den Glauben: dass die Gerechtigkeit Gottes, die durch das Evangelium offenbart werde, in dem *passiven Sinne* zu verstehen ist, dass Gott in seiner Barmherzigkeit uns durch den Glauben rechtfertigt, wie
geschrieben steht: ›Der Gerechte lebt aus Glauben‹.
Nun fühlte ich mich geradezu wie neugeboren und glaubte, durch weit geöffnete
Tore in das Paradies eingetreten zu sein. Ich ging dann die Heilige Schrift durch,
soweit ich sie im Gedächtnis hatte, und fand in anderen Wendungen den entsprechenden Sinn: so ist das ›Werk Gottes‹ dasjenige, was Gott in uns wirkt, die ›Stärke Gottes‹ das, wodurch er uns stark macht, die ›Weisheit Gottes‹, durch die er uns
weise macht und so ist auch die › Kraft Gottes‹, das ›Heil Gottes‹, die ›Ehre Gottes‹ aufzufassen.« (Sauter 1989, 33-35)

Luther blickt 1545 auf die Schlüsselerfahrung, die zum reformatorischen Durchbruch führte, zurück. Es handelt sich um eine exegetische
Entdeckung. Sie bestand in der Unterscheidung zwischen ›passiver‹
und ›aktiver‹ Gerechtigkeit. Die aktive Gerechtigkeit ist die gesetzli-
che Gerechtigkeit, in der Gott jedem das Seine gibt. Durch die Beziehung von Evangelium und Glaube erhält die Gerechtigkeit eine neue
Bedeutung. Das Evangelium ist nicht nur informative Anrede, sondern
schöpferischer Zuspruch. Es ist das Wort, in dem Gott selber zugunsten des Menschen spricht. Im Evangelium wird offenbar, dass ›Gerechtigkeit Gottes‹ die Gerechtigkeit meint, die den ungerechten Menschen gerecht spricht. ›Gerechtigkeit Gottes‹ ist die passive Gerechtigkeit, in der Gott aus Gott-losen Gerechte macht; sie wird im Glauben
empfangen. Im Unterschied zur gesetzlichen Gerechtigkeit meint die
im Evangelium offenbar werdende Gerechtigkeit die Gerechtspre-

chung des Menschen. Es handelt sich um einen forensischen Akt. Das Urteil ›gerecht‹ gilt nur im Blick auf den, der gerecht spricht, es hängt nicht von der Beschaffenheit dessen ab, der gerecht gesprochen wird. Im paradoxen Gegensatz zur Wirklichkeit des Gott-losen wird Gerechtigkeit als die »fremde Gerechtigkeit« zugesprochen; denn sie ist Christus zu eigen (vgl. Ebeling 1977, 182ff, 195ff). Im Unterschied zu einem Verständnis von Gerechtigkeit, als einem Entsprechen von gesetzlichen Vorgaben in der Lebensführung, kommt die passive Gerechtigkeit, durch die Gott gerecht spricht, der Veränderung des Lebens zuvor. Das forensische Urteil hat »effektive« Kraft. Es erwirkt die unwiderrufliche und definitive Anerkennung des Menschen vor Gott. Als eine wirkmächtige Gabe konstituiert Rechtfertigung und nicht das eigene Handeln die Person. Die Rechtfertigung bleibt der Lebensführung (Heiligung) vorgeordnet und es führt kein Weg vom Werk zur Person. Insofern gilt, dass der Glaube die Person macht und die Liebe dem Glauben folgt. (vgl. Jüngel 1999)

5.3 Ansätze zur Neuinterpretation der Rechtfertigungslehre im neuzeitlichen Lebenszusammenhang

Rechtfertigung und die Frage nach dem Sinn des Lebens
Paul Tillichs neue Deutung der Rechtfertigungslehre
Tillichs Neuinterpretation verläuft in drei Schritten und wird jeweils radikaler:
(1) Die Frage, auf die die Rechtfertigungslehre antworten muss, ist die nach der Gewissheit unserer Existenz. Worin liegt der Grund?
Der Mensch versucht durch das, was er leistet, seinem Leben selbst einen festen Grund zu geben. Gewissheit entspringt aus dem, was er aus sich gemacht hat. Die Rechtfertigungbotschaft besteht in einem radikalen »Nein« gegenüber jedem Versuch, die Existenz auf diese Weise gegen Bedrohtheit zu sichern. Kommt es trotz der Bedrohtheit der Existenz zu der unableitbaren Erfahrung der Gewissheit, dann ist das eine Folge der Offenbarung Gottes als des verlässlichen Grundes dieser Existenz (Identitätsgewissheit). Nur aus der geoffenbarten »Perspektive Gottes« kann die Wahrheit des Lebens erkannt werden, dass Gott für das Personsein des Menschen aufkommt.
(2) Eine spezifisch neuzeitliche Deutung bringt Tillich zur Geltung, wenn er das Prinzip der Rechtfertigung durch den Glauben nicht nur auf das Problem der Existenzgewissheit, sondern auch auf den Bereich des Denkens anwendet. Gott rechtfertigt auch den Zweifler. Jedem ernsten Zweifler liegt nach Tillich der Glaube an die Wahrheit zu Grunde. Gerade der Zweifler zeigt eine nicht zu stillende Leidenschaft für die Wahrheit. Die Wahrheit, die er sucht, ist aber schon die Voraussetzung des Zweifelns und des Verzweifelns. Weil die Zweifler in

der Wahrheit stehen, sind sie in ihrem Denken gerechtfertigt. Es ist ein Paradox, »dass der, der Gott ernstlich leugnet, ihn bejaht« (Tillich, GW VII, 14f).

(3) In »Mut zum Sein« spitzt Tillich die Deutung noch weiter zu. Der Argumentation liegt eine Analyse des Mutes zu Grunde. Er hat die Situation der Sinnlosigkeit im Blick, wie sie in dem Text von A. Miller (erste Szene) beschrieben wird. Der Verzweifelte muss in der Situation bleiben, er kann sie nicht überspringen, sondern muss sie als gegeben anerkennen. Der rechtfertigende Glaube besteht in dem Mut, der Sinnlosigkeit ins Gesicht zu sehen, der Sinnlosigkeit standzuhalten. »Der Mut partizipiert an der Selbstbejahung des Seins selbst« (Tillich 1954, 130; vgl. Zahrnt 1968, 434ff). Tillich spricht von einem »absoluten Glauben«; dieser hat keinen Inhalt mehr; er ist bloße Erfahrung des Bejahtseins.

Tillich wagt sich in diesem dritten Versuch an die äußerste Grenze. In dieser Situation ist der Sinn des Lebens reduziert (ebd., 127); aber der Zweifel ist selbst ein Akt des Lebens. Bedingt durch die äußerste Zuspitzung theologischen Denkens, ist die Lösung eigentümlich abstrakt. Als durchgängiges Moment aller Deutungsversuche hat sich die Bejahung herausgestellt. Das Ja ist das Urwort, dem sich alles nichtgöttliche Sein verdankt. »Das menschliche Ja bejaht also immer schon von Gott bejahtes Sein« (Jüngel 1999, 89), bejaht das Bejahtsein, wie Tillichs Formel lautet.

Sinn als Gnade und Sinn als Leistung (Helmut Gollwitzer)
Nach Gollwitzer geht es bei der Sinnfrage um nichts anderes als um die Rechtfertigung unseres Lebens. Luthers Frage (»Wie kriege ich einen gnädigen Gott«) und die heutige Frage nach dem Sinn des Lebens sind austauschbar. Die Sinnfrage dürfe allerdings nicht auf die Zweckhaftigkeit des Handelns reduziert werden. Es ist vielmehr eine fundamentale Unterscheidung notwendig zwischen einer Rechtfertigung unseres Daseins durch unsere Handlungen und einer Rechtfertigung unseres Lebens, die uns vor aller Aktivität gründet, einer vorgängigen Sinngebung, die unserem Dasein als solchem gilt. Die zentrale These lautet: Sinnempfang rangiert vor Sinnleistung (Gollwitzer 1971, 79). Diese These lässt sich anthropologisch im Blick auf unsere Erfahrungen in der frühen Kindheit verifizieren. Die Erfahrung des Kindes ist: Ich erfahre mich als gerechtfertigt und bejaht. Dieses Bekommen geht allen meinen Leistungen voran. Dass diese Erfahrung für das *ganze* Leben maßgeblich ist, ist die paradoxe Behauptung des christlichen Glaubens. Die Erfahrung von Sinn ist wie Erfahrung von Anerkennung sozial vermittelt. Das Kind macht diese Erfahrungen in den Beziehungen zu hinlänglich guten Eltern; diese Erfahrung der Bejahung, die das Kind erfährt, ist durchmischt mit anderen Motiven (das Kind stellt einen bestimmten Wert dar). Der christliche Glaube bringt demgegen-

über das Mehr-noch der Verheißung zur Sprache: Was uns in zwischenmenschlichen Beziehungen nur eingeschränkt zuteil wird, das wird uns durch Gott rein, radikal und wirklich bedingungslos zugeeignet: Sinnzuteilung vor und unabhängig von dem, was wir zu bieten haben (ebd., 80f). Freiheit ist dementsprechend der Ausgangspunkt des Menschen.

Gollwitzer nennt für die Erfahrung der Rechtfertigung anthropologische Entsprechungen. Sinnerfahrung ist als sozial vermittelt gedacht, wird aber dem Glauben nach überboten.

Gollwitzer bezieht die Sinnfrage auf das Personsein des Menschen, das wir empfangen und das dem Handeln vorausliegt. Eine Reduktion der Sinnfrage auf die Zweckhaftigkeit des Handelns hält er für verhängnisvoll, weil sie das Leben auf zweckhafte Tätigkeiten und den Sinn des Lebens auf den Nutzen des Lebens reduziert. (vgl. Gollwitzer 1971, 75). Im Unterschied zu Gollwitzer sehen Gerhard Sauter (1982) und Eberhard Jüngel keine Anknüpfungsmöglichkeit an die Sinnfrage. Jüngel erachtet die Sinnfrage als eine grundsätzlich »anthropozentrische« Kategorie. Um leben zu können, postuliert der Mensch Sinn. Sinn ermöglicht so seine Handlungsfähigkeit. Im Horizont der Sinn-Frage komme der Mensch als Täter in den Blick. Die Rechtfertigungslehre macht dagegen die Frage nach dem *Sein* des Menschen thematisch; ihr korrespondiert die Frage nach der *Wahrheit* des menschlichen Lebens, nicht die nach dem Sinn (Jüngel 1999, 223). Gleichwohl habe die Rechtfertigungslehre mit der sog. Sinnfrage zu tun; ein Leben ohne Rechtfertigung sei sinnlos. Der Glaube erfüllt aber nicht das Bedürfnis nach Sinn, sondern funktioniert das Bedürfnis um.

Die anthropologische und gesellschaftliche Dimension der Rechtfertigungslehre
Rechtfertigung und Anthropologie (Wenzel Lohff)
Für Lohff hat die Zumutung des christlichen Glaubens, sich auf einen Grund einzulassen, der *gegeben* ist und der Hingabe ermöglicht, ihre anthropologische Entsprechung in der Einsicht, dass zur Ausbildung menschlicher Identität dem Menschen Möglichkeiten zur Identifikation in personaler Annahme angeboten werden (»Urvertrauen«). Die fundamentale Bedeutung des Angenommenwerdens als Voraussetzung heilsamer Gestaltung des Lebens wird auch von den Humanwissenschaften vielerorts erkannt. Indem die Theologie nach anthropologischen Entsprechungen sucht, in deren Zusammenhang diese verstanden werden kann, nimmt sie die Aufgabe wahr, vernünftige Rechenschaft über den »Grund der Hoffnung« (1Petr 3,15) vor der Zeitgenossenschaft abzulegen. Es geht nicht um eine vom Christusgeschehen losgelöste, philosophische Begründung der Rechtfertigungslehre. Auf existenzieller Ebene erfährt der Rechtfertigungsglaube Gewissheit im

Sich-Einlassen auf die vorhergehende Annahme, des zugeeigneten Grundes der Existenz.

Lohff fasst das Ergebnis seiner Deutung der Rechtfertigungslehre – sie zielt auf die Befreiung vom Zwang der Selbstrechtfertigung und auf die Freiheit eine Christenmenschen (Lohff 1974, 142) – in Thesen zusammen:

Die Rechtfertigungslehre verweist auf die grundlegende Zusage Gottes, die im Glauben ergriffen wird sowie auf die Spannung in der christlicher Existenz, die in der alten Formel vom gerechtfertigten Sünder (peccator in re – iustus in spe) zum Ausdruck kommt.

Diese Lehre hat bestimmte anthropologische Voraussetzungen: Als »weltoffenes« Wesen wird der Mensch durch die Schaffung von Institutionen lebensfähig; in ihrer Begehung liegt das Heil.

In der Krise institutioneller Gestaltung erwacht die Frage nach universaler Ordnung, eines Gesetzes, das die Institutionen überschreitet; auf diese Instanz sind Verantwortung und Rechtfertigung zu beziehen.

Jesu Verkündigung des Reiches Gottes wird als vorbehaltlose Zusage des Heils verstanden, das (auch über Desintegration hinweg) in eine neue Gemeinschaft integriert.

Paulus interpretiert diesen Sachverhalt als Schaffung der Rechtsgemeinschaft der Gerechtfertigten. Glaube wird ermöglicht durch die Ermutigung, die aus der Erfahrung des Angenommenwerdens entsteht (ebd., 143-145).

Die soziale und gesellschaftliche Bedeutung der Rechtfertigungslehre
Gottes Gerechtigkeit und weltliche Gerechtigkeit
Die Vermittlung zwischen (absoluter) Gerechtigkeit Gottes und (relativer) gesellschaftlicher Gerechtigkeit ist eine Zentralfrage christlicher Ethik. Gottes Gerechtigkeit übersteigt jede Art von gesellschaftlicher Gerechtigkeit; die aus dem hoffenden Glauben entspringende Liebe ist immer zugleich die Optimierung gesellschaftlicher Gerechtigkeit (Rich 1984, 133, 218).

Karl Barth hat das Verhältnis von Rechtfertigung und Recht (1938), Trutz Rendtorff das Verhältnis von Rechtfertigung und Menschenrechten (1976) bedacht. Insgesamt ist für die ethische Reflexion der Vorrang der Person vor den Werken konstitutiv. Jüngel fasst seine Interpretation der Rechtfertigungslehre in dem Satz zusammen: »Gerechtfertigtsein heißt: eine unwiderruflich anerkannte Person sein« (1999, 228). Jüngel bringt den derart begriffenen Vorrang der Person vor den Werken in vielfältiger Hinsicht zur Geltung.

Der *staatliche Strafvollzug* hat immer wieder zu berücksichtigen, dass der Mensch mehr ist als die Summe seiner Taten. Aus dem den Sündern widerfahrenden göttlichen Freispruch ist die politische Zumutung zu folgern sein, dass eine lebenslange Freiheitsstrafe eine der Würde des Menschen widersprechende Maßnahme ist (Jüngel 1999,

229). In unserer Leistungsgesellschaft repräsentieren Kinder, Alte und Kranke auf natürliche Weise den Vorrang der Person vor den Werken. Erziehungspraxis, Umgang mit Alten und Kranken sind danach zu befragen, ob sie einer menschlichen Gesellschaft entsprechen; das gilt auch im Blick auf die staatliche Schul- und Sozialgesetzgebung. Der Blick derer, die aus der Gerechtigkeit Gottes leben, wird sich auf die politische Kultur insgesamt richten: Auf die Taten und Untaten derer, die mit wirtschaftlicher und politische Macht umgehen (ebd., 230). Göttliche Gerechtigkeit hat ihr Kriterium darin, dass sie Recht gewährt und auf Frieden aus ist, sie intendiert das Ganzsein der Rechtsgemeinschaft.

In Analogie dazu wird die menschliche Gerechtigkeit den anderen, den Fremden in die Rechtsgemeinschaft einbeziehen und diese über sich hinausgreifen müssen, um die nichtmenschliche Kreatur in ihrem Recht respektieren zu können (ebd., 233f).

Nach Pannenberg gewinnt der Mitmensch durch Anerkennung seine soziale Rolle. Anerkennung bestätigt ihm eine bestimmte Stellung in der Gesellschaft. Liebe schafft durch Anerkennung Recht. Dauerhaftes Zusammenleben setzt wechselseitige Anerkennung der Beteiligten voraus. Die Liebe ist die Wurzel des Rechts. Das Recht muss jeder besonderen Situation gerecht werden; es muss sich daher wandeln. Von der Liebe gehen rechtsschöpferische Impulse aus, die die Rechtsgestalt einer Gemeinschaft lebendig erhalten (Pannenberg 1968, 67-76).

Kommunikative Freiheit und die *Trias von Gerechtigkeit, Friede und Liebe* sind die aus dem rechtfertigenden Glauben erwachsenden Kriterien zur Gestaltung einer menschengerechten Gesellschaft. In der ethischen Reflexion ist die Rechtfertigungserfahrung grundlegend und von hierher die motivierende und irritierende Auswirkung auf die Ausgestaltung und Veränderung der Rechtsgestalt von Gemeinschaften zu bedenken. Die Rechtfertigung des Gottlosen ist zugleich ideologiekritischer Maßstab für theologische Aussagen, insbesondere wenn diese zu Formeln erstarrt sind, die ungerechte Verhältnisse zu stabilisieren vermögen.

Rechtfertigung und die Befreiung des Menschen (Jürgen Moltmann)

Die Notwendigkeit, kritisch nach dem gesellschaftlichem Ort theologischer Aussagen zu fragen, lässt sich z.B. an der Sinnfrage aufweisen. Die theologische Kritik an der Frage nach *dem* Sinn, die sich im Sinne der Metaphysik auf die Welt im Ganzen richtet, korrespondiert mit dem Desinteresse heutiger Jugendlicher an dieser Perspektive. Sie stellen diese Frage konkreter, und zwar meistens angesichts von Sinn- und Orientierungsverlust. Eine Vermittlung theologischer Antworten im Blick auf diese Probleme, die nicht zugleich nach den gesellschaftlichen Ursachen der Erfahrung des Sinnverlustes, nach möglichen kleinen Schritten zur Veränderung fragt, geht an ihren wirklichen Bedürfnissen vorbei. Andererseits lässt sich die Frage der Jugendlichen nach Sinn, die ein breites Spektrum umfassen kann, nicht aus dogmatischen Gründen verbieten. Vielmehr ist aufzudecken, wer ein Interesse daran hat, dass Jugendliche die Frage nach sinnvollem Leben *nicht* stellen. Wo liegen die Gründe dafür, dass Kindern und Jugendlichen die lebensnotwendige Anerkennung vorenthalten wird?

Moltmann unterscheidet wie Gollwitzer Sinn von Zwecken und Nützlichkeiten; er versteht Sinn vielmehr im Zusammenhang mit Freude (im Dank) und Glück. Die Antwort auf die Frage, wozu einer da ist, »liegt in der Annahme seines Daeins selbst« (Moltmann 1971a, 26). »Freude ist der Sinn des menschlichen Lebens« (ebd.). In diesem Sachverhalt liegen Entsprechungen zum Bildungsverständnis der Pädagogen; zur Bildung gehört die Wahrnehmung des Glücks wie die Wachheit für letzte Fragen (von Hentig 1998, 75).

Moltmann hat aber gleichursprünglich das Problem der Befreiung des Menschen angesichts gesellschaftlicher Zwänge im Blick. Er setzt bei Luthers Anthropologie ein. Der Mensch ist nicht das, was er aus sich macht, »sondern der Mensch wird durch den Glauben gerechtfertigt.« (De homine: WA 391, 175ff. Zit. n. Moltmann 1971a, 52). Dieses Widerfahrnis der Rechtfertigung bedeutet eine Umkehrung des Verhältnisses von Tun und Sein. Die von Gott geschaffene Person macht die Werke; sie wird damit von der Zwangsgestalt der Werke befreit. Sie muss sich nicht die Anerkennung selbst schaffen. Aus der Freiheit der Person entspringen spontan, spielend »freie Werke«, so wie der gute Baum von selbst gute Früchte bringt. Diese Möglichkeit hängt aber mit dem Ort zusammen, an dem der Baum steht.

Moltmann verweist auf Bert Brecht: »Der verkrüppelte Baum im Hof / zeigt auf den schlechten Boden. / Aber die Vorübergehenden schimpfen ihn einen Krüppel, / doch mit Recht.« An den schlechten Früchten ist also vielleicht auch der schlechte Boden schuld (zit. n. Moltmann 1971a, 55).

Moltmann zieht aus diesem Hinweis weitreichende Folgerungen. Die innere Befreiung der Person und die Befreiung aus gesellschaftlichen Zwängen gehören dialektisch zusammen. Veränderung der ›Persönlichkeit‹ ohne das Ändern der Verhältnisse ist eine *idealistische* Illusion. Das Verändern der Verhältnisse ohne die Selbstveränderung des Menschen ist eine *materialistische* Illusion. Im Glauben werden aus Habenden *Seiende*; bei ihnen wird die produktive Fantasie angeregt und Spontaneität ans Licht gebracht. Sie entwerfen Verlockungsmodelle der Befreiung und helfen mit, Vorwegrealisationen des Reiches Gottes zu schaffen, in denen Angst, Hunger, Armut, Ungerechtigkeit schrittweise minimiert werden. Das verheißene, sinnerfüllte Leben wird antizipiert, in die Gegenwart hineingezogen.

»Rechtfertigung« im Kontext der Lebenswelt (Wilfried Härle)
Härle nennt drei exemplarische Interpretationsentwürfe, die im 20.
Jahrhundert besonders häufig anzutreffen sind:
(1) Rechtfertigung wird in Begriffen der Liebe Gottes interpretiert; (2)
Begriffe wie Annahme, Bejahung, Anerkennung werden in Anspruch
genommen (»Annahme des Angenommenseins«); (3) Luthers Unterscheidung zwischen Person und Werk wird aufgenommen und (z.t.
unter Hinweis auf Erikson) weitergeführt: »Rechtfertigung« wird als
Gottes Ja zur menschlichen Person, unabhängig von den »Werken«
verstanden.
Trotz der Einwände, die gegen diese Versuche erhoben wurden (Vernachlässigung der Lehre von der Sünde und der Christologie bzw. der
Kreuzestheologie), hält Härle sie nicht für schon vom Ansatz her verfehlt (Härle 1998a, 115).
Auch Hans-Martin Barth will die Tatsache, dass es vielfältige Auslegungen der Rechtfertigungsbotschaft gibt, nicht als Verlegenheit verstanden wissen, sondern als Hinweis darauf, dass diese Botschaft immer neu situationsbezogen ausgelegt werden muss. Barth selbst will
sie als trinitarisches Geschehen begreifen: Gott wendet sich in seiner
ganzen Fülle dem Gott-losen zu (Barth 2001, 549).
Härle hält solche Versuche für nicht radikal genug. Er schlägt vor, auf
die Begriffe »Rechtfertigung« und »Gerechtigkeit« möglichst zu verzichten, weil ihre Sprach- und Bildwelt einen sachgemäßen Zugang
erschwert. Sich rechtfertigen heißt heute: mit Erfolg zu zeigen, dass
man im Recht ist (ebd., 119). Biblische Exegese und Luthers Entdeckung verweisen auf den Weg, wie neue Sprachbilder zu finden sind:
Der Sache nach ist »Rechtfertigung« ein in Bewegung begriffener Beziehungszusammenhang (Bund, Gemeinschaft, Partnerschaft, Solidarität). Diese Beziehung kann durch Irrtum oder Schuld bedroht sein. Die
Störung der Beziehung kann durch die Treue eines Partners, nämlich
Gottes wiederhergestellt werden.
Die Annahme der Gewährung neuer Beziehung bedeutet ein Leben in
Freiheit. Schon Lohff hatte die Reintegration der Gott-losen und
Recht-losen in die Heilsgemeinschaft als zentrale Bedeutung des Symbols »Rechtfertigung« hervorgehoben (1974, 56f).
Ausgangspunkt für die Neuinterpretation Härles ist das Gegebensein
des Daseins wie es sich aus dem Evangelium von Jesus als dem Christus ergibt.
Mit diesem Gegebensein sind Freiheit und Verantwortung notwendig
gegeben. Der Mensch als Person kann dieses Gegebensein anerkennen
oder bestreiten. Die Verantwortung *begrenzt* die Freiheit, die Freiheit
begründet die Verantwortung. Das dem Menschen gegebene Dasein
steht unter der von Gott empfangenen Bestimmung zur Gottebenbildlichkeit und unter der Verheißung. Es steht damit vor einer offenen
Zukunft. Der Mensch kann sich aber auf die Zusage verlassen, dass

»Gott selbst in Jesus Christus die Zerstörungsmacht der Sünde auf sich nimmt [...] und so die Beziehung zu seinem Geschöpf *heilt«* (Härle 1998a, 138).

Der Glaube, der sich auf diese Zusage verlässt, wird in eine neue, heilvolle Perspektive gestellt. Die guten Werke sind Frucht dieses Glaubens. Das Sein-Lassen des Gegebenen bezieht sich nicht auf das faktische Dasein, sondern auf die je individuelle Gewissheit.

Wo das Evangelium Glauben weckt, schafft es ein neues Selbstverständnis und Selbstverhältnis, da entstehen neue zwischenmenschliche Beziehungen, da entstehen schließlich neue gesellschaftliche Strukturen und Ordnungen. Für unsere weitere Fragestellung sind die gesellschaftlichen Strukturen von besonderer Bedeutung (vgl. Härle 1998a, 135ff).

Jedem Menschen kommt von seinem Ursprung in Gott her die *Würde* zu; sie ist seine Bestimmung und kann durch ihn selbst, die Mitmenschen und die Gesellschaft als gegebene nur *anerkannt* werden (ebd., 135).

Aus der »Rechtfertigungs«-Lehre folgt darüber hinaus, dass jedem Menschen aus zwingenden Gründen *Freiheit* zukommt. Die Freiheit des einzelnen im Gewissen ist von unterschiedlichen Seiten bedroht, von der Kirche, der Gesellschaft, vom Staat, sofern diese die Freiheit des Geistes, des Wortes und des Lebens einzuschränken suchen.

Schließlich folgt aus der »Rechtfertigung«, dass jedem Menschen das *Recht auf Bildung* zukommt. Das Recht umfasst die fundamentale religiöse Dimension der Bildung. Die Begründung dieses Rechtes folgt aus GG Art. 4 (1); die Wahrnehmung der Freiheit des Glaubens; des Gewissens und die Freiheit des religiösen und weltanschaulichen Bekenntnisses im Sinne positiver Teilhaberechte erfordert ein entsprechendes Bildungsangebot. Härle erwähnt die Rechte aus GG Art. 4 (1), nimmt sie aber nicht im Blick auf den Bildungsprozess in Anspruch (vgl. ebd., 136f). Härle stellt die gesellschaftliche Bedeutung der »Rechtfertigungs«-Lehre exemplarisch an den Begriffen »Würde«, »Freiheit« und »Bildung« dar.

Er will diese Aspekte nicht bloß additiv, sondern integrativ verstanden wissen. Nur durch den Zusammenhang dieser Aspekte – es ließe sich auch an die Trias »Verantwortung«, »Gerechtigkeit« und »Solidarität« denken – kann etwas vom Gehalt und von der Bedeutung der »Rechtfertigungs«-Lehre im Kontext der gegenwärtigen Lebenswelt erkennbar werden (ebd., 137).

Im Zentrum der Neuinterpretation steht die Aussage: Wo das Evangelium Glauben weckt, entsteht das Wissen um das Gegebensein *alles* geschöpflichen Daseins; das schließt die Annahme des Gegebenseins des eigenen Daseins durch Gott ein. In der Formel »Anerkennung des Gegebenseins« liegt eine Strukturanalogie zu den zuvor dargestellten Entwürfen. Von besonderem religionspädagogischen Interesse ist die

Zuspitzung der gesellschaftlichen Dimension der »Rechtfertigung« auf die Trias »Würde«, »Freiheit« und »Bildung«. Hier ergeben sich vom Zentrum der Theologie her fruchtbare Möglichkeiten eines kritischen Dialogs mit der Pädagogik (vgl. »Einleitung«).

5.4 Rechtfertigung und Bildung

Die Verhältnisbestimmung von Rechtfertigung und Bildung lässt sich in Anknüpfung an einen kritisch gefassten erziehungswissenschaftlichen Bildungsbegriff entfalten. Theologisch ist die Rechtfertigungslehre nicht ein Thema neben anderen, sondern erfüllt eine zentrale Funktion: Sie ist das maß-gebliche Kriterium, an dem sich die Sachgemäßheit der Theologie bemisst; sie ist Mitte und Richtschnur der Theologie. Für die Reformatoren war die Rechtfertigungslehre der Artikel, mit dem die Kirche steht und fällt. Aus diesen Gründen bietet es sich an, Bildung als pädagogische Norm und die Rechtfertigung allein aus Glauben in ein kritisches Verhältnis zu setzen. Bildung heißt: Sich bilden. »Ziel ist *die sich selbst bestimmende Individualität* [...], weil sie als solche *die Menschheit bereichert*« (von Hentig 1997, 41). Die Frage, worin die Selbstbestimmung des Menschen gründet, bleibt in der Pädagogik in der Regel offen oder wird mit Hilfe philosophischer Postulate beantwortet (z.B. »Der Mensch ist«, so Sartre, »zur Freiheit verdammt«).

Die Rechtfertigung allein aus Glauben ist Angelpunkt des christlichen Freiheitsverständnisses. Sie tritt mit dem Autonomiepostulat neuzeitlicher Bildungstheorien in den Streit: Ist der Mensch durch sich selbst bestimmt, frei zu sein (Hegel), *oder* liegt der Grund der Freiheit in einem Befreit-Werden, in »geschenkter« Freiheit, die in der Liebe Gestalt gewinnt?

»Rechtfertigung« führt zu einer fundamentalen Unterscheidung zwischen dem, was Sache Gottes ist, nämlich das Person-Sein zu schaffen und mit Freiheit auszustatten, und dem, was Sache des Menschen ist, nämlich Freiheit in der Verantwortung für andere zu realisieren. Diese Fundamentalunterscheidung ist als ein inhaltliches Prinzip angesichts des komplexen Bildungsverständnisses konkret zu entfalten. Wir nennen exemplarische Beispiele für diesen Vorgang. Im Blick auf die Grundlagenproblematik unterscheiden wir zwischen dem als »fremde Würde« zugeeignetem Person*sein* und dem Subjekt*werden* des Menschen. In der Bildung, selbstbestimmtes, verantwortliches Subjekt zu werden, ist also eine Folge der unwiderruflichen Annahme als Person. Die für heutige Bildungstheorien zentrale Kategorie des Subjekts ist eine Aneignungskategorie: Das Subjekt eignet sich das Ansehen der Person und die ihm geschenkte Freiheit an.

Die Pädagogik kann auch in diesem Fall auf eine anthropologische Entsprechung hingewiesen werden. Der Heranwachsende ist in seiner Bildsamkeit auf die Vorgabe von Freiheit seitens der Erziehenden angewiesen. In der Erziehungssituation handelt es sich um eine Kommunikation, in der das Grundprinzip der wechselseitigen Anerkennung prinzipiell gilt; es kann aber erst ansatzweise realisiert werden. Diese Situation erfordert eine Vorgabe von Freiheit seitens der Erziehenden, die den Heranwachsenden dazu ermutigt, die Fähigkeit zur Selbstbestimmung allmählich auszubilden. Der Erziehende tritt stellvertretend mit seiner Freiheit für die Freiheit des Kindes ein, um sie dann schrittweise zurückzunehmen. Um des Kindes willen setzt er seine Identität aufs Spiel, damit das Kind durch Identifikationen eine eigene Identität ausbilden kann. Wir sprechen von einem »pädagogischen Paradox« (H. Peukert).

In theologischer Perspektive kommt eine weitere Paradoxie hinzu: Das Angewiesensein auf die Vorgabe von Freiheit gilt nicht nur – wie allgemein einsichtig – für den Weg des Kindes zur Selbstbestimmung, sondern für das Leben insgesamt. Das pädagogische Verständnis von Vorgabe wird damit radikalisiert. Konsequenzen ergeben sich aber auch im Blick auf den praktischen Umgang Lehrender und Lernender. Das Ansehen der Person des Lernenden ist nicht von der Beurteilung der Leistung abhängig. Der Heranwachsende ist nicht auf seine Vergangenheit (z.B. auf eine bestimmte Schülerrolle) festzulegen, sondern auf seine noch nicht realisierten Möglichkeiten hin anzusprechen. Er ist als Person schon sehr viel mehr, als er durch Bildung aus sich machen kann.

Bildung als Subjektwerdung der Person geschieht im Prozess einer wechselseitigen Vermittlung von Subjekt und Welt. Dabei sind die anderen Subjekte und die Umwelt ihrerseits »bildungsbedürftig« und veränderungsfähig. Diese Veränderung zielt z.B. auf einen nicht hierarchischen Ordnungszusammenhang, in der die Bildung *aller* möglich wird. Die im rechtfertigenden Glauben wurzelnde Freiheit widerspricht einem Bildungsverständnis, das nur eine affirmative Aneignung vorgegebener Wissensbestände im Blick hat (Adorno sprach hier von »Halbbildung«).

Ihr entspricht vielmehr ein Bildungsverständnis in theologischer Perspektive, in dem die transformatorische Kraft religiöser Sprache, wie sie etwa der ursprünglichen Gleichnisrede Jesu eigen ist, und die schöpferische Bildsamkeit des Menschen kritisch aufeinander bezogen werden. (In diesem Zusammenhang – ihn unterbrechend und überbietend – kann die »Energie des Evangeliums« [Weder] wirksam werden.)

»Rechtfertigung allein aus Glauben« ist zentrales theologisches Kriterium religionspädagogischer Theoriebildung; sie ist zugleich zentrales Thema innerhalb eines Spiralcurriculums. Dabei werden jeweils unterschiedliche thematische Zusammenhänge und Unterrichtsformen (bibel-, problemorientierte und symboldikatische Formen) ins Spiel gebracht. Es lässt sich an geschichtlich bedeutsamen Schlüsselerfahrungen lernen: An Jesu von Nazareths Überbietung des Lohn-Leistungsdenkens durch überraschendes Verständnis der Güte Gottes (Mt 20,1-15 – die synoptische Parallele der paulinischen Rechtfertigung), an der Bekehrung des Paulus oder an Luthers sog. Turmerlebnis. »Rechtfertigung« kann im Kontext der Themen Leistung und Gerechtigkeit, Anerkennung und Identität, auch im umstrittenen Kontext von Sinn und Sinnverlust thematisch werden. Die Sinnfrage kann eine Brücke zwischen Pädagogik und Religionspädagogik bei der gemeinsamen Arbeit an einem sach- und zeitgemäßen Bildungsverständnis sein. Sie hätte ihren Ort auf dem Weg zwischen dem konkreten Wahrnehmen mit Hilfe der Sinne *und* dem Gewahrwerden von Sinn im Denken, in der Erfahrung von Sinn »für etwas« (Nipkow 2000, 26). Die Frage nach Sinn stellt sich für Heranwachsende in bestimmten Erfahrungszusammenhängen, und zwar angesichts von Tod und Sterben, Selbstwerdung oder Identitätsbildung, der Begründung verantwortlichen Handelns und der Frage nach Gott und der Religion des Anderen (Schweitzer 2000b, 145-147). In den Zusammenhang der Identitätsbildung gehört die Erfahrung versagter oder verlorener Anerkennung.

5.5 Arbeitshinweise

1. Erzählen Sie eigene Erfahrungen gewährter oder vorenthaltener Anerkennung. Diskutieren Sie, welche Bedeutung die Erfahrung der Anerkennung für das Leben hat.

2. Interpretieren Sie Phil 3,4-9 im Vergleich mit Gal 1,13-17. Was versteht Paulus unter »Gerechtigkeit Gottes« vor und nach seiner Bekehrung? Paulus spricht von einer in zwei Hälften zerrissenen Existenz (vgl. Phil 3,8). Erörtern Sie dieses Problem im Blick auf die Identitätsthematik.

3. Interpretieren Sie die Parabel von den Arbeitern im Weinberg (Mt 20,1-15). Warum kann man von einer »synoptischen Parallele zur paulinischen Rechtfertigung« sprechen?
Vergleichen Sie die Parabel mit der Erzählung Heinrich Bölls »Die Waage der Baleks« (in: Böll 1965, 86-94).

Hinweise:
Bei den Baleks verbirgt sich hinter dem Schein des Rechts krasse Ungerechtigkeit. In der Parabel bekommt jeder, was ihm zusteht. Die Freiheit der Baleks, die ihnen Macht ge-

222 V. Glaubenslehre II: Das Handeln Gottes

währt wird zur Willkür. Die Freiheit des Hausherrn in der Parabel ist eine Freiheit zur Güte.
Die »Güte« der Baleks erweist sich als Almosen. Die Güte des Hausherrn respektiert die Gerechtigkeit in ihrer Würde; sie wird aber durch die Freiheit des Schenkenden übertroffen (vgl. Biehl 1971, 110-120).

4. Vergleichen Sie kirchengeschichtliche Darstellungen zum reformatorischen Durchbruch bei Luther (z.B. *Heiko A. Oberman*, Luther, dtv 10683, München 1986, 161f: Drei Fassungen der zentralen Entdeckung). Das Datum ist umstritten; der Rückblick von 1545 verweist auf die Zeit 1518/19. Warum hat Luther den Begriff »Gerechtigkeit Gottes« zuvor gehasst und jetzt geliebt? Wo sehen Sie die Unterschiede im Verständnis von »Rechtfertigung« bei Paulus und Luther?

5. In welchem Lebenszusammenhang stellt sich für Sie die Frage nach sinnvollem Leben? Erörtern Sie das Für und Wider der These Gollwitzers, Luthers Lebensfrage nach dem gerechten Gott sei mit der Frage nach dem Sinn des Lebens identisch.

6. Hans-Martin Barth will die Rechtfertigungsbotschaft nicht funktionalisieren, fragt aber gleichwohl, was sie leisten kann:
a) Sie befähigt zur Emanzipation gegenüber falschen Autoritäten. Niemand als Gott allein rechtfertigt den Menschen.
b) Sie befähigt dazu, der Wirklichkeit standzuhalten und nichts zu verdrängen, sondern Anfechtung und Zweifel, Versagen und Schuld zu akzeptieren.
c) Sie schafft Entlastung vom psychischen Druck, für die eigene Anerkennung und für das Heil der Welt selbst aufkommen zu müssen.
d) Sie ermutigt den Menschen, authentisch zu leben, wie Gott ihn geschaffen hat und zur Entfaltung führen will.
e) Die Rechtfertigungsbotschaft macht den Menschen durch Emanzipation, Realitätsgewinn, Entlastung und Vermittlung von Authentizität handlungsfähig, weil er Fehlentscheidungen und Fehlverhalten nicht mehr zu fürchten braucht (Barth 2001, 559).
Diskutieren Sie diese Auslegungsmöglichkeiten der Rechtfertigungsbotschaft im Blick auf eigene Erfahrungen und überprüfen Sie, welche der genannten Möglichkeiten in den dargestellten Entwürfen vorkommen und ob ggf. umgekehrt die von Barth genannten Gesichtspunkte ergänzt werden müssen.

7. Welche pädagogischen Auswirkungen haben die unterschiedlichen anthropologischen Thesen: Der Mensch ist das, was er leistet und sich daraufhin leisten kann? Der Mensch ist der von Gott unwiderruflich Anerkannte?

6. Hoffnung und Reich Gottes (Eschatologie)

6.1 Literarische Texte in eschatologischer Perspektive

Marie-Luise Kaschnitz, Steht noch dahin

Ob wir nicht noch die Zellensprache lernen, den Nächsten belauern, vom Nächsten belauert werden, und bei dem Wort Freiheit weinen müssen. Ob wir uns fortstehlen rechtzeitig auf ein weißes Bett oder zugrunde gehen am hundertfachen Atomblitz, ob wir es fertigbringen mit einer Hoffnung zu sterben, steht noch dahin, steht alles noch dahin.«

(aus: Ingeborg Drewitz [Hg.], Hoffnungsgeschichten, Gütersloh 1979, 170f)

Hilde Domin, Nicht müde werden

Nicht müde werden
sondern dem Wunder
leise
wie einem Vogel
die Hand hinhalten

(ebd., 164)

Günter Eich, Träume – »Der dritte Traum«

Von einer Stunde X, deren es bekanntlich sehr verschiedene geben kann, träumte am 27. April 1950 der Automechaniker Lewis Stone in Freetown, Queensland, Australien. Es darf beruhigend vermerkt werden, dass Stone sich derzeit der besten Gesundheit erfreut und seinen Traum längst vergessen hat.

(Günter Eich, Fünfzehn Hörspiele, Frankfurt a M. 1966, 67-73, hier 67.)

Die Träume sind durch solche knappen Vorbemerkungen mit genauen Orts- und Zeitangaben verankert und durch Vorsprüche lyrisch-hymnischer Art verbunden. Der Vorspruch lautet in diesem Fall: »In der Stunde X werde ich dennoch denken, dass die Erde schön war ...« Der dritte von insgesamt fünf Träumen handelt von einer Familie, der durch die Nachbarin mitgeteilt wird, dass der ›Feind‹ kommt. Zunächst beruhigt man sich, dass er nicht ihr Haus meint. Dann hört man ein tappendes Geräusch in der Nacht, Pochen an der Tür. Man fragt sich, warum er gerade sie ausgesucht hat; vielleicht weil sie glücklich waren. In letzter Minute flieht die Familie. Sie darf nichts mitnehmen; denn der Feind hat es verboten. Aber die kleine Tochter hat die Puppe mitgenommen, »weil sie sie lieb hat«. Sie haben sich damit ins Unrecht gesetzt, und alle sind froh, dass sie es getan haben. Man braucht einen »Sündenbock«. Die Familie wird aus dem Dorf verjagt. »Landfremdes Gesindel!« ruft man ihnen nach; »ihr gehört nicht mehr zu uns«. Der Traum endet: »Jetzt hören die Häuser auf. Gott sei Dank, wir kommen ins Freie. Es ist ganz hell. [...] Und wohin sollen wir gehen?«

Das Hörspiel hat durch die Fremdenfeindlichkeit in unserem Land wieder Aktualität. Seine Deutung hängt davon ab, was unter dem ›Feind‹ zu verstehen ist, »der Augen hat als wären sie blind, und die dennoch Angst machen.« Er ist wie eine anonyme Macht dargestellt, die durch Angst gesteigert wird. Was der ›Feind‹ tut, wird als einfach verhängt hingenommen. Keiner fragt nach Sinn oder Unsinn, Recht oder Unrecht.

Beim Versuch einer Gesamtdeutung kann als »Sitz im Leben« die Situation einer jüdischen Familie im Dritten Reich angenommen werden. Viele Einzelzüge lassen sich von dieser Situation her deuten. Unter dem Eindruck des Feindes büßen alle ihre Menschlichkeit ein, identifizieren sich mit ihm. Wegen der Puppe hat sich die Familie schuldig gemacht – Symbol der Liebe (»und Elsie hatte ihre Puppe«, die sie lieb hat).

Muss die Liebe auswandern aus unserer Gesellschaft, weil sie keinen Raum hat?

In den Angsträumen verschafft sich die »Stunde X« – sie erinnert deutlich an apokalyptische Sprache – Geltung. Sie schärft unbedingte Verantwortlichkeit ein. Der Autor setzt auf die verwandelnde Kraft poetischer Sprache. Es wird zur Umkehr aufgerufen: »Seid unbequem, seid Sand, nicht Öl im Getriebe der Welt!« (ebd., 88)

Die Texte können einen ersten Zugang zum Charakter eschatologischer Sprache, die ja völlig ungewohnt ist, eröffnen. Sie vermitteln keine christlich begründete Hoffnung, keine Verheißung. Es ist noch nichts entschieden, aber gerade diese Offenheit fordert zum Widerstand auf und zu einfachen Gesten der Hand, von der Hilde Domin spricht.

6.2　Zukunft – ein religionspädagogisches Grundproblem

»Es mag noch so dunkel um mich sein, wenn ich am Morgen aufwache, bin ich voller Hoffnungen! Ich öffne meine Augen [...] und bin wie ein Junge. Einen Moment lang spüre ich, dass etwas in der Luft liegt, irgendeine undeutliche Verheißung. Ich springe aus dem Bett, rasiere mich, schlinge mein Frühstück herunter

[...] und dann [...] sickert es in mein Zimmer ein: wie sinnlos mein Leben ist. Wenn ich jene Hoffnung nur festnageln könnte, dachte ich, herausfinden, woraus sie besteht, und sie entweder als Lüge entlarven und umbringen oder sie mir wirklich ganz zu eigen machen....« (A. Miller 1967, 9).

Eine Beschreibung alltäglicher Erfahrung: Neue Hoffnung erwächst aus der Erinnerung (»bin wie ein Junge«), aus schon erfahrener Zuwendung in der Kindheit und einer undeutlichen Verheißung (»spüre, dass etwas in der Luft liegt«). Ersehnt wird das Paradies einer ursprünglichen Harmonie, in dem die Ambivalenz unserer Erfahrung, die Übergänge zwischen Hoffnung und Verzweiflung (»wie sinnlos mein Leben ist«) aufgehoben sind. Solche Allmachtsfantasien lassen sich nicht einlösen.
Unser Leben schwingt vielmehr hin und her zwischen Existenzangst und Vertrauen, Trennungsangst und Hoffnung, Gewissens-Angst und Mut zum Wagnis, Angst vor der Zukunft und hoffender Annahme des Lebens (Riemann 1974, 60).
Das Herausfinden, woraus die Hoffnung besteht, verweist auf die Eschatologie als Frage nach dem Grund der Hoffnung. Psychologisch gesehen bildet sich Hoffnung in der frühen Kindheit als Gegenkraft aus, um Trennungen und Verluste ertragen zu können. Das Hoffenkönnen hat dabei eine eigene Geschichte, es ist an die Erfahrung gebunden, dass sich durch hinreichend gute Bezugspersonen in der Kindheit Hoffnungen oft genug erfüllt haben. Die genannten Ambivalenzen lassen sich durch Lernprozesse nicht überwinden. Es lassen sich aber möglichst optimale Bedingungen schaffen, unter denen es möglich wird, dass Angst in Hoffnung »aufgehoben« wird. Die religionspädagogische Grundaufgabe besteht also darin, durch ein entsprechendes Angebot an Hoffnungssprache die in der Kindheit ausgebildeten Hoffnungen so zu stärken und zu erneuern, dass die Gegenkräfte (Mut, Vertrauen, Hoffnung) Vorrang vor den Grundängsten, die unser Leben mit bestimmen, gewinnen und dass aus der undeutlichen Verheißung eine deutliche Verheißung wird.
Mit H.-J. Heydorn verstehen wir *Bildung* als einen Prozess, in dem Zukunft als Ermöglichung der Menschwerdung des Menschen ständig freigelegt wird (Heydorn 1980, 285). Dadurch, dass sie Anreize lebendiger Fantasie schafft, die Einbildungskraft erneuert, schafft Bildung die Voraussetzungen für die Subjektwerdung. Menschliche Vernunft wird kreativ, um Entwürfe *wirklich wünschbarer* Zukunft durchzuspielen. Die Rede von der »Freilegung der Zukunft« verweist darauf, dass Zukunft (adventus) nicht nur Gegenstand der Hoffnung ist, sondern dass das Erhoffte auch real im Kommen ist (Zukunft in der Geschichte).
Sowohl im Blick auf die Lebensgeschichte einzelner wie auf die Geschichte insgesamt kommt es darauf an, die erhoffte Zukunft an geschichtliche Erfahrungen und planendes Handeln rückzukoppeln, um

produktive Elemente, unabgegoltene Verheißungen zu verstärken und weiter zu entwickeln. Religionspädagogisches Handeln will Bildungsprozesse helfend begleiten und erneuern. Ein solches Handeln ist ohne Vorgriff auf die Zukunft und eine Verständigung darüber, welche Zukunft wünschbar ist, nicht möglich. Die Religionspädagogik entwirft aus einer relativen Utopie ein »Programm«, das mit der geschichtlich vorgegebenen Erziehungs- und Bildungspraxis vermittelbar ist.

6.3   Was heißt »Eschatologie«?

Der Begriff ist vom griechischen ›eschaton‹ (= Ende) abgeleitet. Die altprotestantische Dogmatik bezeichnete mit dem Begriff die »Lehre von den letzten Dingen«. Das Lehrstück beschrieb den Abschluss der Heilsgeschichte Gottes mit dem Menschen und der Welt. Behandelt wurde das Ergehen des Einzelnen nach dem Tod (Sterben und Tod, Gericht, Ewiges Leben) und die Vollendung der Welt (neue Schöpfung, neuer Himmel und neue Erde). Ihr Thema ist die Zukunft, auf die sich die Hoffnung des Glaubens richtet. Im 20. Jahrhundert wurde das Verständnis von Eschatologie stark erweitert. Grund war die Wiederentdeckung der biblischen Eschatologie und der Versuch einer Eschatologisierung der gesamten Theologie. Die Eschatologie rückte vielfach von der »letzten« Stelle der Dogmatik an die erste: Sie betrifft die Voraussetzungen und Kriterien der Theologie: Das Kommen Gottes zur Welt in Jesus Christus. Beschrieb der Begriff »Eschatologie« früher die »nachzeitliche« Welt, so ist er heute zur Umschreibung all dessen geworden, was Gott und Welt unterscheiden. Im Vordergrund stehen nicht bestimmte Inhalte, sondern die Reflexion auf die qualitative Differenz zwischen dem prinzipiell nicht-weltlichen Gott und dem gott-losen Menschen.
Mit dieser Ausweitung des Begriffs der Eschatologie korrespondiert eine Vielstimmigkeit theologischer Entwürfe (Marsch 1969, 79f). Ein Kriterium zu ihrer Beurteilung ist die Frage danach, wie es ihnen gelingt, das Kommen Gottes zur Welt mit menschlich-geschichtlicher Zukunft zu vermitteln. Das eigentliche Material der Eschatologie sind die in der Bibel bezeugten Verheißungen Gottes. Dementsprechend lässt sich *Eschatologie als Lehre von Gottes Verheißungen* verstehen (Marquardt 1993, 153). Da Verheißung zugleich eine zentrale religionspädagogische Kategorie ist, entspricht die Definition religionspädagogischen Erfordernissen. Als Lehre von Gottes Verheißungen kann die Eschatologie die Frage Kants »Was dürfen wir hoffen?« beantworten.

6.4 Drei exemplarische Eschatologie-Entwürfe

Die Konzeption *Rudolf Bultmanns*, in der es um die Zukunft der Existenz geht, hat die religionspädagogische Diskussion bis etwa 1965 bestimmt (Stallmann, Stock, Otto). *Jürgen Moltmanns* »Theologie der Hoffnung« erweitert die Perspektive auf die Zukunft der Welt und wurde wegen ihrer Bedeutung für die Sozialethik in der problemorientierten Phase der Religionspädagogik häufig in Anspruch genommen. Für die Bestimmung des Verhältnisses von Eschatologie und Religionspädagogik sind folgende Kriterien zu nennen: Religionspädagogisches Handeln vollzieht sich im »Vorletzten«. Ihre Praxis kann aber im »Vorletzten« der Zukunft Gottes *gleichnishaft Raum* geben. Daher scheiden Eschatologie-Entwürfe aus, die Letztes und Vorletztes in ausschließlichem Gegensatz sehen, für die das »Natürliche« – hier siedelt D. Bonhoeffer auch die Bildung an – kein theologisch zu bedenkendes Thema mehr ist.

Eschatologische Existenz heute
Für Bultmann ist das Kommen Gottes *das* eschatologische Ereignis. Heil und Gericht werden als je gegenwärtiges Geschehen verstanden. Das Wort Gottes qualifiziert den Augenblick als »kairos«. Christus selbst ist das Eschaton, das letzte Wort, das Gott gesprochen hat und sprechen wird.
Bultmann beruft sich für seine *präsentische* Eschatologie vor allem auf Paulus und Johannes. Für sie ist die Zwischenzeit zwischen dem Kommen Jesu und der Vollendung der Welt nicht chronologisch, sondern sachlich als ein befreites Leben in der Dialektik des »Nicht mehr« und »Noch nicht« bestimmt. Wir sind zu echter Weltlichkeit befreit – aber »es ist noch nicht offenbar, was wir sein werden« (1Joh 3,2). Das dialektische Verhältnis von Gegenwart und Zukunft ist damit erkannt: Erfüllung der Gegenwart bedeutet Bestimmtheit durch die Zukunft. Der gegenwärtige Gott ist zugleich der kommende Gott, der den Menschen von seiner Vergangenheit befreit und für die Zukunft öffnet. Der Mensch kann von dieser Zukunft als der Erfüllung seines Lebens reden; Bultmann bringt damit den futurischen Aspekt der Eschatologie zur Geltung, bezieht ihn jedoch nur auf die Geschichte des Menschen als Person, nicht auf den (mythologischen) Gedanken einer Vollendung der Schöpfung. Zur radikalen Offenheit der Zukunft gehört für Bultmann auch der Verzicht auf alle Bilder von der Zukunft. Er beruft sich dafür auf Röm 8,24 und Luthers Auslegung in den Vorlesungen zum Römerbrief. »Die christliche Hoffnung weiß, dass sie hofft, sie weiß aber nicht, was sie erhofft.« Die Zukunft kann nur »als das ständige Vorausssein Gottes« verstanden werden, dem die Offenheit der christlichen Existenz entspricht (Bultmann 1954, 227f).

Hoffnung für die Welt
Jürgen Moltmann legt in seiner »Theologie der Hoffnung« alles Gewicht darauf, dass uns in der Auferweckung des Gekreuzigten zukünftiges Heil verheißen ist, dessen Verwirklichung noch aussteht. Wie bei Bultmann ist auch für ihn die Eschatologie nicht ein Thema neben anderen, sondern sie lässt alle Themen in einem neuen Licht erscheinen. Der Glaube ist das Fundament, auf dem die Hoffnung ruht, sie aber hat den Primat (Moltmann 1966, 16). Moltmann betont den Zukunftsaspekt so stark, um (wie Bultmann) eine Eschatologie für die Gegenwart zu entwerfen, eine Eschatologie, die im Lichte der angesagten Zukunft »Impulse für die Verwirklichung von Recht, Freiheit und Humanität« freisetzt (ebd., 17). Für Moltmann gewinnt der Begriff der Verheißung zentrale Bedeutung; er ermöglicht es ihm, AT und NT zu vermitteln. Der »Gott der Verheißung« kommt »von vorn« auf den Menschen zu und offenbart ihm seine Treue. Moltmann ist nicht wie Bultmann an einer vertikalen Unmittelbarkeit der Gegenwart, des Glaubens zu Gott interessiert, sondern er fragt nach der Beständigkeit der Geschichte in horizontaler Erstreckung, nach dem Bleibenden, worauf die Hoffnung gerichtet werden kann. Der *angefochtene* Glaube fragt nach der Treue Gottes. Aussagen über das universale Ende der Geschichte finden sich bei Moltmann kaum. Der Akzent liegt auf den Verheißungen, auf der Zukunft der Gerechtigkeit, des Lebens und der Freiheit des Menschen (ebd., 185).
Die Hoffnung setzt zur Kritik und Veränderung der Gegenwart an, und zwar in der schrittweisen Verwirklichung eschatologischer Rechtshoffnung, Humanisierung des Menschen und des Friedens mit der Natur (vgl. ebd., 303). Neues beginnt durch die Verheißung Gottes, die im Widerspruch zu dem schon Bestehenden steht und den Menschen für neue Möglichkeiten öffnet.
Nach Moltmann kommt es nicht darauf an, gelegentlich *über* Hoffnung zu reden, sondern Verheißung wahrzunehmen und *aus* Hoffnung zu denken wie zu handeln. Hoffnung und Planung werden nicht mehr in eine falsche Alternative gesetzt. Hoffnung ist der Weg in die Zukunft, die kommt (adventus); Planung ist der Weg in die Zukunft, die sich entwickelt (futurum). Will die Religionspädagogik diesen Eschatologie-Entwurf produktiv aufnehmen, kann sie sich nicht nur auf das Individuum beziehen; sie hat zugleich den gesellschaftlichen und politischen Kontext, in dem sich Bildung vollzieht, in den Blick zu nehmen, im Sinne einer hoffenden Umgestaltung menschlicher Lebensverhältnisse.
Wie für Moltmann hat auch für *J.B. Metz* die Eschatologie den theologischen Primat. Er bringt den Glauben primär als Hoffnung zur Geltung. Die fundamentale Aussage der Eschatologie lautet: »Gott ist Gott der Lebenden und der Toten, Gott der universalen Gerechtigkeit und der Auferstehung der Toten« (Metz 1977, 70-73). Im Unterschied zu

Moltmann reklamiert er Hoffnung als Naherwartung. Er beseitigt diesen »apokalyptischen« Stachel nicht »mit Tricks«, durch die eine Entzeitlichung der Theologie erreicht wird (Stetserwartung). Er entwirft eine von der Apokalyptik geprägte Hoffnung universaler Solidarität; diese Hoffnung erweckt eine Revolution zugunsten der ungerecht Leidenden und der längst vergessenen Toten. Bultmann hält gerade die apokalyptischen Vorstellungen für entmythologisierungsbedürftig; diese Vorstellungen erhalten bei Moltmann mit der starken Betonung des futurischen Aspekts wieder Bedeutung – er versteht die Eschatologie jedoch nicht als Spezialfall der Apokalyptik; Metz erinnert an die Apokalyptik und setzt die mit der Nachfolge eng zusammengehörige Naherwartung in ihr Recht, um die Theologie aus dem Bann der Zeitlosigkeit zu befreien (Metz 1977, 154f). In diesem Kontext wird die politische Dimension der Eschatologie wieder entdeckt. Moltmann und Metz haben gleichermaßen auf die Befreiungstheologie eingewirkt (vgl. Gutiérrez 1978, 197-233 und das Vorwort von Metz). Gutiérrez identifiziert nicht das Reich Gottes mit bestimmten Befreiungserfahrungen; diese stehen unter dem »eschatologischen Vorbehalt« (vgl. ebd., 171). Er entwickelt ein »dialektisch-kritisches Verhältnis zur gesellschaftlichen Gegenwart« (Metz 1969, 144).

Eschatologie und Anthropologie (K. Rahner, W. Pannenberg)
Wolfhart Pannenberg legt wie die zuvor genannten Theologen die Theologie konsequent eschatologisch aus. Während sich Moltmann und Metz an dem Messianismus E. Blochs orientieren, knüpft Pannenberg mit seinem universalgeschichtlichen Ansatz an die Geschichtsphilosophie Hegels an. Die Weltoffenheit öffnet dem Menschen den Blick für die Zukünftigkeit der Zukunft, sie treibt ihn immer wieder dazu, über alles Endliche hinaus zu fragen und sich an die Zukunft zu wagen, seine Bestimmung zu suchen, auch über den Tod hinaus zu denken (Pannenberg 1968, 5-13; 31-40). Über den Tod hinaus zu hoffen, ist für Pannenberg ein Existential. Von der Seite der Theologie her gedacht, begründet die Verheißung Hoffnung. Aber die bloße Berufung auf Verheißung reicht zur Begründung der Eschatologie nicht aus. Anthropologische Argumentation soll die Allgemeingültigkeit der christlichen Eschatologie erweisen. Seine Grundthese will anthropologisch verifiziert werden: Das Heil, auf das sich die Hoffnung richtet, erfüllt das tiefste Verlangen der Menschen und aller Kreatur (Pannenberg 1993, 569). Pannenberg bezieht sich auf *Karl Rahner,* der den wichtigsten Beitrag zur anthropologischen Begründung der Eschatologie vorgelegt hat. Als geschichtliches Wesen ist der Mensch auf Zukunft bezogen, und zwar auf die Zukunft eschatologischer Vollendung, die als solche verborgen ist. Handelt es sich um das Heil »als Vollendung des *ganzen* Menschen«, dann ist das Wissen von dieser Zukunft schon für die Gegenwart des Menschen konstitutiv (Rahner 1971, 37).

Er kann sich nämlich als fragmentarische Realität nur im Lichte des Wissens um die mögliche Ganzheit verstehen. Deshalb sind eschatologische Inhalte nicht etwas Zusätzliches zum Selbstverständnis, sondern ein »innerer Moment an ihm und seiner aktuellen Gegenwart ... und aus ihr heraus« (ebd.). Weil der Mensch immer Individuum und Wesen der Gemeinschaft ist, muss die Ganzheit des Menschen und seines Heils den Menschen als personal geistiges Wesen wie als leibliches Wesen und seine Welt umfassen. Eschatologie, die die Aussagen der Anthropologie in den Modus der Vollendung transportiert, ist daher »allgemeine und individuelle Eschatologie« (ebd., 47). Rahner extrapoliert von dem im Selbstverständnis des Menschen enthaltenen Wissen um seine mögliche Ganzheit (sein Heil) auf deren mögliche Vollendung hin. Nach Pannenberg kann dieser Weg nur zur Idee der Vollendung fragmentarischer Realität führen. Aus einer solchen *Idee* lässt sich keine Hoffnungsgewissheit ableiten. Diese wird erst durch eine *komplementäre* Bewegung begründet. In Jesus Christus kommt die umgekehrte Bewegung aus der Zukunft Gottes dem Menschen entgegen (Pannenberg 1993, 387). Mit dieser Einsicht wird ein religionspädagogischer Grundsatz erschlossen: Durch elementare anthropologische Reflexion wird das mit der menschlichen Existenz gegebene Hoffnungswissen, die Frage nach Identität und nach der Bestimmung freigelegt und auf die Verheißung Gottes bezogen. Umgekehrt fällt von der Verheißung der Zukunft Gottes her ein überraschendes Licht auf menschliche Hoffnungsgeschichten, die aktualisiert, umorientiert und auf die endgültige Verheißung gerichtet werden.

6.5 Religionspädagogische Zugänge zur Hoffnung auf das Reich Gottes

Das Reich Gottes als Hoffnungssymbol

Der eben genannte religionspädagogische Grundsatz verweist auf *zwei Lernwege,* die miteinander zu verschränken sind. Wir beginnen mit dem zweiten Weg, mit der Erschließung des zentralen Inhalts der Verkündigung Jesu. Das Symbol »Reich Gottes« wird heute nicht mehr unmittelbar verstanden, sondern muss durch Erzählung eingeführt werden. Um Spannung zu erzeugen, stellen wir Botschaft und Lebenspraxis Johannes des Täufers und Jesu gegenüber. Johannes kam, aß nicht, trank nicht, und man sagt: »Er ist besessen!« Der Menschensohn kam, aß und trank, und man sagt »Sieh da, ein Fresser und Weinsäufer, ein Freund der Zöllner und Sünder!« (Mt 11,18f parr.). Beide Gestalten werden treffsicher beobachtet und die Grundhaltungen der Askese und vom fröhlichen Mahlgenuss verspottet. Johannes verkündigt: »Bringt Frucht, der Umkehr angemessen. Schon liegt die Axt an der Wurzel der Bäume ...« (Mt 3,8-10 parr.). Der Mensch hat nur das nahe

Gericht vor sich, es sei denn er kehre um, bringe Frucht und lasse sich taufen (vgl. Mk 1,4 parr.). In diese Ausgangssituation hinein verkündigt Jesus die Nähe des Reiches Gottes als Annahme der Verlorenen durch den Schöpfer und feiert mit denen, die eigentlich keine Zukunft haben, den »Einstand« des Reiches Gottes. Das Reich ist eigentlich eine futurische Größe, deren Kommen noch aussteht. Es qualifiziert aber die Gegenwart bereits als Heilszeit (vgl. Mk 1,15 parr.); denn wo Jesus es feiert und in seinen Taten vorweg realisiert, da ist es in unmittelbarer Gegenwart schon da (Lk 11,20, vgl. Mt 12,28). Bei Johannes steht das unmittelbar bevorstehende Gericht im Zentrum. Er droht mit nahe bevorstehendem Unheil. Jesus ermutigt seine Hörer, sich auf den unscheinbaren Anfang des Reiches in seinem Wort und seiner Tat einzulassen und mit ihm der Zukunft gewiss zu sein (vgl. Mk 4,30-32 parr.). Jesus verlockt die Hörer seiner Gleichnisse, Teilnehmer seines Festes der Hoffnung mit den Armen zu werden. Aufgrund der Erfahrungen dessen, was sie an Sein gewonnen haben, können sie loslassen und teilen, also ihre Lebenspraxis verändern. Jesus transformiert in dreifacher Weise den jüdischen »Mythos« von der kommenden Gottesherrschaft:

(1) Er transformiert ihn *»historisch«*, indem er die Dämonenaustreibungen als Überwindung des Bösen versteht (Lk 11,20; 10,18; Mt 12,28), sein Wirken als Erfüllung der Vergangenheit in Anspruch nimmt (Mt 13,16f; Mk 1,14f) und indem er die unscheinbaren Anfänge des Reiches Gottes in der Gegenwart wahrnimmt (Lk 17,20f, Mk 4,26-29).
(2) Jesus transformiert den »Mythos« *»poetisch«*, dadurch dass seine Gleichnisse von Gott und seiner Herrschaft erzählen und seine Hörer die Freiheit haben, die Bilder selbst zu deuten; sie bieten die Möglichkeit, anders über Gott und den Menschen zu denken.
(3) Er transformiert den »Mythos« *»politisch«*, indem er durch symbolische Handlungen sich gegen die bestehenden Verhältnisse wendet (Bildung des Zwölferkreises, Einzug in Jerusalem, Tempelreinigung). Diese unscheinbaren »Aktionen« zeugen von der schon jetzt beginnenden Wende zum Reich Gottes (Theißen 2000, 49-70).

Auch die Taufe des Johannes ist eine Symbolhandlung mit politischem Sinn. Johannes radikalisiert das Gesetz, Jesus überzeugt durch die Kraft der Bilder, die im Gegensatz zum Gesetz die Freiheit zu eigener kreativer Interpretation gewähren. »Gute Poesie ist nonkonformistisch« (ebd., 53). Beide Gestalten zeigen eine völlig andere Einstellung der kommenden Zukunft gegenüber. Beide Grundpositionen finden sich in anderer Ausprägung noch heute, etwa in dem Streit um die notwendige Umkehr zum Leben angesichts weltweiter Ausbeutung der Natur. Wir arbeiten beide Positionen klar heraus, nachdem die Jugendlichen durch Erzählung in die Geschichte »verstrickt« sind (Baldermann 1991a; Theißen 1986: zwei Formen von

Erzählungen). In der Sek. II bietet sich eine Pro- und Contra-Diskussion an.

Zukunftsorientierungen heutiger Jugendlicher
Eine Schülerumfrage aus den Jahren 1977-1980 zeigt, dass die Jugendlichen mit Besorgnis, z.T. mit gravierenden Ängsten in die Zukunft blicken (Boßmann 1982, 189); an erster Stelle steht die Angst vor Umweltzerstörung und Krieg. 1992 stehen Umweltprobleme noch an erster Stelle, hinzu kommen die Probleme Arbeit und Wohnen; wenn sie dennoch zuversichtlich im Blick auf die persönliche Zukunft sind, liegt das daran, dass sie meinen, selbst die Probleme besser lösen zu können (Heiliger/Kürten 1992, 123. 154f). Die Focus-Studie aus dem Jahr 2000 kommt zu dem Ergebnis, dass in Westdeutschland 76%, im Osten 60% keine Angst vor der Zukunft haben. Focus 12/2000 zitiert K. Hurrelmann: Die Jugendlichen sind »Ego-Taktiker«, die »hohe Ansprüche an ihr Leben stellen« und ihre Umwelt danach sondieren, »was sie ihnen bringt« (63). Die Shell-Studie 2000 stellt im Blick auf die Zukunftsorientierungen der Jugendlichen fest: Es spricht wenig dafür, die Jugendlichen wüssten angesichts von Arbeitslosigkeit, Flexibilisierung, Globalisierung und rasantem Wandel in allen Bereichen nicht aus noch ein. Im Gegenteil: Recht zuversichtlich versuchen sie »ihre Lebensperspektive vorzubereiten, ihre Möglichkeiten im Beruf auszuschöpfen und ein befriedigendes Privatleben zu erreichen« (Fuchs-Heinritz 2000, 92); ihre Grundstimmung ist nicht ganz »unbefangen-fröhlich«, sie zeigen sich aber entschlossen, die vor ihnen liegenden Herausforderungen zu meistern. Die Religion der Jugendlichen bleibt weitgehend ausgeblendet. Es findet sich der Hinweis, dass die Jugendlichen, die stark an der Sicherung eigener Lebensbereiche interessiert sind, zu leicht größerem Anteil den Gottesdienst besuchen und ihre eigenen Kinder religiös erziehen wollen. Eine klare religiöse Kontur lässt sich nicht feststellen (ebd., 40; zum Zeitverständnis vgl. 36). Ein Vergleich der Shell-Studien von 1981 bis 2000 zeigt, dass die Zukunftsvorstellungen Jugendlicher einem starken Wandel ausgesetzt sind; sie reagieren empfindlich wie ein Seismograph auf gesellschaftliche Veränderungen. Es besteht daher die Notwendigkeit, »vor Ort« die Vorstellungen selbst genau zu erheben. »Wie ich mir die (meine) Zukunft vorstelle« bzw. »Die Welt nach dem Jahr 2020: meine Ängste – meine Träume« sind mögliche Themen für eine Befragung. Die Jugendforschung kann die Ausgangsbedingungen der Lernprozesse zu bestimmen helfen, sie hat aber keine normative Funktion im Blick auf die Zielsetzung von Bildung. Die große subjektive Brisanz der Frage »Was kommt nach dem Tod?« und die engagierte Frage nach der Zukunft der Erde sprechen für die Möglichkeit einer Erschließung entsprechender Themen der Eschatologie (vgl. Barz 1992, 229-244. 253; zum Thema »Tod« Biehl 1999, 248-263).

Kreativer Umgang mit Hoffnungssprache

Der zweite Lernweg beginnt bei den Hoffnungsgeschichten der Lernenden und entspricht der poetischen Transformation des Mythos. Jeder schreibt zu einem Bild, das für ihn Hoffnung zum Ausdruck bringt, ein Gedicht oder eine Geschichte. Durch eine Metapherübung (»Hoffnung ist für mich wie ...«), wird die Sprache bereichert. In der Fantasie, in Träumen werden Möglichkeiten der Zukunft durchgespielt. Die Nichtdarstellbarkeit des Endes wird als Herausforderung erkannt. Wir erschließen den »dritten Traum« von G. Eich (vgl. 219f). Wir lesen das Hörspiel mit verteilten Rollen oder nehmen es auf Tonband auf. Wir schreiben den Traum so um, dass er bei uns heute spielen könnte. Wir stellen die Kurzprosa von M.L. Kaschnitz »Steht noch dahin« oder das Gedicht von Hilde Domin »Nicht müde werden« (vgl. 219) durch abstrakte Formen und Farben dar. Hoffnung lässt sich wie Vertrauen nicht argumentativ einlösen. Sie braucht die Stärkung durch das Fest, die Dramatisierung durch Ausdruckshandlungen wie Tanz, Pantomime, Rollenspiel, und sie braucht »Verlockungsmodelle« alternativer Lebenspraxis. Wir feiern ein Hoffnungsfest. Wir betrachten und fühlen den winzigen Samen eines Senfkorns und den leichten Samen einer Pappel. Wir lesen das Gedicht von Hans Magnus Enzensberger »windgriff.«

windgriff

manche Wörter
leicht
wie Pappelsamen

steigen
vom wind gedreht
sinken

schwer zu fangen
tragen weit
wie Pappelsamen

manche wörter
lockern die erde
später vielleicht

werfen sie einen schatten
einen schmalen schatten
vielleicht auch nicht

(aus: Blindenschrift, Frankfurt a.M. 1964)

Wir vergleichen es mit dem Gleichnis vom Senfkorn. Seinem Erzähler war das wunderbare Ende gewiss: Das Geheimnis des Senfkorns liegt in dessen Zukunft, im großen Baum der einen breiten Schatten wirft. Der unscheinbare Anfang des Reiches Gottes hat es eben in sich! Der moderne »Gleichniserzähler« muss sich mit dem schmalen Schatten einer Pappel begnügen – aber auch das steht noch dahin. Keine Gewissheit. Es gibt die Möglichkeit der Hoffnung. Doch die Zukunft bleibt offen. »Poesie tradiert Hoffnung« (Enzensberger).

6.6 Arbeitshinweise

1. Schreiben Sie ein »Hoffnungsgedicht« oder eine »Hoffnungsgeschichte«.

2. Lesen Sie den gesamten Text des »dritten Traums« und deuten Sie seine Einzelzüge. Achten Sie besonders auf die Beschreibung des ›Feindes‹. Die Gleichnisse Jesu haben meistens einen »Rahmen« und sind häufig umadressiert worden, indem man ihnen einen neuen Rahmen gab. Auch das Hörspiel hat einen »Rahmen«. Suchen Sie Situationen, in denen das Hörspiel (wie ein Gleichnis) neu zu sprechen beginnt.

3. Interpretieren Sie das »Gleichnis vom Senfkorn« (Mk 4,30-32 parr.) und stellen Sie das Gleichnis in einen neuen Kontext mit dem Gedicht von Enzensberger »windgriff«.

4. Lesen Sie das Kapitel IV in dem »klassischen« Jesus-Buch von Günther Bornkamm (Jesus von Nazareth. Stuttgart [15]1995) oder ziehen Sie zur Lösung dieser Aufgabe Theißen/Merz (1997, 223-255) heran. Achten sie besonders auf die Stellen, die von der Gegenwart des Reiches Gottes sprechen (z.B. Mt 11,5-6; Lk 11,20; Lk 17,20-21; Mk 42,18-19; Lk 10,23-24; Mk 6,20-21; Mk 2,18ff; Mt 12,28; Lk 10,18; Lk 13,18f.20f).
Vergleichen Sie diese Reihe von Aussagen mit jener, die vom Kommen des Reiches als einem zukünftigen reden (Lk 6,20f; Lk 15,28f; Mk 14,25; Mt 7,2f). Wie sind Zukunft und Gegenwart miteinander verbunden? Die Gegenwart ist durch die Ankunft des Reiches Gottes qualifiziert. In Jesu Reden und Tun ist es mitten unter den Hörern gegenwärtig (vgl. Lk 17,20f). Die Zukunft ist keine noch ausstehende Zeit, die man berechnen könnte; es ist kein Hiatus zwischen den Zeiten, Zeit ist nicht messbare Zeit (chronos), sondern erfüllte, eschatologische Zeit (kairos). Nicht Vergangenheit und Gegenwart heben sich gemeinsam von der Zukunft ab, sondern Zukunft und Gegenwart heben sich kraft der kommenden Gottesherrschaft von der Vergangenheit

ab. »Die Gegenwart ist als Ort der Erfahrung von Zukunft bestimmt ...« (Schmidt/Becker 1981, 102). Diskutieren Sie das dieser These zugrundeliegende Zeitverständnis. Warum heißt es in Lk 17,20 »Ihr könnt nicht sagen: Siehe hier oder dort«? Ein Zukunftsverständnis, das diese als noch ausstehende, messbare Zeit betrachtet, wird der Reich-Gottes-Verkündigung nicht gerecht. Jesus feierte (im präzisen Sinne) »den Einstand« des Reiches Gottes.

5. Am Kreuz zerbrach die durch Jesus geweckte Hoffnung auf das Reich Gottes. Die Ostererscheinungen halfen den Jüngern, die Krise der Hoffnung zu verarbeiten (Vgl. Lk 23,13-31). Der auferstandene Gekreuzigte wurde zum Inhalt der christlichen Hoffnung. Hat sich mit dem Inhalt der Hoffnung auch das von Jesus erschlossene dialektische Verhältnis von Gegenwart und Zukunft verändert? Überprüfen Sie diese Frage anhand der einschlägigen Texte bei Paulus und im Johannes-Evangelium.

6. Das Kommen Gottes in Jesus von Nazareth erweist sich auch darin als ein »Sprachereignis« (E. Fuchs), dass es eine reiche Hoffnungssprache freisetzt und den Übergang der Hoffnung aus der jüdischen in die hellenistische Welt ermöglicht. *Paulus* benutzt meistens apokalyptische Bilder, wo er (nicht besonders häufig) die Zukunftserwartung breiter ausführt; es kommen jedoch auch gnostische Vorstellungen vor (vgl. 2Kor 5,1-5). Die Ausführungen sind meistens durch Anfragen hervorgerufen und variieren je nach Situation. *Vergleichen Sie 1Thess 4,4-18 mit 1Kor 15,50-55.* Paulus zieht jeweils Folgerungen aus dem Bekenntnis zum auferstandenen Gekreuzigten, stellt dengleichen Sachverhalt aber etwa fünf Jahre später mit anderen Vorstellungen dar. Hoffnungssprache unterliegt geschichtlichem Wandel. Die Aussagen zur Hoffnung lassen sich nicht systematisieren. In den Grundlagen bleibt Paulus konsequent: Der Grund der Hoffnung liegt in Tod und Auferstehung Christi. Es ist zwischen »Glauben« und »Schauen« (2Kor 5,7) zu unterscheiden. Die Dialektik von »schon jetzt« und »noch nicht« ist kennzeichnend für das Sein der Christen. Die Pointe seiner Hoffnung bringt er Röm 8,24f zur Sprache: »Ich bin gewiss, ... nichts kann uns scheiden von der Liebe Gottes, die in Christus Jesus ist, unserm Herrn.« Der Konflikt der Trennungsangst wird realistisch angesprochen, aber in der gewissmachenden Hoffnung »aufgehoben«.

7. Zur Entwicklung der Eschatologie bei Paulus vgl. z.B. Günther Bornkamm, Paulus, Stuttgart [7]1993 Kapitel V. *Johannes* verzichtet radikal auf die apokalyptische Zukunftseschatologie. Totenauferstehung und Gericht haben bereits mit dem Kommen Jesu stattgefunden

236 *V. Glaubenslehre II: Das Handeln Gottes*

(Joh 3,19; 5,24f; 11,24f). Untersuchen Sie die wenigen Zukunftsaussagen: Joh 17,24; 14,2f.

8. Bultmann übernimmt von Paulus (Röm 8,24) und Luther den Grundsatz :»Die christliche Hoffnung weiß, dass sie hofft, sie weiß aber nicht, was sie erhofft.« Das Bilderverbot gilt auch für die Hoffnungsbilder.
Die Gegenthese Jürgen Moltmanns lautet:»Verstehen wir aber jene Mythen, Bilder und Symbole im Sinne der produktiven Phantasie der Hoffnung, so werden wir sie nicht wörtlich oder wissenschaftlich nehmen können«, wohl aber als Vorentwürfe und Anreize unserer eignen lebendigen Fantasie. »*Nicht die Entmythologisierung im Sinne einer existentialen Interpretation ist dann die Aufgabe der Hermeneutik, sondern ihre eschatologische Interpretation.*« (Moltmann 1974, 41f)
Diskutieren Sie These und Gegenthese!

9. Pannenberg begründet die christliche Hoffnung in Analogie und Differenz zu Karl Rahner anthropologisch und theologisch (im Sinne eines komplementären Argumentationsgangs).
Überprüfen Sie die anthropologische Argumentation noch einmal an dem Kapitel »Hoffnung über den Tod hinaus« (Was ist der Mensch?, Göttingen [8]1995, 31-40 = Biehl 1999, 326).
Ausgangspunkt der Argumentation ist die »Weltoffenheit« des Menschen. Erläutern Sie, was Anthropologen und Zoologen darunter verstehen. Wie begründet Pannenberg seine anthropologische These, dass der Mensch genötigt ist, über den Tod hinauszufragen.
Warum verträgt sich der griechische Unsterblichkeitsgedanke nicht mit heutigen anthropologischen Einsichten? Welche Züge der Hoffnung hebt Pannenberg hervor? Setzen Sie sich kritisch mit seinen Argumenten auseinander.

VI. Glaubenslehre III: Wort Gottes – Sakramente – Feste

1. Wort Gottes und religiöse Sprache

1.1 Sprache als Ermutigung

Hilde Domin, Lied zur Ermutigung II

Lange wurdest du um die türlosen
Mauern der Stadt gejagt.

Du fliehst und streust
die verwirrten Namen der Dinge
hinter dich.

Vertrauen, dieses schwerste
ABC.

Ich mache ein kleines Zeichen
in die Luft,
unsichtbar,
wo die neue Stadt beginnt,
Jerusalem, die goldene, aus Nichts.

(aus: Rückkehr der Schiffe, Frankfurt a.M. 1962.)

Allein aus der Erfahrung erwächst die Sprache; ohne Sprache, die Erlebnisse und Widerfahrnisse deutet, gibt es keine Erfahrung. Die Erfahrung, aus der die Sprache des Gedichts erwächst, steht in seiner Mitte. »Vertrauen, dieses schwerste ABC«. Unser Sprechen erwächst aus Vertrauen, wird getragen vom Vertrauen in den anderen, der uns versteht. Hier wird das Vertrauen beschrieben, das man Lernen muss, wie das Kind, ganz von Anfang an. Indem dem Kind die Sprache zugänglich wird, geht ihm die Welt auf, wird es Teilhaber am Leben. Vertrauen ist das schwerste ABC, das man immer wieder verliert und neu buchstabieren muss. Das Wiedererlernen von Vertrauen ist ein Wagnis, es gilt Vertrauen zu fassen trotz aller Enttäuschungen. Die Vertrauenskrise ist zugleich eine Sprachkrise; darum spricht das Gedicht von den »Verwirrten Namen der Dinge«. Das Wiedererlernen des

Vertrauens ist zugleich ein Sprachgewinn: »ein kleines Zeichen in die Luft« gemacht, verweist auf die Stadt des Vertrauens, in der man bleiben kann. Dieses Zeichen setzt Wirklichkeit neu, die Stadt als Gegenbild zu jener türlosen Stadt, von der am Anfang die Rede war. Steht in der Mitte die Vertrauenskrise, die sich überraschend als Sprachkrise erweist, so ist auffällig, dass sich in dieser Mitte ein Zeitwechsel vollzieht. Das Gedicht beginnt in der Vergangenheitsform und geht im Präsens weiter. Mit diesem Wechsel des Tempus ist ein Wechsel von der Du-Form in die Ich-Form verbunden, obwohl es dasselbe lyrische Ich ist, das erst sich selbst wie einen anderen anredet und dann sich selbst gesteht, dass es wieder mit sich eins ist, nachdem es das Vertrauen wiedergefunden hat.

Zwei Bilder werden gegenübergestellt: Das erste Bild des Gejagtseins erinnert an die Szene aus der Ilias: Achill jagt den von Todesangst besessenen Hektor um die Mauern Trojas herum, sie scheinen türenlos zu sein, kein rettendes Tor nimmt ihn auf, kein helfender Freund steht ihm zur Seite. Diese Fluchtbewegung des Lebens, dieses Gejagtsein von einer Enttäuschung zur anderen ist plötzlich vorbei. Das Gegenbild der »neuen Stadt Jerusalem« erscheint, sie hat weit geöffnete, einladende Tore, in ihr findet man Bleibe, Schutz, Heil, Kommunikation und Unvertreibbarkeit. Ein kleines Zeichen, gegen die Angst gesetzt – damit beginnt neues Leben, Vertrauenkönnen. Ein Zeichen, nicht vorzeigbar, nicht die Beweissprache (die apodiktische Sprache), sondern die bildhafte, poetische Sprache, die Mut zusprechen und Wirklichkeit neu setzen kann. Dieses kleine, unscheinbare Zeichen enthält ein Versprechen auf Zukunft. Die utopische Stadt, die Stadt der Heilsverheißung schafft das Sprachvertrauen »aus Nichts«; sie ist unverlierbar. Die »neue« Stadt tritt an die Stelle der ungastlichen Stadt der ersten Strophe (vgl. Domin und Gadamer 1982, 145-151).

Das mehrschichtige Verhältnis von Sprache und Wirklichkeit als religionspädagogisches Problem
Ernesto Grassi unterscheidet zwischen der beweisenden und der weisenden Sprache als zwei unterschiedlichen Äußerungsformen (Grassi 1979, 25). Die beweisende Sprache ist eine rein rationale, wissenschaftliche Sprache. Die weisende, rein »semantische« Sprache vermag nur zu bekunden, nicht zu begründen; durch diese Struktur erweist sie sich als sehen lassende, zeigende und damit bildliche Sprache. Grassi versucht nachzuweisen, dass die beweisende Sprache in der ursprünglicheren »semantischen« Sprache mit ihren vielen Formen (Symbol, Metapher, Bild, Vision) verwurzelt ist. Johannes Anderegg entwickelt ein *dynamisches* Modell, um wissenschaftliche und poetische Sprache, instrumentellen und medialen Sprachgebrauch in ein spannungsvolles Verhältnis zu setzen. Poetische Sprache verwendet keine anderen Worte als die Alltagssprache, sondern bezieht sie *anders*

auf die Wirklichkeit. Im erprobenden Begreifen und schöpferischen Entdecken der Wirklichkeit vollzieht sich die *Verwandlung* der Sprache. Konstitutiv für den medialen Sprachgebrauch ist sein spezifischer Zeichencharakter, der sich erst im Prozess der Sinnbildung erweist: Verwandlung von Gewohntem (Metapher), sprechendes Vorbild (Ikon) und kreative Offenheit (Symbol) sind kennzeichnend für den medialen Sprachgebrauch. (Anderegg 1985, 64).

Die Sprache des Gedichts ist eine Weise des medialen Sprachgebrauchs. Sprache ist weit mehr als ein Instrument zur Benennung von Dingen. Sie kann ermutigen – eine der wichtigsten Funktionen der Sprache in Lernprozessen. Sie kann Wahrheit zusprechen. Durch die Kraft ihrer Bilder arbeitet sie am Leser/Hörer, erschließt ihm tiefere Schichten der Wirklichkeit, kann Wirklichkeit neu setzen, neue Möglichkeiten eröffnen. Wissenschaftliche und poetische Sprache sind Modifikationen der Alltagssprache, nur in entgegengesetzter Richtung. Die Wissenschaftssprache modifiziert sie in Richtung auf eindeutige Bezeichnungen, schließt alle symbolischen Nebenklänge aus. Die poetische Sprache modifiziert sie in Richtung auf das symbolische Sagen und Bekunden, alle eindeutigen Bezeichnungen werden ausgeschlossen.

Psychoanalytische und kognitive Ansätze zur Erforschung der Sprachentwicklung stimmen darin überein, dass die Symbolentwicklung der Sprachentwicklung vorausliegt (z.B. das Symbolspiel der Kinder). Die Sprache der Kinder ist im frühen Lebensalter durch eine noch laut werdende innere Sprache gekennzeichnet, die nicht angepasst, sondern leicht abweichend ist. Auch unsere Alltagssprache ist nie völlig instrumentalisiert; im Alltag wird bspw. erzählt. Durch die Ausbildung begrifflichen Denkens wird die Sprache in der Schule in Richtung der Wissenschaftssprache verändert. Auf der anderen Seite fördern die Welten der elektronischen Medien den Umgang mit dem Fiktiven. Elektronische Welten lassen Wahrnehmungsformen anderer Wirklichkeitsversionen als die der Wissenschaft und Technik wieder Gültigkeit erlangen. Es ist aber kritisch zu fragen, welche »Qualität« die Weltbilder haben, die symbolisch vermittelt werden, welches Verhältnis zwischen Fiktion und Realität jeweils besteht, wie die Spielräume der Imagination im Umgang mit den künstlichen Welten jeweils beschaffen sind, welche Techniken des Illusionismus jeweils angewendet werden (Heimbrock).

Die religionspädagogische Aufgabe besteht darin, die implizite religiöse Thematik in den Medien zu entdecken und auf die Gestalt der Inszenierung zu achten. Durch ein schöpferisches Verhalten beim Verarbeiten der Alltagserfahrungen kann der Spielraum der Alltagspoesie erweitert und verwandelt werden. Bei dieser Aufgabe spielt der mediale Sprachgebrauch, die inspirierende und verändernde Kraft poetischer und religiöser Sprache eine wichtige Rolle. Durch sie kann die

Wahrnehmung der Wirklichkeit in ihrer Mehrschichtigkeit gefördert, die Differenz zwischen Gesagtem und Gemeintem ausgehalten werden und gegenüber der vollendeten Transparenz der neuen Medien der Geheimnischarakter der Wirklichkeit wieder Bedeutung erlangen. Der Umgang mit den Medien insgesamt ist ambivalent: Er zeigt die Modellierbarkeit und Virtualität der Wirklichkeit – es gibt keinen deutungsfreien Umgang mit ihr (vgl. genauer Biehl 1999, 25-32). Andererseits ebnen die Omnipotenz der Bilder, ihr Abbildcharakter, die Einflächigkeit und Eindeutigkeit der Fernsehserien das Wirklichkeitsverständnis ein. Elementare Reflexionen auf das Verhältnis von Sprache und Wirklichkeit im Blick auf unterschiedliche Sprachformen (Bericht, Beschreibung, Schilderung, Reportage, Liebesbrief, Gedicht, Bekenntnis, Erzählung, ...) sind notwendig, um überhaupt einen angemessenen Zugang zum Verstehen religiöser Texte zu gewinnen.

1.2 Wort Gottes und Sprache – Theologische Entwürfe

Die Rede vom »Wort Gottes« hat in der ersten Hälfte des 20. Jahrhunderts einer ganzen theologischen Richtung den Namen gegeben. Vom Wort Gottes wurde in den Prolegommena der Dogmatik ausführlich gehandelt, sodann unter der Frage nach den sog. Gnadenmitteln.

Karl Barth: Gott hat geredet
Karl Barth wurde durch die zweite Auflage seines »Römerbriefs« (^{2}1922) weithin bekannt. 1922 hielt er auch seinen programmatischen Vortrag »Das Wort Gottes als Aufgabe der Theologie« (Barth 1924, 156-178). Er hat es als seine Lebensaufgabe angesehen, Offenbarung und menschliche Sprache zusammenzudenken. Im Laufe der Zeit hat Barth unterschiedliche Modelle der Zuordnung von Gotteswort und Menschenwort entwickelt.

Wir sollen als Theologen von Gott reden. Wir sind aber Menschen und können als solche nicht von Gott reden. Wir sollen beides [...] und eben damit Gott die Ehre geben (Barth 1924, 158).

Wie ist das möglich? Diese Frage lässt ihn nicht mehr los.

Im »Römerbrief« kennzeichnet er das Wort Gottes so: »kein menschliches, kein zufälliges, kein hinfälliges, sondern eben Gottes ewiges und absolutes Wort« (Barth 1922, 325). Menschenlippen müssen unendlich versagen »gegenüber dem *nichtversagenden* Gotteswort«; der Mensch muss immer wieder hören und aussprechen, »was *wahr* ist bei *Gott*, und dass *alsbald nicht mehr wahr* ist« (ebd.).

Beim frühen Barth besteht ein unauflösbarer Widerspruch zwischen Gotteswort und Menschenwort, so unauflöslich wie der Widerspruch zwischen Wahrheit und Lüge. Der späte Barth ersetzt die Denkform der Dialektik bzw. Paradoxie durch die der Analogie (vgl. 116-125). Dementsprechend entwickelt er für das Verhältnis von Gotteswort und Menschenwort das *Modell der Entsprechung*. Im Zuge der sich gleichzeitig vollziehenden christologischen Konzentration seiner Theologie bezieht er den Begriff »Wort Gottes« zunehmend nur auf Jesus Christus. Er allein ist das *eine* Wort Gottes. Die Heilige Schrift und die menschliche Verkündigung sind *Zeugnis* vom Wort Gottes. Damit überwindet er nicht nur das Modell der Frühzeit, sondern auch die in KD I/1, §4 entwickelte Lehre von der dreifachen Gestalt des Wortes Gottes als verkündigtes, geschriebenes und geoffenbartes Wort. Die Konsequenzen dieser christologischen Konzentration werden an Barths Sakramentsverständnis besonders deutlich: Jesus Christus ist »das eine, einzige, ein für allemal vollzogene Sakrament« (KD IV/2, 59).

Insbesondere durch Barths grundlegende *Unterscheidung von Geist- und Wassertaufe* wird es möglich, das sakramentale Verständnis der Wassertaufe und damit die »Unsitte der Säuglingstaufe« preiszugeben. Die Geisttaufe begründet das christliche Leben durch Gottes Handeln; die Wassertaufe ist die »erste Gestalt« der menschlichen Antwort auf diese göttliche Wendung, die ihr entsprechende menschliche Entscheidung (vgl. KD IV/4, 49). Dementsprechend steht auch die christliche Verkündigung ganz auf der Seite des menschlichen Handelns.

Jesu Menschsein ist das alleinige »Gnadenmittel«, das zwischen Gott und Mensch vermittelt. Er ist das eine Wort Gottes, auf das die Verkündigung *antwortet*. Die Predigt ist »als Werk menschlicher Sprache die menschliche Handlung«, die selbständig vollzogene Aussage und Erklärung des Evangeliums; sie redet aus und nicht über die Bibel (KD IV/3, 997, vgl. 996). Die Verkündigung hat als freie menschliche Antwort das Wort Gottes *anzuzeigen* und ihm zu entsprechen. Sie ist aber nicht selber Gottes Wort (vgl. Jüngel 1982, 277; Grözinger 1991, 222ff). Sie ist das dem Wort Gottes entsprechende Sprachgeschehen.

Theorie der religiösen Sprache (Paul Tillich)
Das Wort hat als Medium der Offenbarung vielfältige Bedeutungen. Das »Symbol ›Wort Gottes‹« kann nicht ohne Einblick in das Wesen des Wortes verstanden werden (Tillich 1956, 147, vgl. 187-189). Daher hält Tillich es für unsachgemäß, das Ganze der Theologie zu einer erweiterten Lehre vom »Wort Gottes« zu machen (Barth).
Für Tillich ist das Symbol *die* Sprache der Religion, ihr primärer Ausdruck, der im Mythos seine angemessene Gestalt findet. Tillich hat zwischen 1928 und 1961 das Symbolverständnis immer wieder zu klären versucht, hat Modifikationen vorgenommen, seine Grundlinie je-

doch durchgehalten. 1928 nennt er *vier Merkmale*: Selbstmächtigkeit und Uneigentlichkeit, Anschaulichkeit und Anerkanntheit. Die ersten beiden Begriffe bestimmen als Hauptmerkmale die Dialektik der Symbole. Das Setzen eines anschaulichen Symbols und das Aufheben seiner Gegenständlichkeit bringen den eigentlich gemeinten Sinn hervor. Diese Dialektik ist schon auf dem Hintergrund des Gottesverständnisses entworfen. 1961 geht er von der Unterscheidung zwischen repräsentativen und diskursiven Symbolen aus. Diskursive Symbole finden sich in der Mathematik, repräsentative Symbole in Religion, Dichtung, bildender Kunst und im Gemeinschaftsleben. Die repräsentativen Symbole kennzeichnet er durch *fünf Merkmale*:

(1) Sie weisen auf eine Wirklichkeit hin, die nicht unmittelbar zugänglich ist. Sie enthalten einen »symbolischen Stoff« (z.B. ein Wort unserer Sprache) und als zweites Element das eigentlich Gemeinte, das nur indirekt durch den »symbolischen Stoff« ausgedrückt werden kann. (2) Sie haben an der Wirklichkeit teil, auf die sie hinweisen. Weil sie an ihr teilhaben, können sie auch an ihr teilgeben. (3) Sie können nicht willkürlich erfunden werden, sondern werden geboren und sterben ab wie lebende Wesen. Sie werden von einer Gemeinschaft anerkannt; erst dadurch werden sie zu Symbolen. (4) Symbole haben die Macht, verdeckte, tiefere Dimensionen der Wirklichkeit zu erschließen. (5) Sie sind in ihrer Wirkung ambivalent.

Diese Merkmale gelten für religiöse wie poetische Symbole. Damit stellt sich die Frage nach der Wahrheit der Symbole. Tillich erinnert noch einmal daran, dass die Symbole ihre Gegenständlichkeit selbst »aufheben« müssen, um das Symbolisierte angemessen repräsentieren zu können. Gott als das Symbol für das wahrhaft Unbedingte lässt alles Bedingte hinter sich (GW VIII, 141f). Die Wahrheit der christlichen Symbole hängt an Gott als dem grundlegenden Symbol. Seit 1940 muss er sich immer wieder mit dem Vorwurf der Fiktionalität auseinandersetzen. Um diesem Fiktionalismusvorwurf zu entgehen, verweist er nicht auf das Menschsein Jesu, sondern sucht eine ontologische Lösung, die in ihrer Abstraktheit wenig überzeugt: Das »Sein-Selbst« ist der letzte Bezugspunkt seines Symbolsystems: Es ist die einzig nicht-symbolische Aussage über Gott (Tillich 1956, 77; vgl. 241). Tillichs Intention ist es, den Wirklichkeitsbezug religiöser Sprache im Gespräch mit anderen Wissenschaften zu erweisen und zugleich den Wahrheitsanspruch christlicher Symbole festzuhalten. Die Kennzeichnung der Symbole durch die genannten fünf Merkmale ist auch außerhalb der Theologie beachtet worden. Das Symbolverständnis Tillichs hat stark auf die Praktische Theologie eingewirkt (häufig in Verbindung mit dem des Philosophen Paul Ricoeur).

Das Wort Gottes und die Sprache des Glaubens (Gerhard Ebeling)
Ebeling gehört zusammen mit seinem Freund Ernst Fuchs zu den Hauptvertretern der sog. Hermeneutischen Theologie (seit Mitte der

50er Jahre). Diese Theologie teilt die Fragestellung mit der frühen Dialektischen Theologie; sie fragt nach dem Wort Gottes, verbindet sie aber mit dem hermeneutischen Problem, das Barth vernachlässigt hat. Die Wirklichkeit, um die es im Glauben geht, erschließt sich nur durch Sprache. Theologie ist »Sprachlehre des Glaubens« (Fuchs). Es geht also nicht nur um das Verstehen von biblischen Texten, sondern um die Erschließung der Wirklichkeit im Wort- und Sprachgeschehen. Nicht das Verstehen *von* Sprache steht im Vordergrund, sondern das Verstehen *durch* Sprache. Die Grundsituation des Menschen als eines Wesens, das Sprache hat, ist durch das Wort bestimmt. »Wort« ist der Zentralbegriff der Theologie Ebelings (seine Aufsatzsammlungen tragen den Titel »Wort und Glaube«). Die Reflexion auf das Wesen des Wortes leitet zugleich zum Verständnis dessen an, was ›Gott heißt‹. Was heißt eigentlich »Wort Gottes«? Kann Gott reden? Hat er eine eigene Sprache? Ebeling liegt alles daran, dass der Begriff des Wortes Gottes »kein übernatürliches Sonderwort« meint, sondern »wahres, eigentliches, letztgültiges Wort« (Ebeling 1960, 339f). Unter »Wort« versteht er nicht eine Vokabel, sondern ein Sinnganzes. Es erschließt sich erst von seinem Gesprochensein her, ist also nicht geschriebenes, sondern *mündliches, geschehendes* Wort. Wort geschieht zwischen zwei Personen und ermöglicht Teilnahme, schafft Kommunikation, Mit-teilung und nicht nur bloße Information. Die Macht des Wortgeschehens besteht darin, dass sie unsere Existenz in der Tiefe betrifft und verändert. Das Wesen des Wortes erfasst man nicht mit der Frage, was es enthält, sondern was es *anrichtet*, welche Zukunft es eröffnet. Die höchste Möglichkeit des Wortes ist die Eröffnung wahrer Zukunft. In welchem Verhältnis steht das Wort zur Sprache? Sprache ist viel mehr als ein System von Vokabeln und Regeln. Wir leben davon, dass uns Wirklichkeit durch Sprache erschlossen wird. Durch Sprache wird uns der Raum aufgetan, in dem wir Erfahrungen machen können und durch den das Geschehen des Wortes ermöglicht wird. Gottes Wort ist gar nichts anderes als reines, wahres Wort, in dem das zur Erfüllung kommt, was das Wort eigentlich sein will: Es will Verstehen eröffnen, Licht verbreiten, Wahrheit zusagen, Zukunft herbeiholen. Menschen bleiben sich dieses Zukunft erschließende Wort, in dem einer sich für die Zukunft des anderen verbürgt, einander schuldig. Wo jenes Wort doch Ereignis wird, mutet es den Glauben zu, der sich allein auf die Zusage verlässt. Wo jenes Wort Ereignis wird, handelt es sich um die Zu-sage Gottes, um sein Versprechen für die Zukunft. Das Wort, in dem es um Gott geht, ist also ein Wort, in dem Gott zum Angeredeten kommt und sich selbst zusagt, ihm Anteil an seiner Zukunft gibt und ihn gewiss macht. Wenn Gott zu Worte kommt, wird dadurch die ganze uns angehende Wirklichkeit neu zur Sprache gebracht. Wort Gottes ist je nach dem, was es anrichtet, *Anfrage* Gottes (»Adam, wo bist du?« – »Kain, wo ist dein Bruder Abel?«) oder *Zu-sage* des Heils,

Verheißung wahrer Zukunft. Menschliches Wort ist auf den tiefsten Grund gesehen – Ant-Wort, Sprache ist vielfältiges Echo auf das Angesprochensein durch Gott (Ebeling 1959, 243-256). Das Wort kann tötendes oder heilendes, lebensspendendes Wort sein. Gott, Wort, Glaube und Zukunft gehören in dem Gott und Mensch verbindenden Wort zusammen. Daher kann auch nur vom Evangelium her verstanden werden, was Wort Gottes meint. Es ist nur ein einziges, lebensnotwendiges Wort, das den Menschen gewiss macht. Es gelingt Ebeling, das Wort Gottes vom Wesen des Wortes und der Sprache her verständlich zu machen. Es hat die Möglichkeit, das Verborgene anwesend sein zu lassen, Künftiges zu antizipieren. Ebeling gelingt es, das Wort Gottes als Gesetz und Evangelium von dem her verständlich zu machen, was das natürliche, mündliche, zwischen Mensch und Mensch geschehende Wort bewirkt (1960, 341). Ansatzpunkt ist ein theologisch vertieftes Sprachverständnis. Dieses wird aber nicht zur philosophischen Sprachanalyse in Beziehung gesetzt. Die unterschiedlichen Möglichkeiten religiöser Rede als Gleichnis, Metapher, Symbol, Erzählung werden nicht untersucht. Eine religionspädagogische Theorie der religiösen Sprache setzt eine solche Differenzierung voraus, weil diesen unterschiedlichen Möglichkeiten religiöser Rede unterschiedliche »Stufen« des Sprachverstehens entsprechen. Von weitreichender Bedeutung ist die Ausführung der These Ebelings, dass jedes Reden von Gott weltliches Reden (Bonhoeffer) ist und dass daher Wort Gottes streng genommen Wort im eigentlichen Sinn meint und kein übernatürliches Sonderwort.

Der Religiöse Ursprung der Sprache (Wolfhart Pannenberg)
Wolfhart Pannenberg argumentiert in seiner Theorie religiöser Sprache *anthropologisch*: Er fragt nach dem Ursprung der Sprache zurück und kommt zu dem Ergebnis: An ihrer Regelhaftigkeit und vor allem an ihrer Darstellungsfähigkeit zeigt sich, dass sie selbst die Form eines Spiels hat; sie hat auch ihren religiösen Ursprung im kultischen Spiel, in religiöser Ergriffenheit. Sprache und Mythos – verbunden mit Tanz und Gesang – bilden im Spiel ursprünglich eine Einheit (Pannenberg 1983, 348f). Pannenberg sieht das mythische Wort als symbolische Manifestation der genannten Sache und das biblische Gotteswort nicht in einem abstrakten Gegensatz, sondern meint, dass das »Wort Gottes« den Wahrheitsgehalt des mythischen Wortverständnisses in sich »aufgehoben« hat (ebd., 375). Der Komplex des mythisch-magischen Wortverständnisses steht im Hintergrund des biblischen Redens von Gottes Wort. Ist das weltbegründende Wort des Mythos durch religiöse Ergriffenheit und darstellendes Spiel bestimmt, so steht der magische Gebrauch des Wortes in gewisser Spannung zur mythischen Erfahrung der »Selbstvergegenwärtigung der Sache durch das Wort« (ebd., 373). Im magischen Gebrauch kann mittels des Namens über die

Sache oder die Person verfügt werden. Andererseits kann dieser magische Gebrauch des Wortes auch der Gottheit zugeschrieben werden. Dieses mythisch-magische Wortverständnis kann nicht ohne theoretische Reflexion über die Sprache in die Neuzeit übertragen werden. Pannenberg hält den Versuch Ebelings (vgl. 240ff), eine theologische Sprachlehre zu entwickeln, immer noch für sachgemäß, weil er nicht eine säkulare Sprachtheorie auf die Theologie anwendet, sondern die Theologie den Leitfaden für ein tieferes Sprachverständnis bildet (ebd., 380). Pannenberg hält dieses allerdings für einseitig, weil Ebeling die Sprache auf das Moment der »Mitteilung« von Person zu Person reduziert und die Aussagestruktur und Darstellungsfunktion der Sprache unberücksichtigt lässt (vgl. ebd., 381; vgl. Biehl 1989. [2]1991, 34-44). Er hebt demgegenüber die Darstellungsfunktion der Sprache besonders hervor. Im Blick auf die Aussagestruktur der Sprache ist unter theologischer Perspektive kennzeichnend, dass Wirklichkeit nicht nur in Aussagesätzen dargestellt wird, sondern ursprünglicher in der Erzählung, im Spiel sowie im Bekenntnis und im Gebet. Ein theologisch vertieftes Sprachverständnis bündelt die anredende, die kommunikative wie die expressive Funktion der Sprache.

Gleichnissprache als Modell der Sprache des Glaubens
Eberhard Jüngel folgt im Grundsatz dem christologischen Ansatz Barths. Gott muss schon vertraut sein, wenn man angemessen von ihm reden will. Gott hat sich selbst in Jesus bekannt gemacht. Der Mensch Jesus wird durch dieses Ereignis zum »Gleichnis Gottes«. »Dieser christologische Satz kann als Grundsatz einer Hermeneutik der Sagbarkeit Gottes gelten.« (Jüngel 1977, 394). Er ist der Ansatz zu einem Evangelium der Entsprechung, das durch die Sprachform der Metapher und des Gleichnisses gekennzeichnet ist. Sie sind Formen anredender und entdeckender Sprache. Die Sprache ist – wie Jüngel in Auseinandersetzung mit Sprachwissenschaft und Philosophen nachzuweisen sucht – ursprünglich durchgehend metaphorisch und gleichnishaft. Gott kommt als Gleichnis zur Sprache, und nur insofern kann er auch zur Sprache gebracht werden. Die Gleichnissprache ist Modell der Sprache des Glaubens; alle anderen Sprachformen haben an der Struktur der Gleichnissprache teil (Jüngel 1977, 400).
Unter ihnen finden die Metapher als *entdeckend-präzisierende* Sprache und die Erzählung als »Vor-Erzählen« (ebd., 424) besondere Beachtung. Die Gleichnisse enthalten eine implizite Didaktik, sie erscheinen als eine Form leichten, spielerischen Lernens (vgl. ebd., 398).

1.3 Religionspädagogische Konsequenzen

Fazit: Nimmt die Theologie ihren Ausgangspunkt bei einer Theorie der religiösen Sprache, so stehen die Sprachformen *Mythos* und *Symbol* im

Vordergrund; geht sie vom Kommen Gottes in Jesus aus, orientiert sie sich am Gleichnis und an der Metapher. Bei diesen Formen handelt es sich nicht um Alternativen, sondern um zusammengehörige Formen der Sprache. Das Evangelium kann ohne Religion nicht verkündet und gelehrt werden. In den als Metaphern zu verstehenden Gleichnissen Jesu wird das Symbol »Reich Gottes« auf die Gegenwart bezogen. Gerade das spannungsvolle Beieinander von Symbolen mit ihrem erschließend-vermittelnden Charakter und Metaphern mit ihren entdeckenden und präzisierenden Möglichkeiten ist für die didaktisch reflektierte Anlage von Lernprozessen fruchtbar. Die Wirksamkeit des Evangeliums ist nicht auf eine bestimmte Form religiöser Sprache festgelegt. Es kann sie alle in Brauch nehmen und zur Wahrheit bringen. Man mag der Gleichnissprache, die von Jesus besonders bevorzugt wurde, das Primat einräumen. Soll die Gleichnisstruktur durchschaut und das Gleichnis nicht als einfache Geschichte verstanden werden, ist nicht mit einer frühen Einsetzbarkeit in Lernprozessen zu rechnen. Die unterschiedlichen Sprachformen haben nicht nur unterschiedliche Verstehensvoraussetzungen, sie verlangen auch je spezifische didaktische Arrangements. Durch die spannungsvolle Beziehung der Sprache des Glaubens auf die religiöse Sprache ist überhaupt erst eine religionspädagogische Sprachlehre mit differenzierten Formen möglich geworden. Die direkte Überführung der »Wort-Gottes-Theologie« in die Religionspädagogik mit allgemeinen Zielvorstellungen (»Schüler unter das richtende und vergebende Wort Gottes zu führen«) war didaktisch nicht einzulösen.

1.4 Arbeitshinweise

1. Beschreiben Sie die Unterschiede zwischen Alltagssprache, Wissenschaftssprache und religiöser Sprache. Worin sehen Sie die Gemeinsamkeiten zwischen poetischer und religiöser Sprache?

2. Interpretieren Sie das Gedicht von *Hilde Domin, Gleichgewicht*

Wir gehen
jeder für sich
den schmalen Weg
über den Köpfen der Toten
– fast ohne Angst –
im Takt unsres Herzens,
als seien wir beschützt,
solange die Liebe
nicht aussetzt.

So gehen wir
zwischen Schmetterlingen und Vögeln

in staunendem Gleichgewicht
zu einem Morgen von Baumwipfeln
– grün, gold und blau –
und zu dem Erwachen der geliebten Augen.

(aus: Nur eine Rose als Stütze, Frankfurt a.M.1959, 14)

Das Gedicht spricht vom Weg der Liebenden und ihren ambivalenten Erfahrungen. Worin liegt die Hilfe dieser poetischen Sprache zum Verständnis religiöser Sprache angesichts der Herrschaft der »Beweissprache«?

3. »Wort Gottes« und »Offenbarung« stehen in einem engen sachlichen Zusammenhang. (Ziehen Sie zum Vergleich den Abschnitt »Erfahrung und Offenbarung«, 61-76 heran). Tillich wirft Karl Barth (der Frühzeit) vor, dass er »Offenbarung« mit einer Theologie des gesprochenen Wortes identifiziert. Er sieht darin eine Intellektualisierung des Offenbarungsgeschehens. Diskutieren Sie diese These.

Tillich sieht im Unterschied zu Barth keinen Gegensatz zwischen Offenbarung und Religion; diese ist der »Name für das Empfangen der Offenbarung«; ihr subjektives Element. Christliche Offenbarung gehört in die Religionsgeschichte hinein. Daher gibt es auch kein »reines« Offenbarungsverständnis, dieses ist vielmehr in spezifischer Weise religiös »gefärbt«. Diskutieren Sie die These Tillichs: »Nichts ist prinzipiell von der Offenbarung ausgeschlossen«; Offenbarungsträger kann jedes Ding, jede Person, jedes Ereignis sein. Sie kann sich (objektiv) im Wunder und (subjektiv) in der Ekstase ereignen.

4. Beschreiben Sie das Verhältnis zwischen Jesus Christus als dem einen Wort Gottes, den biblischen Schriften und dem mündlich gesprochenem Wort der christlichen Verkündigung.

5. Welche theologischen Gründe sprechen gegen die (oft übliche) Identifizierung von Gotteswort und Schriftwort?

Luther unterscheidet in seiner ersten exegetischen Vorlesung den Geist vom Buchstaben; denn der Buchstabe ist nicht gutes Wort, sondern Gesetz, der Geist dagegen gutes Wort, Evangelium. Der Geist ist im Buchstaben verborgen (vgl. Ebeling 1981, 106).

Das christliche Kerygma ist ein Wort, »das Macht hat, das wirksam ist. Das Gesprochenwerden ist wesentlich für dieses Wort, es wird verkündigt und muss gehört werden« (Bultmann 1954, 280).

6. Interpretieren Sie den Versuch Ebelings, das Verständnis des Wortes Gottes aus dem »natürlichen« Sprach- und Wortgeschehen ver-

ständlich zu machen. Worin unterscheiden sich Menschenwort und Gotteswort?

7.1 Was ist ein Symbol? Lesen Sie als Kommentar zu Tillichs *Symbolverständnis* Peter Biehl, Symbole geben zu lernen, [2]1991, 46-51.
7.2 Was ist eine Metapher? Die Metapher ist ein Kontextphänomen; sie besteht also mindestens aus einem Satz. Sie setzt zwei Sinnhorizonte miteinander in Beziehung, die innerhalb der Aussage durch zwei Wörter vertreten sind (z.B. »Achill ist ein Löwe«). Der Kontext konstituiert die Metapher, allerdings anders, als der Hörer erwartet hat. Zwei bisher fremde semantische Felder stoßen zusammen, so dass eine semantische Spannung entsteht, die neu sehen lässt. Wörtlich genommen ist Achill kein Löwe, sondern ein Mensch: in der Metapher wird er aber als Löwe überraschend neu beschrieben. Lesen Sie dazu ebd., 66-72 oder –, Symbol und Metapher, JRP 1, 1985, 29-64, hier 36-41. Diskutieren Sie die dort vertretene These, dass religiöse Rede in ihrem Kern symbolisch-metaphorische Rede ist.
Erläutern Sie die These anhand der johanneischen Ich-bin-Worte, die die Gleichnisse in den synoptischen Evangelien ersetzen.
Zum metaphorischen Verständnis der Gleichnisse Jesu lesen Sie Hans Weder (1989, 110-127).

2. Taufe und Wasser

2.1 Literarische Szenen:

(1) »Wasser! Wasser, du hast weder Geschmack noch Farbe, noch Aroma. Man kann dich nicht beschreiben. Man schmeckt dich, ohne dich zu kennen. Es ist nicht so, dass man dich zum Leben braucht; du selber bist das Leben! Du durchdringst uns als Labsal, dessen Köstlichkeit keiner unserer Sinne auszudrücken fähig ist. Durch dich kehren uns alle Kräfte zurück, die wir schon verloren gaben. Dank deiner Segnung fließen in uns wieder alle bereits versiegten Quellen der Seele. Du bist der köstlichste Besitz der Erde. Du bist auch der empfindsamste, der rein dem Leib der Erde entquillt.... Du nimmst nicht jede Mischung an, duldest nicht jede Veränderung. Du bist eine leicht gekränkte Gottheit! Aber du schenkst uns ein unbeschreibliches einfaches und großes Glück.«

(Antoine de Saint-Exupéry, Wind, Sand, Sterne. 165f)

(2) »Ich kann nicht dafür, dass der Mensch nicht länger als drei Tage ohne zu trinken auskommen kann. Ich ahnte es nicht, dass ich so an einen Brunnen gebunden war, dass unsere Freiheit an einem so kurzen Faden hängt. Ich wähnte, frei zu sein, und da hängt man an der Erde durch ihre Wasseradern wie die Frucht an der Mutter durch die Nabelschnur. Ein Schritt zu weit ab heißt Tod.«

(Antoine de Saint-Exupéry)

(3) »Eine furchtbare Böe kam brüllend vom Meere herüber, und ihr entgegen stürmten Ross und Reiter den schmalen Akt zum Deich hinan. Als sie oben waren, stoppte Hauke mit Gewalt sein Pferd. Aber wo war das Meer? Wo Jeversand? Wo blieb das Ufer drüben? – Nur Berge von Wasser sah er vor sich, die dräuend gegen den nächtlichen Himmel stiegen, die in der furchtbaren Dämmerung sich übereinander zu türmen suchten und übereinander gegen das feste Land schlugen. Mit weißen Kronen kamen sie daher, heulend, als sei in ihnen der Schrei allen furchtbaren Raubgetiers der Wildnis. Der Schimmel schlug mit den Vorderhufen und schnob mit seinen Nüstern in den Lärm hinaus; den Reiter aber wollte es überfallen, als sei hier alle Menschenmacht zu Ende, als müsse jetzt die Nacht, der Tod, das Nichts hereinbrechen.«

(Theodor Storm, Der Schimmelreiter, 119f)

Wasser als Urelement des Lebens gibt grundlegenden und gegensätzlichen Erfahrungen des Lebens Ausdruck. Das Leben entwickelt sich im Wasser – Wasser symbolisiert Leben, ohne Wasser ist kein Leben möglich, doch zu viel Wasser gefährdet das Leben. In den drei Texten kommen die unterschiedlichen Aspekte anschaulich zum Ausdruck. Der als eine Wasserode gestaltete Text von Saint Exupéry (1) spricht das Wasser unmittelbar an. Die elementaren Eigenschaften von Wasser klingen an: schlicht, unverwechselbar, unbeschreibbar auch in seiner Wirkung und doch jedem unmittelbar vertraut. Wasser lässt sich nicht auf eine Stufe mit Lebensmitteln stellen, es ist selbst Inbegriff des Lebens. Wie dieses empfindlich und ein Geschenk, das Glück vermittelt.

Der Text (2) reflektiert die grundlegende Erfahrung, wie sehr der Mensch auf Wasser angewiesen ist. Die Verbindung zum Wasser ist für das Leben so wichtig, wie die Nabelschnur, die das Kind im Mutterleib am Leben erhält. Das Angewiesensein auf die elementare Versorgung mit Wasser ist die eine Grunderfahrung, die Lebensbedrohung durch das ungebändigte Wassers die andere.

Das Ausgeliefertsein gegenüber der entfesselten Gewalt des Wassers beschreibt Theodor Storm in der Sturmflutszene im Schimmelreiter (3). Die Grenzen der menschlichen Möglichkeiten werden offenbar, der Abgrund des Todes, des Nichts bricht auf. Dieser Urgewalt ist der Mensch wie die andere Kreatur hilflos ausgeliefert. Das Bild der lebensbedrohenden und vernichtenden Flut als Gegenbild zur Quelle hat kulturübergreifend seinen festen Ort in Mythologien und Kosmogonien.

2.2 Die Wassermetaphorik in den biblischen Überlieferungen

Wassererfahrungen in allen Dimensionen dienen in biblischen Texten dazu, den Zusammenhang von Lebens- und Glaubenserfahrungen zur Sprache zu bringen. Die Gabe des (genießbaren) Wassers gehört zu den elementaren von Gott erfahrenen Wohltaten (vgl. Ex 15,22-27; Ps 23,2 u.ö.).

JHWH setzt der Macht des Wassers Grenzen (Ps 104,9) und erweist sich selbst als *Quelle des lebendigen Wassers* (Jer 17,13). *Der Strom des Wassers* als Sinnbild vom Strom des Lebens gehört zur Signatur des Paradieses. Die Rettungsgeschichte beginnt damit, dass Mose aus dem Wasser gezogen wird (Ex 2,10). In Hoffnungsbildern fließen Ströme von Wasser in der Wüste und verwandeln lebensfeindliche Gegenden in fruchtbares bewohnbares Land (Jes 43,20; Ez 47,1-12; Apk 22,1f).

Die Ambivalenz der Wassererfahrung wird in den beiden biblischen Schöpfungsüberlieferungen unter gegensätzlichen Aspekten aufgenommen: Im Bild der Erde als vom Wasser rundum bedrohte Insel im Ozean (Gen 1) und im Bild der Oase in der Wüste (Gen 2). Rettung vor dem drohenden Untergang ist Thema Noaherzählung und der Sturmstillungsgeschichten (Mk 4,35-41 parr.). Der *Durchgang durchs Wasser* als Rettungserfahrung bestimmt Gen 32,22-33 (Jakobs Kampf am Jabbok) und Ex 14 (Durchzug durchs Schilfmeer). Drohende Gefahr verdichtet sich in Ps 69 in Bildern von Wassergefahren. Die Bitte um Rettung aus drohender Gefahr wird als Bitte um das »*Herausziehen aus dem Wasser*« formuliert.

Das Johannesevangelium nimmt wesentliche Aspekte der Wassersymbolik auf und bezieht es neu auf Jesus als Quelle lebendigen Wassers, die mehr als den körperlichen Durst stillt. In dem Gespräch mit der Samaritanerin am Jakobsbrunnen (Joh 4,1-42) wird die Erfahrung des jeweils nur zeitweise den Durst stillenden Wassers aufgebrochen zur Sehnsucht nach dem endgültigen Stillen des Durstes. Im Verlaufe des Gespräches am Rande des Brunnens als Ort der Begegnung und der Erquickung nimmt die religiös, ethnisch und sozial deklassierte Frau Jesus als Quelle lebendigen Wassers wahr. Er stillt den Lebensdurst und macht sie selbst zum Brunnen des Lebenswassers, aus dem andere schöpfen können.

Joh 7,37-39 knüpft an diesen Gedanken an: Den Kontext bildet hier die rituelle Wasserspende am Laubhüttenfest, in dessen Zusammenhang an die mit der Gabe des Wassers zusammenhängen Glaubenserfahrungen und Verheißungen erinnert wird. Jesus nimmt diese Tradition auf und überbietet sie, indem er auf sich selbst als Wasser des Lebens verweist. Damit verknüpft wird der Hinweis, dass die Glaubenden selbst zur Quelle lebendigen Wassers werden (vgl. Joh 7,37f).

2.3 Geschichtliche Entwicklung

Taufe im Neuen Testament und frühen Christentum
Der Taufritus hat sich in der Urgemeinde als normativer Aufnahme- und Initiationsritus entwickelt. Vorbild war die Taufe Jesu durch Johannes den Täufer (Mk 1,9). Die dort als zukünftig verheißenen Sündenvergebung und Geistverleihung wird im christlichen Taufritus »im Namen Jesu Christi« zur unmittelbaren sakramentalen Zueignung des Heils. Hinzukommt der nachösterliche »Taufbefehl« (Mt 28,18-20). Analogien zum Taufritus finden sich in den rituellen Waschungen, die z.B. von der Qumrangemeinde und Mysterienkulten überliefert sind. Von diesen unterscheidet sich die christliche Taufe aber grundsätzlich dadurch, dass sie als einmaliger Akt und nicht als Selbsttaufe, sondern durch einen (getauften) Täufer vollzogen wird.

Wie Apg 8,38 und die nichtkanonische Didache (7,1ff) erkennen lassen, wurde die Taufe durch Untertauchen im fließenden Wasser vollzogen. In konkreten Kontexten wird das Taufgeschehen unterschiedlich ausgelegt.

Paulus interpretiert in Röm 6,3ff Taufe in Entsprechung zu Mysterien-kulten als rituelles Miterleben und Einbezogenwerden in Tod und Auferstehung Jesu mit der Folge, dass der Getaufte im Blick auf die Macht der Sünde gestorben ist und so für ein neues Leben in Gerechtigkeit befreit ist. Getaufte haben Christus »angezogen« (Gal 3,27). In 1Kor. 12,13 (auch Gal 3,27f) betont Paulus die durch die Taufe konstituierte Einheit von Menschen unterschiedlicher ethnischer und sozialer Herkunft durch einen Geist zu einem Leib Christi, zu einer Gemeinde.

Als Heilsmittel zur Rettung der Glaubenden durch das Bad der Wiedergeburt mit der Erneuerung durch den heiligen Geist wird der Taufritus in Titus 3,4ff verstanden.

Ein Zeugnis urchristlicher Taufpraxis ist in Apg 8 überliefert.

In der Taufpraxis der alten Kirche wurden jeweils besondere Akzente beim Taufritus gesetzt. Z.B. das Untertauchen im fließenden Wasser, dreimaliges Untertauchen, Durchgang durch ein kreuzförmiges Taufbecken in byzantinischen Kirchen. Taufen in der Osternacht betonen das Einbeziehen der Täuflinge in Tod und Auferstehung Jesu.

Das Taufverständnis Martin Luthers

Im *Großen Katechismus* von 1528/29 betont Luther mit Hinweis auf Mt 28,19 und Mk 16,16 die göttliche Einsetzung und Gottes Handeln in der Taufe. Dort wie auch in der im *Kleinen Katechismus* elementar entfalten Tauflehre verweist er auf den Zusammenhang von Wasser mit Gottes Wort und Gebot: »Die Taufe ist nicht allein schlicht Wasser, sondern sie ist das Wasser in Gottes Gebot gefasset und mit Gottes Wort verbunden.« Im Namen Gottes vollzogene Taufe wirkt Vergebung der Sünden und Erneuerung durch den heiligen Geist, wenn die mit der Taufe verbundene Verheißung im Glauben ergriffen wird. Als Zeichen des Glaubens wirkt Taufe nicht magisch. An der Taufe hat der Mensch sein Leben lang genug zu lernen und zu üben. Dazu gehört die ständige Erinnerung an die mit der Taufe verbundene Verheißung der Seligkeit in der Anfechtung. Auf diesem Hintergrund kann Luther das christliche Leben als eine tägliche Taufe deuten, in dem der »alte Adam« durch Reue und Buße immer wieder ersäuft und der neue Mensch mit der Hoffnung auf ewiges Leben hervorgebracht werden muss. Es bedarf daher für Luther keines eigenständigen Bußsakraments. In scharfer Abgrenzung zu den Täufern rechtfertigt er die Kindertaufe, weil sie im Kontext des Glaubens an die Kirche geschieht und weil der Glaube nicht die Taufe macht, sondern diese empfängt. Eine anschauliche Form von Luthers Tauflehre enthält der Choral »Christ unser Herr zum Jordan kam« (EKG 202).

2.4 Das Sakrament Taufe in der neueren Glaubenslehre

Taufe als sakramentaler Wasserritus

Nach evangelischem Verständnis wird die Gabe des Evangeliums durch das gesprochene Wort und in leiblicher Form durch die Sakramente Taufe und Abendmahl verliehen. Sakramente sind Konkretionen des »Sein in Christus«. Sie bringen inhaltlich nichts anderes als das gesprochene Wort des Evangeliums zum Ausdruck, aber formal in einer leiblich-sinnlichen Gestalt. Das *Ritual* kann eine Steigerung der Empfindungs- und möglicherweise auch der Wahrnehmungsfähigkeit auslösen (vgl. Heimbrock/Failing, 215).

Für das Verständnis von Taufe als sakramentalem Wasserritus ist es wichtig, die Fülle der mit Wasser zusammenhängenden Lebenserfahrungen und damit gedeuteten Glaubenserfahrungen in die Wahrnehmung einzubeziehen. Wasser ist *das* elementare Lebensmittel aber auch Heilmittel, es dient der profanen und religiösen Reinigung, als Grundbedingung für Fruchtbarkeit und Gedeihen des Lebens. Wasser ist zugleich ein Element, das Tod und Untergang bringen kann, in dem man versinken und ertrinken kann.

Wasser als sakramentales Zeichen nimmt die Ambivalenz der Wassererfahrung auf. Im Ritus wird das Untergehen des von Gott als Quelle des Lebens getrennten auf sich bezogenen Menschen und das Auftauchen, die Wiedergeburt des Menschen als Teil der Gemeinschaft Christi, der durch ihn mit der Quelle des Lebens verbunden ist, vollzogen. Dabei ist die Einsicht zu bedenken, dass der geregelte Handlungsvollzug selbst den symbolischen Charakter setzt (vgl. Heimbrock/Failing, 217).

In der Taufe wird der Mensch aus seinem alten von Sünde und Tod bestimmten Lebenszusammenhang herausgeholt, er stirbt diesem alten Dasein ab, hat Teil an der Wirkung des Todes Christi und wird Teil der Kirche als Leib Christi, indem er den heiligen Geist empfängt (vgl. Kraus, 496f). Taufe kann als Übergangsritual interpretiert werden, bei dem der Mensch in den Lebensraum des Glaubens hineingeführt wird, der als Raum der Freiheit bestimmt ist.

Aspekte der Tauflehre bei Paul Tillich

Eine Besonderheit von Tillichs Tauflehre liegt darin, dass er die besondere Beschaffenheit von Wasser betont. Das Sakramentale des Taufgeschehens hängt für Tillich daran, dass Wasser selbst eine natürliche Qualität und Mächtigkeit hat, wodurch es sich als Element des Sakraments eignet. Er sieht im Zusammenhang von Taufe und Wasser daher eine notwendige Beziehung, die nicht ersetzt werden kann. Diese realistische Sicht grenzt er ab von einer symbolischen Deutung, nach der das den Taufakt konstituierende »Wort Gottes« im Taufakt lediglich durch ein bildhaftes Geschehen anschaulich wird. Er grenzt sich auch ab von einem Verständnis, das den Zusammenhang von Taufe und Wasser auf den göttlichen Befehl beschränkt, wonach Wasser sakramentenfähig wird, wenn die Taufhandlung rituell korrekt vollzogen wird (vgl. Paul Tillich, Natur und Sakrament, in GW VII; zum Sakramentenverständnis von Tillich siehe 262ff).

Das Taufverständnis Gerhard Ebelings

Ebeling betont, dass das Taufsakrament anders als das Abendmahl durch die Einmaligkeit und Unwiederholbarkeit gekennzeichnet ist. Die *rituell* vollzogene Taufe hat jenseits der konfessionellen Gegensätze universelle Geltung als Setzung und Bestätigung der Zugehörigkeit zum ökumenischen Leib Christi. Sie hat wie das Abendmahl ihren Ort im Gemeindegottesdienst (vgl. Ebeling, Dogmatik, Bd. 3, 324).
Im Moment des Taufaktes wird das das Leben des Christen bestimmende »Sterben und Auferstehen mit Christus durch den heiligen Geist« vorweggenommen(ebd., 326).
Es bedarf keines ergänzenden Bußsakramentes sondern »vielmehr der andauernden und immer wieder zur Taufe zurückkehrenden Bejahung der Verheißung, unter deren Zeichen das Leben ein für allemal gestellt ist« (ebd.). Taufverständnis und Rechtfertigungsverständnis korrelieren. Weil die Wirkung der Taufe im schlechthinnigen Ja Gottes gründet und nicht im Ja des Getauften oder seiner momentanen Befindlichkeit, kommt die Bedeutung der Taufe gerade in der Praxis der Kindertaufe in besonderer Weise zum Ausdruck. Ebeling stellt fest, dass die Kindertaufe eine theologisch sinnvolle Beziehung des neutestamentlichen Taufverständnisses auf die im 3. Jahrhundert entstehende volkskirchliche Situation sei und auf einen Schriftbeweis verzichtet werden müsse. Verantwortet werden kann die Praxis der Kindertaufe nur unter der Bedingung, dass durch die für die Kinder Verantwortlichen in Familie und Kirche gewährleistet ist, dass die Getauften in das Bekenntnis hineinwachsen können (vgl. ebd., 327).

Das Taufverständnis Wilfried Härles

Härle beschreibt die Taufe als sakramentale Zeichenhandlung mit dem Charakter eines Heilsmittlers und als zeichenhafte Eingliederung in den Leib Christi (vgl. Härle, 548).
Das Verhältnis der christlichen Taufe zu *rituellen Waschungen* ist durch Gemeinsamkeit und Differenz bestimmt. Eine *Analogie* liegt in der symbolischen Reinigung, die *Differenz* im »Durchgang durch den Tod«, im *symbolisches Sterben und Auferstehen* mit Christus (Röm 6,1-11). Dadurch hat Taufe den Charakter einer Neukonstitution der Person. Eine weitere Differenz zu Reinigungsriten liegt im *Geschehenlassen*: man kann sich nicht selbst taufen. Außerdem ist Taufe grundsätzlich nicht wiederholbar und nicht wiederholungsfähig: »Die

von Gott her vollzogene Neukonstitution der Person wird auch durch deren Unglauben nicht aufgehoben oder ungültig gemacht« (Härle, 549).
Das Verhältnis von Glaube und Taufe ist so bestimmt, dass das Sakrament auf den Glauben verweist. Wenn Taufe aber vom Glauben abhängig gemacht wird, verliert sie ihren sakramentalen Charakter. Auf dieser Grundlage ist auch die Säuglingstaufe gerechtfertigt. Sie gibt unüberbietbar der Bedingunslosigkeit der göttlichen Heilszusage Ausdruck (vgl. Härle, 555). Im Blick auf das Problem der Vertretbarkeit des Säuglings durch Eltern/Paten verweist Härle darauf, dass Vertretung ein konstitutiver Bestandteil von Erziehung ist. Schwer wiegt dagegen als Bedenken gegen die Säuglingstaufe, dass damit ein Mangel an Erinnerung an den sinnlichen Akt verbunden ist. Dieser Mangel kann nur ersetzt werden, wenn Eltern und Paten als Taufzeugen ihre Taufverantwortung wahrnehmen und »durch eine Erziehung in Liebe und zur Liebe etwas von der Annahme spürbar werden lassen, die in der Taufe zeichenhaft zugeeignet wurde« (ebd., 556). Besondere Bedeutung kommt dabei der Tauferinnerung, durch Erzählung, Begehen von Gedenktagen und Gedenkzeichen zu.

2.5 Zur Hermeneutik und Didaktik der Taufe

Hermeneutische Aspekte

Der Taufe als Wasserritual erschließt sich nicht nur über begriffliche Klärungen. Miterleben einer Tauffeier, Erinnerung an die eigene Taufe sowie die Verbindung zu lebensgeschichtlichen und kulturellen Wassererfahrungen ermöglichen einen Bezug zum Verständnis der Symbolhandlung in seinen psychologischen, sozialen und religiösen Dimensionen.
Die Selbstmächtigkeit des Wassers ist Voraussetzung seiner Analogiefähigkeit. Tiefenpsychologisch ist Wasser ein Symbol des Unbewussten. In Wasserbildern können sich emotionale Konflikte spiegeln wie Verlust und Trennungsängste und emotionale Überwältigung. Die an der Oberfläche kaum einschätzbare Tiefe des Wasser birgt zugleich Gefahren und Chancen.
Paul Tillich hat die Tiefe als Metapher für Gott bzw. als Ort der Gotteserfahrung beschrieben (Die verlorene Dimension 1962; In der Tiefe ist Wahrheit [2]1952).
Die mit Wasser verbundenen körperlichen Gefühle im Zusammenhang von Durst und Trinken, Reinlichkeit und Waschen, Untergehen und Schwimmen etc. sind wesentlich durch lebensgeschichtliche Erfahrungen bestimmt. Dieser subjektive Faktor ist im Prozess kommunikativer Verständigung grundlegend zu beachten.

VI. Glaubenslehre III: Wort Gottes – Sakramente – Feste

In der in den Volkskirchen üblichen Taufpraxis kommt zwar noch der Aspekt der Reinigung, weniger aber der Aspekt des Durchgangs durch den Tod und der Neukonstitution der Person zum Ausdruck, wie beim traditionellen »Untertauchen«. Paulus Deutung in Röm 6,1-11 steht in Analogie zu der in Mysterienkulten vermittelten Anteilnahme am Schicksal einer Gottheit. Analogien und Differenzen zu religiösen Wasserkulten können den spezifischen Charakter des Taufgeschehens erschließen. Es ist auf ein Ereignis in der Geschichte bezogen, verweist auf eschatologische Neuschöpfung und »inkorporiert« den Täufling in eine Gemeinschaft, die auf dem Wege der Gottesherrschaft ist.

In der trinitarischen Formel (Taufe im Namen des Vaters und des Sohnes und des heiligen Geistes) klingt der Bezug zur Schöpfung, Teilhabe an der Erlösung und die Zukunft eröffnende Gabe des Geistes an.

Didaktische Perspektiven

Der Taufe als Ritualphänomen wird man nur durch den Bezug zur gelebten Glaubenspraxis gerecht. Da Taufe anders als das Abendmahl nur einmal empfangen wird, ist Teilhabe hier auf Mitfeiern der Taufe und Erinnerungsformen angewiesen. Unabhängig von der Auseinandersetzung um die Kindertaufe hat sich die kirchliche Taufpraxis vom Prinzip der Säuglingstaufe gelöst. Manche Eltern tendieren dazu, die Entscheidung über die eigene Taufe dem Kind vorzubehalten, während andere weiterhin dem volkskirchlichen Brauch folgen, ihre Kinder bereits als Säuglinge taufen zu lassen. Vor diesem Hintergrund sind Tauffeiern in unterschiedlichen Altersstufen üblich geworden. Das Miterleben einer Taufe von Säuglingen oder Gleichaltrigen hinterlässt bei Kindern oft einen nachhaltigen Eindruck. Nicht selten wird in diesem Zusammenhang die Frage gestellt, wie es bei der eigenen Taufe war bzw. der Wunsch geäußert, selbst getauft zu werden.

Im Blick auf Gestaltung und Feier von Tauferinnerung gibt es mit Ausnahme der Osternachtfeier wenig tradierte Formen, so dass sich hier ein offenes Experimentierfeld gegeben ist, dass didaktische Chancen enthält.

Eine Möglichkeit besteht darin, Taufe bzw. Tauferinnerung als Fest in einer gewissen Analogie zur jüdischen Passafeier zu gestalten. Wie dort der Exodus im Ritual so erinnert wird, dass die Feiernden sich mit dem vergangenen Geschehen so identifizieren können, dass sie selbst befreit wurden, kann Tauferinnerung als Vergegenwärtigung des damit verbundenen Befreiungsgeschehens begangen werden.

Die anthropologische Situation und die durch das Taufgeschehen eröffnete Lebensperspektive können durch symbolische Kommunikation im Zusammenhang von Wassergeschichten und Wasserritualen über den sinnlichen Zugang in ihren Sinndimensionen erschlossen werden (Anregungen siehe Biehl, 1992, 116-170).

2.6 Arbeitshinweise

1. Lesen Sie Luthers Erklärung zur Taufe im Kleinen Katechismus und notieren Sie die wesentlichen Aspekte seiner Tauflehre.

2. Stellen Sie Gemeinsamkeiten und Differenzen zu den Positionen von Ebeling und Härle fest.

3. Stellen Sie Argumente für und gegen die Säuglingstaufe zusammen und diskutieren Sie diese. Ziehen Sie die Hinweise auf Karl Barths Tauflehre im Abschnitt »Wort Gottes und religiöse Sprache« (238f) heran.

4. Überlegen Sie sich verschiedene Möglichkeiten und Formen zur Gestaltung von Tauferinnerung. Begründen Sie eine von Ihnen favorisierte Gestaltungsform.

5 Interpretieren Sie das Tauflied: »Ich bin getauft auf deinen Namen« (EKG 200) und versuchen Sie die eine Umdichtung im Blick auf heutige Lebenserfahrungen.

6. Betrachten Sie verschiedene Darstellungen der Taufe Jesu in der christlichen Kunst und versuchen Sie, gemeinsame und unterschiedliche Deutungen zu beschreiben.

7. Versuchen sie eine tiefenpsychologische Deutung ausgewählter biblischer Wassergeschichten, indem sie diese auf elementare oder spezifische Lebenserfahrungen beziehen.

8. Erstellen Sie in Gruppen eine Collage mit Wasserbildern zum Thema Taufe. Interpretieren Sie ihren Entwurf und diskutieren Sie die verschiedenen Produkte.

9. Entwerfen Sie in Gruppen Modelle für eine Tauferinnerungsfeier und diskutieren Sie die Entwürfe.

3. Abendmahl und Brot

3.1 Brot und Sakrament in Alltagssituationen – eine Kurzgeschichte

»Das Brot« – von Wolfgang Borchert (1956)
Ohne Einleitung blendet sich der Erzähler in eine offene Situation ein:

»Plötzlich wachte sie auf. Es war halb drei. Sie überlegte, warum sie aufgewacht war.« Die Figuren bleiben namenlos; es kommt nicht auf das Individuelle, sondern auf das Exemplarische der Lebenssituation an. Die Frau ist aufgewacht, weil in der Küche jemand gegen einen Stuhl gestoßen hat. Die Frau findet ihr Mann in der Küche. Er hat sich heimlich von der gemeinsamen Ration eine Scheibe Brot abgeschnitten. Er ist entdeckt, wird verlegen, sucht nach Ausreden. Sie stellt ihn nicht bloß, aber ansehen kann sie ihn nicht; sie musste das Licht ausmachen, weil sie es nicht ertrug, dass er log.
Später im Bett merkte sie, dass er heimlich kaute. Der letzte Abschnitt zeigt, dass sich die Hungergeschichte längst in eine Liebesgeschichte verwandelt hat, weil für die Frau gerade in der Not das Gemeinsame größer ist als alles andere. Sie schob ihm vier Scheiben Brot hin. Er solle ruhig eine mehr essen, sie könne das Brot nicht so recht vertragen. Er saß tief gebeugt über seinem Teller und sah nicht auf. In diesem Augenblick tat er ihr leid. ›Doch abends vertrage ich das Brot nicht gut. Iss man. Iss man!‹ Erst nach einer Weile setzt er sich unter die Lampe an den Tisch.« (Borchert 1956, 120f)

»Klopfzeichen« – ein Hörspiel von Heinrich Böll
In diesem Hörspiel kommen ein Mann, eine Frau, ein Priester und ein Richter vor – namenlos auch hier. Ein Name wird genannt: Julius – er wurde im Gefängnishof erschossen; er starb »ohne Priester, ohne Sakramente – und er hatte so heftig nach den Sakramenten verlangt. Der Mann, sein Zellennachbar, war Taufzeuge als Julius im Duschraum des Gefängnisses getauft wurde.« Der Mann wohnte in der Zelle zwischen Julius und dem Priester und musste Klopfzeichen zwischen beiden weitergeben. »Glaubst du an Gott, den allmächtigen Vater, Schöpfer Himmels und der Erde?« »Ich glaube.« Julius wurde dann wegen eines halben Löffels Mehl hingerichtet. Aus einem halben Löffel Mehl machte der Priester in seiner Zelle zwanzig Hostien so klein wie Pfennige; sie waren nie ganz weiß. Die Hostien, die der Priester nachts konsekriert hatte, wurden – verpackt in winzige Briefchen aus Zeitungspapier – beim Rundgang verteilt. Der Mann bekam seine erste

aus der Hand eines Mörders. Die winzige Hostie, nach der Julius als Erstkommunikant so heftig verlangte und die er nie bekam, erhielt ihre Energie weniger durch die Worte des Priesters als durch das Klopfzeichen, mit dem er sein Glaubensbekenntnis an die Wand klopfte. Er hatte durch Klopfzeichen gefragt. »Wann gibst du mir das Brot, das lebendig erhält?« »Morgen«, hatte der Priester geantwortet. »Morgen. Zukunft. Mehr Hoffnung als Vergangenheit und Gegenwart rechtfertigen. Eine Welt ohne Wände, ohne Zellen; keine Klopfzeichen mehr – nicht Angst und Gewalt.« Diesen Morgen gab es für Julius nicht mehr. Der Mann klopfte auch später noch hin und wieder an die Wände dieser Welt, um Signale zu geben, die vielleicht in einer anderen Welt gehört werden...« (Böll 1961, 164). Die Klopfzeichen, mit denen Julius sein »Ich glaube« an die Wand hämmerte, sind eindeutige Zeichen, Signale. Für Böll ist es dieses eindeutige Zeichen, das aus einem halben Löffel Mehl das Sakrament macht. Für einen halben Löffel Mehl hat Julius sein Leben lassen müssen. Wir können hier nur die Story des Hörspiels, nicht seine mehrschichtige Struktur, z.B. das Spiel mit dem Zeitlauf, dem ein Spiel mit den Wirklichkeiten entspricht, berücksichtigen.

Bei Luther ist es die Beziehung von Verheißungswort und Glaube, die den Charakter des Sakraments bestimmt. Der Verheißung wird ein äußeres Zeichen hinzugefügt. Erst das Wort der Verheißung macht das sinnliche Zeichen eindeutig. In der Emmausgeschichte (Lk 24,13-31) ist es gerade das Sehen des Brotbrechens, eine sinnliche Erfahrung, die die zuvor gesprochenen Worte erschließt und eindeutig macht.

In der Kurzgeschichte wird das Brot auf die reale Situation des Hungers bezogen, in der die Bedrohtheit des menschlichen Lebens zum Ausdruck kommt. In dieser Situation zeigt sich zugleich die enge Beziehung von Brot und Liebe.

Im Hörspiel wird das Brot in diesem Sinn auch benannt: Der Mann sitzt im Gefängnis, weil er einem Polen Brot gab (ebd., 160). Darüber hinaus hat das Brot symbolische Bedeutung: zweimal wird die Sehnsucht nach dem Brot, »das lebendig erhält« (ebd., 164) zum Ausdruck gebracht. Das Symbol ist ein Zeichen mit mehrfachem Sinn. Diese Bedeutungsfülle wird im Hörspiel durch das Handeln von Julius präzisiert; mit seinem Tod steht er in einer »analogia crucis« (W. Jens) zum Tod Jesu.

3.2 Essen in anthropologischer und kultureller Sicht

Die Psychoanalyse hat gezeigt, dass sich von vornherein Nahrungsaufnahme und Liebe miteinander verbinden; sie misst der oralen Phase eine hohe Bedeutung bei. Die Einverleibung der Nahrung im Zusam-

menwirken mit narzisstischer Zufuhr wird zum Grundmuster der Aneignungsweise äußerer Natur. In der oralen Phase liegt bereits der Anfang des Ambivalenzkonflikts: Nahrungsaufnahme bedeutet nicht nur Annahme durch einen liebenden Menschen, sondern Versagungen rufen Gefühle der Bedrohung durch Hunger, durch Verlassenheit, Gehasst- und Ausgestoßenwerden hervor.
Das Essen bestimmt in starkem Maße die Familiendynamik. Zu Mahlzeiten können sich die familiären Konflikte symbolisieren. Auf vielfältige Weise sind Essen und Liebe, Hunger und Liebe, Essen und Macht, vor allem die Lust zu verschlingen und die Angst(-lust) verschlungen zu werden, aneinander gekoppelt. Übertriebenes Essen und Verweigerung von Essen sind meistens ein Signal dafür, dass sich ein Kind nicht aufgehoben und akzeptiert fühlt. Nahrungsaufnahme steht für die enge Beziehung zwischen Innen und Außen und für das eigene Körpererleben. Manchmal verhungern Kinder mitten im Überfluss, weil sie krank vor Liebe und nach Liebe sind (vgl. Liebs). Frühe Akte der Einverleibung haben nicht nur Bedeutung für die (Trieb-) Befriedigung des Individuums, sondern auch für die Übernahme einer Kultur. Im Prozess der Zivilisation (N. Elias) kommen der Entfaltung der Esskultur und der Tischsitten besondere Bedeutung zu. Das Essen wird nicht nur durch reale lebensgeschichtliche Erfahrungen und die symbolische Welt der Kultur, sondern auch durch gesellschaftliche und politischen Situationen, in denen einer isst bzw. hungert bestimmt. In der Gegenwart zeigt sich eine Unersättlichkeit, die nach immer neuen Reizen auch im nichtoralen Bereich (neue Medien) verlangt. Zugleich wird eine Art Verpflichtung zur Gesundheit (Diätvorschriften) erkennbar (vgl. Kleinspehn).

3.3   Geschichtliche Erschließungssituationen: »Herrenmahl« im Neuen Testament und bei Luther

Mahlfeiern im Neuen Testament
(1) Jesus verkündete den Armen das Reich Gottes. In Mahlfeiern integrierte er »Sünder und Zöllner« in eine neue Heilsgemeinschaft. Tischgemeinschaft war damals Ausdruck engster Gemeinschaft. Mit den Eingeladenen feierte er den »Einstand« des Reiches Gottes, indem er das »Mahl der Gerechten« vorwegrealisierte. Er erwartete das Reich Gottes als großes Festmahl (Lk 13,29; vgl. Mk 2,18ff). Wahrscheinlich hat Jesus einen Teil seiner Gleichnisse anlässlich dieser heftig umstrittenen Mahlfeiern erzählt (vgl. Lk 7,34), um sein Verhalten als Güte Gottes auszulegen (vgl. z.B. Lk 14,11-24; 15,11-32). Jesus hat diese Mahlfeiern auch angesichts seines Todes durchgehalten. Sein Tod musste sie radikal in Frage stellen. Die Bedeutung des letzten Mahls mit seinen Jüngern liegt darin, dass sich das den Armen verge-

genwärtige Reich Gottes ganz auf seine leibliche Person richtete. »Er, der Geber des Mahls, ist zugleich die Gabe des Mahls«. Hier ist tatsächlich Jesus das Reich Gottes in Person. (Moltmann 1989, 136). Der Bericht vom letzten Mahl in der vorliegenden Form (Mk 14,12-25) schildert die Einsetzung des Abendmahls durch Jesus. Durch die Einfügung der liturgisch gebräuchlichen Abendmahlsworte begründete die Gemeinde ihre Mahlfeiern. (vgl. dazu genauer: Theißen/Merz 1996, 359-385).

(2) Die Urgemeinde kannte wohl von Anfang an neben dem »Brotbrechen« das Abendmahl (Herrenmahl, Eucharistie) als gottesdienstliche Mahlfeier. Sie wurde nach einem festen Ritus begangen, und zwar mit einer Mahlzeit zwischen den beiden Akten des Abendmahls. Die Einsetzungsworte erläutern in Erinnerung an den Ursprung den Sinn des Ritus: Gemeinschaft mit dem erhöhten Gekreuzigten und Teilhabe an seinem Werk (vgl. Lk 12,15-20 mit 1Kor 11,23-36; zu den urchristlichen Mahlfeiern vgl. Johannsen; in: Becker 1997, 207-211).

»Ritus« ist der weitere, »Sakrament« der engere Begriff. Was ist ein Ritus?
»Riten sind Handlungen, die sich durch strenge Regelbefolgung selbst zum Zweck werden.« (Theißen 2000, 172) Sie müssen keinen religiösen Charakter haben, sie finden sich auch im profanen Alltag (z.B. Begrüßungsrituale). Die Wiederholbarkeit macht Riten unabhängig von Raum und Zeit. Als selbst zweckhafte Handlungen können sie zur symbolischen Darstellung letztgültiger Wirklichkeit werden.

Theißen vertritt die These, dass die rituelle Zeichensprache des Urchristentums aus prophetischen Symbolhandlungen entstand. Diese Handlungen wurden erst durch den Bezug zu dem als Opfer gedeuteten Tod Jesu zu urchristlichen Sakramenten. Durch diese Deutung auf den Tod Jesu konnte die traditionelle Opferpraxis überwunden werden.
Auch das Abendmahl ist erst sekundär mit dem Tod Jesu verbunden worden. Wenn überhaupt, dann hat Jesus erst bei seinem letzten Mahl eine Beziehung zwischen dem Mahl und seinem Tod hergestellt. Alle Einsetzungsworte enthalten diesen Bezug auf den irdischen Jesus. Es könnte aber auch sein, dass dieser Bezug erst nach Ostern erfolgte. Die Aufnahme des Sünders in die Tischgemeinschaft durch den irdischen Jesus wird nun durch die Berufung auf sein Sterben für uns möglich (Theißen 2000, 184). Als Auferstandener ist er beim Abendmahl auf geheimnisvolle Weise anwesend.

Das Abendmahl ist ein immer wiederholter Integrationsritus; durch ihn wird der Zusammenhalt der Gemeinschaft erneuert. Die beiden Grundfunktionen des Ritus treten in den beiden Sakramenten hervor: Die Taufe ist der entscheidende Initiationsritus, das Abendmahl der zentrale Integrationsritus.
Der Konflikt in Korinth kann als exemplarischer »Testfall« für das paulinische Verständnis des Abendmahls gelten. In Korinth wurde das

als Abschluss einer Gemeindemahlzeit begangen. Besonders die ärmeren Schichten; die lange arbeiten mussten, kamen für die Mahlzeit zu spät, sie blieben hungrig. Die »Starken« beruhigten sich damit, dass alle in dem abschließenden sakramentalen Vorgang eine heilswirksame übernatürliche Speise genossen. Der Gemeinschaftsbezug wurde vernachlässigt. Paulus hat dieser Meinung heftig widersprochen und sein eigenes Verständnis dargelegt (1Kor 10,15f; 11,20-29. 33-34). Er stellt den geschichtlichen Stiftungscharakter heraus und betont, dass das Herrenmahl für die Zwischenzeit gilt, »bis dass er kommt«. Es ist also nicht schon das himmlische Mahl wie die Korinther meinen. Grundlage seiner Kritik ist der Gedanke des »Leibes Christi«. Es geht ihm um die Gemeinschaft mit dem Gekreuzigten. Das Herrenmahl verbindet die Feiernden mit seiner Geschichte, gliedert aber auch in seine Gemeinde, seinen »Leib« ein. Wenn man sich satt isst, bevor die Armen erscheinen, zerstört man den »Leib Christi«.

Der Widerspruch gegen die Abendmahlspraxis in Korinth wird deutlicher, wenn wir uns die sozialen Probleme dieser Gemeinde vergegenwärtigen. Das geschieht in der »narrativen Exegese« von W.J. Hollenweger zu 1Kor 12-14 (1994, 9-13).

Für Paulus ist der Gleichheitsgedanke zentral. Der ganze Sinn des Abendmahls ist gefährdet, wenn in seinem Verlauf die spezialen Unterschiede der Gemeinde hervortreten. Werden die Lebensgaben im realen und symbolischen Sinn nicht gerecht verteilt, kommt das einem Vergehen an Christus selbst gleich. Das Abendmahl erfüllt durch die Betonung des Gemeinschaftscharakters eine Funktion, die dem traditionellen Opfer zukam (Theißen 2000, 218).

Das Abendmahlsverständnis des frühen Luther
In »De captivitate ecclesiae praeludium« entwickelt Luther einen wichtigen christologischen Grundsatz, der später durch Melanchthon und Karl Barth aufgenommen und weiterentwickelt wurde. Luther erklärt, dass er, wenn er dem strengen Brauch der Schrift folgt, nur *ein* Sakrament habe, und drei sakramentale Zeichen, nämlich Taufe, Buße und das Brot (Clem 1, 431, 38-40; WA 6, 86, 7f). Diese Unterscheidung entspricht insofern dem NT, als dieses kein anderes Mysterium als Jesus Christus kennt. Wir halten diese Unterscheidung zwischen dem einen Sakrament und den sakramentalen Zeichen fest. Das Sakraments- bzw. das Abendmahlsverständnis Luthers hat sich in *vier Phasen* entwickelt (vgl. zu diesen Phasen insgesamt: Biehl 1993, 20ff). Das Frühstadium reicht bis etwa 1518. Luthers Abendmahlsverständnis ist vor allem durch Augustin geprägt.

Der traditionelle Sakramentsbegriff spielt keine Rolle; der Tod Christi wird als Sakrament verstanden. Das *erste* Stadium eines neuen Sakramentsverständnisses beginnt 1519. Der entscheidende Sinn des Sakraments besteht in der Gemeinschaft mit Christus; er wird als Exemplum verstanden. Luther spricht von einem »Sakrament der Liebe«.

Die Schriften des Jahres 1520 gehören in das *zweite* Stadium. Der Neuansatz besteht darin, dass Luther von den Einsetzungsworten ausgeht und dass der Begriff Testament, den er aus ihnen entnommen hat, die Auslegung bestimmt. Die Einteilung ist nicht mehr Zeichen, Bedeutung und Glaube, sondern der Testator, der das Sakrament macht, die Erben, denen das Testament gilt, und das Testament selbst (bzw. die Erbschaft), das sind die Worte Christi bzw. genauer: die Worte »für euch gegeben«. Christus hat durch seinen Tod dieses Testament in Kraft gesetzt. Die Einsetzungsworte sind die »Summe des Evangeliums« (WA 6, 374, 4). Das Wesentliche eines Testaments sei das Versprechen des Erblassers, so ist das Wesentliche beim Abendmahl die Verheißung des ewigen Lebens (WA 6, 613, 34-36; vgl. 6, 515, 21). Dieser Verheißung können Christen trauen. Im Zentrum des Abendmahlsverständnisses steht die Beziehung von Verheißungswort und Glaube. Diese Relation von »solo verbo« – »sola fide« wahrt den Charakter des Sakraments als einer göttlichen Handlung.

Der Verheißung wird ein äußeres Zeichen hinzugefügt als eine Erinnerung oder ein Denkmal der Verheißung. Die Zeichen stellen das dar, was die Worte bedeuten. Das Zeichen ist Christi Leib und Blut in Brot und Wein. In »De captivitate« legt Luther das ganze Gewicht auf das Verheißungswort und nicht auf das Zeichen. Im strengen Sinn sind nur Taufe und Abendmahl Sakramente, da nur sie mit einem Zeichen verbundene Verheißungen sind. Die Beichte entspricht diesen Kriterien nicht. Ein Sakrament ist ein durch göttliche Anordnung, mit einem die Gnade Gottes zusprechenden Verheißungswort verbundenes Zeichen (Jüngel 1990, 317).

Im Großen Katechismus (1525) bekommen die in den sakramentalen Handlungen verwandten Elemente größeres Gewicht. Über die zeichenhafte Bedeutung hinaus wird eine instrumentale Funktion stärker berücksichtigt. Das Abendmahl ist »Brot und Wein in Gottes Wort gefasset und daran gebunden« (BSLK 31f). Luther wertet gegenüber der Tendenz zur Spiritualisierung das Zeichen auf. Es ist ein »gwiss Pfand«, das dem Menschen angebotene Gut, der Schatz der Zuwendung Gottes in Christus. Im Zusammenhang mit seinen Aussagen über die Bedeutung der Elemente würdigt Luther die Sinnenhaftigkeit und Leiblichkeit des Menschen, der auf sinnhafte Zeichen angewiesen sei (ebd., 697, 4-7).

Das Verheißungswort wird aber nicht abgewertet; denn durch das Wort wird das Sakrament allerst in Kraft gesetzt.

3.4 Entwürfe zur Abendmahlstheologie im neuzeitlichen Lebenszusammenhang

In der Wort-Gottes-Theologie des 20. Jahrhunderts haben die Sakramente keine selbständige Bedeutung: Sie stehen unter der »Herrschaft des Wortes, denn sie vergegenwärtigen wie dieses die Heilstat« (R. Bultmann). Karl Barth steht sachlich in der Nähe des von Luther 1520 geäußerten Grundgedankens, dass die Inkarnation das »einzige Sakrament« sei (KD IV/2, 59). Er fragt, ob die Kirche gut daran getan habe, als sie aufhörte, im Geheimnis der Weihnacht, das eine einzige, ein für allemal vollzogene Sakrament zu erkennen. Hat sie wirklich nicht genug an der Gabe und am Empfang dieses *einen* Sakraments? Eberhard Jüngel führt diesen Grundgedanken weiter aus: »Taufe und Abendmahl sind die beiden Feiern des *einen* Sakraments der Kirche« (Jüngel 1971, 36). Paul Tillich bemüht sich dagegen um eine »realistische Deutung des Sakraments«, die verhindern soll, dass die dem Wort innewohnende Mächtigkeit abstrakt und unanschaulich wird.

Das Sakramentsverständnis Paul Tillichs
Soll das »protestantische Prinzip« unter den Bedingungen des neuzeitlichen Lebenszusammenhangs festgehalten werden, sind drei Elemente hervorzuheben: das prophetisch-kritische, das sakramental-symbolische und das profan-universale Denken. Tillich entfaltet sein Sakramentsverständnis im Rahmen dieser Trias. Symbole und Sakramente ergreifen den ganzen Menschen und wenden sich nicht nur an den Willen.
Die Menschen brauchen das Gestaltwerden des Evangeliums durch Symbole und Sakramente, durch die der göttliche Geist unmittelbar auch die Schichten des Unterbewussten ergreift (vgl. GW VII, 210). Tillich unterscheidet einen weiten und einen engen Begriff »Sakrament«.
Im *weitesten* Sinn ist »sakramental« alles, durch das der göttliche Geist erfahren wird; in einem *engeren* Sinn werden »sakramental« solche Gegenstände und Handlungen genannt, in denen eine religiöse Gemeinschaft ihre Begegnungen mit dem göttlichen Geist ausdrückt; im *engsten* Sinn sind die großen Sakramente wie Taufe und Abendmahl gemeint (Tillich 1966, 145).
Wird das Sakramentale nicht mehr in dem weiten Sinn verstanden, verlieren auch die großen Sakramente ihre Bedeutung. Die vieldimensionale Einheit des Menschen muss wieder beachtet werden, wenn sich die Erfahrung des göttlichen Geistes nicht nur im Bewusstsein abspielen soll. »Gott ergreift jede Seite des Menschen durch beides: die sakramentale und die worthafte Vermittlung« (ebd., 146). Das sakramentale Material ist ein Symbol, das wesenhaft auf das bezogen ist, was es ausdrückt. Die Materialien Brot, Wein und Wasser haben eine ihnen

innewohnende Qualität, die für ihre sakramentale Funktion geeignet ist und sie daher unersetzlich macht (ebd., 147). »Ein sakramentales Symbol nimmt teil an der Macht dessen, was es symbolisiert, und kann deshalb zum Mittler des göttlichen Geistes werden« (ebd.). Der Sinn des Abendmahls ist schwerer zu erfassen als die Wassertaufe. Brot und Wein sind keine reinen Naturelemente, sondern Ergebnisse technischer Bearbeitung der Natur; sie stehen beide für den Leib Christi: Der Sinn des Abendmahls als Sakrament ist die sakramentale Aneignung des erhöhten Leibes Christi (Tillich 1986, 51). »Leib« ist der alles überbietende, vollkommene Naturgegenstand. Er bleibt Leib, aber er wird pneumatischer Leib. An die Stelle des Leibes treten die Elemente, die ihn aufbauen. Der Leib selbst ist gemeint. Eine Naturmächtigkeit wird erhöht zu transzendenter göttlicher Bedeutung. Tillich tritt für eine »realistische Deutung« der Sakramente ein; denn nur sie kann dem Wesen der Sache gerecht werden. Es ist aber kritisch nach dem vorausgesetzten Naturverständnis zu fragen. Tillich kommt nach einer Analyse der verschiedenen Arten der Naturauffassung zu dem Ergebnis, dass die Naturmächtigkeit als solche kein Sakrament schafft; sie kann nur Träger sakramentaler Mächtigkeit werden. Jesus ist das »Ursakrament des Christentums« (Tillich 1966, 158). Wo die Beziehung zu diesem Ursakrament fehlt, bleibt die Natur in ihrer Zweideutigkeit. Erst durch die Beziehung zu der geschichtlichen Singularität Jesu wird die Natur entdämonisiert und damit gleichnis- bzw. sakramentsfähig.

Die Natur ist in die Heilsgeschichte einbezogen. Könnten wir das Heilige in jeder Wirklichkeit wahrnehmen, lebten wir im Reich Gottes. Die Konzentration des Sakramentalen auf bestimmte Orte und Riten ist Ausdruck der ambivalenten Situation, in der wir leben. Die Sakramente stehen repräsentativ für das, was prinzipiell an jedem Ort möglich ist. »Das Brot des Sakraments steht für alles Brot und letztlich für die ganze Natur. Das Brot an sich ist kein Gegenstand sakramentaler Erfahrung, wohl aber das, für das es steht. Im Protestantismus hat jedes Sakrament repräsentativen Charakter, der auf die »Universalität des Sakramentsprinzips hinweist.« (Tillich 1986, 68)

Bei Tillich ruht das Sakramentsverständnis auf einem religiös vertieften Naturverständnis. Sakramentales Denken gewinnt dadurch universalen Charakter. Zentral ist der Partizipationsbegriff. Vermittelt durch das Sakrament partizipiert der menschliche Geist am Geist Gottes. Es bestehen Verbindungen zu Luthers Abendmahlslehre:

Gott ist an allen Orten wesentlich und gegenwärtig, auch in dem geringsten Baumblatt; denn Gott schafft alle Dinge. Damit wir ihn aber nicht überall suchen müssen, und wir ihn wirklich finden, treffen wir ihn da, wo er sich durch sein Wort »angebunden« hat (WA 23, 133; WA 19, 492! WA 23, 151). Nach Tillich muss die Natur geschichtlich verstanden werden, wie das auf christlichem Boden durch die Bezie-

hung des Sakraments durch auf die singuläre Geschichte Jesu geschieht. So werden die großen religiösen Natursymbole wie die Sonne
und der Lebensbaum (Weltenbaum), indem sie auf den historisch einmaligen Menschen Jesus von Nazareth bezogen werden, »verge-
schichtlicht«. Das Gefälle der Argumentation Tillichs läuft aber eher
auf eine Naturalisierung der Geschichte hinaus (vgl. Tillich 1986, 58;
Wenz 1979, 290). Tillichs hermeneutischer Grundsatz, die großen Sakramente von einem weit gefassten Sakramentsbegriff her zu erschließen, sollte festgehalten werden. Eine Lösung dieses Problems sehen
wir in dem Aufweis von Entsprechungen zwischen den großen Sakramenten als religiösen Handlungssymbolen und Alltagsritualen.
Tillichs Grundgedanke, durch die Gestaltung der Symbole, Riten und
Sakramente den ganzen Menschen, auch in seinem Unterbewussten
anzusprechen ist unabweisbar.
Einen mit Tillich vergleichbaren umfassenden Ansatz einer Sakra-
mentstheologie hat auf katholischer Seite Karl Rahner vorgelegt. (vgl.
Rahner 1971).

Das Abendmahlsverständnis Gerhard Ebelings
Unter Berücksichtigung des hermeneutischen Problems Luthers
Abendmahlstheologie weiterzuführen, ist das zentrale Anliegen Ebelings.
Das Abendmahl bedeutet nicht, sondern *ist* das Kommen Jesu zu seiner feiernden Gemeinde – so ließe sich das realpräsentische Verständnis Luthers heute zur Sprache bringen. Luthers Sakramentsverständnis
hat sich gewandelt (vgl. 260f).

1520 gehören Abendmahl und Evangeliumsverkündigung aufs Engste zusammen,
es geht ihnen um dieselbe Verheißung; die Besonderheit des Abendmahls besteht
nicht nur darin, dass es die kurze Summe des Evangeliums ist, sondern dass Brot
und Wein als äußere Zeichen hinzutreten. Später liegt der Akzent auf der Realprä-
senz, die durch die Elemente vermittelt wird (vgl. 261).

Als durchgängiges konstitutives Moment arbeitet Ebeling die Beziehung »solo verbo – sola fide« heraus. Ohne diese Beziehung von Wort
und Glaube droht das Missverständnis einer kultischen Handlung, die
das Sakrament zweifellos auch ist (Ebeling 1964, 218. 224f). Von jener Grundbeziehung her expliziert Ebeling das Sakramentsverständnis.
Die Besonderheit des Sakraments liegt nicht in einem vom Wort unterschiedenen Gehalt, sondern in der Besonderheit der Gestalt, die das
Wort Gottes – »in dichtester Darbietung« – einnimmt (Ebeling 1979,
296). Bei den Sakramenten handelt es sich um denkbar schlichte Situationen; das wird schon an den in Anspruch genommenen Elementen
erkennbar: Wasser, Brot und Wein. Ihnen entsprechen schlichte Worte
und eindeutige Gebärden (Eintauchen, Ausgießen, Austeilen und Dar-
reichen). Die Sakramente zeigen elementare Grundzüge (ebd., 301).

Bei Taufe und Abendmahl geht es um elementare leibliche Vollzüge. Gehalt und Gestalt durchdringen sich. Leib ist der Mensch, einen Körper hat er. Leiblichkeit hat nicht den Charakter von Dinglichkeit, sondern bringt das Personsein in seiner Ganzheit zum Ausdruck. Bei Ebeling stehen die Sakramente in einem Zusammenhang mit allgemein menschlicher und religiöser Erfahrung, wenn er die Grundvorgänge der Reinigung und Sättigung thematisiert. Diese sind schlechthin notwendig und zugleich mehr als notwendig. Die Reinigung dient dem Wohlbefinden des einzelnen und macht ihn dem anderen angenehm. Mit der Nahrungsaufnahme ist seit der frühen Kindheit »narzisstische Zufuhr« verbunden. Brot und Liebe verbinden sich (vgl. 256). Mit dem Mahl verbindet sich das Gemeinschaftserlebnis. Das Elementare an den Sakramenten betrifft nicht die Elemente, sondern die Ganzheit der Handlung (ebd., 319). Sie wird durch das Wort bestimmt. In diesem elementaren Vorgang, in der Brot und Wein zu Trägern einer Mitteilung werden, geht die Christussituation in die eigene Situation ein und die eigene in die Christussituation. In der Taufe wird der Glaubende Christus übereignet, im Abendmahl geht es um die Übereignung Christi an den Glaubenden (ebd., 319). Die Sakramente sind daher Empfangshandlungen. Sie verleihen keine andere Gabe als das Wort, aber sie verleihen diese *an*– Die Taufe ist ein einmaliges Geschehen. Sie ist auf das bezogen, was am Kreuz ein für allemal geschehen ist. Das Abendmahl setzt die Einmaligkeit der Taufe voraus, ist aber auf ständige Wiederholung ausgerichtet. Es bestätigt, was in der Taufe empfangen wurde (ebd., 228). Ebeling hat einen entscheidenden Fortschritt in der Diskussion um das Abendmahl dadurch erreicht, dass er statt der Fixierung auf die Elemente das Gewicht auf den Mahlvorgang im Ganzen legt. Die Verheißung betrifft nicht allein die Elemente Brot und Wein, sondern die Teilnehmer insgesamt. Dementsprechend betrifft auch die Wandlung nicht nur die Elemente, sondern die Teilnehmer. Christus wird im Geschehen des Mahles gegenwärtig, er kommt zu uns und verwandelt unsere Situation. Durch diesen Neuansatz lassen sich zahlreiche konfessionelle Streitigkeiten, die an der ontologischen Problematik der Wandlung der Elemente hingen, überwinden (so auch H.-M. Barth 2001, 661).
Dass Ebeling die Abendmahlstheologie in ständiger Beziehung zu anthropologischen Grundvorgängen entwickelt, macht den Ansatz für die Religionspädagogik interessant.

Die Theologie des Herrenmahls bei Jürgen Moltmann
Moltmann ist reformierter Theologie, er legt sein Sakramentsverständnis aber ökumenisch an. Er verwendet daher den in der ökumenischen Diskussion gewonnenen Begriff des »Herrenmahls« (vgl. 1Kor 11,20). Er begründet sein Verständnis vom Herrenmahl biblisch durch den Hinweis auf Jesu Mahlfeiern mit den Armen und Rechtlosen. Er ent-

faltet es vom Gemeinschaftscharakter der Kirche her. Maßgeblich ist der in seiner »Theologie der Hoffnung« gewonnene eschatologische Interpretationshorizont. Dieser wird sogleich deutlich, wenn er das Herrenmahl als »eschatologisches Geschichtszeichen« versteht (1975, 269). Im Rahmen dieses Interpretationshorizontes versteht er die Taufe als eschatologisches Zeichen des Aufbruchs, das Herrenmahl als eschatologisches Zeichen des Weges, wiederholbares Zeichen der Hoffnung (ebd., 268f). Das auf Gemeinschaft bezogene Herrenmahl ist Zeichen der messianischen Zeit und als solches öffentliches Bekenntniszeichen. Zu diesem Mahl ergeht eine »offene Einladung« an alle, offen wie die ausgestreckten Hände des Gekreuzigten, weltoffen. Im alltäglichen Leben ist Essen auch ein Zeichen für Gemeinschaft und Freundschaft. Das Herrenmahl hat seinen Ursprung, durch den es sich vom alltäglichen Mahl unterscheidet, in den messianischen Mahlfeiern Jesu, in denen er das große Freudenmahl des Reiches Gottes antizipiert. Das letzte Mahl Jesu mit seinen Jüngern hat eine besondere Bedeutung erhalten. Hier wird das eschatologische Freudenmahl, in dem das Reich Gottes vorweggenommen ist, mit seiner Hingabe in den Tod für das Heil der Welt verbunden. Der Geber des Mahls ist selbst die eschatologische Gabe. Das Herrenmahl hat seinen historischen Ursprung in den Mahlfeier Jesu, aber nicht die historische Erinnerung als solche begründet es, sondern die Gegenwart des auferstandenen Gekreuzigten. Die im Herrenmahl praktizierte Gemeinschaft mit ihm ist die vorweggenommene Gemeinschaft des kommenden Reiches; sie wird mitten in der Leidensgeschichte präsent. Das Freudenmahl als Vorgeschmack des kommenden Reiches ist

(1) Zeichen der geistigen Erinnerung, Zeichen für die geistige Gemeinschaft mit Christus (Zwingli);

(2) Zeichen der irdischen Gegenwart des menschgewordenen Gottes und des zu Gott erhöhten Menschen und es ist

(3) Zeichen der Zukunft.

In diesem Zusammenhang, in dem die gegenwartsbestimmende, befreiende und zukunftseröffnende Kraft als neue Möglichkeit wahrgenommen wird, bezeichnet Moltmann das Mahl als *»Sakrament der Zeit«* (280).

Denn in der so verstandenen Gegenwart Christi wird die Erfahrung der Zeit selbst verwandelt; sie fließt nicht mehr als Strom der Vergänglichkeit aus der Zukunft durch die Gegenwart in die Vergangenheit – sie ist zur eschatologischen Zeit geworden und fließt aus der Vergangenheit des auferstandenen Gekreuzigten durch seine Gegenwart in seine Zukunft (ebd.). Das Symbol der eschatologisch gewendeten Zeit ist der Morgen und der Gruß der Hoffnung. Auch unter eschatologischem Vorzeichen versteht Moltmann wie Ebeling das Mahl als umfassendes Geschehen, in dem die eschatologische Präsenz Christi, die materiellen Elemente, die personale Gemeinschaft und der Geist des

Mahls ihren Ort haben. Die Gegenwart Christi im Mahl hängt nicht an metaphysischen Spekulationen über die Verwandlung der Elemente, sondern allein an seiner Zusage, mit der er sich selbst identifiziert. Diese Verheißung hat ihren Ermöglichungsgrund in seiner Auferstehung und seiner Zukunft (281). Schon Zwingli hat den Vorrang der Geschichte auf Golgatha gegenüber ihren Vergegenwärtigungen im Mahl betont. Moltmann bedient sich zeitlich-eschatologischer Kategcrien. Gegenwart ist in dieser Perspektive nichts Absolutes, sondern Gegenwart von etwas oder jemandem. Vergangenheit ist kein abgeschlossenes Geschehen, sondern zukunftseröffnendes Geschehen. Im zeitlichen Sinne ist der Gekreuzigte als der Kommende im Geist gegenwärtig. Moltmann versteht die Gegenwart des Herrn im Mahl als Antizipation seines kommenden Reiches. Dadurch gelingt es ihm, Vergangenheit und Zukunft, Geschichte und Eschatologie zu verbinden und das Mahl als Zeichen befreiender Gnade (Rechtfertigung) zu interpretieren. Der Entwurf Moltmanns hat auf das Eucharistieverständnis der lateinamerikanischen Befreiungstheologie eingewirkt.
Lutherisches und reformiertes Abendmahlsverständnis unterscheiden sich im Sinne der Neuinterpretation durch Ebeling und Moltmann nur in Nuancen.
Das 1975 von Moltmann entwickelte Sakramentsverständnis steht noch ganz im Zeichen seiner »Theologie der Hoffnung«, in der die Zukunft der *Geschichte* bedacht wird. Inzwischen hat er in seiner Christologie (1989) nicht nur der Geschichte, sondern auch der Natur eine Analogiefähigkeit für das Reich Gottes zugeschrieben (vgl. 265). Es ist daher zu vermuten, dass bei einer Neugestaltung der Herrenmahltheologie die Natur eine erhebliche Rolle spielen würde (vgl. Tillich).

3.5 Zur Hermeneutik und Didaktik des Abendmahls

Hermeneutische Grundsätze
Die »Grundsätze« bündeln wichtige Ergebnisse und erweitern sie zugleich in didaktischer Perspektive.
Das Abendmahl ist ein komplexes Ritualphänomen; es erfordert, die Entwicklung einer spezifischen Ritualhermeneutik. Als »Ritual der Oralität« darf es nicht vom kulturellen und lebensgeschichtlichen Erfahrungszusammenhang isoliert werden. Verstehen von Abendmahl erfordert »das Einspielen in eine befreiende Wirklichkeit« (Heimbrock 1993, 57).

(1) Das Abendmahl wurde in der Urgemeinde im Kontext einer gemeinsamen Mahlzeit gefeiert. Die Wahrnehmung des Zusammenhangs

zwischen profanem und heiligem Essen kann einen elementaren Zugang zum Verstehen des Abendmahls darstellen. Es geht in beiden Formen um die Vermittlung von Gemeinschaftserfahrungen und die Revitalisierung von Lebenskraft (vgl. 256f).

(2) Die verheißene Wandlung im Abendmahl betrifft nicht nur die Elemente Brot und Wein, sondern die Teilnehmer insgesamt und die Verwandlung der Zeit (Moltmann). Die einseitige Fixierung auf die Elemente ist zugunsten der Wahrnehmung des Gesamtprozesses des Abendmahls aufzugeben. In ihm vollzieht sich die Wandlung der Teilnehmer, Kriterium der Verwandlung ist die Glaubwürdigkeit des Geschehens. Von diesem Ansatz her ist auch ein fruchtbares Gespräch mit der katholischen Theologie möglich. Nach G. Biemer ist der Prozess der Verwandlung die entscheidende Struktur aller Sakramente als »Zeichen der Nähe Gottes« (Biemer 1983, 69). Anthropologische, soziale, gesellschaftliche, selbst kosmische Prozesse sind unter der Perspektive der Nähe Gottes auf Verwandlung angelegt.

(3) Das Abendmahl ist vorrangig als Ritualphänomen zu interpretieren und die Texte (Einsetzungsworte) im Kontext des gesamten Rituals zu verstehen. Die übliche, an Texten orientierte Hermeneutik klammert die psychischen und sozialen Prozesse und die Erfahrungen der beteiligten Menschen aus. Eine sachgemäße Hermeneutik hat das Abendmahl in funktionaler, genetischer und phänomenologischer Perspektive zu erschließen.

In *funktionaler* Hinsicht fragt die (ältere) Religionssoziologie nach der Wirkung der Rituale (sie schaffen durch Wiederholung Tradition, integrieren zu einer Gruppe, stiften Ordnung). Die Religions*phänomenologie* ist am Wesen des Rituals interessiert (es ist eine Ausdruckshandlung, es hat Hinweischarakter, dient der emotionalen Vergewisserung des Selbst und der Gemeinschaft in Krisen). Der psychoanalytische Ansatz Erik H. Eriksons fragt nach der *Entwicklung* des Ritualisierungsprozesses. In religionspädagogischer Hinsicht sind alle drei Aspekte von Bedeutung, besonders der letzte, der über die zwei Zugangsmöglichkeiten zum Ritual entscheidet.

(4) Eine solche Hermeneutik kann die Gemeinsamkeiten und Unterschiede herausarbeiten, die zu entsprechenden Ritualen anderer Religionen bestehen. Dabei geht es nicht nur darum, genetische Abhängigkeiten vom jüdischen Gastmahl bzw. Passamahl oder von den antiken Mysterien nachzuweisen; auch strukturale Analogien sind für sein Verständnis bedeutsam. Spezifisch für die Mysterien ist der Gedanke, dass der Feiernde durch das sakramentale Mahl Anteil an dem Schicksal einer gestorbenen und wieder zum Leben erstandenen Gottheit bekommt.

Der entscheidende Unterschied zu den Mysterien besteht darin, dass das christliche Symbol- und Ritualsystem bleibend auf die Geschichte, auf ein einmaliges Ereignis bezogen ist und über sich hinaus auf die eschatologische Neuschöpfung verweist.

Didaktische Perspektiven

Dem Ritualphänomen Abendmahl wird man nicht durch ein Reden über dieses, sondern durch teilnehmenden Vollzug gerecht. Das stellt – auch angesichts der Kritik an öffentlichen Ritualen – vor schwierige didaktische Probleme. Andererseits lässt sich die christliche Religion nicht auf das System einer Lehre und ethische Maximen reduzieren. Religion äußert sich in einer Lebensform, die vor allem durch Kultus und Rituale dargestellt wird.

Den didaktischen Problemen stehen produktive Ansatzmöglichkeiten gegenüber, die ein sachgemäßes Verständnis anbahnen können. Es gibt eine Basisbewegung (nicht nur in Lateinamerika), von der Impulse für eine neue Abendmahlspraxis ausgegangen sind. Das »Feierabendmahl« auf Kirchentagen wird von Jugendlichen stark in Anspruch genommen.

Angeregt durch solche Versuche können Vorformen des Abendmahls durch Jugendliche erprobt werden; sie können in eigenen Mahlfeiern (Friedensmahl, ökologisches Mahl) präsakramentale Erfahrungen machen; Konfirmandengruppen können am rituellen Vollzug des Abendmahls (auf Freizeiten) unmittelbar teilnehmen. Die Analogien zwischen Abendmahl und Ritualen des Alltagslebens sollen produktiv in Anspruch genommen werden. Bei Festen spielen leibhafte Gesten und Rituale eine Rolle (Anschneiden des Kuchens, Auspusten der Kerzen, Anstoßen mit Gläsern, Erzählen von Geschichten usf.). Was sich auf vorbewusster Ebene in dieser Weise abspielt, kann durch nachträgliche Reflexion ins Bewusstsein gehoben werden. Analogien werden benennbar. Im Abendmahl werden anthropologische Situationen vertieft, verdichtet und überboten. Aus didaktischen Gründen ist die Erschließung anthropologischer Situationen, in denen gemeinsam gegessen, getrunken und gefeiert wird, erforderlich, wenn das Abendmahl in seinem ursprünglichen weiten Horizont und seinem umfassenden Lebensbezug verstanden werden soll. Dabei sind zwei Wege des Verstehens komplementär aufeinander zu beziehen. Von der Erfahrung der Nähe und Zuwendung Gottes in den Grundritualen fällt ein Licht auf zwischenmenschliche Situationen; die Erschließung solcher Situationen ist die Verstehensvoraussetzung für ein universales Abendmahlsverständnis. Alle Formen symbolischer Kommunikation, wie Tanz, Pantomime, Bibliodrama, Erzählung haben eine Nähe zu religiösen Ritualen und können sich als angemessene Formen zur Erschließung des Abendmahls wie der Taufe erweisen.

3.6 Arbeitshinweise

1. Welche Bedeutung hat das Brot in der Kurzgeschichte und im Hörspiel? Stellen Sie den literarischen Texten zentrale biblische »Brotgeschichten« an die Seite. Erzählen Sie eigene Brotgeschichten. Brot ist als Kollektivmetapher für alle Lebens-mittel angesichts von Notsituationen von besonderer Bedeutung. Ziehen Sie zur Vertiefung dieses Sachverhalts die frühe Erzählung von Luise Rinser »Die rote Katze« (1947) heran. Weißbrot wird zum Symbol neuen Lebens.

2. Lesen Sie Bölls Hörspiel mit verteilten Rollen und interpretieren Sie es als »Ganzschrift«. »Man kann in die Zeit fallen, wie in ein Loch; da ist alles gegenwärtig, vergangen und zukünftig – und du weißt nicht, ob das Vergangene Gegenwart oder das Gegenwärtige Zukunft ist.« (159)
Mit dieser Aussage ist zugleich die formale Struktur des Hörspiels angesprochen: das Spiel mit den Zeiten.
Versuchen Sie, diese Verschränkung der Zeiten am Aufbau des Hörspiels nachzuweisen.

3. Vergleichen Sie mit Hilfe einer Synopse 1Kor 11,23-26; Mk 14,22-25; Mt 26,26-29; Lk 22,14. 20. Nennen Sie Unterschiede und Gemeinsamkeiten und die zentralen Begriffe, an denen die Bedeutung des Abendmahls erkennbar wird.

4. Diskutieren Sie angesichts des Konflikts in Korinth das Verhältnis von Sakrament und Ethik.

5. Beschreiben Sie Alltagsrituale. Welche Funktionen haben sie? Welche Strukturen finden sich in Taufe und Abendmahl wieder?

6. Vergegenwärtigen Sie sich anhand kirchengeschichtlicher Darstellungen die Situation Luthers. Am 6. Oktober erschien »Die babylonische Gefangenschaft der Kirche« (Im November folgt »Die Freiheit des Christenmenschen«).
Das Sakramentsverständnis von »Von der babylonischen Gefangenschaft der Kirche« hat auf die Diskussion in der neueren Religionspädagogik eingewirkt. Rekonstruieren sie dieses Verständnis anhand von Textauszügen genauer.

7. Worin könnte die ökologische Bedeutung des Ansatzes »Natur und Sakrament« bei Tillich liegen?

8. Vergleichen Sie die Entwürfe von Ebeling und Moltmann. Wo liegen Gemeinsamkeiten und Unterschiede?

9. Diskutieren Sie die zentrale These des lateinamerikanischen Theologen Gustavo Guitiérrez: »Ohne ein wirkliches Engagement gegen Ausbeutung und Entfremdung und für eine solidarische und gerechte Gesellschaft wird die Feier der Eucharistie zu einem leeren Getue, dem es an inhaltlicher Füllung seitens derer fehlt, die an ihr teilnahmen.« (1978,250). Zur biblischen Begründung des Zusammenhangs zwischen »Eucharistie und Brüderlichkeit« zieht er u.a. den Sachverhalt heran, dass im Johannes-Evangelium nicht von der Einsetzung der Eucharistie, sondern von der Fußwaschung erzählt wird. Führen Sie diese Begründung weiter aus.

10. »In den Tiefenschichten des Alltäglichen gedeihen lebendige, erlebte und wirkliche Sakramente. Sakramente sind der Trinkbecher in unserer Familie ..., eine dicke Weihnachtskerze, ein Stück des Gebirgszuges, der alte steinige Weg, das alte elterliche Haus... . Alle diese Dinge sind nicht einfach mehr Sachen. Menschen sind sie geworden. Sie sprechen zu uns und wir sind in der Lage, ihre Stimme und ihre Botschaft zu vernehmen. Sie besitzen Innenleben und Herz, Sakramente sind sie geworden. Mit anderen Worten sie sind Zeichen, die an eine andere, von ihnen zu unterscheidende, in ihnen aber präsente Wirklichkeit darstellen, an sie erinnern, sie sichtbar machen und vermitteln.« (Boff 1989, 21f).

Benennen Sie Phänomene, die für Sie Sakramente im Sinne Boffs sind. Diskutieren Sie das folgende Problem, das zugleich von grundsätzlicher theologischer Bedeutung ist:
(1) Ermöglicht das weite Sakramentsverständnis Boffs einen phänomenologischen Zugang zur Wirklichkeit christlicher Sakramente?
(2) Ist auf der Priorität biblischer Geschichten zu bestehen, da das in ihnen bereitgestellte Zeichensystem die Grundlage bietet, um überhaupt von Sakramenten im Sinne des christlichen Glaubens sprechen zu können?
(3) Die radikale Gegenüberstellung beider Ansätze ist falsch; beide enthalten wesentliche Wahrheitsmomente. Wie könnte eine *komplementäre Beziehung* beider Ansätze didaktisch zum Austrag kommen? (vgl. Biehl 1991a, 53-74). Unter dieser Fragestellung lässt sich die Verschränkung von weitem und engem Sakramentsverständnis bei Tillich diskutieren.

11. Sammeln Sie alternative Abendmahlsliturgien (z.B. Feierabendmahl) und vergleichen Sie diese mit der Liturgie Ihrer Heimatgemeinde. Welche Strukturelemente halten sich durch?

4. Weihnachten/Inkarnation

4.1 Weihnachten – oder: Das Ende einer Utopie

Joseph von Eichendorff, Weihnachten, (1837)

Markt und Straßen steh'n verlassen,
Still erleuchtet jedes Haus,
Sinnend geh' ich durch die Gassen,
Alles sieht so friedlich aus.

An den Fenstern haben Frauen
Buntes Spielzeug fromm geschmückt.
Tausend Kindlein steh'n und schauen,
Sind so wunderstill beglückt.

Und ich wandre aus den Mauern
Bis hinein ins weite Feld.
Hehres Glänzen, heil'ges Schauern!
Wie so weit und still die Welt!

Sterne hoch die Kreise schlingen,
Aus des Schnees Einsamkeit
Steigt's wie wunderbares Singen –
O du gnadenreiche Zeit!

(aus: –, Werke in sechs Bänden, Bd. 1 [Gedichte], hg. von H. Schulz, Frankfurt a.M. 1987, 382.)

Das Gedicht beschreibt die Wirkungen des Weihnachtsfestes. Es ist die Vision einer versöhnten Welt. Die Versöhnung wird aber nicht als Folge dogmatischer Inhalte, sondern durch die Sprache selbst vollzogen. Diese Kraft der Sprache bringt der Dichter in den Zeilen zum Ausdruck:»Schläft ein Lied in allen Dingen, / Die da träumen fort und fort, / Und die Welt hebt an zu singen, / Triffst du nur das Zauberwort.« Es findet sich kaum ein Zug in seinem Weihnachtsgedicht, dem man nicht das Abgeleitete vorwerfen könnte. Über beglückte Kindlein und die Stille der Nacht zu sprechen, ist nicht gerade originell. Gegen den Vorwurf des Trivialen lässt sich nur die Sprache selbst ins Feld führen, die durch ihr liedhaftes Sprechen, ihren Klang die Versöhnung mit allen Dingen, die Einheit von Gefühl und Glaube, die Harmonie von Außenwelt und Innenwelt bewirkt. Das Motiv der Sehnsucht wird durch die Gestalt des einsamen Wanderers zum Ausdruck gebracht. Aus seiner Perspektive sieht der Leser die Wirkungen von Weihnachten. Der lyrische Vorgang kreist um Erweiterung und Steigerung. Die Erweiterung wird als Erweiterung des Raumes erfahren: Aus der Enge der Straßen und des Marktes geht der Blick auf das freie Feld und zu den Sternen am Himmel. Diesem Vorgang entspricht eine Steigerung der Gefühle: Zunächst ein »Sinnen«; es wird gesteigert zum »Schauern« vor dem Heiligen und endet mit dem ekstatischen Jubel am Schluss. Innere und äußere Bewegung führen in das Unendlich-Kosmische. »Die Welt hebt an zu singen«. Das »Zauberwort« scheint gefunden zu sein. Der Weg führt aus der Enge ins Freie und in die Einsamkeit Ihr erschließt sich die unendliche Weite des Himmels. Die Erweiterung wird auch an den Personen wahrnehmbar: Ich – Frauen – tausend Kindlein.

Liedhaftes Sprechen und innere Form entsprechen sich. Stille, Licht und Gesang künden vom Anbruch einer neuen Zeit.

Ein größerer Gegensatz als der zwischen den Gedichten von Eichendorff und Huchel lässt sich kaum denken; dieser Gegensatz erzeugt in didaktischer Hinsicht eine fruchtbare Spannung.

Peter Huchel, Dezember 1942

Wie Wintergewitter ein rollender Hall.
Zerschossen die Lehmwand von Bethlehems Stall.

Es liegt Maria erschlagen vorm Tor,
Ihr blutig Haar an die Steine fror.

Drei Landser ziehen vermummt vorbei.
Nicht brennt ihr Ohr von des Kindes Schrei.

Im Beutel den letzten Sonnenblumenkern,
sie suchen den Weg und sehn keinen Stern.

Aurum, thus myrrham offerunt ...
Um kahles Gehöft streicht Krähe und Hund.

... quia natus est nobis Dominus.
Auf kahlem Gerippe glänzt Öl und Ruß.

Vor Stalingrad verweht die Chaussee.
Sie führt in die Totenkammer aus Schnee.

(aus: Ders., Chausseen, Chausseen. Gedichte, Frankfurt a.M. 1965)

In sieben gereimten Verspaaren konfrontiert *Peter Huchel,* ein Schüler vom Brecht, die Legende des Weihnachtsfestes mit der Wirklichkeit der Hölle von Stalingrad. Er arbeitet mit der Simultaneitätstechnik, schiebt Vergangenheit und Gegenwart kontrastierend, sich wechselseitig interpretierend ineinander. Huchel muss die reale Utopie von Bethlehems Friedensreich voraussetzen, sie muss in der Sprache des Gedichts noch einmal aufblitzen, um sie durch die Gegenutopie »Stalingrad« – Symbol der »Vernichtung der ganzen Welt« – in Frage stellen zu können. Vierzehn Verse lang wird in schroffen Antithesen die Vorgabe »Bethlehem« (erste Strophe) in entsetzlicher Verzerrung gezeigt, bis in der Schlussstrophe »Stalingrad« beschworen wird (Jens 1987, XIII). In genauer Entsprechung wird der Legende in ihren konkreten Einzelzügen die Wirklichkeit in ihrem Grauen gegenübergestellt. Der Stall bietet keine Wärme und keinen Schutz – er ist zerschossen, die Stille der Heiligen Nacht hat sich in eine Kriegsnacht mit grollenden Kanonen verwandelt.

Wo man anbetete, wo neues Leben und Licht war, regiert der Tod. Maria liegt mit blutigem Haar als gefrorener Leichnam vorm Tor. Joseph verschollen. Die drei Könige haben sich in Soldaten verwandelt, die den Schrei des Kindes nicht hören. Statt Weihrauch, Gold und Myrrhen ein Drittel Sonnenblumenkern. Statt des freundlichen Stalls ein kahles Gehöft; statt Ochs, Esel und Kuh Krähe und herumstreunernder Hund. Die Gegensätze werden im Verlauf des Gedichts immer schroffer. Das Vulgata-Zitat der Legende, Fragment, wirkt wie ein Fossil in fremder Welt. Statt des Kindes, auf dem die Hoffnung der Welt ruht, ein fahles Gerippe. Das einzige positive Wort ist »glänzen«, aber es handelt sich um Panzerschmiere, nicht um Öl. Was auf neues Leben angelegt war, führt in die »Totenkammer aus Schnee«.

Krippe und Kreuz gehören auch in der Vorlage zusammen. Der Kindermord von Bethlehem bricht – daran erinnert das Gedicht – als extreme Möglichkeit menschlicher Aggressivität in die Geschichte von Bethlehem ein.

Das Gedicht will vom Leser weitergeschrieben und dialektisch gegen den Strich gelesen werden (Kuschel 1987, 273). In der Matrix der Leidensgeschichte kann er Spuren der Hoffnung entdecken, unabgegoltene Verheißungen der Geschichte von Bethlehem: Der Leser wird zur Hoffnung wider alle Hoffnung herausgefordert, dass Stalingrad nicht endgültig über Bethlehem triumphiert.

4.2   Weihnachten als religiöses Fest

Feste haben an dem umfassenden Individualisierungsprozessen der Moderne teil; sie sind damit der Beliebigkeit, Entritualisierung und soziokulturellen Marginalisierung ausgesetzt. *Christliche* Feste können sich dem nicht entziehen. Weihnachten betrifft jedoch *alle* Menschen so oder so; keiner kann Weihnachten gänzlich ignorieren. Unabhängig von ihren religiösen Positionen werden alle Menschen von den Symbolen dieses Festes erfasst. Dabei handelt es sich um Symbole unterschiedlicher Herkunft: Christkind, Weihnachtsmann, Nikolaus, Knecht Ruprecht, Tanne, Stern, Licht. Weihnachten gehört zu den Zeiten, die in der Lebensgeschichte starke Spuren hinterlassen. Das Fest ist Manifestation des Heiligen; es hat religiöse und mythologische Wurzeln. Es ist öffentlich inszeniertes Ritual, das mit symbolischen Ausdrucksmitteln spielt. Die *Festlegende* (hier: Lk 2,1-20) erinnert an die Ursprungsgeschichte. Das christliche Weihnachtsfest hat an diesem religiösen Charakter des Festes mit seinen »heiligen Orten« und »heilige Zeiten« teil. Es steht im Zusammenhang mit der Wintersonnenwende und der Konkurrenz des Sonnengottes. Nach dem julianischen Kalender fiel diese Wende auf den 25. Dezember, diesen Tag hatte Kaiser Aurelian zum Geburtsfest des Sonnengottes bestimmt. Seit Mitte des 4. Janrhunderts wurde dieser Tag als Geburtsfest Christi in Rom gefeiert. Vorgänger war der 6. Januar (Ägypten). Mit dem Weihnachtsfest wird ein heidnisches Geburtsfest aufgenommen, überboten und »christologisch gebrochen«.

Christus selbst wird als wahre Sonne, als Sonne der Gerechtigkeit angesehen. Die Festlegende spricht von der Geburt des messianischen Kindes und erinnert jeden Menschen an das Geheimnis des Lebens. Die *Ambivalenz der Kindheitsthematik* wird erkennbar: Allmacht und Ohnmacht, Anbetung des Kindes und Kindermord von Bethlehem, Aggressivität und Eröffnung des Friedensreiches werden zusammen wahrgenommen. Die Festlegende gibt Anlass zur *Besinnung.* Der Bedarf an Stories geht im Zusammenhang von Weihnachten aber weit darüber hinaus. Es gibt die Gattung der Weihnachtserzählung und mündlich vermittelte Familientraditionen. Zum religiösen Fest gehören ferner *Überfluss* (Essen, Trinken, Freude am Spiel, Gottesdienst), der *Opfer- oder Geschenkcharakter* (Weihnachtsgeschenke) sowie die *Steigerung des Lebensgefühls,* sei es durch Freude oder Traurigkeit (Emotionen brechen auf, Erinnerungen an die Kindheit werden wach, Harmonie prägt das Fest). Das Christfest bleibt auf das religiöse Fest bezogen, ist Suche nach dem verlorenen Paradies, bricht es aber auf den messianischen Horizont hin auf. Das Paradies wird in die Zukunft verlagert (Reich Gottes). Zeichen des christlichen Festes sind Gedächtnis und Hoffnung, Wiederholung und Erfahrung des Neuen. Die Krippe verweist auf das Kreuz, die Weihnachtsbotschaft antizipiert die Osterverkündigung. Heidnisches Geburtsfest zur Sonnenwende und christliches Weihnachtsfest unterscheiden sich vor allem im Blick auf das Zeitverständnis: *Erneuerung des Lebens durch (zyklische) Wiederkehr des ewig Gleichen (sol invictus) und Erneuerung als Ankunft des eschatologisch Neuen* im Rahmen eines kairologisch-eschatologischen

Zeitverständnisses. Gottes Kommen in die Zeit verändert die Zeit (auch im kalendarischen Sinne). Zeit wird als *erfüllte* Zeit erfahrbar, die nicht veraltet. Wir feiern nicht nur *in* der Zeit, wir feiern die Zeit selbst. Das religiöse Fest wird von der Reich-Gottes-Erwartung her umgestaltet (Advent bleibt Weihnachten inhärent).

4.3 Zur Theologie des Weihnachtsfestes

Drei theologische Motive sind für Weihnachten kennzeichnend: Es ist das *Fest der Geburt des göttlichen Kindes,* das *Fest des Lichts und* das *Fest der Inkarnation:* »Das Wort ward Fleisch« (Joh 1,14), Gott sandte seinen Sohn (Paulus). Die klassische Inkarnationslehre stellt das Kommen des Sohnes Gottes in die Zeit als Abfolge bestimmter Momente dar. In Luthers Lied »Nun freut euch, lieben Christen gmein« beginnt der Vorgang »oben« mit einem innertrinitatischen Gespräch, der Sohn nimmt menschliche Gestalt an. Luther geht davon aus, dass Jesus Gottes Sohn ist; das unbegreifliche Geheimnis besteht darin, dass er Mensch wurde.

Wir sind inzwischen gewohnt, die Christologie vom Menschsein Jesu her zu entwickeln, aber beide Wege der Christologie sind keine Alternativen, sondern es geht um *einen zirkulären Prozess* (vgl. Abschnitt »Jesus – das Gleichnis Gottes«, 109-129).

Zentrales Thema der Christologie ist der von Gott auferweckte Gekreuzigte. Alle anderen christologischen Bekenntnisse sind Interpretamente des Grundbekenntnisses. Das Bekenntnis von der Sendung des Sohnes interpretiert das Bekenntnis zum Auferweckten (Dalferth 1994, 30). Die Erschließung christlicher Feste hat historisch wie theologisch ihren Ausgangspunkt im Osterfest.

Geboren von der Jungfrau Maria
W. Pannenberg weist zu Recht darauf hin, dass die Menschwerdung Gottes kein einmaliger Akt, sondern ein Prozess ist, in den der Mensch wie die Schöpfung einbezogen sind (Pannenberg 1980, 143f; vgl. 278: *Die Menschwerdung geht weiter*). Als Folge der Menschwerdung Gottes ist von der Menschwerdung des Menschen zu sprechen. Die Menschwerdung des Menschen bezieht sich primär auf die Grundsituation vor Gott, die verändert wird; sie hat jedoch auch Folgen für die theologische Interpretation des menschlichen Bildungsprozesses.

Einigkeit besteht darin, dass Inkarnation nicht auf den Beginn der Erscheinung Jesu zu beschränken ist. Das Evangelium besagt nicht, dass Gott vorübergehend Gestalt angenommen hat, sondern dass er ein-für-alle-mal und dauerhaft Mensch wurde, dass er das Menschsein, in seiner Zerrissenheit (in der doppelten Bedeutung des Wortes) *angenom-*

men hat, Menschwerdung betrifft daher nicht nur die wunderbare Geburt, sondern Leben, Verkündigung und Geschick Jesus als Ganzes. Gottes Anwesenheit in dieser Geschichte wird als Liebe erfahrbar. Die Menschwerdung Gottes hat ihr Ziel in den österlichen Erscheinungen. Sie bezeugen, dass die Vereinigung von Gott und Mensch in Jesus durch den Tod nicht aufgelöst, sondern *definitiv* ist. Die Metapher von der Sendung des Sohnes bringt die Bedeutung der historischen Gestalt Jesu zum Ausdruck, den Gedanken, dass Jesu Person und Werk nicht allein innergeschichtlich ableitbar ist, sondern dass in ihm Gott selbst am Werk ist.

Inkarnation ist kein spezifisch christlicher Begriff; er entstammt der hellenistischen Welt, in der der Mythos der inkarnierten Gottheiten lebendig war. Im christlichen Inkarnationsgedanken wird der Mythos an ein geschichtliches Geschehen gebunden; er hat den Sinn, die eigentümliche Bedeutung des Menschen Jesus, den eschatologischen Charakter seiner Geschichte zu explizieren. Als eine untergeordnete Modifikation gehört die Vorstellung von der Jungfrauengeburt in den Bereich der Inkarnationschristologie. Erst im 3. Jahrhundert wurde die Jungfrauengeburt fester Bestandteil christlicher Glaubensbekenntnisse. Im NT erzählen nur Lukas und Matthäus von ihr (Lk 1,26-38; Mt 1,18-25).

In der neueren Theologie werden erhebliche Spannungen erkennbar. Während Karl Barth die Lehre von der Jungfrauengeburt leidenschaftlich verteidigt, lehnt Emil Brunner sie ab (Barth 1948, 187-221, bes. 199f; Brunner 1950, 413ff). Brunner folgen Pannenberg (1972, 78ff) und J. Moltmann (1989, 97ff). Moltmann ersetzt die Vorstellung von der Jungfrauengeburt durch die von der Geistgeburt Christi. Ausgangspunkt für den Reflexionsgang ist wie bei Dalferth das Bekenntnis zum auferstandenen Gekreuzigten. Im Licht seiner Auferstehung ist die Geschichte Jesu zu verstehen. Seine Herkunft wird von seiner Zukunft her erkannt. »Erhöhung und Gegenwart Christi sind Erkenntnisgrund für seine Menschwerdung und Geschichte. Die Inkarnation und Geschichte sind Realgrund für seine Erhöhung und Gegenwart« (ebd., 96). Die Erfahrung des auferstandenen Christus in den Ostererscheinungen ist nach Moltmann Geisterfahrung. Die Erfahrung seiner Geistesgegenwart in der Gemeinde »seit« seinen Erscheinungen hat die Tendenz, seine ganze Geschichte als Geschichte des Geistes mit ihm darzustellen, bis hin zu seiner Geburt. Er ist schon vom heiligen Geist empfangen (Lk 1,35). Darin sieht Moltmann den Ansatzpunkt für eine pneumatologische Christologie. Die Geistgeburt entspricht seiner Geisttaufe durch Johannes. Wenn die Rede vom Geist nicht durch grobe Personifizierungen missverstanden, sondern als Kraft und Macht Gottes, die durch Liebe wirksam wird, vorgestellt wird, kann der Entwurf Moltmanns überzeugen.

Es bleibt die Frage, wie der Topos »Jungfrauengeburt«, der nichts spezifisch oder zentral Christliches zur Sprache bringt, gedeutet werden kann.

Diese Frage ist wieder aktuell geworden, seit Gerd Lüdemann darauf besteht, dass sie nicht stattgefunden hat, dass im übrigen viele historische Quellen dafür sprächen, dass nicht Joseph Jesu Vater sei, sondern ein unbekannter Mann, der Maria vergewaltigt habe (so in einem öffentlichen Vortrag am 10.05. 98 in Göttingen). Durch Lüdemanns fatale Argumentation ist die Diskussion wieder auf die Ebene historischer Tatsachenbehauptungen und biologischer Sachverhalte gerückt. Die Religionspädagogik hatte gerade alle Mühe darauf verwendet, ein Verständnis dafür anzubahnen, dass die Wahrheit des Mythos und der Symbole auf einer anderen Ebene liegt.

Bei der Erzählung von der Jungfrauengeburt handelt es sich um eine Legende. In ihr wird Wirklichkeit mit Hilfe des archetypischen Symbols »göttliches Kind, geboren von einer Jungfrau« gedeutet. Nach C.G. Jung ist dieses Symbol, das in Mythen, Märchen, Kunst und Religion aller Zeiten und Völker wie in Träumen vorkommt, Symbol für das »Nichterzeugte«, »Nichtgemachte« in der kollektiven und individuellen Psyche. Indem dieses Symbol auf eine konkrete Person der Geschichte, auf Jesus von Nazareth bezogen wird, wird seine archetypische, auf das jederzeit Gültige zielende Struktur »christologisch gebrochen«. In dieser Gebrochenheit bringt das Symbol jetzt zum Ausdruck: Das Kommen Gottes in Jesus, in die Geschichte und in den Kosmos hat einen wahrhaft neuen Anfang gemacht. *Weihnachten entzieht sich der Machbarkeit.*

In dieser Auslegung schränkt die Rede von einer jungfräulichen Geburt Jesu seine volle Menschlichkeit nicht ein. Wird sein Menschsein geschmälert, wird dadurch sein Gottsein geschmälert und wird das Gottsein nicht festgehalten, bleibt auch sein Menschsein nicht gewahrt. Diese Regel G. Ebelings (1979, 78) für den Umgang mit dem christologischen Dogma wird durch eine missverstandene Auslegung von der Jungfrauengeburt verletzt. Es leuchtet auch nicht mehr ein, warum Jesus als Gottessohn anders zur Welt kommen sollte als andere Menschen. Der ganze Vorgang von Zeugung, Empfängnis und Geburt ist als vom Geist gewirkt anzusehen.

Die Menschwerdung geht weiter
Die Vorstellung von der Menschwerdung stammt aus der hellenistischen Welt, kann aber im Kontext jüdischen Denkens gedeutet werden. In diesem Kontext besagt sie: Gott ist im Kommen, er wird in einem Prozess wahrgenommen. Karl Barth hat in seiner Versöhnungslehre (KD IV/2, 116f) die Inkarnationslehre derart »aktualisiert«, dass er ihre tragenden Begriffe als »Bewegungsbegriffe« (zur Bezeichnung

eines im Fluss begriffenen Vorgangs) gebraucht, die auf die Geschichte bezogen sind. Deren Subjekt ist Jesus Christus.

Der Prozess der Menschwerdung zielt auf Erneuerung, und zwar im Blick auf die Menschwerdung des Menschen, die Befreiung der Geschichte in der Perspektive des Reiches Gottes und auf die Erneuerung der Schöpfung und ihre Vollendung.

a) Mit jeder Geburt kommt Neues in die Welt; denn der Neuankömmling kann einen neuen Anfang machen. Die Juden erwarteten in jedem neu geborenen Kind den Messias. Mit der Geburt Jesu ist definitiv Neues in die Welt gekommen, das nicht veraltet. In ihm erscheint die schöpferische Macht der Erneuerung. Da sich in ihm Wort und Tat, Sein und Handeln völlig decken, ist er der Gott entsprechende Mensch (Jüngel), der ganz von Gott her existiert. Die Realisierung der immer wieder bedrohten Menschwerdung des Menschen ist Weihnachten erhoffbar geworden.

b) Jesus ist das Ebenbild Gottes. Er verkörpert die Bestimmung des Menschen (Gottebenbildlichkeit). Das Reich Gottes ist die Bestimmung der Geschichte. In ihm hat die Befreiung der Geschichte ihr Ziel. Werden die Kindheitsgeschichten von der Zukunft Jesu her gelesen, werden bereits Momente der Reich-Gottes-Verkündigung erkennbar. Sie enthalten den Kern einer Befreiungstheologie. Das gilt vor allem von dem Magnifikat (Lk 1,46-54). Der Psalmist zieht die Zukunft in die Gegenwart hinein: Gottes Handeln wird einen umfassenden, gerechten Ausgleich bringen, eine grundlegende Veränderung der Verhältnisse. Die Mächtigen, auch die Hochmütigen, werden vom Thron gestoßen. Die Reichen verlieren ihren Reichtum. Die Hungernden aber werden satt und die Armen mit Gütern angefüllt. Jesus wird als Messias der Armen verstanden. Mit seiner Geburt hat schon die Integration der Armen in die Heilsgemeinschaft begonnen. In der Geburtsgeschichte, die in der Provinz spielt, sind Raumnot, Stall, Krippe und Windeln Zeichen der Armut und Niedrigkeit.

Dem Kind, nicht dem Kaiser wird die Herrschaft zugesprochen; es wird mit Hoheitstiteln geradezu überhäuft. Der trügerischen Pax Romana wird die Pax Christi gegenübergestellt (Küng 1992, 67f). Gott spricht den Menschen Frieden zu, der nicht nur das Ende der Kriege umfasst, sondern die Befreiung von Angst und Bedrohung, die Realisierung von Gerechtigkeit, das Heilsein des Menschen in all seinen Beziehungen. Jesus ist der eschatologische Friedensbringer. Weihnachten ist die Realisierung des ständig bedrohten Schalomprozesses erhoffbar geworden.

c) Das Kommen Gottes zur Welt, in seine Schöpfung ist Hoffnungszeichen für den ganzen Kosmos. Die Vollendung des Reiches Gottes ist zugleich die Vollendung der Schöpfung. Zur Lichtsymbolik der Geburtsgeschichte gehört das Symbol des Sterns und der Sternkonstellation. Mit der Geburt Jesu ist ein neuer Stern am Himmel aufgegangen. Er kündet den Durchbruch eines neuen Gottesverständnisses an. Mit der Erscheinung des Sohnes im Kosmos ist die Zeit »erfüllt« und der Anbruch des neuen Äons gekommen. Sie bedeute für die Juden das »Ende des Gesetzes« (Röm 10,4), für die Heiden die Befreiung vom Dienst an den Naturmächten (gedacht ist an die Gestirne). Alle haben Anteil an der Sohnschaft und Mündigkeit (Gal 4,3-5). Weihnachten ist das Fest der Erneuerung und des epochalen Neuanfangs. Mit der Geburt des messianischen Kindes beginnt – auch im chronologischen Sinne – eine neue Zeitrechnung der Menschheitsgeschichte. Der Neuanfang umfasst die Schöpfung. Die Advents- und Weihnachtslieder beschreiben daher das neue Leben mit Bildern aus der Natur. Weihnachten ist die Befreiung der Schöpfung (Röm 8,21), ihre Erneuerung erhoffbar geworden.

4.4 Religionspädagogische Zugänge zum Weihnachtsfest

Feste als inszenierte Rituale wollen begangen werden. Sie werden *spielend gelernt* und verstanden. Das Weihnachtsfest selbst hat seinen Ort in der Familie; kleinere Feste (z.B. Lichterfeste) können an den Rändern des (Schul-) Alltags inszeniert werden. Didaktisch fruchtbar ist die Fülle der sprachlichen und sinnlichen Ausdrucksformen des Festkreises mit seinem Brauchtum. Die mit dem *Symbol des Kindes* ursprünglich verbundenen Symbole des Seins, der Liebe, der Zärtlichkeit des Vertrauens sind durch die Symbole des Habens und des *Konsumismus* verdeckt. Auf der anderen Seite ist eine verharmlosende *Idyllisierung* für Weihnachten kennzeichnend. Diese Erscheinungsformen zeigen, dass Weihnachten geschichtlich-gesellschaftlich bedingt ist.
Realisationsmöglichkeiten in den Sekundarstufen: Aus einer Fotosammlung das Bild eines Kindes auswählen, einen Text dazu schreiben, Kindheitserinnerungen austauschen; Werbung zu Weihnachten auf das kollektive Bild vom Kind in unserer Gesellschaft hin untersuchen; eigene Wünsche zum Ausdruck bringen; Jesu Umgang mit den Kindern erfahrbar machen, das Magnifikat (Lk 1,46-55) durch J.S. Bachs Magnifikatkomposition erschließen und interpretieren (Rickers 1992, 158ff); Emil Noldes »Heilige Nacht« (1912) auf Formensprache/Gehalt hin analysieren und mit dem Bild von Max Ernst »Die Jungfrau züchtigt das Jesuskind vor drei Zeugen« (1926) vergleichen; die Geschichte vom zwölfjährigen Jesus im Tempel als Bibliodrama darstellen oder *Adventsfest feiern,* das narrativ und musikalisch ausgestaltet wird: Wir stellen einen verdorrten Baum und einen grünen Baum, der reichlich mit essbaren Früchten geschmückt ist gegenüber. Durch das Lied EG 21, 6 »Heut' schleust er wieder auf die Tür zum schönen Paradies« wird der Christbaum auf den Lebensbaum des Pa-

radieses bezogen (vgl. Gen 2,9 und 3,22ff; dazu Skulptur aus der Portalwandung der Kirche St. Tropime in Arles: Die Paradiespforte wird von der Hand Gottes geöffnet, Steinwede 1999, 190). Die Interpretation der Erzählung von *Heinrich Böll »So ward Abend und Morgen«* (1954) führt zur Kritik des bürgerlichen Festes und seines Brauchtums (es ist Relikt, Kulisse); unter der Oberfläche des entleerten Rituals kommt die Tiefendimension von Weihnachten zutage: Schöpfung der Welt durch das Wort und Fleischwerdung dieses Wortes gehören zusammen.

4.5 Arbeitshinweise

1. Das Weihnachtsfest ist bei uns zum Fest der Feste geworden; es wirkt in die Lebensgeschichte und in die gesellschaftliche Wirklichkeit bis hin zur Ökonomie ein. So führt das Weihnachtsgeld zu erheblichen Umsatzsteigerungen im Einzelhandel und in der Tourismusbranche. Aus diesem Grund ist es aber auch in erheblichem Maße geschichtlichem und gesellschaftlichem Wandel ausgesetzt.
Beschreiben Sie diesen Sachverhalt anhand literarischer Beispiele. Zwei exemplarische Hinweise finden Sie in Abschnitt 1.

2. Für die große Bedeutung dieses Festes lassen sich auch psychoanalytische Argumente beibringen.
Das Christentum ermöglicht den Glaubenden, durch Identifizierung mit dem narzisstischen Bild des göttlichen Kindes Glück zu erleben.

Das kleine Kind wird vergöttlicht, von allen angebetet und die Großen dieser Erde überhäufen es mit Geschenken – einem hohen Maß an narzisstischer Zufuhr, Zeichen der Liebe und der *narzisstischen Überbewertung*, die hier ihren Gipfel erreicht. Es handelt sich um eine Urfantasie, die sich in der Allmachts- und Größenfantasie verdichtet. Das einzigartige Kind auf dem »Gipfel seines erhebenden Glücks«. Einmal im Jahr, zu Weihnachten können alle Christenkinder diese Identifikation realisieren, alle ihre Wünsche werden vom Christkind erfüllt. Die Geburt des göttlichen Kindes erinnert an die Sehnsucht nach dem verlorenen Paradies, an den Zustand vollkommener Versorgung »umsonst« (Grunberger 1982, 196).

Beschreiben Sie mit Hilfe dieses Textes, warum sich mit dem Weihnachtsfest das Gefühl von Erhabenheit, von Wärme, Geborgenheit, Einssein verbindet.
Warum ist gerade dieses Fest emotional so hoch besetzt, auf Harmonie ausgerichtet?

3. Karl Barth begründet seine Hochschätzung der Lehre von der Jungfrauengeburt u.a. damit, dass am Eingang und am Ausgang der Geschichte Christi vergleichbare Wunder erzählt werden. Welche Gründe

sprechen gegen die Auffassung, dass es sich bei der Jungfrauengeburt und den Ostererscheinungen um »vergleichbare Wunder« handelt?

4. Diskutieren Sie Moltmanns These von der »Geistgeburt« Jesu und überprüfen Sie noch einmal die von ihm genannten Gründe.

5. Interpretieren Sie Heinrich Bölls Erzählung »So ward Abend und Morgen« (1965, 95-103). – Achten Sie besonders auf den Zusammenhang von Fest und Alltag, Weihnachten und Schöpfung. Mit überzeugenden literarischen Mitteln wird unter der Oberfläche eines entleerten Rituals die theologische Tiefendimension aufgedeckt: Schöpfung der Welt durch das Wort und Neuschöpfung in Christus gehören zusammen (vgl. Joh 1,3.14).

5. Ostern/Auferstehung

5.1 Ostern auf der Bühne

Johann Wolfgang von Goethe, Faust I
Die bekannteste Osterszene der deutschen Literatur ist zweifellos die aus dem »Faust«.
Der »Osterspaziergang«

Vom Eise befreit sind Strom und Bäche,
Durch des Frühlings holden, belebenden Blick;
Im Tale grünet Hoffnungsglück;
Der Winter, in seiner Schwäche,
Zog sich in die rauhen Berge zurück.
[...]

Dem »Hoffnungsglück« war die schwere Nacht von Karsamstag auf Ostersonntag vorausgegangen, die Nacht zwischen Tod und Leben, zwischen Kreuz und Auferstehung, in der Faust seinem Leben ein Ende setzen wollte. Die Verzweiflung ist der negative Ausdruck seiner Gottessehnsucht. Der Faustische Teufelspakt bedeutet nicht Abwendung von Gott, sondern umgekehrt den Versuch, die nicht zu stillende metaphysische Unruhe gegen alle Versuche des Teufels, diese durch Genuss stillzulegen, festzuhalten. Die Lebensgüter, die er fordert, sind in sich widerspruchsvoll: Er bejaht den Genuss, weil er das Göttliche im Irdischen finden will. Er bekennt sich gerade als einer, der den Pakt mit dem Teufel geschlossen hat, zu Gott und zu seiner nie erlöschenden Unruhe, gleichzeitig ist der Pakt Ausdruck der Gottferne; denn trotz allen »Strebens« bleibt die Suche nach dem Göttlichen im Irdischen vergeblich. Faust ist in einer tragischen Situation. Den metaphysisch erfüllten Augenblick kann er gerade so nicht erreichen (von Wiese 1955, 141f).
Zunächst wird mit Hilfe der Magie der »Große Geist« beschworen: »Ob mir durch des Geistes Kraft und Mund / Nicht manch Geheimnis würde kund...« Als der Geist erscheint, kann er ihn nicht ertragen. Darin spiegelt sich die widersprüchliche Situation zum ersten Mal wider. Er setzt die Giftflasche an die Lippen und hört plötzlich aus der nahegelegenen Kirche die Botschaft von der Auferstehung Jesu. Sie

lässt ihn zögern, dieser Augenblick genügt, ihn ins Leben zurückzu-
holen.

Christ ist erstanden!
Freude den Sterblichen,
Den die verderblichen,
Schleichenden, erblichen
Mängel umwanden
[...]

Welch tiefes Summen, welch ein heller Ton
Zieht mit Gewalt das Glas von meinem Munde?
Verkündiget ihr dumpfen Glocken schon
Des Osterfestes erste Feierstunde?
Ihr Chöre, singt ihr schon den tröstlichen Gesang,
Der einst, um Grabes Nacht, von Engelslippen klang,
Gewissheit einem neuen Bunde?
[...]

Chor der Engel:
Christ ist erstanden,
Selig der Liebende,
Der die betrübende,
Heilsam und übende
Prüfung bestand.

Faust:
Was acht ihr, mächtig und gelind,
Ihr Himmelstöne, mich am Staube?
Klingt dort umher, wo weiche Menschen sind,
Die Botschaft hör' ich wohl, allein mir fehlt der Glaube,
Das Wunder ist des Glaubens liebstes Kind.
[...]

Das Lied verkündete der Jugend muntre Spiele,
Des Frühlingsfeier freies Glück;
Erinnerung hält mich nun mit kindlichem Gefühle
Vom letzten, ernsten Schritt zurück
[...]

Die Distanz zum kirchlichen Christentum ist unverkennbar. Faust
sucht Gott außerhalb der Kirche. Die eine Seele ist dem Himmel zu-
gewandt, die andere will die Ewigkeit im Augenblick Hier und Jetzt.
Es ist nicht der Inhalt der Osterbotschaft, die ihn ins Leben zurückholt,
sondern ihr Klang, der »tröstliche Gesang«. Vergleicht man den Text
Goethes mit der traditionellen Osternachtliturgie, wird deutlich, dass
es sich um Versatzstücke, um Zitate aus einer fernen Vergangenheit
handelt. Er hört den Gesang in seiner Studierstube aus der Kirche. Nur
der Ruf »Christ ist erstanden« ist aus der Liturgie aufgenommen. Ihr
Einsatz ist ein bewusst verfremdender Symbolakt. Goethe kann sich

Ostern nur in Distanz schaffender Ironie nähern. Das Wunder ist des Osterglaubens »liebstes Kind«. Kirchliche Religion ist bestenfalls etwas für »weiche Menschen«. Nachdem Faust sich in dieser kritischen Weise geäußert hat, wird durch die Chöre der Jünger und der Engel die Osterbotschaft am Schluss der Szene zustimmend aufgenommen. Ostern wird nur in einer Hinsicht produktiv wirksam: Es erinnert an die Erfahrungen der Kindheit, an die »munteren Spiele«, Ostern ist ein »Klang von Jugend auf«; dementsprechend ist es der Klang, der Faust ins Leben zurückholt. Der Erinnerung an die Kindheit entspricht das »Sehnen« des Erwachsenen (vgl. Kuschel 1997, 412f).

Friedrich Dürrenmatt, Der Meteor (1966/1978)
Die »Auferstehung« findet in dieser grotesken Komödie auf der Bühne statt, und zwar nachdem sich der Vorhang erhoben hat. Darin liegt der entscheidende Einfall.
Die »Auferstehung« des Literaturnobelpreisträgers Schwitter schlägt auf der Bühne ein wie ein Meteor. »Was würde passieren, wenn tatsächlich einer aufersteht?«. Das macht die Komödie aus. Im Hintergrund steht das Lazarus-Motiv. Schwitter kann seine eigene Auferstehung nicht glauben. Aus dieser Fiktion entwickelt sich die ganze Geschichte. Dürrenmatt spielt an diesem Modellfall die Möglichkeit einer wirklichen Auferstehung durch. Ein Leichnam kehrt in die raumzeitliche Wirklichkeit zurück. Ein Mensch, der nicht an seine eigene Auferstehung glaubt, ist ein Paradox. Die Christenheit ist sich selber zum Ärgernis geworden: Sie glaubt nicht mehr, was sie bekennt. Schwitter versinnbildlicht die heutige Christenheit, die nicht an die Auferstehung glaubt.
Der »Meteor« ist nicht nur ein Stück über das Nichtauferstehenkönnen, sondern auch um das Nichtsterbenkönnen. Schwitter ist vom Totenbett im Krankenhaus aufgestanden, um in seinem Atelier ehrlich zu sterben, »ohne Fiktion und Literatur«. Er will sterben, aber er kann nicht sterben; er stirbt »unaufhörlich«. Der Pfarrer braucht ein »Wunder«, der Arzt hält den Vorgang für ein »neurotisches« Phänomen.
Die Bejahung des Lebens ist die Voraussetzung des Sterbenkönnens – sie fehlt Schwitter. Daher gewinnt er nicht das ewige Leben, sondern das ewige Sterben.
Es finden sich Relikte aus der eschatologischen Szenerie: Die Anspielung auf die »letzte Posaune«, auf den »jüngsten Tag«, das »ewige Leben« und auf die Sonne, die sich bei Jesu Tod verfinsterte. Dürrenmatt benutzt diesen Hintergrund und die Rede von der Auferstehung als Waffe gegen eine eindimensionale Welt, die sich gegen Überraschungen abgesichert hat (vgl. dazu genauer: Biehl 1999, 199-203).

5.2 Ostern als Fest

Die Vielschichtigkeit des Osterfestes
Die zentralen christlichen Feste – Weihnachten stärker als Ostern –
gehören zu den Lebensbereichen, in denen Zeitgenossen Religion noch
als sinnvoll erfahren. Zentrale Aspekte des Lebens werden angesprochen: Sterben und Auferstehen des Erlösers, Befreiung, Aufbruch und
Neubeginn. Das Symbol des leeren Grabes erscheint in der Festkultur
verbunden mit den Natursymbolen »Ei« und »Hase« – alten Frucht-
barkeitssymbolen – und dem Erlebnis des Osterfeuers. Die Anschaulichkeit der Festkultur ist didaktisch fruchtbar. Zu den religiösen und
biologischen Aspekten kommen politische. Seit 1968 beruft sich die
Befreiungstheologie Lateinamerikas neben dem Exodussymbol auf die
Auferstehung Jesu als biblische Wurzeln konkreter Befreiungsmodelle.
Seit den 60er Jahren gibt es in Westeuropa die Oster*märsche*. Außer
dem »Frieden« gehören Armut, Hunger und Naturzerstörung zu den
Bereichen, in denen die Hoffnung auf Leben (Eschatologie) trotz des
Todes ihre verändernde Kraft entfaltet. Die Osterverheißung hat Aus-
wirkungen auf der individuellen, psychologischen und leiblichen wie
auf der sozialen Ebene; sie betrifft Existenz, Geschichte, Kultur und
Natur. Lernprozesse werden vielschichtig angelegt.

Der religiöse Charakter des Festes
Im Osterfest wird ein heidnisches Frühlingsfest aufgenommen und
christologisch überboten. Die römische Gemeinde verlegte im 2. Jahrhundert den Ostertag vom 14. Nissan, dem Tag der Erinnerung an das
letzte Passa Jesu, auf den ersten Sonntag nach dem Vollmond, der der
Frühlingstagundnachtgleiche folgt. Dadurch fielen der wöchentliche
Herrentag und das Jahresfest der Auferstehung zusammen; zudem
wurde dieses heilsgeschichtliche Datum mit dem Zyklus im Lauf der
Gestirne verkoppelt. Der Herrentag war zugleich der Tag des Schöp-
fungsbeginns und des Helios. Die Sonnenverehrung geht auf das
Osterfest über. *Die steigende Sonne wird zum Symbol der noch mäch-
tigeren Wirklichkeit der Auferstehung,* die den Tod überwindet und
Gerechtigkeit hervorbringt. Ostern wird zum Zeichen für den Beginn
der neuen Schöpfung und der messianischen Welt. Die messianische
Hoffnung macht das Osterfest zum Gleichnis des Kommenden. Zugleich wird es »erinnernd« im Rückblick auf Gottes Handeln an dem
auferstandenen Gekreuzigten und auf Jesu Verkündigung gefeiert.
Festlegende (Mk 16,1-8) und Festsymbole repräsentieren dieses Geschehen. Das religiöse Fest kennt nur die Wiederholung der mythischen Urzeit. Das christliche Osterfest bricht diese Struktur auf den
messianischen Horizont hin auf. Es ist *befreiendes* Fest.
Die Herkunft des Wortes Ostern ist umstritten. Man hat es irrtümli-
cherweise auf eine germanische Frühjahrsgöttin zurückgeführt (Osta-

ra). Der Name ist auf andere Weise entstanden: Die traditionelle latei-
nische Bezeichnung für die Osterwoche war »hebdomada in albis«
(Woche in weißen Kleidern). Die Ostern getauften Christen nahmen an
den Frühgottesdiensten in der Osterwoche in weißen Kleidern teil.
Irrtümlich wurde der Begriff »albae« mit dem germanischen »austro«
übersetzt (Plural: ostarum [Morgenröte]). Man sah in dem Namen eine
Anspielung auf die Morgendämmerung in den Ostererzählungen
(Kirchhoff 1995, 92f).

5.3 Zur Theologie des Osterfestes

Die Deutung im Rahmen der Existenzgeschichte

Der Horizont der theologischen Deutung der Auferstehung Jesu hat sich erweitert:
R. *Bultmann* bezog sie auf die Möglichkeit einer neuen, eschatologischen Existenz
(2Kor 5,17). Der Osterglaube ist die Antwort der ganzen Existenz auf das »Wort
vom Kreuz«, der Glaube »an das Kreuz als Heilsereignis«. »Auferstehung« ist ein
Reflexionsurteil des Glaubens. Dieser Glaube ist Wagnis und soll nicht von den
wechselnden Forschungsergebnissen abhängen.

Schon ein Jahr vor seinem berühmten Vortrag »NT und Mythologie«
(1941) hat Bultmann in einer Rezension die entscheidenden Konturen
seines Entwurfs erkennbar gemacht. Der Osterglaube ist in der Geschichte verankert, aber die historisch zu ermittelnden Ereignisse sind
für den Osterglauben gleichgültig. Es genügt, das »Dass« des Ereignisses, das Inhalt der Verkündigung ist, weil sich in ihm die eschatologische Tat Gottes bezeugt, die Wende der Äonen (Gal 4,4).

»Das ›Dass‹ dieses Ereignisses – für den Historiker Visionen, für den Glauben die
Selbstbekundung des Auferstandenen – ist das Entscheidende der Osterpredigt ...«
Das eschatologische Handeln Gottes ist der eigentliche Inhalt der Verkündigung,
durch die der Mensch in die eschatologische Existenz versetzt wird (Bultmann
1940, 244). Durch sie wird eine »entweltlichte Existenz« ermöglicht, d.h. ein
Leben, das nicht mehr von den Mächten der Welt abhängig ist, sondern zu echter
Weltlichkeit befreit ist. So erscheint die Rede von der Auferstehung als eine
Möglichkeit, die unsere Existenz betrifft. In der Teilhabe an diesem
eschatologischen Geschehen vollzieht sich das Ostergeschehen in der Gegenwart
weiter.

In seinem Vortrag zur Entmythologisierung (Bultmann 1951, 47) interpretiert er den Osterglauben *existential* als »Ausdruck der Bedeutsamkeit des Kreuzes«. Dem Kreuz ist seine Heilsbedeutung nicht anzusehen. Diese Bedeutung gewinnt es erst, wenn es als befreiende Tat
Gottes verstanden wird, die den Tod entmächtigt und den Menschen
vor die Frage stellt, ob er sich als Mitauferstandener versteht. Das Heil
wird *radikal vergegenwärtigt* und auf den einzelnen bezogen. Die ent-

scheidende Wende hat sich mit Kreuz und Auferstehung bereits vollzogen.

Die Deutung der Auferstehung Jesu bei W. Pannenberg
Der Entwurf Pannenbergs ist als Gegenentwurf zu dem Bultmanns anzusehen.
(1) *Er erweitert die Existenzgeschichte auf die Universalgeschichte.*
Die Geschichte wird als ein zielgerichteter Prozess in seiner Ganzheit erst von ihrem Ende her begreifbar. Ein Ereignis, in dem dieses Ende vorweggenommen wird, wäre daher ein Schlüssel zum Gesamtverständnis der Geschichte. Das Christusgeschehen hat eine solche vorwegnehmende Struktur. Die Verkündigung der Gottesherrschaft richtet sich auf den kommenden Gott als auf die endgültige Zukunft der Welt. Durch sie wird das Ganze der Geschichte offenbar werden. Die Zusage Jesu, die Gottesherrschaft sei nahe, ist auf die Bestätigung durch Gott angewiesen. Die Aussage über die Zukunft muss eingelöst werden. Wenn Jesus auferweckt ist, so kann das für einen Juden nur bedeuten, Gott selbst hat das vorösterliche Auftreten Jesu bestätigt, er hat ihn gerechtfertigt. Diese eschatologische Bestätigung seiner Botschaft betrifft nur ihn selbst, nicht alle Toten. Daher hat das Ostergeschehen wiederum eine vorwegnehmende Struktur. Das Ostergeschehen ist auf endzeitliche Bestätigung angewiesen.
(2) Während Bultmann den *apokalyptischen Erwartungshorizont* der eschatologischen Totenauferstehung für mythologisch hält und Karl Barth lobt, dass er in seiner Auslegung von 1Kor 15 kräftig entmythologisiert habe (Bultmann 1954, 38-64), ist für Pannenberg dieser Erwartungshorizont für die Deutung der Auferstehung Jesu konstitutiv. Da in der modernen Situation kein Verständnis für den Mythos von sterbenden und auferstandenen Gottheiten mehr vorhanden ist, muss durch anthropologische Argumentation die Plausibilität für eine Hoffnung über den Tod hinaus erreicht werden. In seiner Anthropologie wird der Erwartungshorizont einer Hoffnung über den Tod hinaus als allgemeingültig verifiziert. Menschliches Leben erfüllt sich nicht in diesem Leben, sondern zeigt ein tiefes Verlangen nach eschatologischem Heil, obwohl dieses alle unsere Begriffe übersteigt (Pannenberg 1993, 569).
(3) Seine These von *der Historizität der Auferstehung Jesu* ist heftig umstritten; er hat sie im Laufe der Zeit immer zurückhaltender formuliert. Er will weder den Weg der Anpassung an das profane Wirklichkeitsverständnis, noch den Weg des Kompromisses (man hält die Auferstehungswirklichkeit für nicht objektivierbar) gehen. Er hält einen dritten Weg für gangbar, der der profanen Wissenschaft eine gewisse pragmatische Berechtigung zugesteht, sie jedoch durch Einspruch zu einer neuen Bestimmung ihrer Grundlagen herausfordert.

Das bleibende Recht des Ansatzes von Bultmann besteht darin, dass er die Auferstehung Jesu nicht als isolierbares historisches Ereignis betrachtet, sondern den Osterglauben als Antwort der ganzen Existenz auf eine Anrede Gottes verständlich macht. Dass die Rede von der Auferstehung Jesu diesen Existenzbezug übertrifft und daher einen Streit um die Wahrheit der Geschichte auslöst, zeigt Pannenbergs Ansatz.

Die kosmische Deutung der Auferstehung Jesu (J. Moltmann)
Der von Jürgen Moltmann seit seiner »Ökologischen Schöpfungslehre« (1985) vollzogene Paradigmenwechsel von der Geschichte zur Natur bestimmt auch seine Christologie. Er will den Schritt von einer geschichtlich-eschatologischen Auferstehungstheologie zu einer »geschichtlich-ökologischen Wiedergeburtstheologie« wagen (Moltmann 1989, 270). Das Licht der Ostererscheinung ist der Grund, von einem kosmischen Christus zu sprechen.
Er versteht die Auferstehung als Symbol. Damit will er einen dritten Weg gehen zwischen der Behauptung eines historischen Faktums (Pannenberg) einerseits und der Deutung der Auferstehung als Reflexionsurteil des Glaubens (Bultmann) andererseits (ebd., 257f, 254ff). Das Kreuz ist historisch; das Symbol »Auferstehung« repräsentiert eine Wirklichkeit, die viel mehr ist: Sie ist eschatologisch (95, vgl. 236). Es sind zwei Seiten eines Geschehens. Die Neuschöpfung in der Auferstehung wird unter der Perspektive des Geistes gesehen. An die Auferstehung glauben heißt, nicht eine historische Tatsache zur Kenntnis zu nehmen, sondern »im Geist am Prozess der Auferstehung teilzunehmen« (ebd., 263).
Moltmann interpretiert die Auferstehung – das ist ein Neuansatz – als *Prozess*, der in Christus seinen Grund, im Geist seine Dynamik hat. Mit der Auferstehung ist also nicht ein Faktum, sondern ein Geschehen gemeint; der Übergang vom Tod zum Leben (ebd., 254).
Im NT ist von der Symbolik der Auferweckung und der Auferstehung die Rede; sie bringen das wechselseitige Verhältnis von Gottes Tat und Christi Tat zur Geltung. Beide sprechen aber auch vom Sterben und Wiederlebendigwerden »im Heiligen Geist« (vgl. Hebr 9,14; 1Kor 15,45).
In dieser Perspektive erscheint die Auferstehung Christi als Wiedergeburt. Als biblische Belege für diese These verweist er auf die Bilder vom Samenkorn (1Kor 15,36. 42-44; Joh 12,24) und vom Geburtsschmerz (Joh 16,20-22).
Diese Bilder setzen eine »Analogiefähigkeit der Natur« für das Reich Gottes voraus. Die Osterlieder zeigen, dass die natürliche Freude an der Wiederkehr der Sonne zum Gleichnis der Freude aller Geschöpfe über die Auferstehung genommen wird.

Die Rhythmen der Schöpfung werden als *Vorzeichen* für die endgültige Wiedergeburt der Schöpfung gedeutet. Die Natur wird dann *für den Glaubenden* zum Gleichnis der neuen Schöpfung, zum *Vorschein* des Reiches Gottes (vgl. ebd., 274).

Dadurch, dass nicht nur der Geschichte, sondern auch der Natur eine Analogiefähigkeit für das Reich Gottes zugeschrieben wird, gelingt es Moltmann, das Problem der natürlichen Grundlagen der Menschen und Mitkreaturen in die theologische Reflexion einzubeziehen. Der Versuch des Aufweises von Analogien hat den Sinn, eine Brücke zwischen dem Kreuzestod Jesu und der eschatologischen Auferweckung Christi zu finden, die gleichzeitig der qualitativen Differenz des Geschehens zwischen Tod und neuem Leben gerecht wird.

Zur Frage der Historizität der Auferstehung Jesu
Hinsichtlich dieser Frage stimmen Jürgen Moltmann und Ingolf U. Dalferth (1994, 80) überein. Die Kreuzigung Jesu ist historisch, die Auferstehung ist jedoch viel mehr: sie ist eschatologisch. Die Auferweckung Jesu durch Gott ist kein historischer Sachverhalt. Historisch feststellbar sind nur die Wirkungen der Erscheinungen Jesu bzw. der Engel vor den Frauen am Grab. Alle historischen Sachverhalte haben ihren Ort *in* unserer Welt. Gottes schöpferisches Handeln an dem getöteten Jesus aber ist eschatologisches Handeln an der Welt.

Pannenberg und Joachim Ringleben stimmen zu, dass es sich bei der Auferstehung Jesu nicht um einen raum-zeitlichen Akt im gewöhnlichen Sinne handelt; die Auferstehung ist kein »rein historisches Ereignis«; sie sei jedoch auch nicht als etwas rein Transzendentes zu betrachten. Die neue eschatologische Wirklichkeit sei zwar in ihrer Allgemeinheit noch nicht definitiv erschienen, aber dennoch an dem toten Jesus schon in gebrochener Weise Ereignis geworden, so dass die Auferstehung als Tatsache behauptet werden kann. Nach Ringleben ist die Auferstehung »ein Ereignis des Übergangs von der bekannten irdischen Welt in ein neues unvergängliches Leben bei Gott«; als Ereignis des Übergangs ist die Auferstehung sowohl historisches als auch eschatologisches Ereignis (Ringleben 1998, 87, vgl. 83).

Pannenberg und Ringleben halten also trotz der Andersartigkeit des Geschehens an der Rede von der Tatsächlichkeit der Auferstehung fest.

Theologisch wie didaktisch ist schon die wissenschaftliche Bearbeitung der Frage nach den Wirkungen der Erscheinungen von Bedeutung, weil auf diese Weise die geschichtliche Grundlage des Symbols der Auferstehung konkret bleibt.

An den Aussagen des Paulus (1Kor 15,8; 1Kor 9,1; Gal 1,15f) wird erkennbar, dass das Erscheinungsgeschehen visionären bzw. auditionären Charakter hatte. Es war von erkenntnisbegründender Bedeutung. In bestimmten Menschen wird durch die Erscheinungen ein Geschehen erweckt, das sich als Handeln Gottes durch das Bild des gekreuzigten Jesus vollzieht. Es handelt sich bei diesen Erscheinungen um weltliche Erfahrungen, die durch Gott selbst gewirkt sind und daher dem Glauben nicht als Erfahrung von Weltlichem, sondern von Göttlichem erscheinen. Die Ostererscheinungen sind Initialakte der Verkündigung. Das Evangelium tritt an ihre Stelle. Es weist dieselbe Struktur auf wie das Erscheinungsgeschehen. Es vergegenwärtigt den Gekreuzigten im »Wort vom Kreuz«; es ist Vorwegnahme der Totenauferstehung und hat daher verheißenden Charakter. Das Evangelium hat wirklichkeitsverändernde Macht, es schafft neue, reale Möglichkeiten.

Auf Grund der alten Bekenntnisformel 1Kor 15,3-8 lässt sich mit großer historischer Sicherheit feststellen: Die Kirche beginnt mit der Erscheinung vor Petrus. Wir erfahren von sechs Erscheinungen, die nach Jesu Tod und vor der Bekehrung des Paulus liegen. Es handelt sich um ein Ausnahmegeschehen, das Berufungscharakter hat.

Über die Art der Erscheinungen kann die Christophanie des Paulus Aufschluss geben (Apg 9,1ff). Das Osterbekenntnis »Jesus ist auferstanden« wurde in den Evangelien *als Erzählung* entfaltet. Die älteste Erzählung ist Mk 16,1-8. Jedes Evangelium hat diese Tradition nach theologischen Motiven neu gestaltet. Ob die konstanten Elemente auf einen historischen Kern verweisen, ist umstritten (Biehl 1999, 243ff).

5.4 Religionspädagogische Zugänge zum Osterfest

Die Frage nach Jesus von Nazareth spielt in den multikulturellen Gesellschaften eine wichtige Rolle. Kein anderes religiöses Thema findet in der Kultur so starke Beachtung. In den nichtchristlichen Deutungen dieser Gestalt – auch bei Jugendlichen – wird die Auferstehung als Bestätigung seiner Verkündigung abgelehnt (»ein ganz normaler Mensch«). Für den christlichen Glauben liegt in dem Osterbekenntnis der Grund der Hoffnung und das Basisurteil für alle weiteren christologischen Aussagen. Kreuz und Auferstehung Jesu gehören wie das Thema »Auferstehung der Toten« / »Wiedergeburt« bzw. »Reinkarnation« in ein spiralförmig zu behandelndes Kerncurriculum.

Die Symbole des Osterfestes können als »Realisationen« (Sölle) in unterschiedlichen kulturellen Kontexten in ihren konkreten Wandlungen wahrgenommen werden. In *Goethes* »Faust« wird der Osterglaube als Kindheitserinnerung präsent (vgl. 283ff). In *L. Tolstois* Roman »Auferstehung« (1899) wird Ostern in eine Tiefensymbolik übersetzt, die sich im Wandel der Existenz vollzieht. Ein Existential (Wandlung im Geist der Liebe) wird symbolisch dargestellt. In *F. Dürrenmatts* grotesker Komödie »Der Meteor« besteht die ästhetische Strategie gerade darin, die Symbolik im Sinne Tolstois aufzuheben und durchzuspielen, was geschieht, wenn auf der Bühne tatsächlich einer aufersteht (vgl. 285). Ein Beispiel aus der bildenden Kunst: *Marc Chagalls* einzige Darstellung der Auferstehung finden wir in dem »Christus-Fenster« im Fraumünster zu Zürich. Ihr liegt das Lebensbaumsymbol zugrunde. Die Farbe der Natur, das Grün, wird zur Farbe der Wiedergeburt und des kosmischen Christus (vgl. Moltmann). In formaler Hinsicht wurde Chagall von *Grünewalds* Isenheimer Osterdarstellung angeregt. Sie sollte zu einem spannungsvollen Vergleich präsentiert werden.

Vor dem Unterricht sollten die Vorstellungen der Lernenden vor Ort erkundet werden (Assoziationsketten, Fotosprache, Befragung – später mit der Spiegelumfrage von 1992 vergleichen). Der Festcharakter kann die Zugangsart bestimmen, ausgehend von den Osterbräuchen (vor den Ferien Erkundungsaufgaben).

Realisationsmöglichkeiten für die Sekundarstufen: Eigene Licht- und Schattenerfahrungen beschreiben; *Lk 24,13-35* als »Blindenheilungsgeschichte« lesen, durch Vorformen des Bibliodramas (in drei Akten) erschließen; die Gestaltung der Szene V. 31 mit Rembrandts Federzeichnung »Und er verschwand vor ihnen« (um 1645) vergleichen. *Joh 20,1-18* interaktional lesen, die eigenen Erzählungen mit derjenigen von Luise Rinser (aus: »Mirjam«; Ronecker/Brinkel 1992, 118ff) vergleichen. *1Kor 15,3-8 u. Mk 16,1-8* parr. auf ihre »historischen« Aussagen hin befragen und diese zu einer Geschichts-Erzählung zusammenfassen. Die Ergebnisse bei der Analyse zweier Filmausschnitte zur Auferstehung (»Das 1. Evangelium – Matthäus« / »Jesus von Montreal«) anwenden. Szenen aus dem Film »Jesus von Montreal« unter der Perspektive des Todes und eines neuen Lebens interpretieren; eigene Hoffnungsbilder zu Fotos beschreiben und zu einer Collage zusammenfügen; H. Bölls Kurzgeschichte »Steh auf, steh doch auf« oder *J.P. Hebels* Erzählung »Unverhofftes Wiedersehen« interpretieren. Alltagssituationen spielen, in denen der Ruf »Steh auf« im Mittelpunkt steht; *Lk 13,11-13 und Mk 2,1-11* szenisch darstellen; die Erfahrung des Aufgerichtetwerdens in einem österlichen Tanzspiel ausdrücken (durch Jesusgeschichten kann die Osterverheißung konkretisiert und visualisiert werden).

Das *Hoffnungskreuz aus El Salvador* auf dem Boden der Befreiungspraxis entschlüsseln und auf einen Katechismustext aus Peru Vamos Caminando beziehen (vgl. Biehl 1999, 271ff). In einem Workshop das eigene Bild von der Auferstehung durch »Dichtung«, Musik, Malerei oder Plastik frei gestalten und kommentieren.

5.5 Arbeitshinweise

1. Weisen Sie an den Texten aus »Faust I« auf, dass von Ostern in ironischer Gebrochenheit, als literarisches Zitat, als kalkulierter symboli-

scher Akt die Rede ist. Neuere Kommentatoren halten die Chöre der Engel und der Frauen für eine »peinlich übertriebene Klangspielerei« (A. Schöne).
Goethe erlaubt sich einen Scherz, weil er weiß, dass er mit übertriebener Klangspielerei den dogmatischen Inhalt zu überspielen vermag (H. Arens).

2. Dürrenmatt verfolgt die literarische Strategie, die Symbolik der Auferstehung aufzulösen, um den Vorgang wörtlich zu verstehen (Rückkehr eines Toten ins Leben).
Weisen Sie mit Hilfe der einschlägigen Ostertexte nach, dass er damit nicht die biblische Vorgabe trifft.
Welche Intention verfolgt Dürrenmatt mit seiner Strategie?
Untersuchen Sie die unterschiedlichen Verhaltensweisen, mit denen die Menschen auf die »Auferstehung« Schwitters reagieren.

3. Interpretieren Sie die Erzählung Heinrich Bölls »Steh auf, steh doch auf!« und das Gedicht »Auferstehung« von Marie-Luise Kaschnitz (Biehl 1999, M4 und M 2). Achten Sie besonders auf das Symbol des Lichtes (vgl. die Bedeutung der Sonne im »Meteor«).

4. Analysieren Sie, wie in den Ostertexten Lk 24,13-31 und Joh 20,19-23 *Nähe und Entzug* des Auferstandenen zur Sprache gebracht wird.
Vergleichen Sie entsprechende Darstellungen der Malerei: Rembrandt »Und er verschwand vor ihnen« (Federzeichnung um 1645 = ebd., M8) und »Noli me tangere«, Evangeliar des Mönchs Rabula (586, Syrien, ebd., = M 10).
Wie wird in der bildenden Kunst das Problem der Nichtdarstellbarkeit des Auferstandenen jeweils gelöst?

5. Diskutieren Sie die theologischen Positionen von Bultmann, Pannenberg und Moltmann.

6. In welchen Osterliedern wird die Schöpfung in die Auferstehung einbezogen?

7. Analysieren Sie 1Kor 15,3-9. Begründen Sie die Aussage, dass die Kirche mit der Erscheinung vor Petrus beginnt, durch entsprechende Hinweise in anderen Texten. Begründen Sie die These, dass es sich bei den Ostererscheinungen um ein zeitlich begrenztes (Ausnahme-) Geschehen mit Berufungscharakter handelt.
Warum können wir von der Christophanie des Paulus vor Damaskus auf die Art der anderen Erscheinungen schließen?

8. Welche Argumentation über die Historizität der Auferstehung Jesu, dargestellt auf der Seite 290, halten Sie für überzeugender? Nennen Sie Gründe.

9. Vergleichen Sie mit den auf den Seiten 287-289 dargestellten Positionen den folgenden Text von *Dorothee Sölle* (Sölle 1980, 119-130 i. A.).

»Wir müssen diese Worte wie Auferstehung, Leben aus dem Tod, Gerechtigkeit wieder in Besitz nehmen und sie an unseren eigenen Erfahrungen als wahr erkennen. Wenn wir unsere Erfahrungen benennbar gemacht haben, so können wir unser Leben im Rahmen der großen Symbole unserer Tradition beschreiben.[...] Zu sagen, dass er auferstanden sei, hat nur Sinn, wenn wir wissen, dass wir auch auferstehen werden vom Tode, in dem wir jetzt sind. [...] Auferstehung als etwas rein Objektives, als ein bloßes Faktum, das auch ohne uns wahr wäre, hat keinen Sinn. (Auferstehung) ist eher zu verstehen als ein Prozess, und es geschieht immer wieder aufs neue, dass Leute, die zuvor tot waren, sich von den Toten erheben. [...] Auferstehung ist das Symbol des Glaubens, das am tiefsten verschlüsselt ist. [...] Wir bringen Auferstehung mit Befreiung zusammen.[...] Ich glaube, das stärkste Zeichen des neuen Lebens ist die Solidarität. Wo Solidarität geschieht, da ist Auferstehung. [...] Ich möchte hier drei Elemente des neuen Lebens beschreiben: die neue Sprache, neue Formen des Lebensstils und neue Kommunitäten. [...] Was bedeutet Auferstehung für uns? Es heißt die Sprache der Unterdrücker verlernen, es heißt eine Veränderung des Lebensstils, und es bedeutet neue Gemeinschaft.«

Welches Verständnis von »Auferstehung« vertritt Sölle?

Erläutern Sie die These: »Wir müssen das Symbol der Auferstehung an unseren eigenen Erfahrungen als wahr erkennen«.

Diskutieren Sie die Hinweise Sölles auf die lebenspraktische Bedeutung der Auferstehung. Nennen Sie weitere Beispiele.

6. Pfingsten, die Theologie des Heiligen Geistes und die Kirche

Im Unterschied zu den zentralen christologischen Festen Weihnachten, Karfreitag und Ostern hat das Pfingstfest nur eine geringe volkskirchliche und zivilreligiöse Bedeutung erlangt. Ein Indiz dafür ist, dass sich kaum Brauchtum gebildet hat (Kirchhoff 1995, 145ff) und sich nur wenige Spuren in der allgemeinen Kultur finden. Es wird als heiteres Frühlingsfest – mit »Maien« als Schmuck – gefeiert und entwickelt sich immer mehr zum Ausflugs- und Reisefest. In der Religionspädagogik ist das Fest vernachlässigt. In der zeitgenössischen Theologie ist die Lehre vom Geist von zentraler Bedeutung. Das Fest spricht eine Lebensthematik an, die alle Menschen betrifft: die Umwertung aller Machtverhältnisse (Scharfenberg). Durch Pfingsten ist die Überwindung nationaler, kultureller und sozialer Differenzen erhoffbar und der Dialog der Kulturen realisierbar geworden.

6.1 Geschichte und Eigenart des Pfingstfestes

Pfingsten ist Teil und Abschluss des Osterfestes. Das pfingstliche Geistgeschehen ist vom Osterbekenntnis her zu deuten; umgekehrt sind die österlichen Erscheinungsgeschichten als Geisterfahrungen interpretierbar. Für das Johannesevangelium fallen Ostern und Pfingsten zusammen (vgl. Joh 20,22). Die Unterscheidung beider Feste geht auf Lukas zurück. Sie ist theologisch notwendig, weil zwischen dem neuen Leben des Auferstandenen und dem der Glaubenden unterschieden werden muss.

Der Name »Pfingsten« ist aus dem griechischen Wort »Pentekoste«, d.h. »der fünfzigste (Tag)«, entstanden. Sieben Wochen nach dem Passafest, am fünfzigsten Tag wird das jüdische Wochenfest (*schawuot*) gefeiert; es ist ursprünglich ein Fest des Dankes für die Weizenernte, später ein Gedächtnisfest der Gesetzgebung am Sinai. An die Stelle der dem Mose gegebenen Weisung trat die eschatologische Gabe des Geistes als die das Leben orientierende Macht.

Eine Festzeit, die sich an das christliche Passa anschließt, ist vermutlich schon in der zweiten Hälfte des 2. Jahrhunderts begangen worden; der fünfzigste Tag ist als eigenständiges Fest erst seit dem 4. Jahrhun-

dert eindeutig zu belegen. Die *Festlegende* liegt im 2. Kapitel der A-
postelgeschichte vor (2,1-13). Die Erzählung enthält legendäre, mythische und symbolische Elemente. Sie verarbeitet wahrscheinlich auch
historische Erinnerungen. Es wird plastisch und bildhaft gestaltet, andererseits sperrt sich das erzählte Bild gegen eine logische Verknüpfung zu einem Geschehenszusammenhang; »schwebende Unbe-
stimmtheit« (Roloff) kennzeichnet die Geschichte vom Kommen des
Geistes. In zwei parallel geformten zweigliedrigen Sätzen wird ein
theophanieartiges Geschehen geschildert: Gott kommt im Geist vom
Himmel herab, und zwar zunächst als unsichtbare, aber hörbare Macht,
die Bewegung ist und in Bewegung setzt (»Brausen des Windes«), sodann in einer sichtbaren »Erscheinung« (»Feuerzungen«), die die dem
Einzelnen zuteilwerdende Geistbegabung darstellt.
Zur Rekonstruktion der geschichtlichen Ereignisse ist der Text seiner
Eigenart nach nicht geeignet. Wahrscheinlich ist, dass die Jünger aufgrund der Erscheinungen in Galiläa nach Jerusalem zurückgekehrt und
dort am »fünfzigsten Tag« zum ersten Mal öffentlich aufgetreten sind.
Dieses In-Erscheinung-Treten des neu konstituierten Jüngerkreises
kann mit einem Widerfahrnis verbunden gewesen sein, das die Jünger
als ein Überwältigtwerden vom Geist Gottes verstanden.
In Apostelgeschichte 2 handelt es sich um ein Sprachen- und Hörwun-
der. Dem überraschenden, universalen Verstehenkönnen entspricht das
»Sprachenwunder«, nämlich dass die Jünger aus Galiläa die großen
Taten Gottes *universal* bezeugen können. Die sprachlichen, kulturellen
und nationalen Differenzen bleiben erhalten; aber inmitten dieser
Fremdheit wird die Gemeinsamkeit des Verstehenkönnens Wirklich-
keit (Welker 1992, 218).
Zu den Wirkungen des Geistes gehören das Anwachsen der Gemeinde
und die sich ausbreitende Gütergemeinschaft.
Die *Festsymbole* Wind/Sturm, Atem und Feuer gehen auf die Pfingst-
geschichte zurück, die Taube als zentrales Symbol des Geistes auf die
Geschichte von der Taufe Jesu (Mk 1,10).
Die liturgische *Farbe* des Festes ist das Rot, das zur Symbolik des
Feuers gehört.

6.2 Das Symbol des Windes

Erinnern in unserer Sprache nur noch »Information« und »Energie« an
die ursprüngliche Bedeutung von »Geist«, so deckt das hebräische
»ruah« ein breites Spektrum von Wind/Sturm, Atem bzw. Lebensodem
bis zum Wissen ab.
Das Windgleichnis verwendet der johanneische Jesus (3,2) im Gespräch mit Nikodemus: Der göttliche Wind-Geist liegt überall in der

Luft und gibt doch niemandem das Geheimnis seines Woher und Wohin preis. Der Orkan ist das göttliche Prinzip der Schöpfung, der Geist Gottes, der über den Wassern schwebt (Gen 2,7). Die Beziehung zwischen Wind und Leben ist so elementar, dass Atmen, Leben und Seele zu gleichbedeutenden Ausdrücken geworden sind. Wir leben nicht nur in der Luft, sondern auch von ihr. Der Wind wird daher in der Literatur zum Gleichnis des Menschen, darin dem Wasser verwandt.

Johann Wolfgang von Goethe, Gesang der Geister über den Wassern

Des Menschen Seele
Gleicht dem Wasser:
Vom Himmel kommt es,
Zum Himmel steigt es,
Und wieder nieder
Zur Erde muss es,
Ewig wechselnd.

(...)

Wind ist der Welle
Lieblicher Buhler;
Wind mischt vom Grund aus
Schäumende Wogen.

Seele des Menschen,
Wie gleichst du dem Wasser
Schicksal des Menschen
Wie gleichst du dem Wind!

Werner Bergengruen bezieht sich in seiner »Ballade vom Wind« auf den pfingstlichen Sturmwind.

(...)

Ungebärdig im Springen und Streunen,
reißt die Dächer er von den Scheunen
und von den Herzen die Schwermut los,
kühner Beflügler, ewiger Dränger,
mächtiger Löser und Kettensprenger,
Felsenrüttler und Wipfelbeuger,
großer Zerstörer und größerer Zeuger,
Flötenruf und Posaunenstoß,
reisiger Feger des Himmelshauses,
Abbild des pfingstlichen Geistgebrauses –
preiset den Wind! Der Wind ist groß.

(zit. nach: Timm 1985, 78)

Die Ballade bringt die Ambivalenz des Symbols des Windes zur Geltung. Mit Hilfe dieses Ansatzes beim Symbol »Wind/Sturm/Atem« kann ein erfahrungsnaher Zugang zum Verständnis des Pfingstfestes gewonnen werden.

6.3 Zur Theologie des Geistes

Leben und Geist bei Paul Tillich
Vielfach wird beklagt, dass die Lehre vom Heiligen Geist an den Rand gedrängt worden sei (vgl. Härle 1995, 357). Die Endgestalt der Theologie Paul Tillichs war bereits als Lehre vom Geist konzipiert (das wird bereits am Umfang des dritten Bandes seiner Systematischen Theologie deutlich). Ein Untertitel lautet: »Das Leben und der Geist«. Im Vordergrund steht allerdings der Begriff des Lebens, dessen vieldimensionale Einheit Tillich aufweisen will. Weiterführend ist eine Neufassung des Geistbegriffs. Geist ist nichts anderes als die Lebendigkeit des Lebens selbst (Tillich 1966, 39). Im Geist kommt das Leben zu sich selbst, zur Erfüllung. Im Geist kommt das Leben aus seinem Zentrum heraus, ohne dass dieses dabei verlorengeht. Der Lebensprozess wird in seiner Lebendigkeit bestimmt durch *»Selbst-Identität«*, *»Selbstveränderung«* und *»Rückkehr-zu-sich-selbst«* (ebd., 42).
Gottes Geist und des Menschen Geist treten bei Tillich nicht in eine abstrakte Alternative; Gottesgeist bringt den Menschengeist vielmehr durch »Inspiration« und »Infusion« in seine Wesentlichkeit (ebd., 138). Indem der Gottesgeist im Menschengeist »wohnt« und »wirkt« (ebd., 134), zerstört die Gegenwart des göttlichen Geistes nicht die Struktur des zentrierten Selbst, sondern bewirkt Ekstasen. Der göttliche Geist ist eine »sinntragende Macht«, die den menschlichen Geist in einer ekstatischen Erfahrung ergreift (ebd., 138). Durch Symbole und Sakramente wirkt er auf das Unbewusste ein. Es sind aber *alle* Dimensionen des Lebens, das Leben in seiner vieldimensionierten Einheit, die an der geistgewirkten Ekstase teilhaben Sie betrifft auch die Erkenntnis und bewirkt deren Tiefe. Nur weil Gott im Menschengeist wohnt, kann der Mensch nach ihm fragen (ebd., 151). Die Wirkung des göttlichen Geistes im Menschengeist ist die Schöpfung von Glauben und Liebe.
Tillich gebraucht den zentralen Begriff der »Ekstase« gemäß seiner wörtlichen Bedeutung im Sinne von »außerhalb seiner selbst stehen« (Tillich 1912, 135); er schränkt ihn allerdings auf die Beschreibung des göttlichen Geistes ein, der auf die menschliche Person einwirkt, aber gleichwohl von ihr unterschieden bleibt. Diese Unterscheidung kann nicht überzeugen, weil der Transzendenzbezug mit dem Leben

selbst gegeben ist. Wir sind genötigt, das Leben in seinem Gegebensein auf das hin zu transzendieren, was ihm Grund, Wahrheit und Sinn verleiht. Tillichs Verbindung des Geistes mit der Theologie des Lebens ist aktuell (vgl. Moltmann 1997a, 19-32).

Gottesgeist im Menschengeist (Wilhelm Dantine)

Dantine begründet den Sachverhalt, dass sich der Gottesgeist auf menschlicher Ebene vermittelt, mit dem Grundgedanken der *Inkarnation*. Für das NT sei charakteristisch, dass der Geist Gottes in der Gestalt des menschlichen Geistes auftritt. Das Wirken des Geistes zielt auf *Aufbruch, Mobilität* und *Kreativität* in einem umfassenden Sinn. Es ist auf Lebenserneuerung hin orientiert und artikuliert sich jeweils als Wahrheit. Der Geist will nicht bei sich selbst bleiben, sondern sich vermitteln, Anteil an sich geben. Durch diese Selbstmitteilung des Geistes ereignet sich Geschichte, weil Vergangenheit, Gegenwart und Zukunft dadurch ihre Konturen bekommen; es vollzieht sich aber zugleich die Selbstaufschließung des Geistes. Beide Momente zusammen bewirken kreative Spiritualität in der Geschichte (Dantine 1973, 103-112).

Wenn der Geist präsent wird, wirkt er Kommunikation unter Wahrung der menschlichen Freiheit. Der Geist bleibt nicht sprachlos, unverständlich und folgenlos, sondern tritt als menschliches Sprechen und Handeln, als »Wille zum Gespräch« und als »Wille zur Tat« in Erscheinung. Gerade weil Dantine das Wirken des Geistes, in so enger Beziehung zu anthropologischen Möglichkeiten sieht – deutlicher als Tillich –, ist das Wirken des Geistes verwechselbar, so dass eine »Unterscheidung der Geister« erforderlich wird (ebd., 203-254). Diese Aufgabe nötigt zu einer kritischen Rück-Sicht auf den Geist Jesu. Der Geist Jesu Christi führt in die Freiheit (2Kor 3,17) – darin sieht Dantine das entscheidende Kriterium (ebd., 138). Die Gemeinde ist »Instrument des Geistes« (ebd., 155). Die Christenheit versieht einen prophetischen Dienst an der Welt (ebd., 235). Sie ist durch die Ausbildung eines »*Weltgewissens*« menschheitlich orientiert – ein entscheidendes Kriterium christlichen Handelns. Freiheit ist der elementare Schlüsselbegriff für das Weltganze; er steht im Zusammenhang mit der Liebe (ebd., 252). Der Zeitgeist drückt sich darin aus, dass Dantine religiöse Phänomene wie Erleuchtung, Berufung und Wiedergeburt auf einer Ebene mit Aufklärung, die Information und deren intellektuelle Verarbeitung erfordert, sieht. Der Geist führt jedoch nicht nur zur Erneuerung der Urteilskraft, sondern auch zu der der Einbildungskraft.

Eine »realistische Theologie des Geistes« (Michael Welker)

Dantine entwickelt einen an der christlichen Freiheit orientierten modernen Entwurf. *Michael Welker* begreift die postmoderne, pluralistische Situation als Herausforderung (Welker 1993, 46-49): Er spricht von einer »postmodernen ökologischen Sensibilität«. Den Begriff der Vermittlung – Kommunikation ist der weitere Begriff – ersetzt er durch den Begriff der ›Emergenz‹. Der Sache nach geht es um die Vermittlung alter und neuer Wirklichkeit (zur Begriffsbestimmung: ebd., 38). Der Geist Gottes wird als eine durch schwer greifbare ›emergente Erscheinungen und Prozesse‹ rettende Macht erfahren (ebd.). Er wird als belebend in verschiedenen Lebenszusammenhängen wahrnehmbar: Er wirkt das Heilwerden menschlicher Gemeinschaften sowie die Wiederherstellung von Solidargemeinschaften der Geschöpfe. Wird der Geist präsent, setzt ein ›Emergenzgeschehen‹, ein, »das in einer nicht vorhergesehenen Weise einen neuen Anfang, neue Verhältnisse, eine neue Wirklichkeit konstituiert – obwohl dieselben Menschen beteiligt und betroffen bleiben« (ebd., 70). Der Geist wird in emergetischen Prozessen als Unterbrechungen der Lebensvollzüge und -routinen erfahren; er bringt individuelle und kollektive Situationen in die Schwebe (ebd., 101). Wie bei Dantine wirkt der Geist eine Erneuerung der Lebensverhältnisse; im Zentrum steht jedoch nicht das verantwortliche Subjekt, es wirken vielmehr ganz unterschiedliche Kräfte zusammen. War für Dantine die Freiheit das entscheidende Kriterium, so ist es für Welker die Trias von Liebe, Gerechtigkeit und Frieden. Sie ist durch das Wirken Jesu, den Träger des Geistes erschlossen worden (ebd., 191).

Wilfried Härle nennt als Kriterien zur Unterscheidung des Heiligen Geistes von »anderen«, widergöttlichen Geistern *Wahrheit, Liebe* und *Leben* (1995, 367-372). Auch bei Härle fehlt das Kriterium der Freiheit.

Welker folgt nicht postmodernen Vorstellungen, wenn er als »Frucht des Geistes« (Gal 5,22f) vor allem die freie Selbstrücknahme zugunsten anderer nennt. »Sie schafft den Mitgeschöpfen Freiräume und Entwicklungsmöglichkeiten« und findet vollkommene Ausprägung in der »Liebe« (Welker 1993, 232). Liebe ist ein weltveränderndes Kraftfeld; sie entspricht dem verheissenen Geist der Gerechtigkeit und des Friedens (ebd., 233). Der Geist vermittelt ganz unterschiedliche Wahrnehmungen und Erlebnisse zu gemeinsamen Erfahrungen trotz bleibender Differenzen.

Der Heilige Geist als Quelle des Lebens (Jürgen Moltmann)
Der Heilige Geist wirkt – darin knüpft Moltmann an seinen Schüler Welker an – eine Erneuerung der Lebenszusammenhänge aller Geschöpfe (Moltmann 1997a, 31). Als Kriterium zur Unterscheidung der Geister nennt er das Kreuz Jesu (ebd., 25f): Wahre Kreuzestheologie ist Pfingsttheologie, und wahre Pfingsttheologie ist Kreuzestheologie. Von besonderer Bedeutung ist für Moltmann die Aussage in Ps 36,10, in der Gott *selbst »Quelle des Lebens«* genannt wird; in Joh 4,14 wird

das Wirken des Geistes als »Wasser des Lebens« verständlich gemacht. Der Geist wird hier nicht nur als Person, sondern als das *»göttliche Element«* angesehen. In der »Ausgießung des Geistes« öffnet sich die Gottheit und wird zur »gießenden und fließenden Gottheit« (Mechthild von Magdeburg). Das Göttliche wird zur umfassenden Gegenwart, in der sich alles Lebendige neu entfalten kann.

Der Heilige Geist ist die unbegrenzte Gegenwart Gottes (das unfassbar Gegenwärtige an Gott); sie umfasst auch die Elemente der Natur, wie am Symbol der »Geburt neuen Lebens« deutlich wird. Dieses Symbol verweist auf das Bild der Mutter. Im Johannesevangelium ist sie die »Trösterin ihrer Kinder« (vgl. 14,26). Damit kommt die Weiblichkeit des Geistes (ruah jahwe ist im Hebräischen weiblich) wieder zur Geltung. Aus dem Bereich der syrischen Kirche und aus dem beginnenden Pietismus stammt die Vorstellung vom *»Mutteramt des Heiligen Geistes«* (ebd., 42). »Es ist richtig und gut, dass die heutige *feministische Theologie* die › Weiblichkeit des Heiligen Geistes‹ wiederentdeckt und neu gedeutet hat, und es ist ganz abwegig und unkundig, wenn Kirchenleitungen in Deutschland Häresieverdacht schöpfen« (ebd., 43; zur *feministischen Theologie* vgl. Johnson 1994; E. Moltmann-Wendel 1995; Schüngel-Straumann 1992).

Jürgen Moltmann entwickelt das Bild vom Heiligen Geist als göttlicher Mutter weiter als ein Bild für die unabdingbare Dreieinigkeit: Eine wunderbare Gemeinschaft, Vater, Mutter und Sohn, Abbild einer Gemeinschaft von Freien und Gleichen, von Schwestern und Brüdern, ohne Privilegien (vgl. Moltmann 1997a, 43).

Fazit
Die Theologie des Geistes ermöglicht ein theologisch sachgemäßes Verständnis von Pluralität und die Unterscheidung vom Pluralismus. Die Geisterfahrung stellt einen neuen Anfang der von Gott zu schaffenden Einheit mitten in der Zerrissenheit dar, Vorwegrealisation der eschatologischen Einheit in der Pluralität. Pluralismusfähige Religionspädagogik sollte daher von der Theologie des Geistes her entworfen werden.

6.4 Religionspädagogische Zugänge zu den Symbolen des Pfingstfestes

Einen erfahrungsnahen Zugang zu diesem vernachlässigten Fest eröffnen die Festsymbole Feuer und Taube sowie Wind/Sturm und Atem. Die Symbole Feuer (»Feuerzungen«) und Taube spielen in der Malerei eine zentrale Rolle. Emil Nolde (1867-1956) hat eines der wenigen Pfingstbilder unseres Jahrhunderts geschaffen (1909, Leinwand 87x107 cm, Nationalgalerie, Berlin). Es zeigt wie in einer Nahaufnahme den eng um einen Tisch sitzenden Jüngerkreis, über ihren Köpfen sind Feuerzungen erkennbar. Nolde sucht den intensivsten Ausdruck in der einfachsten Form. Das Individuelle tritt zurück; gezeigt wird die Ausdrucksmaske menschlicher Ergriffenheit: Gesichter mit weit aufgerissenen Augen. Monumentale Einfachheit in der Raumgestaltung. Eindrucksvolle Gesten geben die Empfindungen wider: das Falten der Hände bei Petrus in der Mitte; der Handschlag bildet die untere Begrenzung des Bildes, dann die tröstende Hand auf der Schulter des Anderen. Das rot-grün-goldene Farblicht sammelt sich in den Gesichtern. Das Rot ist in der Gestalt des Petrus konzentriert, Farbe und Licht geben der Szene visionären Charakter (Abb. Bibel der Moderne 1999, 766).

Untersuchung von Apg 2: Welche Stellen/Motive des Textes lassen sich malen? Eigene Entwürfe. Vergleich mit Nolde. Zur Vorbereitung: Metapherübung »Ich bin ganz Feuer und Flamme, hellauf begeistert, wenn ich ...«. Vergleich mit einem anderen Bildtypus (aus: Jürgensen 1992: Symbol der Taube, Pfingstdarstellungen bilden die didaktischen Knotenpunkte in diesem Unterrichtsmodell).

Das Noldebild gehört in die Wirkungsgeschichte von Apg 2. Das Bild illustriert nicht, sondern macht an dem Text sichtbar, was ohne Bild nicht sichtbar wäre. – Das hebräische Wort »ruah« (fem.) heißt Sturm, Atem und Wissen zugleich; der griechische Begriff »pneuma« bedeutet Wind und Geist (vgl. Joh 3,2). Diese im Sprachgebrauch angelegte Analogie lässt sich in Atem- und Bewegungsübungen didaktisch fruchtbar machen, um ein Verständnis des Geistes vorzubereiten. Wir atmen bewusst ein und aus, halten den Atem an, erfahren, dass wir nur leben, wenn wir »Luft- holen«. Der Wind ist dynamisch und bringt in Bewegung. Wir stellen verschiedene Gangarten dar, steigern die Bewegung zum Tanz; erfahren, dass Tanz Ausdruck von Befreiung sein kann, führen ein Tanzspiel auf. Tanz ist Steigerung des Lebensgefühls. Das Wirken des Geistes umfasst die Leiblichkeit. Im *Symbol des Windes* verdichten sich vielfältige biblische Erfahrungen (Baudler 1984, 100ff, Kirchhoff 1991, 153ff). Wir beziehen Apg 2 in diesen Zusammenhang ein und bringen ihn mit unseren Erfahrungen in Verbindung. Bewegtheit durch den Geist wird als Symbol der Gotteserfahrung entdeckt.

6.5 Arbeitshinweise

1. Wählen Sie eines der Pfingstsymbole, schreiben Sie eine Geschichte dazu und erstellen Sie einen biblischen Längsschnitt.

2. Untersuchen Sie die Symbolik auf Pfingstdarstellungen abendländischer Malerei.

3. Analysieren Sie die Vorstellung vom Heiligen Geist bei Paulus (Röm 8; Gal 12,5; 1Kor 12,1-3; 2Kor 3,17) und im Johannesevangelium (Abschiedsreden; vgl. dazu Wilckens 1998). Prüfen Sie anhand der dabei gewonnenen Erkenntnisse die auf den Seiten 298-301 dargestellten Entwürfe der Theologie des Geistes.

4. Ein theologischer Entwurf will nicht nur daran gemessen werden, wieweit er biblischen Grundlagen entspricht, sondern auch daran, ob er den Herausforderungen der jeweiligen Situation gerecht wird. Prüfen Sie die Entwürfe unter diesem Gesichtspunkt (Relevanz). Begründen Sie Ihre Entscheidung.

5. Erläutern Sie die Thesen, dass der Geist nicht als Substanz, sondern als Beziehungsgeschehen verstanden werden muss und dass der Geist zugleich Geber und Gabe (»Selbstgabe«) ist.

6. Nach neutestamentlicher Vorstellung wird der Geist den Glaubenden bei der Taufe verliehen. Welche Konsequenzen hat dieser Sachverhalt für das Verständnis der *Taufe?*

7. Pfingsten wird als »Geburtstag« der *Kirche* begangen. Sie verdankt sich dem Evangelium, das durch Wortverkündigung und Sakramente sowie durch das Wirken des Heiligen Geistes Menschen beruft, erleuchtet und versammelt (vgl. BSLK 512): Sie ist »Gemeinschaft der Glaubenden«.
Welche Konsequenzen haben die unterschiedlichen Entwürfe für das Verständnis von Kirche (vgl. Exkurs).

8. Worin unterscheiden sich die Entwürfe von Dantine und Welker? Worin entsprechen sie moderner bzw. postmoderner Situation?

9. Untersuchen Sie nach der Methode von Analogie und Differenz die Erzählung von *Franz Kafka, Der Aufbruch*

Ich befahl, mein Pferd aus dem Stall zu holen. Der Diener verstand mich nicht. Ich ging selbst in den Stall, sattelte mein Pferd und bestieg es. In der Ferne hörte ich eine Trompete blasen, ich fragte ihn, was das bedeute. Er wusste nichts und hatte nichts gehört. Beim Tore hielt er mich auf und fragte: »Wohin reitest du, Herr?« »Ich weiß es nicht«, sagte ich, »nur weit weg von hier, nur weit weg von hier. Immerfort weg von hier, nur so kann ich mein Ziel erreichen.« »Du kennst also dein Ziel?«, fragte er. »Ja«, antwortete ich, »ich sagte es doch: »Weg-von-hier, das ist mein Ziel.« »Du hast keinen Essvorrat mit«, sagte er. »Ich brauche keinen«, sagte ich, »die Reise ist so lang, dass ich verhungern muss, wenn ich auf dem Weg nichts bekomme. Kein Essvorrat kann mich retten. Es ist ja zum Glück eine wahrhaft ungeheure Reise.«

(Die Erzählungen, Frankfurt a.M. 1961, 329).

In welchen Motiven der Erzählung kommt die Nähe zur Geisttheologie am deutlichsten zum Ausdruck? Welche Züge machen sie geradezu zu einer »Gegengeschichte« zum Pfingstgeschehen? Das Ziel der Reise lässt sich nur via negationis bestimmen. Viermal wird das »Weg-von-hier« betont. Spielen Sie verschiedene Möglichkeiten durch, auf welche Situation sich das »Hier« beziehen lässt.
Wie deuten Sie die Aussage »eine wahrhaft ungeheure Reise«?
Warum ist er darauf angewiesen, Nahrung auf dem Weg (umsonst) zu bekommen?
»Diese Parabeln sind ›Rorschachtests‹ der Literatur, und ihre Deutung sagt mehr über den Charakter ihrer Deuter als über das Wesen ihres Schöpfers aus« (H. Politzer).

6.7 Exkurs: Die Kennzeichen der Kirche

Wir stellen drei exemplarische Ansätze dar, einen lutherischen, einen reformierten und einen befreiungstheologisch-feministischen.

Wilfried Härle
Härle unterscheidet zunächst zwischen verborgener und sichtbarer Kirche. Luther setzt das Wesen der Kirche und ihre äußere Gestalt wie Seele und Körper in Beziehung. Die verborgene Kirche ist das innere Lebensprinzip der Kirche, die sichtbare Kirche ihre leibhafte Gestalt – das eine nicht ohne das andere. Die Kennzeichen beziehen sich auf die Kirche als (verborgene) »Gemeinschaft der Glaubenden«:
– sie ist eine (einzige) Kirche, weil sie durch das eine Evangelium konstituiert wird;
– Sie ist heilig, weil sie als »Gemeinschaft der Glaubenden« zu Gott gehört und dadurch geheiligt ist;
– sie ist katholisch, d.h. allumfassend, weil das Evangelium Menschen aus allen Völkern, Rassen und Religionen beruft;
– sie ist apostolisch, weil sie konstituiert ist durch das ursprünglich bezeugte Evangelium der Apostel (Härle 1995, 571-579). »Die Kirche ist als verborgene pneumatishe durch den Heiligen Geist geprägte Wirklichkeit zugleich eine sichtbare, an ihrem spirituellen und diakonischen Diensten erkennbare soziologische Größe« (vgl. H.-M. Barth 2001, 713-715).

Jürgen Moltmann
Moltmann nimmt ebenfalls diese vier Aussagen des apostolischen Glaubensbekenntnisses (381) auf, legt sie aber zugespitzter aus. Im Sinne einer »konfliktorientierten Ekklesiologie« (Moltmann 1975, 368).

(1)*»Einheit in Freiheit«.* Die Vielfalt gründet in der Freiheit. Im Geist Christi können Einheit und Vielfalt verbunden werden. Einheit und Trennung, Konflikt und Versöhnung sind an seinem Kreuz zu prüfen.

(2)*»Katholizität und Parteinahme«.* Bei der Katholizität geht es um eine eminent eschatologische Bestimmung der Kirche (ebd., 375). Die Kirche wird auf die zukünftige Weltgesellschaft bezogen, »sofern sie in der Zersplitterung des Ganzen vorrangig das Verlorene, Verdrängte und Unterdrückte sucht und zu Ehren bringt« (ebd. 378).

(3)*»Heiligkeit in Armut«.* Kirche bekennt öffentlich ihre Schuld und ist nicht nur Gemeinschaft der Armen, sondern auch mit den Armen. Christliche Armut ist Ausdruck der Solidarität mit den Armen und Protest gegen die Armut (ebd., 380).

(4)*»Apostolat im Leiden«.* Das Apostolat ist durch die Ostererscheinungen, die es begründet haben, eschatologisch bestimmt. Zugleich ist es durch die Nachfolge des Gekreuzigten, durch Leiden bestimmt, das aber nicht nur zufällig als leidende Aktivität zu verstehen ist (ebd., 387).

Dorothee Sölle
Drei Merkmale machen nach sich allmählich festigenden Vorstellungen die Aufgabe der Kirche aus: *Die Verkündigung, der Dienst und die Gemeinschaft.* Alle drei Elemente sind notwendig und miteinander verbunden. Sie werden aber unterschiedlich akzentuiert und ausgelegt. In der Befreiungstheologie wird der Dienst als gesellschaftliche Diakonie verstanden. Die Gemeinschaft wird unter dem Gesichtspunkt des Miteinander-Teilens, der Heilung und Versöhnung begriffen. »Kirche befreiungstheologisch gedeutet stellt das Element der Diakonia, des Dienstes, in den Mittelpunkt und entwickelt die Gemeinschaft und die Botschaft aus dem Füreinander-Dasein« (Sölle 1990, 197). Aus den Basisgemeinden Lateinamerikas erwächst eine Erneuerung der Kirche auf das Reich Gottes hin. Die Armen dieser Gemeinden sind »die Lehrer«, sie verkündigen uns die Botschaft; an ihren Festen, Liedern und an ihrer Lebenshingabe lernen wir vielleicht einmal, wieder lebendige Kirche zu werden (vgl. ebd., 199).

Thesen zur Diskussion:

1. Nach reformatorischem Verständnis wird die Kirche durch das Wort konstituiert, erst danach ist vom Geist die Rede (vgl. Härle 1995, 570). Moltmann hält diese Ordnung für einseitig und falsch, wenn nicht auch umgekehrt gedacht wird: Zuerst der Geist, dann das Wort (Moltmann 1997a, 94).

2. Die geistgewirkte Gemeinschaft von Menschen mit Gott reicht über die Kirche hinaus. Die Kirche hat kein Monopol auf den Heiligen Geist. Ihre erste Beziehung zu ihm ist die Bitte um sein Kommen (ebd., 93f).

3. Wo der Geist präsent wird, werden zwei Bewegungen aufeinander bezogen: Die *Sammlung* der Christenheit zur Kirche und die *Sendung* der Kirche zur Christenheit der Welt. Diese umfasst die Gemeinschaft der Generationen und die der Geschlechter (ebd., 95-97).

4. In Kirchen mit *patriarchalischer* Hierarchie herrscht der monarchische Episkopat, der seine Herrschaft mit folgender Reihe legitimiert: ein Gott – ein Christus – ein Bischof – eine Gemeinde.
   In *reformatorischen* Kirchen wird diese Reihe durch eine Christozentrik abgelöst: Gott ist das »Haupt« Christi, Christus ist das »Haupt« der Gemeinde, und entsprechend ist der Mann »Haupt« der Frau (1Kor 11).
   Das neue Kirchenverständnis kommt aus gemeinsamer Geisterfahrung: Es ist *ein* Geist, aber es gibt *viele* Geisteskräfte. Jede Frau wird durch ihre Berufung wie jeder Mann durch die seine in der Gemeinde begabt (vgl. ebd., 100).

5. Welche Gründe sprechen für eine Beibehaltung einer Volkskirche, deren Gestalt allerdings zu verändern ist? (Verbesserungsvorschlag: Moltmann vertritt die These, dass die für die westliche Welt übliche Betreuungskirche aufzugeben und eine christliche Gemeindekirche ins Leben zu rufen sei. Entweder wir nehmen diese Reform selbst in die Hand oder sie wird uns durch die Kirchenaustritte aufgezwungen [ebd., 96]. Welche Gründe sprechen für eine Beibehaltung der Volkskirche? Berücksichtigen Sie bei der Diskussion, dass viele [junge] Menschen religiöse Erfahrungen und Praktiken außerhalb der Kirche suchen und zu finden scheinen.)

Literaturverzeichnis

Adorno, Theodor W., Ästhetische Theorie (Ges. Schr. 7), Frankfurt a.M. 1970.
–, Zum Gedächtnis Eichendorffs, in: *Ders.,* Noten zur Literatur, Frankfurt a.M. 1981, 69-94.
Amery, Carl, Das Ende der Vorsehung. Die gnadenlosen Folgen des Christentums, Reinbek 1972.
Anderegg, Johannes, Sprache und Verwandlung, Göttingen 1985.
Antes, Peter, Jesus zur Einführung, Hamburg 1998.
Assmann, Jan, Das kulturelle Gedächtnis. Schrift, Erinnerung und politische Identität in frühen Hochkulturen, München ²1997.
Bader, Günter, Die Abendmahlsfeier, Tübingen 1993.
Bahr, Hans-Eckehard und Heinrich Grosse (Hg.), King, Martin Luther. Mein Traum vom Ende des Hasses, Freiburg/Br. 1994.
Baldermann, Ingo, Der Gott des Friedens und die Götter der Macht, Neukirchen-Vluyn 1983.
–, Der Himmel ist offen. Jesus aus Nazareth – eine Hoffnung für heute, München/Neukirchen-Vluyn 1991a.
–, Reich Gottes – Hoffnung für Kinder, Neukirchen-Vluyn 1991b.
–, Einführung in die biblische Didaktik, Darmstadt 1996.
–, Auferstehung sehen lernen, Neukirchen-Vluyn 1999
Barth, Hans-Martin, Dogmatik. Evangelischer Glaube im Kontext der Weltreligionen, Gütersloh 2001.
Barth, Karl, Das Wort Gottes und die Theologie, München 1924.
–, Der Römerbrief, ²1922. Zollikon ¹²1978.
–, Kirchliche Dogmatik, Bd. I/1, München 1932.
–, Evangelium und Gesetz, (ThExh 32) München 1935.
–, Rechtfertigung und Recht, ThSt (19), Zollikon 1938.
–, Kirchliche Dogmatik, Bd. II/2, Zollikon 1942, Bd. IV/1, Zollikon 1953.
–, Dogmatik im Grundriss, München 1947.
–, Kirchliche Dogmatik, Bd. II 1/2, Zollikon 1948.
–, Kirchliche Dogmatik, Bd. III/1, Zürich 1948.
–, Das christliche Verständnis von Offenbarung (TEH 12), München 1948.
–, Die Menschlichkeit Gottes, Zollikon 1956.
–, Kirchliche Dogmatik, Bd. IV/J, Zollikon 1959.
Barz, Heiner, Postmoderne Religion, Opladen 1992.
–, Festsymbole, Neukirchen-Vluyn 1999.
Baudler, Georg L, Korrelationsdidaktik: Leben durch Glauben erschließen, Paderborn u.a. 1984.
Bauer, Johannes B. (Hg.), Entwürfe der Theologie, Graz u.a. 1985.
Baumann, Ulrich und Karl-Josef Kuschel, Wie kann ein Mensch schuldig werden? Literarische und theologische Perspektiven von Schuld, München 1990.

Becker, Ulrich u.a., Neutestamentliches Arbeitsbuch für Religionspädagogen, Stuttgart [2]1997.

Ben-Chorin, Schalom, Bruder Jesus, München 1967.

Berg, Horst Klaus und Urike Weber, Ostern (Freiarbeit Religion), Stuttgart u.a. 1998.

Berg, Sigrid, Arbeitsbuch Weihnachten für Schule und Gemeinde, Stuttgart u.a. 1989.

Berger, Klaus, Wer war Jesus wirklich?, Stuttgart [3]1996.

–, Wozu ist Jesu am Kreuz gestorben? (GTB1452), Gütersloh 2001.

Berger, Peter L., Sehnsucht nach Sinn, Gütersloh 1999.

Bethge, Eberhard, Dietrich Bonhoeffer. Eine Biographie, München 1970.

Biehl, Peter, Die Frage nach dem historischen Jesus, ThR 24 (1956/57), 54-76.

–, Auslegung gegenwärtiger Wirklichkeit anhand von Texten des Deutsch- und Religionsunterrichts, in: *Wolfgang G. Esser (Hg.)*, Zum Religionsunterricht morgen II, München/Wuppertal 1971, 95-123.

–, Natürliche Theologie als religionspädagogisches Problem, (Rph 12), Aachen 1983.

–, Die Sinnfrage – Gottesfrage oder »Götzenfrage«, in: *Pöhlmann, Horst Georg (Hg.)*, Worin besteht der Sinn des Lebens?, Gütersloh 1985, 47-57.

–, Symbol und Metapher, in: JRP 1 (1985), 29-64.

–, Theologie im Kontext von Lebensgeschichte und Zeitgeschichte, ThPr 20 (1985), 155-170.

–, Symbole geben zu lernen. Einführung in die Symboldidaktik anhand der Symbole Hand, Haus, Weg, Neukirchen-Vluyn [2]1991a (unter Mitarbeit von *Ute Hinze und Rudolf Tammeus*).

–, Erfahrung, Glaube und Bildung. Studien zu einer erfahrungsbezogenen Religionspädagogik, Gütersloh 1991b.

–, Evangelium und Religion. Von der Säkularisierungsthese zur Symboltheorie, in: *Ders.*, Erfahrung, Glaube und Bildung, Gütersloh 1991, 101-123.

–, Symbole geben zu lernen II. Zum Beispiel: Brot, Wasser und Kreuz. Beitrag zur Symbol- und Sakramentendidaktik. Unter Mitarbeit von *Ute Hinze u.a.*, Neukirchen-Vluyn 1993.

–, Zukunft und Hoffnung in religionspädagogischer Perspektive, in: JRP 10 (1995), Neukirchen-Vluyn 1996, 125-158.

–, Der phänomenologische Ansatz in der deutschen Religionspädagogik, in: *Heimbrock, Hans-Günter (Hg.)*, Religionspädagogik und Phänomenologie, Weinheim 1998, 15-46, 203-216.

–, Festsymbole, Neukirchen-Vluyn 1999.

–, Manifestation des Christusglaubens in den Festen. Zum Beispiel: Weihnachten, in: JRP 15 (1999) 105-128.

–, Symbol und Kultur, in: *Ders. und Klaus Wegenast (Hg.)*, Religionspädagogik und Kultur, Neukichen-Vluyn 2000a, 15-53.

– *u.a. (Hg.)*, Schlüsselerfahrungen, JRP 16, Neukirchen-Vluyn 2000b.

– *u.a. (Hg.)*, Jahrbuch der Religionspädagogik, Bd. 17, Neukirchen-Vluyn 2001, Themenband: Geld oder Gott.

Biemer, Günter, Katechetik der Sakramente, Freiburg [2]1983.

Bieritz, Karl-Heinrich, Grundwissen Theologie: Jesus Christus, Gütersloh 1997.

Binder, Wolfgang, Grundformen der Säkularisation in den Werken Goethes, Schillers und Hölderlins, Zeitschrift für deutsche Philologie 83 (1964), 42-69.

Blumenberg, Hans, Legitimität der Neuzeit, Frankfurt a.M. 1966.

Boff, Clodovis und Jorge Pixley, Die Option für die Armen, Düssseldorf 1987.

Boff, Leonardo und Clodovis, Wie treibt man Theologie der Befreiung, Düsseldorf

1986.
Boff, Leonardo, Kleine Sakramentslehre, Düsseldorf [10]1989.
Böll, Heinrich, Klopfzeichen (1960), in: Hörspiele. Mit einem Nachwort von Ernst Schnabel, Frankfurt/ a.M. 1961, 156-165.
–, Als der Krieg ausbrach (dtv 339), München 1965.
Bonhoeffer, Dietrich, Ethik, DBW Bd. 6, Gütersloh 1992
–, Ethik, München 1975.
–, Sünde und Fall, DBW Bd. 3, Gütersloh 1989.
–, Widerstand und Ergebung, hg. von Eberhard Bethge, Gütersloh [15]1994.
–, Wer ist und wer war Jesus Christus. Seine Geschichte und sein Geheimnis, Hamburg 1962.
Borchert, Wolfgang, Draußen vor der Tür und ausgewählte Erzählungen, Reinbek 1956.
Bornkamm, Günther, Jesus von Nazareth (Urban-Tb, 19), Stuttgart (1956) [15]1995.
Boßmann, Dieter, Zukunftserwartungen der Jugend, Tübingen 1982.
Braun, Herbert, Jesus – der Mann aus Nazareth und seine Zeit, Gütersloh [2]1989.
Brecht, Bertolt, Gedichte in einem Band, [7]1993, 7f.
Brockmann, Gerhard und Dieter Stoodt, Sünde. Versuch der Erschließung eines zentralen christlichen Symbols, Frankfurt a.M. u.a. 1981.
Brunner, Emil, Der Mittler, Zürich [4]1947.
–, Dogmatik, Bd. 2, Zürich 1950.
Buhr, Heinrich, Der Glaube – was ist das?, Pfullingen 1963.
Bultmann, Rudolf, Die Auferstehungsgeschichten und der christlicher Glaube, ThLZ 65 (1940), 242-244.
–, Neues Testament und Mythologie (1941), in: *Hans W. Bartsch (Hg.),* Kerygma und Mythos, Hamburg 1951, 15-48.
–, Zum Problem der Entmythologisierung, in: *Hans-Werner Bartsch (Hg.),* Kerygma und Mythos II, Hamburg 1952, 179-208.
–, Theologie des NT, Tübingen 1953 ([9]1984).
–, »Die Auferstehung der Toten«, in: *Ders.,* Glaube und Verstehen, Bd. 1, Tübingen [2]1954, 38-64.
–, Der Begriff des Wortes Gottes im NT, in: *Ders.,* Glauben und Verstehen, Bd. 1, Tübingen [2]1954, 268-293.
–, Geschichte und Eschatologie, Tübingen 1957.
–, Der Begriff der Offenbarung im NT, 1929, in: *Ders.,* Glauben und Verstehen, Bd. 3, Tübingen 1960, 1-34.
–, Das Urchristentum im Rahmen der antiken Religionen, Zürich [2]1966.
–, Das Verhältnis der urchristlichen Christusbotschaft zum historischen Jesus, (1960), in: *Ders.,* Exegetica, Tübingen 1957, 445-460.
–, Die Bedeutung des historischen Jesus für die Theologie des Paulus (1929), in: *Ders.,* Glauben und Verstehen, Bd. 1, Tübingen [8]1980, 188-213.
–, Glauben und Verstehen, Bd. 1, Tübingen [8]1980.
Camus, Albert, Der Mensch in der Revolte, Reinbek 1953.
Coenen, Lothar (Hg.), Unterwegs in Sachen Zukunft, Stuttgart/München 1990.
Crüsemann, Frank, Autonomie und Sünde, in: *Schottroff, Willy und Wolfgang Stegemann (Hg.),* Traditionen der Befreiung, Bd. 2, München 1980, 60-77.
–, Die Tora: Theologie und Sozialgeschichte des alttestamentlichen Gesetzes, München 1992.
–, Bewahrung der Freiheit. Das Thema des Dekalogs in sozialgeschichtlicher Perspektive, Gütersloh [2]1998.
Dalferth, Ingolf U., Der Mythos vom inkarnierten Gott und das Thema der Christologie, ZThK 84 (1987), 320-344.

–, Der auferweckte Gekreuzigte, Tübingen 1994.
–, Gedeutete Gegenwart, Tübingen 1997.
Dantine, Wilhelm, Der heilige und der unheilige Geist, Stuttgart 1971.
Domin, Hilde, Gesammelte Gedichte, Frankfurt a.m. 1987.
– *und Hans-Georg Gadamer,* Lied zur Ermutigung II, in: *Dies. (Hg.),* Doppelinterpretationen, Frankfurt a.M., 145-151.
Dirnbeck, Josef, Die Jesusfälscher. Ein Orginal wird entstellt, München 1996.
Drewermann, Eugen, Jesus von Nazareth, Olten 1998.
Dürrenmatt, Friedrich, Der Meteor (...), Zürich 1985 (dtb 20839).
Ebach, Jürgen, Ursprung und Ziel, Neukirchen-Vluyn 1986.
Ebeling, Gerhard, Das Wesen des christlichen Glaubens, Tübingen 1959.
–, Erwägungen zum evangelischen Sakramentsverständnis, in: *Ders.,* Wort Gottes und Tradition, Göttingen ²1966, 226-227.
–, Die Frage nach dem historischen Jesus und das Problem der Christologie, in: *Ders.,* Wort und Glaube, Bd. 1, Tübingen ³1967, 300-318.
–, »Was heißt einen Gott haben oder was ist Gott?«, in: *Ders.,* Wort und Glaube, Tübingen 1969, 287-304.
–, Dogmatik des christlichen Glaubens II, Tübingen 1979.
–, Dogmatik des christlichen Glaubens III, Tübingen 1979.
–, Luther: Einführung in sein Denken, Tübingen ⁴1981.
Ernst, Max, Die Jungfrau züchtigt das Jesuskind..., in: Die große Bibel der Moderne, Stuttgart 1999, 445.
Esser, Wolfgang G. (Hg.), Die religionspädagogische Grundfrage nach Gott, Freiburg u.a. 1969. EvErz 46 (1994).
Failing, Wolf-Eckart und Hans-Günter Heimbrock, Gelebte Religion wahrnehmen, Stuttgart u.a. 1998.
Feil, Ernst, Die Theologie Dietrich Bonhoeffers, München/Mainz 1971.
Fischer, Hermann (Hg.), Anthropologie als Thema der Theologie, Göttingen 1978.
–, Systematische Theologie, Stuttgart u.a. 1992.
Fischer, Johannes, Pluralismus, Wahrheit und die Krise der Dogmatik, ZThK 91 (1994), 487-539.
Flusser, David, Jesus, Hamburg 1968.
Focus-Studie, Jugend 2000, Focus 12/2000, 62-74.
Fowler, James W., Glaubensentwicklungen, München 1989.
Fraas, Hans-Jürgen, Bildung und Menschenbild in theologischer Perspektive, Göttingen 2000.
Frank, Erich, Wissen, Wollen, Glauben, in: *Ders.,* Wissen, Wollen, Glauben, Zürich und Stuttgart 1955, 328-361.
Frey, Christofer, Arbeitsbuch Anthropologie, Stuttgart u.a. 1979.
Fromm, Erich, Haben oder Sein (dtv 1490), München 1979.
Fuchs, Ernst, Die Frage nach dem historischen Jesus, in: *Ders.,* Glaube und Erfahrung, Tübingen 1965, 1-31.
Fuchs-Heinritz, Werner, Zukunftsorientierungen und Verhältnis zu den Eltern, in: Jugendwerk der Deutschen Shell (Hg.), Jugend 2000, 1, Opladen 2000, 23-92.
Gadamer, Hans-Georg, Wahrheit und Methode, Tübingen 1960.
Gogarten, Friedrich, Verhängnis und Hoffnung der Neuzeit, Stuttgart 1953.
Gollwitzer, Helmut, Ich frage nach dem Sinn des Lebens, München 1974.
–, Krummes Holz – aufrechter Gang. Zur Frage nach dem Sinn des Lebens, München ³1975.
–, Befreiung zur Solidarität, München 1978.
Grassi, Ernesto, Die Macht der Phantasie, Königstein 1979.
–, Macht der Bilder: Ohnmacht der rationalen Sprache, München 1979.

Greve, Astrid, Erinnern lernen. Didaktische Entdeckungen in der jüdischen Kultur des Erinnerns, Neukirchen-Vluyn 1999.

Grözinger, Albrecht, Sprache der Menschen, München 1991.

Grunberger, Bela, Vom Narzißmus zum Objekt, Frankfurt a.M. 1982.

Gutierrez, Gustavo, Theologie der Befreiung, München/Mainz 1973.

Gutmann, Hans-Martin, Ich bin's nicht. Die Praktische Theologie vor der Frage nach dem Subjekt des Glaubens, Wuppertal/Neukirchen-Vluyn 1999.

Halbfas, Hubertus, Aufklärung und Widerstand, Düsseldorf 1971, 79-87.

Handke, Peter, Die Angst des Tormanns beim Elfmeter, Frankfurt a.M. [9]1978.

Härle, Wilfried und Eilert Herms, Rechtfertigung, Göttingen 1980.

Härle, Wilfried, Zur Gegenwartsbedeutung der »Rechtfertigungs«-Lehre, ZThK, Beih. 10 (1998a) 101-139.

–, Wilfried Härle, in: *Henning, Christian und Karsten Lehmküler (Hg.),* Systematische Theologie der Gegenwart in Selbstdarstellungen, Tübingen 1998b (UT 2048), 353-372.

–, Dogmatik, Berlin u. New York 1995, [2]2000.

–, Die Rechtfertigungslehre in ihrer Gegenwartsbedeutung, in: *Rupp, Hartmut und Heinz Schmidt,* Lebensorientierung oder Verharmlosung?, Stuttgart 2001, 72-79.

Heiligenthal, Roman, Der verfälschte Jesus. Eine Kritik moderner Jesusbilder, Darmstadt 1997.

Heiliger, Christian und Karin Kürten, Jugend 92, in: Institut für empirische Psychologie (Hg.), Die selbstbewußte Jugend, Köln 1992, 68-156.

Heimbrock, Hans-Günter, Gottesdienst. Spielraum des Lebens, Kampen/Weinheim 1993.

–, Theologisches Bildungsverständnis und das religionspädagogische Problem der Gottesbilder, in: *Bernhard Dressler u.a. (Hg.),* Hermeneutik – Symbol – Bildung, Neukirchen-Vluyn 1998, 61-83.

Heinrich, Rolf, Gott in Geld – Geld in Gott, in: *Gottwald, Eckhart (Hg.),* Kontrapunkte (FS für Folkert Rickers), Duisburg 1998, 3-17.

Henning, Christian und Karsten Lehmkühler (Hg.), Systematische Theologie der Gegenwart in Selbstdarstellungen, Tübingen 1998 (UTB 2048).

Hentig, Hartmut von, Bildung, Darmstadt 1998.

Herms, Eilert, Die Klage über das Erfahrungsdefizit in der Theologie als Frage nach ihrer Sache, in: *Ders.,* Wort und Glaube, Bd. 3, Tübingen 1973, 3-28 (Vortrag am 3.4.1974 in Göttingen).

–, Theologie – eine Erfahrungswissenschaft, München 1978.

–, Die »theologische Schule«, in: *Härle, Wilfried und Reiner Preul (Hg.),* Theologische Gegenwartsdeutung (MJTh 2) 1988, 84-110.

–, Offenbarung und Glaube, Tübingen 1992.

–, Pluralismus aus christlicher Identität, in: *Mehlhausen, Joachim (Hg.),* Pluralismus und Identität, Gütersloh 1995, 15-19.

–, Eilert Herms, in: *Henning, Christian und Karsten Lehmküler (Hg.),* Systematische Theologie der Gegenwart in Selbstdarstellungen, Tübingen 1998 (UTB 2048), 317-350.

Herrmann, Wilhelm, Der Begriff der Offenbarung, 1887 in: *Ders.,* Offenbarung und Wunder, Gießen 1908, 4-26.

Heydorn, Heinz-Joachim, Zu einer Neufassung des Bildungsbegriffs, Frankfurt a.M. 1972.

–, Überleben durch Bildung, in: *Ders.,* Bildungstheoretische Schriften 3, Frankfurt a.M. 1980, 282-301.

Hollenweger, Walter J., Konflikt in Korinth, München [4]1984.

Hörisch, Jochen, Kopf oder Zahl. Die Poesie des Geldes, Frankfurt a.M. 1998.

Jens, Walter, Theologie und Literatur, in: *Ders. u.a. (Hg.),* Theologie und Literatur, Müchen 1986, 30-56.

–, Vorwort, in: *Kuschel, Karl-Josef,* Jesus in der deutschsprachigen Literatur, Zürich u.a. 1987, XIII-XVIII.

Joest, Wilfried, Dogmatik, Bd. 1, Göttingen ²1987 (UTB 1336).

Johannsen, Friedrich, Schöpfungsglaube heute. Anregungen und Materialien für die Sekundarstufe II, Gütersloh 1988.

– *unter Mitarbeit von Simone Ferme,* Alttestamentliches Arbeitsbuch für Religionspädagogen, 2., überarb. Aufl., Stuttgart u.a. 1998.

Johnson, Elisabeth A., Ich bin, die ich bin: wenn Frauen Gott sagen, Düsseldorf 1994.

Jörns, Klaus Peter, Der Sühnetod Jesu Christi in Frömmigkeit und Predigt, in: Die Heilsbedeutung des Kreuzes für Glaube und Hoffnung des Christen, ZThK. Beiheft 8, Tübingen 1990.

Josuttis, Manfred und Gerhard-Marcel Martin (Hg.), Das heilige Essen, Stuttgart 1980.

Josuttis, Manfred, Der Pfarrer ist anders, München ³1987.

–, Zur Hermeneutik des Abendmahls, in: *Zilleßen, Dietrich u.a. (Hg.),* Praktisch-theologische Hermeneutik, Rheinbach-Merzbach 1991, 411-422.

–, Der Weg ins Leben, München 1991.

–, Weihnachten – das Fest und die Predigt, in: *Cornehl, Peter u.a. (Hg.),* »... in der Schar derer, die da feiern«, Göttingen 1993, 88-97.

Jüngel, Eberhard und Karl Rahner, Was ist ein Sakrament?, Freiburg u.a. 1971.

Jüngel, Eberhard, Tod, Stuttgart u.a. 1971.

–, Gott als Geheimnis der Welt, Tübingen 1977, 1992.

–, Der Gott entsprechende Mensch, in: *Ders.,* Entsprechungen, München 1980, 290-317.

–, Barth-Studien, Zürich u.a. 1982.

–, Die Möglichkeit theologischer Anthropologie auf dem Grund der Analogie, in: *Ders.,* Barth-Studien, Zürich u.a. 1982, 210-232.

–, Die Offenbarung der Verborgenheit Gottes, in: *Ders.,* Wertlose Wahrheit, München 1990, 163-182.

–, Die Kirche als Sakrament?, in.: *Ders.,* Wertlose Wahrheit, München 1990, 311-334.

–, Glauben und Verstehen, in: *Ders.,* Wertlose Wahrheit. Theologische Erörterungen III, München 1990, 16-77.

–, Zur dogmatischen Bedeutung der Frage nach dem historischen Jesus, in: *Ders.,* Wertlose Wahrheit, München 1990, 214-242.

–, Das Evangelium von der Rechtfertigung des Gottlosen als Zentrum des christlichen Glaubens, Tübingen ³1999.

Jürgensen, Eva, Praktische Unterrichtsmodelle mit Texten, Liedern, Bildern für den Religionsunterricht 3.-6. Schuljahr, Lahr 1992.

Kafka, Franz, Die Erzählungen, Frankfurt a.M. 1961.

Kaiser, Gerhard, Klopstock. Religion und Dichtung, Gütersloh 1963.

–, Pietismus und Patriotismus im literarischen Deutschland. Ein Beitrag zum Problem der Säkularisation, Wiesbaden 1961. ²1964.

Kämp, Heike, Tauschbeziehungen, München 1995.

Käsemann, Ernst, Die Frage nach dem historischen Jesus, ZThK 51 (1954), 125-153.

–, Begründet der neutestamentliche Kanon die Einheit der Kirche?, in: *Ders.,* Exegetische Versuche und Besinnungen, Bd. 1, Göttingen 1960, 214-233.

–, Das Problem des historischen Jesus in: *Ders.*, Exegetische Versuche und Besinnungen, Bd.1, Göttingen 1960.

Kasper, Walter, Der Gott Jesu Christi, Mainz ²1983.

Kaufmann, Walter, Nietzsche, Darmstadt ²1988, 112ff.

Kerber, Walter, Artikel Pluralismus, HWP 7 (1988), 988-993.

Kessler, Hans, Sucht den Lebenden nicht bei den Toten, Düsseldorf ²1987.

Kirchhoff, Hermann, Ursymbole, ⁴1991.

–, Christliches Brauchtum, München 1995.

Klappert, Berthold, Die Auferweckung des Gekreuzigten, Neukirchen-Vlyun ³1981.

Klausner, Joseph K., Jesus von Nazareth, seine Zeit, sein Leben und seine Lehre, Jerusalem ³1952.

Kleinspehn, Thomas, Warum sind wir so unersättlich?, Frankfurt a.M. 1987.

Koch, Traugott, Mit Gott leben, Tübingen ³1993.

Korsch, Dietrich, Bildung und Glaube, NZSTh 36 (1994), 190-214.

Kraus, Hans-Joachim, Systematische Theologie im Kontext biblischer Geschichte und Eschatologie, Neukirchen-Vluyn 1983.

Kühn, Ulrich Sakramente (HST 11), Gütersloh 1985.

Küng, Hans, Credo. Das Apostolische Glaubensbekenntnis Zeitgenossen erklärt, München 1992.

Kunze, Reiner, auf eigene hoffnung, Frankfurt a.M. 1981.

Kuschel, Karl-Josef, Jesus im Spiegel der deutschsprachigen Gegenwartsliteratur, Zürich/Köln und Gütersloh 1978.

–, Im Spiegel der Dichter, Düsseldorf 1997.

–, Jesus im Spiegel der Weltliteratur. Eine Jahrhundertbilanz in Texten und Einführungen, Düsseldorf 1999.

Lämmermann, Godwin, Religion in der Schule als Beruf, München 1985.

–, Grundriss der Religionsdidaktik, Stuttgart u.a. ²1998.

Lange, Dietz, Erfahrung und die Glaubwürdigkeit des Glaubens, Tübingen 1984.

Lange, Ernst, Bildung als Problem und als Funktion der Kirche, in: *Matthes, Joachim (Hg.)*, Erneuerung der Kirche – Stabilität als Chance? Gelnhausen u.a. 1975, 189-222.

Lange, Günter, Christus im Spiegel der Kunst, in: JRP 15 (1999), 173-194.

Lemche, Niels Peter, Die Vorgeschichte Israels. Von den Anfängen bis zum Ausgang des 13. Jahrhunderts v. Chr., Stuttgart 1996.

Lévinas, Emmanuel, Die Spur des Anderen, Freiburg u.a. ²1987.

–, Humanismus des anderen Menschen, Hamburg 1989.

Liebrucks, Bruno, Über den logischen Ort des Geldes, in: Erkenntnis und Dialektik, Den Haag 1972, 265-301.

Liebs, Elke, Das Köstlichste von allem. Von der Lust am Essen und dem Hunger nach Liebe, Zürich 1988.

Link, Christian, In welchem Sinn sind theologische Aussagen wahr?, EvTh42 (1982), 518-540.

–, »Für uns gestorben nach der Schrift«, EvErz 43 (1991) 148-169.

–, Schöpfung. Schöpfungstheologie angesichts der Herausforderungen des 20. Jahrhunderts, Gütersloh 1991.

–, Die Spur des Namens, Neukirchen-Vluyn 1997.

Lohff, Wenzel, Rechtfertigung und Anthropologie, in: *Ders. und Christian Walther*, Rechtfertigung im neuzeitlichen Lebenszusammenhang, Gütersloh 1974, 126-145.

–, Glaubenslehre und Erziehung, Göttingen 1980.

Lübbe, Hermann, Säkularisierung. Geschichte eines ideenpolitischen Begriffs,

Freiburg i.Br. u.a. 1965.
–, Religion nach der Aufklärung, Graz u.a. 1986.
Lüdemann, Gerd, Der große Betrug. Und was Jesus wirklich sagte und tat, Lüneburg 1998.
Luhmann, Niklas, Knappheit, Geld und bürgerliche Gesellschaft, Jb. für Sozialwissenschaft 23, (1972) 186-210.
Machovec, Milan, Jesus für Atheisten, Stuttgart 1980.
Mack, Rudolf u.a., Jesus – Neue Aspekte der Christologie, Stuttgart ²1997 (zu »Jesus von Montreal«).
Marquardt, Friedrich Wilhelm, Gott oder Mammon, in: *Ders. u.a. (Hg.),* Entwürfe I, München 1983, 176-216.
–, Was dürfen wir hoffen, wenn wir hoffen dürften? Eine Eschatologie 1, Gütersloh 1993.
Marramao, Giacomo, Artikel Säkularisierung, in: HWP 8 (1992), 1133-1161.
Marsch, Wolf-Dieter, Zukunft (TT2), Stuttgart 1969.
Marx, Karl, Frühschriften, hg. von Siegfried Landshut, Stuttgart 1968.
Mehlhausen, Joachim (Hg.), Pluralismus und Identität, Gütersloh 1995.
Metz, Johann Baptist, Theologie der Welt, Mainz 1968.
–, Zur Theologie der Welt, Mainz/München 1969.
–, Glaube in Geschichte und Gesellschaft, Mainz 1977.
Miller, Arthur, Nach dem Sündenfall, Frankfurt a.M. 1967.
Moltmann, Jürgen, Theologie der Hoffnung, München ¹¹1980 (1964).
–, Die ersten Freigelassenen der Schöpfung, München 1971.
–, Der gekreuzigte Gott, München 1972.
–, Das Experiment Hoffnung, München 1974.
–, Kirche in der Kraft des Geistes, München 1975.
–, Mensch (TT11), Stuttgart u.a. ³1977.
–, Gott in der Schöpfung, München 1985.
–, Theologie der Hoffnung, in: *Johannes B. Bauer,* Entwürfe der Theologie, Graz u.a., 1985, 235-257.
–, Der Weg Jesu Christi, München 1989.
–, Der Geist des Lebens. Eine ganzheitliche Pneumatologie, München 1991.
–, Die Quelle des Lebens, Gütersloh (KT 150) 1997a.
–, Gott ein Projekt der Moderne, Gütersloh 1997b.
Moltmann-Wendel, Elisabeth (Hg.), Frauenbefreiung, München/Mainz 1972.
–, Das Land, wo Milch und Honig fließt, Gütersloh 1985.
–, Ein eigener Mensch werden, Gütersloh 1991.
–, Die Weiblichkeit des Heiligen Geistes, Gütersloh 1995.
Mulack, Christa, Jesus der Gesalbte der Frauen, Stuttgart 1987.
Müller-Pozzi, Heinz, Gotteserbe des verlorenen Paradieses, WzM 33 (1981) 191-203.
Niederwimmer, Kurt, Jesus, Göttingen 1968.
Nipkow, Karl Ernst, Erwachsenwerden ohne Gott?, München ⁴1992.
–, Bildung in einer pluralen Welt, Bd. 2, Gütersloh 1998.
–, »Sinn- und Wertfragen« – Interdisziplinäre, analytische Überlegungen zu einer komplexen Formel, in: *Duncker, Ludwig und Helmut Hanisch (Hg.),* Sinnverlust und Sinnorientierung in der Erziehung, Bad Heilbrunn 2000, 13-33.
Nolde, Emil, Pfingsten 1909 (Kunstpostkarte oder Dia NO17, Nolde-Stiftung Seebüll, 25927 Neukirchen über Niebüll).
–, Heilige Nacht in: Ebd., 721.
Ott, Heinrich, Gott (TT 10), Stuttgart u.a. 1971.

Otto, Gert, Schule. Religionsunterricht. Kirche, Göttingen [3]1968.

Pannenberg, Wolfhart, Was ist der Mensch?, Göttingen (1962) [8]1995.

–, Grundzüge der Christologie, Göttingen 1964. [7]1990.

–, Einsicht und Glaube, in: *Ders.,* Grundfragen systematischer Theologie. Gesammelte Aufsätze, Göttingen 1967, 223-236.

–, Grundfragen der Christologie, Gütersloh 1969.

–, Das Glaubensbekenntnis, Hamburg 1972.

–, Gottesgedanke und menschliche Freiheit, Göttingen [2]1978.

–, Christologie und Theologie, in: *Ders.,* Grundfragen systematischer Theologie, Bd. 2, Göttingen 1980, 129-145.

–, Wahrheit, Gewissheit und Glaube, in: *Ders.,* Grundfragen systematischer Theologie, Bd. 2, Göttingen 1980, 226-264.

–, Anthropologie in theologischer Perspektive, Göttingen 1983.

– *(Hg.),* Sind wir von Natur aus religiös?, Düsseldorf 1986.

–, Systematische Theologie, Bd. 1, Göttingen 1988, Bd. 2, 1991, Bd. 3, 1993.

Pesch, Otto Hermann, Freisein aus Gnade. Theologische Anthropologie, Freiburg u.a. 1983.

Picht, Georg, Kunst und Mythos, Stuttgart 1987.

Preul, Reiner, Religion – Bildung – Sozialisation, Gütersloh 1980.

Rad, Gerhard von, Weisheit in Israel, Neukirchen-Vluyn 1970.

Raffelt, Albert und Karl Rahner, Anthropologie und Theologie, in: Christlicher Glaube in moderner Gesellschaft 24, Freiburg u.a. 1981, 6-55.

Rahner, Karl, Zur Theologie der Zukunft, München 1971.

–, Erfahrung des Geistes, Freiburg [3]1981.

Rendtorff, Trutz, Gott – ein Wort unserer Sprache? (Theologische Existenz heute 171), München 1972.

–, Theorie des Christentums, Gütersloh 1972, 116-139.

–, Menschenrechte und Rechtfertigung, in: *Henke, Dieter u.a. (Hg.),* Der Wirklichkeitsanspruch von Theologie und Religion, Tübingen 1976, 161-174.

Rich, Arthur, Wirtschaftsethik, Gütersloh 1987.

Rickers, Folkert, »Die Niedrigen aber hebt er hervor und richtet sie auf«, in: JRP 8 (1991), Neukirchen-Vluyn 1992, 155-167

Riemann, Fritz, Angst, in: *Schultz, Hans-J. (Hg.),* Psychologie für Nichtpsychologen, Stuttgart 1974, 57-67.

Ringeling, Herrmann, Rechtfertigung und Sozialethik, in: *Lohff, Wenzel und Christian Walther (Hg.),* Rechtfertigung, 146-160.

Ringleben, Joachim, Wahrhaft auferstanden, Tübingen 1998.

Ritter, Werner H. u. a., Der Allmächtige, Göttingen 1997.

–, Glaube und Erfahrung im religionspädagogischen Kontext, Göttingen 1989.

Ronecker, Karl-Heinz und Wolfgang Brinkel (Hg.), Wer wälzt uns den Stein?, München 1992.

Roth, Heinrich, Pädagogische Anthropologie, Hannover, Bd. 1 1966, Bd. 2 1972.

Ruh, Ulrich, Säkularisierung, in: Christlicher Glaube in moderner Gesellschaft, Bd. 18, Freiburg i.Br. u.a. 1982, 59-100.

Rupp, Horst P., Religion – Bildung – Schule, Weinheim 1994.

Sauter, Gerhard (Hg.), Was heißt: nach Sinn fragen?, München 1982.

–, Zur Revision religionspädagogischer Theorien, EvTh 46 (1986), 127-148.

–, Rechtfertigung als Grundbegriff ev. Theologie (TB 78), München 1989.

Schiene, Katrin, Nur schöne Geschichten zur Weihnachtszeit?, Essen 1998.

Schillebeeckx, Edward, Erfahrung und Glaube, in: Christlicher Glaube in moderner Gesellschaft 25, Freiburg u.a. 1980, 73-116.

–, Menschen, Freiburg u.a. 1990.

Schmidt, Werner H. und Jürgen Becker, Zukunft und Hoffnung (Biblische Konfrontationen 1014), Stuttgart 1981.

Schöne, Albrecht, Säkularisation als sprachbildende Kraft, Göttingen 1958.

Schottroff, Luise, Das Kreuz als Baum des Lebens, Stuttgart 1987.

– *und Dorothee Sölle (Hg.),* Hannas Aufbruch, Gütersloh 1990.

– *und Wolfgang Stegemann,* Jesus von Nazareth, Hoffnung der Armen, Stuttgart ³1990.

Schreiner, Martin (Hg.), Vielfalt und Profil, Neukirchen-Vluyn 1999.

Schulz, Walter, Philosophie in der veränderten Welt, Pfullingen 1976, 408ff.

Schüngel-Straumann, Helen, Ruah bewegt die Welt, Stuttgart 1992.

–, Die Frau am Anfang. Eva und die Folgen, Münster ²1997.

Schüssler-Fiorenza, Elisabeth, Zu ihrem Gedächtnis. Eine feministisch-theologische Rekonstruktion der christlichen Ursprünge, München und Mainz 1988.

Schwarz, Hans, Im Fangnetz des Bösen. Sünde – Übel – Schuld, Göttingen 1993.

Schweitzer, Albert, Geschichte der Leben-Jesu-Forschung, Tübingen ⁹1984.

Schweitzer, Eduard, Jesus Christus im vielfältigen Zeugnis des NT, Hamburg ⁴1976.

–, Heiliger Geist, Stuttgart 1978.

–, Jesus, das Gleichnis Gottes, Göttingen ²1996.

Schweitzer, Friedrich, Bildung und Wahrheit, in: *Härle, Wilfried u.a. (Hg.),* Befreiende Wahrheit (FS Eilert Herms), Marburg 2000, 563-575.

–, Zwischen Sinnerfahrung und Sinnlosigkeit, in: *Duncker, Ludwig und Helmut Hanisch (Hg.),* Sinnverlust, 139-154.

Schwöbel, Christoph, Offenbarung und Erfahrung (MJTh 3), Marburg 1990, 68-122.

–, Artikel Pluralismus II, in: TRE 26 (1996), 724-739.

–, Glaube im Bildungsprozess, ZPT 50 (1998), 169-187.

–, Glaube im Unterricht, in: *Rupp, Hartmut und Heinz Schmidt (Hg.),* Lebensorientierung oder Verharmlosung?, Stuttgart 2001, 45-56.

Segbers, Franz, Die Hausordnung der Tora, Luzern 1999.

Senft, Karl, Wahrhaftigkeit und Wahrheit, Tübingen 1956.

Simmel, Georg, Das Geld in der modernen Kultur, in: *Ders.,* Schriften zur Soziologie, Frankfurt a.M. 1983, 78-94.

–, Philosophie des Geldes, Berlin 1987, 1977.

–, Soziologie (1908), Gesamtausgabe, hg. von O. Rammstedt, Frankfurt a.M. 1989, Bd. 11.

Soden, Hans von, Was ist Wahrheit? Vom geschichtlichen Begriff der Wahrheit, in: *Ders.,* Urchristentum und Geschichte, Bd. 1, Tübingen 1951, 1-24.

Sölle, Dorothee, Leiden, Stuttgart u.a., 1973a.

–, Realisation (SL 124), Darmstadt/Neuwied 1973b.

–, Wählt das Leben, Stuttgart 1980.

–, Vater, Macht und Barbarei, in: *Greinacher, Norbert (Hg.),* Frauen in der Männerkirche, München 1982, 149-157.

–, Lieben und Arbeiten. Eine Theologie der Schöpfung, Stuttgart 1985.

–, Gott denken, Stuttgart u.a. 1990.

Stegemann, Hartmut, Die Essener, Qumran, Johannes der Täufer und Jesus, Freiburg/Br. 1993.

Steinwede, Dietrich, Nun soll es werden Frieden auf Erden. Weihnachten: Geschichte, Glaube und Kultur, Düsseldorf 1999, 190.

Stock, Alex und Manfred Wichelhaus, Ostern, Zürich u.a. 1979.

Stock, Hans, Studien zur Auslegung der synoptischen Evangelien im Unterricht, Gütersloh 1959. [5]1970.

Swidler, Leonard, Der umstrittene Jesus, Gütersloh 1993 (1991).

Theißen, Gerd, Soziologie der Jesusbewegung, München 1977.

–, Der Schatten des Galiläers, München 1986.

–, Methodenkonkurrenz und hermeneutischer Konflikt, in: *Mehlhausen, Joachim (Hg.),* Pluralismus und Identität, Gütersloh 1995, 127-140.

– *und Annette Merz,* Der historische Jesus. Ein Lehrbuch. Göttingen [2]1997.

–, Die Religion der ersten Christen, Gütersloh 2000.

Tillich, Paul., Das religiöse Symbol (1928), in: *Ders.,* Gesammelte Werke V, Stuttgart 1978, 196-242.

–, Recht und Bedeutung religiöser Symbole, ebd., 237-244.

–, Der Mut zum Sein, Stuttgart [2]1954.

–, Systematische Theologie, Stuttgart I, [2]1956, II, 1958, III, 1966.

–, Wesen und Wandel des Glaubens (Ullstein-Tb 318), Berlin 1961.

–, Symbol und Wirklichkeit. Mit einem Nachwort von *Joachim Ringleben,* Göttingen [3]1986.

Timm, Hermann, Das Weltquadrat, Gütersloh 1985.

Vincon, Herbert, Die Feste des Christentums (GTB 1127), Gütersloh 1997.

Wagner, Falk, Geld oder Gott?, Stuttgart 1984.

Waldenfels, Bernhard, Der Stachel des Fremden, Frankfurt a.M. 1990.

–, In den Netzen der Lebenswelt, Frankfurt a.M. 1985.

Weber, Hans-Ruedi, Kreuz, Stuttgart u.a. 1971.

Weber, Max, Die protestantische Ethik und der Geist des Kapitalismus (1905), in: *Ders.,* Die protestantische Ethik (GTB 53), Gütersloh [7]1984.

Weber-Kellermann, I., Das Weihnachtsfest. Eine Kultur- und Sozialgeschichte der Weihnachtszeit, Luzern/Frankfurt a.M. 1978.

Weder, Hans, Das Kreuz Jesu bei Paulus, Göttingen 1981.

–, Die Sprache der Bilder. Gleichnis und Metapher in Literatur und Theologie (GTB 558), Gütersloh 1989.

Wegenast, Klaus, Jesus und die Evangelien, Gütersloh 1965.

–, Zum Verhältnis Systematischer und Praktischer Theologie in Geschichte und Gegenwart (1984), in: *Ders.,* Lern-Schritte, Stuttgart u.a. 1999, 208-232.

Weischedel, Wilhelm, Der Gott der Philosophen, Bd. 1, Darmstadt 1971, 422 ff.

Weizsäcker, Carl Friedrich von, Die Tragweite der Wissenschaft, Bd. 1, Stuttgart [2]1966, 173-200.

Welker, Michael, Gottes Geist, Neukirchen-Vluyn [2]1993.

–, Gottes Geist. Theologie des Heiligen Geistes, Neukirchen-Vluyn [2]1993.

Welsch, Wolfgang, Ästhetisches Denken, Stuttgart [3]1993.

Wenz, Gunther, Subjekt und Sein. Zur Entwicklung der Theologie Paul Tillichs, München 1979.

–, Einführung in die evangelische Sakramentenlehre, Darmstadt 1988.

Werbick, Jürgen, Vom Realismus der Dogmatik, KatBl 110 (1985), 459-463.

–, Glaubenlernen aus Erfahrung, München 1989.

Westermann, Claus, Schöpfung, Stuttgart 1971.

Wiese, Benno von, Die deutsche Tragödie von Lessing bis Hebbel, Hamburg [3]1995.

Wilkens, Ulrich, Das Evangelium nach Johannes (NTD 4), Göttingen [17]1998.

Winnicott, Donald W., Vom Spiel zur Kreativität, Stuttgart 1979.

Wolff, Hanna, Jesus der Mann, Stuttgart 1975.

Wunderlich, Reinhard, Pluralität als religionspädagogische Herausforderung, Göttingen 1997.

Zahrnt, Heinz, Gespräch über Gott, München 1968.
–, Jesus aus Nazareth. Ein Leben, München [2]1987.
Zenger, Erich u.a., Das Buch Exodus, Düsseldorf 1978.
–, Gottes Bogen in den Wolken. Untersuchungen zu Komposition und Theologie der priesterlichen Urgeschichte, Stuttgart [2]1987.
–, Einleitung in das AT, Stuttgart u.a. 1995.
Zilleßen, Dietrich, Artikel Ethik 5, in: TRE 10 (1982), 136-141.

Personenregister

Adam, G. 134, 171, 176, 178, 245, 254
Adorno, Th. W. 29, 40, 70, 138, 220, 311
Aquin, T. von 100
Aristoteles 140
Assmann, J. 184f, 311
Augustin 175, 264
Baldermann, I. 129, 155, 159, 167, 231, 311
Barth, H.-M. 75, 88, 217, 222, 269, 311
Barth, K. 14, 16ff, 70, 77f, 85f, 100, 119, 122-126, 130, 142, 144, 147f, 159f, 163, 168, 177, 198, 201f, 214, 222, 242f, 245, 247, 249, 259, 264, 266, 281f, 285, 292, 308, 311
Becker, U. 114f, 194, 235, 263, 312, 320
Ben Chorin, S. 116
Berger, K. 115, 312
Berger, P. L. 54, 164, 312
Bethge, E. 46, 204, 312f
Biehl, P. 3, 7, 16ff, 49, 65f, 69, 90, 104, 120, 185, 188, 192, 222, 232, 236, 242, 247, 250, 258, 264, 275, 289, 295ff, 312
Bizer, Ch. 21
Bloch, E. 186, 208, 229
Boff, L. 118, 179, 187, 275, 312
Böll, H. 221, 260f, 274, 285f, 296f, 313
Bonhoeffer, D. 46, 48, 58, 177, 185, 187, 193, 195f, 199, 202, 204, 209, 227, 246, 312ff
Bornkamm, G. 116, 120f, 129, 234f, 313
Braun, H. 53, 313
Brecht, B. 147, 190ff, 216, 278, 313
Bultmann, R. 7, 14, 18, 32, 53, 75, 77f, 83ff, 90, 100, 103, 107, 116, 119, 121, 130f, 195, 197f, 202, 205, 227ff, 236, 249, 266, 291ff, 297, 313
Cox, H. 48
Dalferth, I. 36, 55, 67, 73, 194, 201ff, 280f, 294, 313
de Angelo, N. 171, 180
Domin, H. 22, 96, 190ff, 223f, 233, 239f, 248, 314
Drewermann, E. 119, 314
Ebeling, G. 15, 34, 58, 70, 72, 82f, 86, 98, 100, 103, 120, 130, 139, 148, 194f, 211, 244, 246f, 249, 256, 259, 268-271, 274, 282, 314
Eichendorff, J. v. 276f, 311
Enzensberger, H. M. 22, 233f
Erikson, E. H. 140, 217, 272
Fischer, H. 15, 124, 314
Fischer, J. 53, 314
Fowler, J.W. 87f, 314
Fromm, E. 35ff, 39, 41, 140, 314
Fuchs, E. 120, 235, 244, 314
Gadamer, H.-G. 17, 240, 314
Goethe, J. W. v. 287f, 295, 297, 301, 312
Gogarten, F. 43, 46, 47, 48, 57, 58, 314
Gollwitzer, H. 13, 126, 132, 212f, 216, 314
Habermas, J. 17, 53
Härle, W. 15-18, 50f, 54f, 70, 72, 81, 113, 148, 160f, 173f, 176, 202, 217f, 256f, 259, 302, 304, 308f, 315, 320
Hegel, G. W. F. 109, 139, 219, 229
Heidegger, M. 84
Heimbrock, H.-G. 101, 105, 241, 255, 271, 312, 314f
Hentig, H. v. 19, 166, 216, 219, 315
Herder, J. G. 143

Herms, E. 15, 19, 53, 55ff, 59, 315, 321
Heydron, H.-J. 18f, 188, 225, 315
Husserl, E. 17
Joest, W. 120, 316
Johannsen, F. 3, 7, 114f, 184, 194, 263, 305, 316
Josuttis, M. 33, 316
Jung, C. G. 119, 282
Jüngel, E. 15f, 84, 87, 97f, 100, 102, 109ff, 121, 130, 138f, 142, 147, 196, 198, 200f, 208, 211-214, 243, 247, 265f, 283, 316
Kafka, F. 65, 176, 307, 316
Kant, I. 139, 226
Kaschnitz, M. L. 22, 96ff, 105, 112f, 223, 233, 297
Käsemann, E. 53, 116, 120, 316
Kästner, E. 64f
Korsch, D. 18, 317
Kraus, H.-J. 185, 255, 317
Küng, H. 81, 176, 283, 317
Kuschel, K. J. 97, 113, 135f, 278, 289, 311, 316f
Lämmermann, G. 18, 317
Lange, D. 15, 317
Lange, E. 13, 140, 317
Lange, G. 131, 317
Lévinas, E. 102
Link, Chr. 55, 86, 102, 154, 162, 165, 167, 317
Lohff, W. 22, 158, 179, 213f, 217, 317
Lüdemann, G. 115, 282, 318
Luhmann, N. 32, 318
Luther, M. 33ff, 41, 75, 80, 85, 97, 103, 106, 111, 128, 140, 145, 158, 176ff, 180, 182, 184, 188, 194f, 198, 202, 208, 210, 212, 216f, 221f, 227, 236, 249, 254, 259, 261f, 264-268, 274, 280, 308, 311, 314
Marquardt, F. W. 34, 41, 101, 226, 318
Marx, K. 29, 196, 318
Metz, J. B. 47, 102, 104, 201, 203, 228f, 318
Moltmann, J. 13, 28, 89, 101, 122, 130ff, 141, 143-147, 162f, 168, 186, 194, 198-201, 203, 205, 215f, 227ff, 236, 263, 269-272, 274,

281, 286, 293f, 296f, 303ff, 308ff, 318
Moltmann-Wendel, E. 130, 305, 318
Nietzsche, F. 98, 109ff, 196, 317
Nipkow, K. E. 19, 49, 57, 66, 89, 98ff, 221, 318
Nolde, E. 284, 305f, 318
Oelkers, J. 19
Otto, G. 48, 106, 227, 319
Pannenberg, W. 15-18, 32, 85f, 90, 100, 107, 125-132, 140, 143, 178, 215, 229, 236, 246f, 280f, 292ff, 297, 319
Peukert, H. 19, 220
Platon 110
Preul, R. 17, 315, 319
Rad, G. v. 157, 162, 183, 319
Rahner, K. 97, 100, 103, 130, 139, 143, 229, 236, 268, 316, 319
Rendtorff, T. 47, 214, 319
Rickers, F. 7, 284, 315, 319
Ricoeur, P. 244
Ritter, W. H. 66, 319
Roloff, J. 300
Sauter, G. 14, 210, 213, 319
Schiller, F. 27, 312
Schleiermacher, F. 89, 124, 158
Schmidt, H. 66, 104, 315, 320
Schmidt, W. 320
Schüssler-Fiorenza, E. 118, 320
Schwöbel, Chr. 19, 48, 50, 51, 52, 59, 70, 72, 82, 103, 320
Sokrates 110
Sölle, D. 45, 48, 100, 128-132, 162f, 168, 200, 205, 295, 298, 309, 320
Stallmann, M. 5, 7, 18, 48, 227
Steinbeck, J. 171
Stock, A. 321
Stock, H. 5, 7, 122, 227, 321
Stoodt, D. 180, 313
Storm, T. 251, 252
Theißen, G. 52, 59, 116f, 121, 129, 231, 234, 263f, 321
Tillich, P. 45, 78, 81, 100, 124ff, 130, 134, 147, 160f, 168, 178, 181, 211f, 243f, 249f, 255, 257, 266ff, 271, 274f, 302f, 321f
Troeltsch, E. 46
Waldenfels, H. 38, 68, 146, 321
Weber, H.-R. 321
Weber, M. 44, 46, 321
Wegenast, K. 13f, 312, 321

Weizsäcker, C. F. v. 46, 57, 86, 145,
  321
Welker, M. 52, 163, 300, 303f, 307,
  321
Westermann, C. 96, 155, 162, 322

Wilkens, U. 321
Zenger, E. 156, 322
Zilleßen, D. 65f, 140, 316, 322
Zwingli, H. 270f

Begriffsregister

Abendmahl 30, 255f, 258, 260, 263-269, 271-274
Alltagserfahrungen 16, 21, 241
Alltagssprache 45, 106, 172, 240f, 248
Altes Testament 37, 145, 155, 157, 173, 228, 322
Analogie 17, 41, 123, 142, 154, 170, 187, 236, 243, 253, 256, 258, 272f, 294, 306f
Angst 71f, 74f, 80f, 88, 125, 164, 174, 177, 207f, 216, 224f, 232, 240, 248, 261f, 283, 315, 319
Anthropologie 15f, 18, 35, 79ff, 111, 126, 134, 138-145, 147f, 157, 160, 177f, 204, 212ff, 216, 220, 229f, 236, 246, 258, 261, 273, 292, 314, 316, 318f
Apostolisches Glaunbensbekenntnis 176, 317
Ästhetik 38
Atheismus 98, 109
Auferstehung 77, 85, 90, 120, 126f, 130f, 180, 197-201, 205, 228, 235, 254, 271, 281, 287, 289-298, 311, 313
Auferweckung 90, 127, 198, 202, 228, 293f, 317
Barmherzigkeit 173, 210
Bedürfnis 36, 140, 213
Befreiung 52, 65, 89, 101, 103f, 115, 118, 128, 173, 176, 179f, 182-187, 189, 193, 201, 203, 208, 214ff, 283f, 290, 298, 306, 313, 315
Beichte 265
Bejahtsein 37, 154, 205, 212, 217, 256, 289
Bekenntnis 75, 82, 91, 120, 126, 129, 176, 205, 218, 235, 242, 247, 256, 280, 281

Bibel 33, 49, 63, 74, 101, 133, 156, 162, 187, 196, 210, 226, 243, 306, 314
Bild 30, 33, 89, 101, 103ff, 106, 110, 113ff, 117f, 125, 131, 136, 138, 141f, 147f, 161, 164f, 167, 169, 177, 191, 194, 206, 227, 231, 233, 235f, 240ff, 252f, 284f, 293, 295f, 300, 305f
Bildung 13, 17-20, 38ff, 48, 52, 57, 87, 89, 187, 216, 218ff, 225, 227ff, 231f
Böses 135, 171, 175, 177, 231, 320
Christentum 20, 32, 44, 46ff, 52, 56, 58, 115, 118, 124, 135, 195, 253, 267, 285, 288
Christologie 22, 119-131, 148, 192, 199ff, 217, 243, 271, 280f, 293, 314, 318f
Christus Siehe Jesus Christus
Dank 106, 136, 167, 169f, 216, 224, 251, 299
Dekalog 184f, 314
Dialektik 53, 102, 113, 123, 192, 196, 227, 235, 243f
Dialog 14,-17, 21, 39, 54-57, 117, 130f, 139f, 165, 219, 299
Didaktik 38, 57, 184, 247, 257, 271
Dogmatik 22, 45, 53, 115, 122, 124, 142, 148, 157, 159, 161, 163, 173ff, 177, 186, 226, 242, 256, 282, 311, 313-316, 322
Dreieinigkeit Siehe Trinität
Ebenbild Gottes 123, 133, 141f, 173, 283
Entfremdung 29, 72, 125, 141, 161, 163, 169, 174, 178, 181, 275
Entmythologisierung 197, 236, 291, 313

Entsprechung 17, 35, 131, 141, 142, 213, 216, 220, 243, 247, 254, 268, 278
Erbsünde 175f
Erde 27f, 105, 109, 111, 133, 144, 155f, 159, 171f, 192, 204, 223, 226, 232, 251f, 260, 285, 301
Ereignis 47, 66, 84f, 90, 110, 127, 144, 160, 187, 194, 197f, 202, 227, 245, 247, 249, 258, 273, 291-294
Erfahrung 15f, 22, 37, 40f, 47, 49f, 55, 57, 63, 65-77, 82, 85-90, 99-107, 128, 133, 137f, 140, 143, 149, 154-157, 159, 164-167, 173, 176f, 180, 182, 184, 186f, 192, 195, 201, 208-215, 221, 225, 231, 235, 239, 245f, 249, 251-253, 257, 261f, 266f, 269f, 272f, 279, 281, 289, 295f, 298, 302, 304, 306, 312, 314, 317, 319, 320, 322
Erinnerung 66f, 113, 117, 119, 128, 157, 162, 165, 167, 171, 182-186, 188, 201, 203, 225, 254, 257, 263, 265, 270, 288ff, 311
Erkenntnis 74, 77, 80, 84f, 91, 99, 115, 123, 130, 137, 142f, 148, 162, 166, 170, 175, 177ff, 193-196, 209, 302, 317
Erlösung 78, 170, 178f, 185f, 192, 258
Erzählung 65, 71, 99f, 102, 129, 134, 156, 173ff, 201, 208, 221, 230f, 242, 246f, 257, 273f, 282, 285f, 295ff, 300, 307f
Erziehung 22, 38, 48, 134, 143, 184, 257, 318f
Eschatologie 21, 125, 131, 186, 223, 225-229, 232, 235, 271, 290
Ethik 7, 43, 46, 50, 115, 118, 178, 185, 214, 274, 313, 321f
Evangelium 37, 45-48, 50-54, 58, 73, 79, 125, 128, 179, 197, 202, 204, 209f, 217f, 220, 243, 246-249, 255, 265f, 268, 280, 295f, 307f, 311f, 316, 322
Existenz 28, 37, 40, 70, 72, 75, 79, 82, 84, 100, 103, 107, 109, 124f, 142, 144, 147f, 158, 160f, 163, 166, 170, 175, 178, 184, 186, 194, 208, 211, 214, 221, 227, 230, 245, 290f, 293, 295, 319

Exodus 37, 74, 162, 182-185, 187, 258, 322
Familie 14, 27, 148, 171, 188, 223ff, 256, 275, 284
Feier 37, 157, 167, 183, 258, 275
Feministische Theologie 118, 179, 305, 308
Fest 148, 154, 166, 184, 231, 233, 258, 273, 278,ff, 284ff, 290, 299f, 305, 309
Frau 114, 117ff, 130f, 141, 156f, 172, 207, 253, 260, 276f, 294, 297, 310, 320
Freiheit 20, 31, 35, 50, 54, 57, 80, 96, 101, 106ff, 137, 139ff, 144, 146, 156, 159, 161, 174f, 178, 182-187, 201, 209, 213-223, 228, 231, 251, 255, 274, 303f, 309
Friede 106, 142, 187, 215, 228, 273, 283, 290, 304, 311, 321
Gabe 33, 175, 184, 211, 252f, 255, 258, 263, 266, 269f, 299, 307
Gebet 45, 99f, 102, 104f, 134, 147, 247
Gebot 33f, 41, 147, 174, 176, 182, 184ff, 138, 254
Gefühl 74, 88, 158, 170, 192, 257, 262, 277, 285, 288
Gegenwart 13, 37, 48ff, 52, 54, 64, 73, 98, 101, 108, 111, 113, 120, 122, 160, 182, 198, 202, 205, 216, 227ff, 231, 234f, 248, 261f, 270f, 274, 278, 281, 283, 291, 302f, 305, 314f, 321
Geheimnis 32, 46, 58, 95, 97f, 100, 103, 105, 121, 129, 137f, 141, 143f, 147, 154, 167, 171, 178, 192, 234, 266, 279f, 287, 301, 313, 316
Gehorsam 84, 123, 127, 186
Geist Gottes *Siehe* Heiliger Geist
Geld 22, 27-38, 40ff, 149
Gemeinde 83, 120, 122, 129f, 209, 254, 263f, 268, 281, 290, 300, 303, 310, 312
Gemeinschaft 28, 35, 51, 69, 116, 123, 127, 141f, 162, 172, 176, 179, 184, 186, 193, 214f, 217, 230, 244, 255, 258, 262-266, 270, 272, 298, 305, 307-310
Gerechtigkeit 31, 35, 52, 75, 96, 106, 110, 147, 164, 172f, 179, 187,

201f, 209f, 214f, 217f, 221f, 228, 254, 279, 283, 290, 298, 304

Geschichte 14, 47, 65, 74, 79, 99, 102, 105, 107, 109, 114f, 122, 127, 129, 130f, 135, 137f, 143, 147, 155, 158, 160f, 163, 165f, 171, 182, 185, 187, 193, 197, 200, 203, 225, 227f, 231, 233, 248, 258, 264, 268, 271, 273, 278, 281-285, 289-294, 299f, 303, 306, 313, 317f, 320f

Geschöpf/Geschöpflichkeit 121, 123, 142, 144, 157, 160f, 163, 166, 174, 218, 293, 304

Gesellschaft 14, 32, 38, 42, 45, 49ff, 53, 56, 98, 138, 164, 179, 194, 203, 215, 218, 224, 275, 284

Gesetz 28, 37, 47, 75, 125, 153, 185, 197, 199, 209, 214, 231, 246, 249, 284, 311, 313

Gestalt 21, 32, 35, 46f, 51, 56, 58, 72f, 88, 102f, 105, 112-119, 121, 123, 137, 140, 147, 154, 156-160, 165, 173, 177ff, 183-186, 192, 194, 219, 241, 243, 255, 268, 277, 280, 295, 303, 306, 308, 310

Gewalt 35, 159, 165, 170, 175, 251f, 252, 261, 288

Gewissen 85f, 139f, 148, 218, 225

Gewissheit 19, 50, 54, 69f, 72f, 80, 85, 87, 99, 102f, 211, 213, 218, 234, 288, 319

Glaube 14-20, 28, 32-35, 37, 43, 46-54, 57ff, 66, 72f, 75f, 78-91, 97, 99, 101-105, 107, 111, 113-116, 119f, 123f, 126, 140-143, 147, 155, 160, 162, 166, 172f, 176-179, 185f, 195-198, 200, 205, 210-216, 218ff, 226, 228, 235, 244-248, 254-255, 257, 261, 265, 268, 275, 277, 288, 291, 293, 295, 298, 302, 311-321

Gleichnis 22, 33, 79, 101f, 112, 119-122, 128, 130, 231, 234, 246ff, 250, 262, 280, 290, 293f, 301

Gleichnisse Jesu 234, 250

Glück 106, 165, 216, 251f, 285, 288, 307

Gnade 76, 84, 106f, 124f, 140, 144f, 160, 173, 177, 179, 197, 210, 212, 265, 271, 319

Gott 13, 16, 18, 20ff, 27-36, 41, 46ff, 50ff, 55, 58, 64, 71ff, 75, 77-80, 82-90, 93, 95-112, 117, 119-131, 134f, 138, 140-145, 147ff, 151, 153-163, 165ff, 172-179, 182-187, 190, 193, 195-205, 209-212, 214-219, 221f, 224, 226-228, 230f, 234f, 242-249, 252, 254-257, 260, 262f, 265ff, 270, 272f, 280-283, 287f, 290-295, 300-305, 308, 310ff, 314-319, 321f

Gottebenbildlichkeit 18, 95, 139-141, 143f, 148, 157, 217, 283

Gottes Geist *Siehe* Heiliger Geist

Gottesbild 64, 98f, 101f, 104f

Gottesdienst 232, 279, 315

Gottesherrschaft 120, 127, 231, 234, 258, 292

Habermas, J. 17, 53

Handeln/Handlung 13f, 22, 32, 35, 37ff, 50f, 102, 104, 119, 139f, 151, 157f, 170f, 174, 177, 179, 183, 186, 197, 203, 211ff, 221, 225f, 227, 231 243, 254, 261, 263, 265f, 268f, 283, 290f, 294f, 303

Heiliger Geist 77, 123, 163, 267, 293, 299-305, 307f, 310, 318, 320ff

Heiligung 123, 140, 186, 211

Heilsmittel 254

Hermeneutik 16f, 22, 36, 49, 57, 89, 91, 101, 105, 121, 128, 130, 148, 203, 236, 245, 247, 257, 268, 271f, 316

Hoffnung 15, 21, 35, 37, 45ff, 51, 58, 79, 104, 106, 118, 123, 130f, 140, 144f, 153, 155, 162, 165, 167, 172f, 177, 179f, 182, 184, 186, 190, 192, 194, 198f, 201, 213, 223-236, 254, 261, 270f, 278f, 290, 292, 295, 311f, 314, 316, 318, 320

Hölle 278

Identität 13, 15, 44, 52, 56, 59, 88, 127, 137, 213, 220f, 230, 315, 318

Ideologiekritik 203, 215

Individualität 40, 149, 219, 228, 230

Individualität/Individuum 40, 138, 149, 228, 230, 262

Inkarnation 122, 131, 266, 276, 280f, 303

Jesus Christus 16, 22, 33, 41, 45ff, 52, 69, 73, 75, 77ff, 82f, 85, 90f, 102, 104, 106, 110-131, 141-144, 147, 149, 160, 166, 176ff, 191-205, 207, 209, 211, 214, 217f, 220f, 226f, 230f, 234f, 243f, 247-250, 253-256, 259, 261-265, 267-270, 279-287, 289-296, 298, 300, 303f, 309-318, 320ff
Judentum 116, 118
Kind 28, 39, 79, 88, 98f, 101f, 106f, 109, 114, 125, 141, 146, 148, 164, 171f, 193, 200, 212, 215f, 220, 232, 239, 241, 252, 256, 258, 262, 277-280, 282-285, 288f, 305
Kindertaufe 254, 256, 258
Kirche 13ff, 45, 50ff, 100, 114, 187, 204, 209, 218f, 254ff, 266, 270, 274, 284, 287f, 295, 297, 299, 305, 307-310, 316-319
Kommunikation 28, 32, 39, 54, 89, 220, 240, 245, 258, 273, 303f
Konfession 51, 256
Konflikt 52f, 125, 130, 235, 257, 262f, 274, 309
Körper 145f, 148, 308
Körper/Körperlichkeit 145f, 269, 308
Korrelation 124f
Kreuz/Kreuzigung 22, 46, 86, 106, 111, 114, 120f, 131, 166, 190-206, 235, 269, 278f, 287, 291, 293ff, 304, 309, 316
Kreuzestheologie 111, 193ff, 197ff, 203, 205, 217, 304
Kreuzestod Jesu Christi 294
Kultur 53, 56, 159, 163, 215, 262, 290, 295, 299, 312, 320f
Kunst 20, 38, 45, 53, 97f, 114, 128, 131, 138, 192f, 244, 259, 282, 296f
Leben 31, 35, 37f, 42, 54, 63ff, 71, 73-76, 78, 80f, 84, 86f, 99f, 102f, 106, 115ff, 119f, 125, 128, 137f, 142, 145, 147, 149, 154-158, 161, 163-168, 170-176, 178, 180, 182-185, 190, 192ff, 196f, 199-202, 204, 207f, 211ff, 216ff, 220ff, 224-228, 231f, 239f, 243, 251-256, 261, 265, 270, 272, 274, 278f, 281, 284, 287-294, 296-299, 301-305, 310ff, 314-318, 320ff

Lebenswelt 16, 19, 22, 49, 146, 155, 168, 170, 172, 174, 217f
Leib/Leibhaftigkeit/Leiblichkeit 145, 251, 254ff, 264f, 267, 269, 306
Leid/Leiden 39, 48, 68, 74, 89, 102, 145, 163, 192, 195f, 198-201, 204f, 309
Lernen 17, 40, 87ff, 104, 122, 185, 239
Liebe 37, 52, 73, 77, 79, 83f, 88, 90, 102f, 106, 123, 141, 145, 147, 171ff, 176, 191, 199f 202, 204f, 211, 214f, 217, 219, 224, 235, 248, 257, 261f, 265, 269, 281, 284f, 295, 302ff, 317
Literatur 22, 27, 29, 105, 114, 118, 128, 133, 135f, 138, 176, 192, 205, 287, 289, 301, 308
Logos 33
Macht/Mächte 29, 33-36, 41, 42, 72, 78f, 82, 88, 99, 101f, 107f, 128, 143ff, 159, 162, 164, 172-178, 180, 193, 196, 201, 205, 215, 221, 224, 244ff, 249, 252, 254, 262, 267, 281, 283, 295, 299f, 302, 304, 311, 315, 321
Mensch/Menschsein 16ff, 20, 22, 28f, 31, 33-37, 39, 41, 44, 46f, 50, 54f, 63, 66, 69-77, 79-84, 87, 89f, 93, 95, 101, 103-111, 113, 115, 119-129, 131, 133-136, 138-148, 154, 156ff, 160f, 163, 165f, 169f, 172-179, 187f, 190-193, 196-202, 204, 208-211, 213- 220, 222, 225-231, 236, 242-247, 250ff, 254f, 262, 265f, 268ff, 272, 275, 279-283, 288f, 291, 294f, 297, 299, 301f, 304, 307f, 310f, 313, 315f, 318ff
Menschenrecht 214, 319
Menschenwürde 141
Metapher 96, 110, 170, 172, 240, 246ff, 250, 257, 281, 312, 321
Methode 13, 18, 20, 90, 116, 124, 130, 170, 197, 203, 307, 314
Mut 29, 79ff, 83, 106, 178, 208, 212, 225, 240
Mutter/Mütterlichkeit 99, 101, 106, 148, 164, 171, 251, 305
Mythos 68, 114, 118, 155, 178, 231, 233, 236, 243, 246f, 281f, 292

Name 22, 27, 30, 69, 73, 82, 95, 99, 102, 104, 133, 136f, 167, 183, 239, 242, 246, 249, 253f, 258ff, 291, 299, 317

Natur 105, 131, 136, 140, 142ff, 148, 158f, 163, 165, 167, 169, 175, 197, 202, 228, 231, 256, 262, 267, 271, 274, 284, 290, 293f, 296, 305, 319

Neues Testament 37, 41, 50, 52f, 59, 74f, 77, 83, 114, 116, 118, 120, 124, 131, 141, 145, 173, 193, 195, 197, 205, 228, 253, 256, 262, 264, 281, 291, 293, 303, 307, 313, 320

Offenbarung 22, 50, 56, 63, 69-73, 75, 77f, 89f, 102f, 119, 124f, 143, 160, 184, 209, 211, 242f, 249, 311, 313, 315f, 320

Offenheit 143, 178, 192, 224, 227, 241

Opfer 135, 147, 193, 200, 204, 263f, 279

Ostern 83, 120f, 131, 167, 194, 254, 263, 287, 289f, 295f, 299

Paradies 99, 135, 146, 154ff, 166ff, 170, 178f, 210, 225, 279, 284f

Partizipation 157, 163f, 179

Person/Personalität 18, 20, 31, 39, 70, 77f, 81, 83, 114, 116f, 121, 123, 127f, 131, 137, 140, 208, 211, 213-217, 219f, 227, 247, 249, 256, 258, 263, 281f, 302, 305

Pfingsten 299, 307, 319

Phänomenologie 193, 312

Pluralität/Pluralismus 19f, 22, 43, 49-59, 98, 102, 305, 314f, 317f, 320ff

Praktische Theologie 16, 18, 244

Rechtfertigung/Rechtfertigungslehre 18, 22, 37, 41, 55, 73, 75, 77, 123, 126, 140, 147f, 178, 180, 186, 195, 197, 199, 201, 203, 207ff, 211-222, 271, 311, 315f, 318ff

Reformation 19, 197

Reich Gottes 18, 21, 33, 35, 79, 83, 101, 118, 130, 140, 149, 180, 187, 203, 214, 216, 223, 229, 230f, 234f, 248, 262, 267, 270f, 279, 283, 293f, 309, 311

Religion 14, 19, 34, 36f, 40, 44, 46, 48, 57f, 69, 96f, 115, 143, 166, 186, 193, 196, 221, 232, 243, 248f, 273, 282, 289f, 311f, 314, 316-321

Religionsdidaktik 14, 89, 91, 126

Religionspädagogik 7, 13-17, 21, 38, 43, 49, 52, 54-57, 59, 65f, 68, 86f, 98, 101, 103, 125, 139, 145, 148f, 166f, 187, 221, 226ff, 248, 269, 274, 282, 299, 305, 312

Religionsunterricht 22, 43, 48f, 89, 98, 100, 188, 312, 316, 319

Ritual 255, 258, 271ff, 279, 284ff

Sakrament 23, 237, 243, 255ff, 260f, 263-270, 272, 274f, 302, 307, 312, 316f

Säkularisierung 20, 43-48, 57

Schlüsselerfahrung 40, 209f, 221

Schönheit 154, 167

Schöpfer 22, 47, 102f, 110, 123, 131, 135, 151, 154, 160, 162, 165, 231, 260, 308

Schöpfung/Schöpfungslehre 52, 123, 125, 128, 131, 134f, 140, 142f, 153-168, 170, 175, 177, 179f, 187, 195, 198, 200f, 226f, 258, 280, 283, 285f, 290, 293f, 297, 301f, 317f, 321f

Schuld 135, 173-177, 179f, 199, 217, 222, 309, 311, 320

Segen 156, 251

Sein 30, 35, 37, 39, 41f, 84, 100, 102, 111, 121, 123ff, 134, 140-143, 157, 164f, 198, 212f, 216, 219, 231, 235, 244, 255, 262, 283

Sexualität 175

Sinn 15, 30, 34, 38, 42, 46, 50f, 55, 57f, 79f, 82f, 90, 100, 107, 109, 125, 157, 161, 179, 183, 185, 191f, 210-213, 215f, 221f, 224, 231, 244, 246, 261, 263-267, 281, 294, 298, 303

Sinnfrage 212f, 215, 221

Situation 7, 33f, 37, 39, 54, 57, 79, 81, 83, 90, 98f, 106, 119, 125, 128, 138, 161, 167, 170, 175, 180, 183, 188f, 199, 205, 208f, 212, 215, 220, 224, 234f, 256, 258, 260ff, 267ff, 273f, 287, 292, 303f, 307f

Spiel 7, 16, 34, 53f, 89, 95, 99, 109, 113, 122, 137, 157, 163, 167, 170, 188, 220f, 246, 261, 274, 279, 288f

Spiritualität 182, 186, 303

Sprache 21ff, 28ff, 40, 44f, 95-98, 100, 102, 105, 110, 122, 124f, 127, 137f, 142f, 154, 165-168, 172, 174, 180, 182, 192, 194, 197, 200, 204, 207, 213, 224, 233, 235, 239-249, 252, 259, 268, 276, 278, 282, 297f, 300
Spuren Gottes 98
Strafe 174, 180
Subjekt/Subjektivität 20, 27, 37, 40, 65, 86, 141, 144, 219f, 282, 304, 315, 322
Sühneopfer 193
Sünde 72, 79, 123, 125, 141, 144, 161, 169, 172-181, 187, 198, 201f, 217f, 254f, 313, 320
Symbol 29, 40, 51, 78, 88f, 100f, 104, 110f, 118, 134f, 146, 154f, 160f, 167f, 173, 178f, 185, 191-194, 203f, 217, 224, 230, 236, 240, 243f, 246f, 250, 257, 261, 266, 268, 270, 273f, 278f, 282ff, 290, 293ff, 297f, 300, 302, 305f, 312f, 321
Symboldidaktik 104, 312
Systematische Theologie 7, 13ff, 17f, 21, 78, 124, 159, 185, 302, 314f, 317, 319, 321
Taufe 231, 251, 253-259, 263-266, 269f, 273f, 300, 307
Tauferinnerung 257ff
Theologie 7, 13-23, 27f, 32f, 37, 43, 45ff, 51-55, 99, 107, 116, 118f, 122, 124f, 130, 132, 136, 139, 145, 157, 159, 163, 167, 173, 176, 183-187, 189, 194-198, 200, 202, 204f, 219, 226-229, 242, 243f, 247, 249, 266, 269, 272, 280f, 291, 299, 302f, 305, 307
natürliche Theologie 16
Tier 135f, 144, 169
Tod 71f, 74, 78, 100, 102, 109, 111, 114f, 121, 125, 127f, 130, 137, 162, 174, 187, 192f, 196, 198-202, 205, 221, 226, 229, 232, 235, 236, 251f, 254ff, 258, 261-265, 270, 278, 281, 287, 289-296, 298, 316
Tradition 19, 22, 48f, 85f, 110f, 121ff, 126, 130, 135, 144f, 148, 154-157, 159f, 163, 165, 173ff, 178f, 182, 185f, 198, 253, 295, 298

Traum 88, 106, 164, 184, 223f, 232f, 282, 311
Trinität/Trinitätslehre 32f, 51, 110, 122, 305
Umkehr 45, 142, 173, 224, 230f
Umwelt 44, 56, 88, 101, 116, 134, 220, 232
Urglaube 32, 86, 176, 178, 197, 257
Urgemeinde 253, 263, 271
Urstand 173
Urvertrauen 164, 213
Verantwortung 35, 57, 135, 141, 144, 165, 214, 217ff
Vergebung 123, 171, 176f, 201, 254
Vergeltung 176
Verheißung 21, 33, 35, 37, 45, 72, 82, 86, 104, 125, 157, 201, 213, 217, 224ff, 228f, 246, 253f, 256, 261, 265, 268f, 271, 278
Verkündigung 48, 78, 83, 87, 110, 113, 120, 122, 127, 197f, 214, 230, 243, 249, 281, 290ff, 295, 309
Vernunft 47, 53, 55f, 85f, 145, 165, 195, 225
Versöhnung 33, 37, 102, 123, 145, 173, 179, 198, 201, 276, 309
Verstehen 16f, 39, 41, 57, 73, 82-85, 89, 107, 138, 194, 236, 242, 245, 271ff, 313, 316
Versuchung 125, 127, 158, 174
Vertrauen 34f, 72, 77, 79-82, 84f, 88, 99, 103-106, 120, 126, 164, 225, 233, 239f, 284
Verzweiflung 81, 207f, 225, 287
Vorbild 17, 96, 194, 241, 253
Wahrheit 16-20, 36, 39, 50f, 53-57, 84f, 100, 138, 158, 178, 194, 199, 202f, 211, 213, 241, 243ff, 248, 257, 282, 293, 303f, 314, 316, 319f
Wahrnehmung 21, 35, 39, 47, 53f, 59, 89, 116, 118, 134f, 145f, 148, 154-157, 160, 163, 166f, 174, 177, 179f, 183, 186, 192, 202, 216, 218, 242, 255, 271f, 304
Weisheit 210, 319
Welt 18, 22, 29, 31, 35f, 38, 43, 46-50, 57f, 68f, 72ff, 77, 84, 88, 95, 100, 102f, 109, 111, 120, 134ff, 138, 141, 144, 146, 151, 154-167, 169f, 172, 177f, 187, 195f, 199, 201, 203, 215, 220, 222, 224,

226ff, 230, 232, 235, 239, 261f,
270, 276ff, 281ff, 285f, 289-292,
294, 303, 310, 316, 318, 320
Weltbild 39, 195, 197, 241
Werk 27, 29, 50, 76, 82, 84, 89, 97,
110, 114ff, 118, 122f, 125, 135,
142, 145, 147, 154, 161, 166, 171,
176, 185, 195, 197, 204, 210f,
214-218, 243, 263, 276, 281, 321
Wesen 47, 50, 70, 96, 105, 107,
110f, 125, 134, 136f, 141ff, 160f,
170f, 174, 177f, 195, 201, 214,
229, 243-246, 267, 272, 308, 314,
321
Wille 31, 44, 70, 133, 173, 175f,
179, 192, 198, 266, 303
Wirklichkeit 13, 22, 29-32, 34-41,
45, 47, 58, 82, 86, 93, 96-102,
104f, 107, 120, 124, 136ff, 143,
146, 154, 158f, 164f, 175, 178ff,
195, 199, 203, 211, 240ff, 244f,
261, 263, 267, 271, 275, 278, 282,
285, 289f, 293f, 300, 304
Wirkung 44, 73, 77, 103, 116, 121,
175, 186, 244, 252ff, 272, 276f,
294, 300, 302
Wissenschaft 7, 15f, 21, 34, 36, 43-
47, 50, 52f, 56, 66, 85f, 109f, 115,
139, 153f, 158f, 165, 168, 197,
240f, 244, 292, 294, 321

Wort Gottes 23, 78, 123, 227, 237,
239, 242-246, 248f, 255, 259, 268,
311, 313f
Würde 120, 141, 157, 214, 218f, 222
Zeichen 18, 53, 95, 105, 135, 153,
155, 192-195, 199, 208, 239f,
254ff, 261, 264f, 268, 270ff, 275,
279, 283, 285, 290, 298
Zeichenhandlung 256
Zeit/Zeitlichkeit 13, 15, 21, 29, 31,
40, 46, 57, 64, 70, 72f, 77, 83, 87,
98, 101, 109f, 112, 114, 117, 119f,
124f, 128, 131, 133, 146-149,
154f, 157f, 160f, 167f, 170, 175,
185, 192, 199, 207, 222, 234f, 242,
261, 263, 270, 272, 274, 276f,
279f, 282f, 292, 313, 317
Zeuge 83, 123, 155, 184, 284
Zukunft 13, 18, 21, 30, 38f, 55, 58,
83, 100, 107f, 131, 136, 139, 143f,
155, 165f, 169, 176, 184, 186, 188,
198, 201, 203, 218, 224-229, 231-
235, 240, 245f, 258, 261, 270f,
274, 279, 281, 283, 292, 303, 312f,
318ff
Zuwendung 99, 119, 141, 156, 225,
265, 273
Zweifel 54, 124, 147, 212, 222

PETER BIEHL

FESTSYMBOLE

Zum Beispiel: Ostern
Kreative Wahrnehmung als Ort der Symboldidaktik

NEUKIRCHENER

XIV, 329 Seiten
€ 24,90 / sFr 44,50
ISBN 3-7887-1688-6